Zum Inhalt:

Dörte Thomsen und ihr Mann Jan bewirtschaften einen großen landwirtschaftlichen Betrieb in Schleswig-Holstein. Der Alltag besteht aus harter Arbeit, Organisationstalent, Generationsbegegnungen und aus Liebe. Liebe zu ihren drei Kindern, Liebe zueinander und Liebe zu ihrem Hof.

Dann passiert ein Unglück. Ihr kleiner Sohn Lorne wird nach einer Sechsfach-Impfung im Alter von einem Jahr und vier Monaten nie wieder so, wie er vorher war. Er leidet plötzlich unter schweren Anfällen und wird zu einem Kind mit vielen Einschränkungen, das rund um die Uhr betreut werden muss. Es beginnt eine Odyssee, ein Ärzte- und Behandlungsmarathon, um Lorne zu helfen. Dabei lässt die Mutter keinen Weg unversucht. Sie sucht nach Hilfe bei Heilern, Naturkundlern und Handauflegern. Dieser Weg führt sogar in die Nachbarländer, zu Delfintherapeuten und zu ganz besonderen Begegnungen beim Schwimmen mit frei lebenden Delfinen und Walen, um neben der Schulmedizin eine Besserung für ihren Sohn zu erreichen.

Die Familie hält zusammen, kommt aber an die Grenzen ihrer Kräfte und ihrer finanziellen Möglichkeiten. Dörte kämpft für ihren Sohn, für ihre beiden Töchter, für ihre Ehe, gegen Vorurteile, gegen Schlafmangel, gegen Behörden, bis sie fast nicht mehr kann. Trotz aller Widrigkeiten wächst Lorne zu einem fröhlichen jungen Mann heran, der von allen geliebt wird. Doch dann passiert das Schreckliche. Aus dem Nichts verstirbt er mit nur 16 Jahren im Schlaf. Die Familie ist im Schock und trauert tief. Damit Lorne für alle unvergessen bleibt, fängt seine Mutter an, seine Geschichte aufzuschreiben.

Dieses Buch erzählt von Hoffnung und Verzweiflung, von so vielen Tränen und von herzhaftem Lachen und schließlich von Verlust und Trauer. Es erzählt von der Liebe einer kämpfenden Mutter, eines verzweifelten Vaters und der Liebe zweier Schwestern für einen ganz besonderen Jungen: Lorne, der ohne Sprache mit seinem herzhaften Lachen alle Herzen im Sturm erobert.

# Niemand sieht den Himmel
## so wie du …
## Lorne, mein Sohn

Dörte Thomsen

Disclaimer: Zur besseren Lesbarkeit habe ich nur an wenigen Stellen gegendert. Selbstverständlich sollen sich alle Menschen angesprochen fühlen.

*Bibliografische Information der Deutschen Nationalbibliothek:*
*Die Deutsche Nationalbibliothek verzeichnet diese Publikation in der Deutschen Nationalbibliografie; detaillierte bibliografische Daten sind im Internet über http://dnb.dnb.de abrufbar.*

*© 2024 Dörte Thomsen*
*Coverentwurf: Johanna Thomsen*
*Projektbegleitung, Lektorat und Korrektorat: Alexandra Brosowski*
*Bildbearbeitung und Cover: Michael Ermel*
*Übersetzung und Korrektorat: Janine Gaugé*
*Hörbuch: Malena Thomsen und Carsten Kock (erscheint 2025)*
*www.dörte-thomsen.de, Mail: d.thomsen-lebenau@t-online.de*

*Verlag: BoD • Books on Demand GmbH, In de Tarpen 42, 22848 Norderstedt*
*Druck: Libri Plureos GmbH, Friedensallee 273, 22763 Hamburg*

*ISBN: 978-3-7597-6842-1*

*Jedes Glück hat einen kleinen Stich.*
*Wir möchten so viel haben. Sein. Und gelten.*
*Dass einer alles hat, das ist selten.*
*Kurt Tucholsky*

*Für meine Familie*
*Jan*
*Malena und Johanna*
*und für Lorne*

Geliebter Lorne

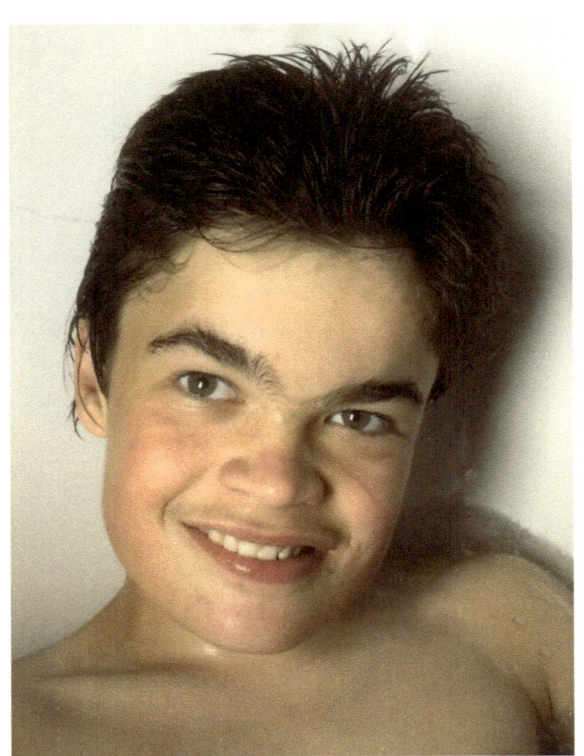

## Prolog

»Wie geht es dir?«

»Eigentlich ganz gut!«

Eigentlich will ich das Wort eigentlich nicht mehr nutzen.

Was heißt: »Eigentlich ganz gut?«

Gut? Nein. Schlecht? Auch nicht.

Halt! Eigentlich ganz gut …

Wenn man bedenkt, was in den letzten 16 Jahren so alles passiert ist … eigentlich ganz gut!

Mal abgesehen davon, dass alles anders kam, als wir es vor 16 Jahren gedacht haben, war das Ende das Schlimmste, was uns passieren konnte.

Mein geliebter Sohn Lorne ist vor einem Jahr gestorben. Er durfte noch seinen 16. Geburtstag feiern und ist dann vier Wochen später gestorben. Er lag morgens tot in seinem Bett. Diesen Schock, dieses Trauma des Augenblicks sein Kind tot in seinem Bett zu finden, mag sich wohl niemand vorstellen können.

Lorne, unser geliebter Sohn.

Ich habe seine, unsere Geschichte aufgeschrieben.

**Liebe Leser\*innen,**

Ich nehme euch mit auf eine Reise, die eigentlich in das schöne Italien gehen sollte, aber das Schicksal hat eine Änderung im Flugplan vorgesehen und uns nach Holland geschickt. Ich wollte immer nur nach Italien, habe aber im Laufe der Jahre die Schönheit Hollands zu schätzen gelernt. Dazu gibt es eine Kurzgeschichte, die ich noch einfügen werde. Seht es mir bitte nach, dass ich die ersten Seiten dieses Buches so ausführlich berichte, es schien mir sehr wichtig, damit man ein Gefühl dafür bekommt, wie verzweifelt ich war.

## Willkommen in Holland

Wenn man ein Baby bekommt, ist es so, als ob man sich auf eine fantastische Reise begibt – nach Italien. Man kauft eine Menge an Touristenführern und macht wundervolle Pläne. Das Kolosseum, den Michelangelo, David, die Gondeln Venedigs. Man lernt auch ein paar Wörter auf Italienisch.
Kurz: Es ist eine sehr schöne Zeit.

Nach einigen Monaten der schönen Vorbereitung ist endlich der große Tag da. Du packst deinen Koffer. Einige Stunden später, das Flugzeug landet. Die Stewardess kommt und sagt: »Willkommen in Holland.«
»Holland?«, sagst du. »Was meinen Sie? Ich habe doch einen Urlaub nach Italien gebucht! Ich sollte in Italien sein. Mein ganzes Leben habe ich davon geträumt, nach Italien zu fliegen.« Aber es gab eine Änderung im Flugplan. Der Flieger ist in Holland gelandet und du musst dortbleiben. Das Wichtigste ist, dass du nicht in einem Land gelandet bist, in dem Krieg herrscht, das womöglich sehr dreckig oder seuchenverpestet ist. Es ist nur anders. Also, jetzt fängst du wieder an und kaufst neue Reiseführer. Du musst eine völlig neue Sprache lernen. Und du wirst eine total neue Gruppe von Menschen treffen, die du vielleicht nie kennengelernt hättest, wenn die Dinge »normal« gelaufen wären. Es ist nur ein anderer Ort. Es ist langsamer als Italien, vielleicht nicht so viel Glamour. Aber wenn du eine Zeitlang dort bist, merkst du schnell, dass es dort auch schön ist. Du fängst an, dich umzuschauen: Holland hat wunderschöne Windmühlen, Holland hat Tulpen. Holland hat sogar Rembrandt. Aber jeder, den du kennst, ist zu beschäftigt, die Schönheit

Hollands zu erkennen, denn die meisten sind auf dem Weg nach Italien. Alle erzählen, wie toll es doch in Italien ist und was für eine tolle Zeit der Urlaub doch war. Und für den Rest deines Lebens wirst du dir sagen: »Ja, das ist der Urlaub, den ich geplant hatte (Italien). Da wollte ich auch hin.«

Und das Gefühl, verletzt zu sein, einen Traum verloren zu haben, wird nie verschwinden. Denn ein großer Traum ist nicht wahr geworden, ein großer Verlust.

Aber wenn du immer und immer wieder den Verlust des Italien-Urlaubs beweinst, wirst du niemals die Schönheit Hollands und dessen speziellen Sehenswürdigkeiten sehen, kennen und lieben lernen. Denn Holland ist genauso wie Italien eine Erfahrung für sich und den Betrachter.

Mit dieser Geschichte antwortet eine Mutter, Mrs. Emily Kingsley, deren Kind mit dem Down-Syndrom geboren wurde. Auf die Frage, wie man sich fühlt, ein Kind aufzuziehen, das eine Behinderung entwickelt hat.

*(Dieser Text stammt von der Autorin Emily Pearl Kingsley, die mir freundlicherweise ermöglicht hat, ihn zu nutzen.)*

Unser Sohn Lorne wurde gesund geboren und hat aufgrund einer Impfung eine Behinderung entwickelt, dennoch sagt diese Geschichte genau das, was man im Laufe der Jahre lernt.

Ich habe durch diese Geschichte einen anderen Blick auf das Leben, auf Schicksalsschläge, auf große und kleine Sorgen bekommen. Es gibt Dinge im Leben, die uns aus irgendwelchen Gründen belasten, traurig machen, stressen, die wir aber ändern können. Sicher; große Veränderungen, ein Ortswechsel oder eine Kündigung bedürfen einer großen Portion Mut, aber man kann seine Lebensumstände beeinflussen, um wieder glücklicher und zufriedener zu leben, zu sein. Es gibt aber auch Dinge im Leben, die man nicht ändern kann, denen man ohnmächtig voller Verzweiflung ausgeliefert ist. Eine schwere Krankheit, der Tod eines geliebten Menschen. Solche Dinge werden in den Selbstfindungs-Klugscheißerbüchern, wie ich sie nenne, nie erwähnt. Ich habe sie alle gelesen.

Was ich aus der Geschichte »Willkommen in Holland« gelernt und mir immer wieder gesagt habe, ist die Tatsache, dass ich die schwere Erkrankung meines Sohnes zwar versuche zu bekämpfen und immer wieder hoffe, dass sich etwas verbessert, ich aber zu dem Schicksal, das ich nicht ändern kann, meine Einstellung beeinflussen kann. Ich könnte schreiend die Wände hochgehen, an diesem schweren Schicksal zerbrechen, oder ich versuche irgendwie das Beste aus unserem Leben zu machen. Mich an den Dingen erfreuen, die noch schön sind. Ich habe zwei wundervolle Töchter, für die es sich jeden Tag lohnt, zu lächeln. Sich über die kleinen Freuden des Alltags, wie ich sie nenne: Ein schönes Essen, ein Glas Wein, liebe Menschen, gute Gespräche, mal in Ruhe eine Zeitung lesen ... (ich könnte die Liste ewig fortsetzen) – zu erfreuen. Und ich kann sagen, ich war in den letzten 17 Jahren so oft am Ende meiner Kraft, aber ich war die meiste Zeit glücklich. Liebe lässt uns alles schaffen. Liebe ist die stärkste Kraft, die uns über uns hinauswachsen lässt! Das hat mein Sohn Lorne mich gelehrt. Ich bin so dankbar für diese gemeinsame Zeit.

Nun fangen wir vorne an.

## 2004/2005
## Glück und Zufriedenheit

*De Grasmück singt in`n Knick Still stah ik dor, blots Ohr, bots Ohr.*
*De Grasmück singt in Knick. Un ik vergeet mien ik, all, wat ik wull,*
*all, wat ik schull- Bün blots de Ogenblick.*
*De Grasmück singt in`n Knick.*
*Hermann Claudius*

Es war ein heißer, schwüler Sommertag. Ich erinnere mich
an den Duft der Rosen. Das werde ich nie vergessen, denn
an diesem Tag, dem 18. Juni 2004, kommt unser Sohn Lorne auf die Welt.
Lorne ist unser drittes Kind und ich bin nach zwei Geburten, einer sehr schweren ersten und einer normalen zweiten
unserer Töchter Malena (neun) und Johanna (sieben Jahre),
davon überzeugt, dass ich unser drittes Kind locker rausat-
men würde. Ich glaube, nur Frauen sind so gestrickt, dass sie
so etwas nach zwei Geburten denken, sonst würde die Be-
völkerung wohl aussterben.
Auf alle Fälle war es reines Wunschdenken. Jede Geburt hat
ihre eigenen Gesetze. Es wurde eine schwere, sehr schwere
Geburt. Alles war anders als bei den Geburten unserer
Töchter. Die Wehen waren sehr viel intensiver und jeder
Zentimeter Schwerstarbeit. Die Hebamme war sehr ungeduldig und ging nicht auf meine Wünsche ein. Ich fügte
mich, atmete und presste mir den Leib aus der Seele. Weiter
will ich nicht darauf eingehen. Lorne wurde gesund geboren
mit besten APGAR-Werten und einem stolzen Gewicht von
4.120 Gramm und 55 Zentimetern Länge. Alle Mühe war
schnell vergessen. Wir waren einfach nur glücklich.

13

Mein Mann Jan und ich sind zu diesem Zeitpunkt seit zwölf Jahren verheiratet. Ich wünschte mir eine große Familie mit vier oder fünf Kindern. Wir haben ein großes Haus und ich wollte es mit mehr Leben und noch mehr Liebe füllen. Mein Mann Jan ist ein ruhiger, eher introvertierter Mensch mit einem feinsinnigen Humor. Wenn er etwas Lustiges erzählt, dann ist es auch lustig. Hat man Streit mit ihm, dann hat man Streit. Er ist klar und verlässlich wie ein Uhrwerk.

Ich dagegen bin ein »Hans Dampf in allen Gassen«. Er muss mich immer etwas bremsen, wenn ich euphorisch Zukunftspläne schmiede. Sein Lieblingssatz: »Eins nach dem anderen, Dörte.«

Wir sind so verschieden, wie man es nur sein kann. Aber es klappt. Ich schaffe es, ihn zu begeistern, mitzureißen und etwas mehr aus sich herauszugehen, und er bremst mich, wenn ich voller Begeisterung mindestens fünf Projekte am Laufen habe. Jan hat sehr oft Recht. Das soll er eigentlich gar nicht lesen.

Wir lieben unsere beiden Töchter über alles. Die beiden haben nur einen Altersunterschied von 20 Monaten und wir mussten erfahren, dass zwei kleine Kinder, ein großer landwirtschaftlicher Betrieb, den wir bewirtschafteten, sehr gut organisieren mussten, um allen gerecht zu werden. Mittlerweile waren die beiden Mädchen schon in der Schule. Ich war Ende 30 und wir wollten noch mehr Kinder. Als ich wieder schwanger wurde, haben wir uns so sehr gefreut. Wir beschlossen, es den Mädchen erst zu sagen, wenn alles sicher war. Da ich als 38-jährige Frau als »spätgebärend« galt, ließ ich eine Fruchtwasseruntersuchung machen. Ich weiß noch genau, dass Jan und ich nicht wissen wollten, ob es ein

Mädchen oder ein Junge wird. Wir waren uns beide einig: Hauptsache gesund!

Als der Anruf kam und wir erfuhren, dass alles in bester Ordnung sei, freuten wir uns sehr.

»Wissen Sie jetzt, was es wird?«, fragte ich den Arzt.

»Ja, Frau Thomsen. Ich lese es gerade schwarz auf weiß.«

Ich schaute zu Jan: »Er hat es vor seiner Nase und weiß, was es wird. Wollen wir es auch wissen?« Er nickte grinsend. »Ja, los. Bei den anderen beiden wussten wir es nicht. Dieses Mal kann ich es nicht abwarten.«

Ich sagte dem Arzt, dass wir es wissen wollen.

»Es wird ein Junge, Frau Thomsen. Herzlichen Glückwunsch.«

Wir waren überglücklich. Nach zwei so wundervollen, lieben Töchtern, sollten wir nun einen Sohn bekommen. Wir beschlossen, es den Mädchen am Abend zu sagen, wenn wir alle gemeinsam zu Abendbrot aßen. Das Geschlecht wollten wir allerdings nicht verraten. Das sollte bis zur Geburt Jan und mein Geheimnis bleiben. Was für eine Freude und Aufregung. Ich konnte es kaum erwarten, bis wir endlich alle am Tisch saßen.

»Mädels, wir müssen euch etwas erzählen.«

Die Spannung war kaum zu ertragen. Malena und Johanna hatten keine Ahnung, was jetzt kommen würde. Ich nickte Jan kurz zu.

»Unsere Familie wird größer. Ihr bekommt noch ein Geschwisterchen.« Es war ganz still in diesem Moment.

Unsere Töchter sahen uns mit großen Augen an. Sie konnten es nicht glauben. Dann sprangen sie auf und jubelten, strichen über meinen Bauch, hatten hundert Fragen.

Johanna fasste sich als Erste: »Ich will eine Schwester.«

»Ich auch«, rief Malena. »Oder nein einen Bruder.«

Darauf Johanna: »Ich will auch einen Bruder, oder? Ich weiß es nicht. Ich freue mich so doll.«

Die beiden waren sich einig. Das war die beste Nachricht, die man sich nur wünschen konnte. Der Wunsch nach einer Schwester oder einem Bruder änderte sich in den kommenden Wochen täglich. Irgendwann kamen die beiden zu dem Entschluss: »Ein Bruder wäre cool. Der könnte dann auch mit Papa Trecker fahren, wenn wir drei Frauensachen machen.«

Wir sagten den Mädchen, dass sie es den Großeltern erzählen dürften, wenn wir am Heiligabend bei uns zum Sektfrühstück zusammenkämen und dass sie bis dahin schweigen sollten. Ich glaube, die beiden wären in der Woche, die es noch dauerte, fast geplatzt.

Aber sie hielten tatsächlich dicht. Jans Eltern, Oma Annegret und Opa Heinrich, kamen täglich zu uns auf den Hof, um bei der Stallarbeit zu helfen. Auch die Mädchen halfen oft beim Füttern der Kälber oder sie spielten draußen und sahen ihre Großeltern jeden Tag. Sie erzählten nichts, auch nicht ihren Freundinnen, bis Weihnachten.

Heiligabend 2003 um 11 Uhr bei uns im Esszimmer. Die Mädchen hatten beide knallrote Wangen vor Aufregung. Wir hatten alles ganz genau geplant. Die beiden wollten erst einige Weihnachtslieder auf der Blockflöte spielen, ein Gedicht aufsagen und dann endlich die Bombe platzen lassen. Die Spannung war kaum zu ertragen.

Dann kamen die Großeltern, mein Bruder Dirk, Jans Schwester Astrid mit ihren Kindern, der zweijährigen Madita und dem Baby Thore, außerdem Jans Onkel und Tante.

Das gemeinsame Frühstück bei uns vor den Festtagen hatte Tradition.

Es war lebhaft, alle redeten durcheinander. Die Stimmung war wie immer, wenn wir uns trafen sehr gut und fröhlich. Da standen sie dann, unsere beiden Töchter mit ihren langen blonden Locken und roten Wangen und konnten es kaum abwarten. Es ging einem das Herz auf. Ich war so glücklich. Dicke Tränen bahnten sich schon ihren Weg. Niemand bemerkte es. Keiner achtete auf mich. Das war Malenas und Johannas Show.

Sie waren bis zur Geburt von Madita und Thore die ersten und einzigen Enkelkinder. Sie wurden von allen vergöttert. Nach den gelungenen Vorträgen auf der Blockflöte und den plattdeutschen Weihnachtsgedichten, gab es einen Riesenapplaus und nun sollte die Bombe platzen.

Malena preschte vor und bat um Aufmerksamkeit:

»Ruhe bitte, wir müssen euch etwas sagen!«

Johanna, eher zurückhaltend, ganz der Vater:

»Ja! Ruhe bitte, hihihihi.«

Dann beide zusammen:

»Wir müssen euch was sagen!«

Pause

»Wir bekommen noch ein Geschwisterchen!«

Stille …

Gefühlt fünf Minuten Stille. Haben die das nicht verstanden?

»Das ist ja toll,« sagte Oma Annegret beiläufig.

»Ja, toll,« sagte Tante Marga und alle unterhielten sich einfach weiter. Malena und Johanna standen wie angewurzelt auf ihrem Platz und schauten erwartungsvoll und etwas enttäuscht in die Runde. Keiner hatte richtig verstanden, was die beiden gesagt hatten. Dann fiel der Groschen. Oma Annegret schaute die Mädchen an, dann mich, sah meine Tränen und man konnte es in ihrem Gesicht sehen, wie das Gesagte den Weg zum Verständnis fand. Plötzlich riefen alle durcheinander.

»Waaaaas … wie toll! Das gibt es doch nicht! Damit haben wir gar nicht gerechnet!«

Alle fielen sich in die Arme, hoben die Mädchen hoch, drehten sich vor Freude im Kreis. Die langen blonden Locken flogen durch die Luft. Es ging einem das Herz auf, Malena und Johanna so aufgeregt und fröhlich zu sehen. Wir waren alle so glücklich.

»Warum weinst du denn?« Jan schaute mich fragend an.

»Ich bin so glücklich.«

»Ich auch, Dörte, aber du musst doch nicht weinen.«

»Doch!«

Und dann mussten wir beide lachen.

## Unser Geheimnis – Lorne oder Karlotta

Die nächsten Monate waren für alle sehr aufregend. Einmal kamen Jan und die Mädels mit mir zur Ultraschalluntersuchung. Das war sehr besonders. Malena und Johanna hörten die Herztöne des Babys, schauten auf den Monitor und sahen, wie ihr kleines Geschwisterchen Purzelbäume in meinem Bauch vollführte. Ich genoss diese Schwangerschaft in vollen Zügen. Es war eine so wundervolle Zeit. Wir unterhielten uns über Namen. Die Großeltern löcherten unsere beiden Töchter, ob sie wüssten, was es würde und wie es denn heißen solle. Das sollte unser Geheimnis bleiben, aber die Mädchen hatten Mitspracherecht in unserem Familienrat.

»Mama, Opa hat schon wieder gefragt, wie das Baby heißen soll.« Malena hob fragend die Arme. Auch Johanna wurde von den Großeltern ins Kreuzverhör genommen. »Oma hat mich gefragt, was es wird.«

Das musste jetzt ein Ende haben.

»Wenn Oma und Opa nochmal fragen, dann sagt ihr, wenn es ein Mädchen wird, soll sie Paula heißen und wenn es ein Junge wird, Paul!«

Das fanden die beiden witzig. Wir lachten Tränen. Sie zogen das bis zur Geburt durch und kicherten, wenn Oma und Opa immer wieder fragten. Wir waren stolz auf unsere beiden Töchter, denn es stand fest, dass ein Junge Lorne heißen sollte und ein Mädchen Karlotta. Niemand erfuhr davon, bis endlich der Tag gekommen war.

## 17.06.2004

Ich gehe durch den Garten. Puzzle etwas in meinen Rosen.
Es ist sehr warm. Ich bin zwei Tage über meinen Stichtag
und kann es kaum erwarten, dass unser Baby endlich auf
diese Welt kommt. Ich fühle mich so dick und aufgequollen,
jeder Schritt ist mühsam, aber der kleine »Willi« (so nennen
wir alle unser Baby) rührt sich einfach nicht. Ich beschneide
gerade meine wunderschöne Edenrose, da zwickt es in meinem Bauch. Ich hoffe so, dass es eine Wehe ist. Nach einer
Stunde habe ich Gewissheit, es sind Wehen. Der Schmerz ist
noch auszuhalten und kommt nun regelmäßig. Ich lege meine Hände auf meinen runden Bauch und rede mit meinem
ungeborenen Sohn: »Mein Schatzi, nun werde ich dich bald
in meinen Armen halten. Du glaubst gar nicht, wie sehr ich
mich auf dich freue. Unsere ruhige Zweisamkeit ist dann
vorbei. Es freuen sich dein stolzer Papa und deine beiden
Schwestern auf dich. Bis später.« Ich gehe rein, dusche und
bin nun sicher, dass es heute losgeht. Die warme Dusche
hat die Wehen noch etwas verstärkt.

Die Mädchen sind total aufgeregt und bleiben bei meinen
Schwiegereltern. Nach einem Telefonat mit der Hebamme,
entschließen wir uns direkt in die Klinik nach Rendsburg zu
fahren, weil die Wehen immer heftiger werden. Im Auto
holpern wir über das Kopfsteinpflaster in Heinkenborstel.
»Wenn wir noch lange durch diesen Ort fahren, kommt das
Baby gleich hier«, presse ich atemlos hervor. Jan sagt nichts,
aber drückt aufs Gas. Ich bin ziemlich erleichtert, als wir in
der Klinik in Rendsburg ankommen. Bald kommt unser
Kind. Aber die Hebamme nimmt mir die Illusion: »Das

dauert noch. Der Muttermund ist noch nicht einmal einen Zentimeter geöffnet.«

»WAS!?«

Ich kann es nicht fassen. Es sind zehn Zentimeter nötig. Meine Wehen sind heftig und regelmäßig. Ich dachte, das Kind käme in der nächsten Stunde. Auch Jan schaut sparsam. Bei den Geburten der Mädchen, ist alles viel schneller gegangen. Plötzlich sind die Wehen weg. Was ist denn nun los? Nach einigen Untersuchungen wird uns gesagt, dass es noch Stunden dauern könnte, dass eine medikamentöse Einleitung der Geburt nicht nötig sei und alles in Ordnung sei. Fehlalarm – und das mir. Wir werden tatsächlich nach Hause geschickt. Wir können es nicht fassen. Es ist unser drittes Kind und wir dachten, wir seien schon etwas routiniert, aber dieses Mal ist alles anders. Ich erinnere mich noch genau an die enttäuschten Gesichter, als ich mit meinem dicken Bauch aus dem Auto steige. Johanna kommt mit roten Wangen angelaufen. »Wo ist denn das Baby?« »Immer noch im Bauch, du Dummie.«, antwortet Malena.

Am nächsten Tag ging es dann wirklich los. Es lief in etwa genauso ab, wie am Vortag, nur dass die Wehen dieses Mal heftig blieben, bis unser Sohn dann endlich auf der Welt war. Es war ein langer, schmerzhafter Weg. Lorne wurde mit dichten, schwarzen Haaren, genau wie seine beiden Schwestern, geboren. Schon in dem Moment, als ich ihn im Arm hielt, war alle Anstrengung, aller Schmerz vergessen. Es war die reinste Freude. Auch mein Mann weinte vor Freude, als er seinen Sohn das erste Mal im Arm hielt. Jan blieb noch eine Stunde bei uns und fuhr dann nach Hause, um die Mädchen zu holen. Ich genoss die Zeit allein mit meinem

Sohn. Ich sah ihn die ganze Zeit an. Genau wie seine beiden Schwestern nach ihrer Geburt. Es ist immer wieder ein Wunder. Man glaubt, man könnte niemals noch einmal so sehr lieben und doch liebt man jedes seiner Kinder so sehr und so einzigartig.

Zwei Stunden später kam mein Mann mit zwei so stolzen großen Schwestern wieder, die ihren kleinen Bruder küssten, herzten und auch schon hielten. Sie waren kaum zu bremsen. Mann, waren wir alle glücklich. Da es eine sehr schwere Geburt war, mussten wir noch etwas länger in der Klinik bleiben, wurden dann nach einer Woche gesund entlassen. Lorne entwickelte sich prächtig. Er war ein ruhiges, liebes Baby. Jan und ich waren so stolz auf unsere kleine Familie und waren uns sicher, das würde nicht unser letztes Kind bleiben.

Die Mädchen vergötterten Lorne. Malena übernahm immer wieder kleine Pflichten. Sie wickelte ihn, schob den Kinderwagen und war kaum zu bremsen. Johanna machte immer Faxen für ihren Bruder. Sie war total begeistert, als Lorne das erste Mal lachte. Sie vollführte Freudensprünge und wiederholte immer wieder irgendwelche Grimassen, um ihn zum Lachen zu bringen. Lorne war eine einzige Freude. Unser Superbaby.

Ich habe sein gelbes U-Heft vor mir, in dem bis zum 18.6.2005 immer wieder unter sonstigen Bemerkungen steht: sehr fröhlicher, gesunder, gut entwickelter Junge. Ich habe ihn acht Monate voll gestillt und weiß noch, dass Malena es kaum abwarten konnte, ihm endlich die Flasche geben zu können. Sie, die große Schwester, hatte für ihren kleinen Bruder regelrecht Muttergefühle entwickelt. Johanna dagegen war ganz die Schwester, immer zu Scherzen mit ihm aufgelegt, die er dankbar strahlend annahm.

Am 12. Dezember 2004 wurde Lorne getauft. Wir wollten etwas ganz Besonderes aus diesem Tag machen und entschieden, dass wir eine Hoftaufe bei uns auf Gut Lebenau machen wollten. Pastor Rohwer war sofort einverstanden und meine Freundin Sonja, Organistin in der Kirchengemeinde Wasbek, brachte ihr mobiles Klavier mit zu uns.
Es klang so schön. Wir hatten noch eine alte Taufschale in unserem Familienbesitz und Malena und Johanna durften sie mit dem Taufwasser befüllen. Es war ein ganz besonderer Tag. Lorne wurde auf eine Decke, die meine Schwiegermutter, Annegret bestickt hatte, gelegt. Jeder von uns fasste an eines der Enden, Pastor Rohwer erzählte so etwas, dass Lorne immer getragen werde, von den lieben Menschen, die an dem Tag dabei waren. Familie, Paten und Freunde. Dann haben wir alle zusammen gesungen:

### Du bist du

*Vergiss es nie: Dass du lebst, war keine eigene Idee, und dass du atmest, kein Entschluss von dir.*
*Vergiss es nie: Dass du lebst, war eines anderen Idee, und dass du atmest, sein Geschenk an dich.*
*Refrain:*
*Du bist gewollt, kein Kind des Zufalls, keine Laune der Natur, ganz egal, ob du dein Lebenslied in Moll singst oder Dur.*
*Du bist ein Gedanke Gottes, ein genialer noch dazu!*
*Du bist du, das ist der Clou, ja, du bist du!*

*Vergiss es nie: Niemand denkt und fühlt und handelt so wie du, und niemand lächelt so, wie du`s gerade tust.*

*Vergiss es nie: Niemand sieht den Himmel ganz genau wie du, und niemand hat je, was du weißt, gewusst.*

*Refrain*

*Vergiss es nie: Dein Gesicht hat niemand sonst auf dieser Welt und solche Augen hast alleine du.*

*Vergiss es nie: Du bist reich, egal ob mit, ob ohne Geld; denn du kannst leben! Niemand lebt wie du.*

Dieses wunderschöne Lied begleitet uns bis heute als eine Art Familienlied. Es beschreibt unseren Sohn Lorne in jeder Lebenslage. Das war uns zu dem Zeitpunkt noch nicht klar. Ich liebte dieses Lied vom ersten Augenblick!

Es war ein rundum schöner Tag. Lorne war topfit und alle, die ihn liebten, waren um uns. Sein Taufwasser wurde in eine Flasche gefüllt und im Frühjahr pflanzten wir einen Baum, eine Eiche, für ihn. Wir gossen den gepflanzten Baum mit seinem Taufwasser. Diese Eiche sollte sich in den nächsten Jahren als eine Art Spiegel um Lornes Befinden erweisen. Das klingt sehr unheimlich, aber es war so. Ging es Lorne schlecht, welkten auch einige Blätter und es waren immer Teile der Krone von Mehltau befallen. Hatte Lorne gute Phasen, war dieser Baum wunderschön. Das haben wir erst Jahre später bemerkt.

Die Eiche steht in der Nähe der Schaukel, auf der Lorne und ich sein halbes Leben verbracht haben. Ich hatte sie täglich vor Augen und irgendwann fiel es mir auf.

## Hofgeschehen auf Lebenau

So verging die Zeit. Der Alltag hatte uns fest im Griff und wir genossen jede freie Zeit mit unseren Kindern. Lorne etwa neun Monate alt, konnte nun sitzen und war jeden Nachmittag mit mir im Stall. Er saß dort in seiner Sportkarre und schaute fröhlich den Tieren zu. In Zeiten der Ernte, wenn die großen Traktoren auf dem Hof fuhren, stellte ich ihn in seiner Karre nach draußen. Unser großer Drahthaar-Jagdhund »Arrie« war immer an Lornes Seite. Er saß neben der Sportkarre und passte auf Lorne. Er beschützte uns alle immer und überall, das jüngste Familienmitglied aber ganz besonders.

Lorne hat über Stunden die Traktoren angeschaut. Sobald ich ihn ins Haus holte, schrie er. Das war ungewöhnlich, denn Lorne schrie sonst nie. Er war immer zufrieden und glücklich. Unser Superbaby! Den Namen hatte meine Freundin Gaby ihm verpasst. Sie konnte es nicht fassen, dass ein kleines Kind so außergewöhnlich ruhig und zufrieden sein konnte.

Ich erinnere mich noch an einen Tag: Lorne war so etwa neun Monate alt. Er saß bei uns in der Küche in seinem Wipper und knabberte einen Zwieback. Die beiden Mädchen saßen am Tisch und machten ihre Hausaufgaben. Johanna, damals acht Jahre alt, hatte ein Freundschaftsbuch vor sich und grübelte an einer Antwort auf die Frage: Was ist dein größter Wunsch? »Was soll ich schreiben, Mama?«
Ich machte ihr einige Vorschläge. »Ein Pferd, ein neues Fahrrad…?«
»Nein! Mama! Was würdest du schreiben?«

Ich schaute in der Küche auf meine drei wundervollen Kinder: Malena, zu diesem Zeitpunkt zehn Jahre alt, meine große, so wunderschöne Tochter. Johanna acht Jahre alt, meine kluge, süße, »kleine« Tochter mit ihren großen hübschen blauen Augen. Sie sahen aus wie Käthe-Kruse-Püppchen. Lorne strahlte uns alle an. Ein perfekter Augenblick. Ich war so glücklich und mir war klar: Mehr brauche ich nicht! »Ich würde schreiben, dass alles so schön bleibt, wie es jetzt ist!«

Ich sollte dieses Buch ein paar Jahre später wieder in die Hände bekommen, weil es seinen Besitzer leider nie wieder gefunden hatte und lesen, dass sie es tatsächlich genauso in dieses Buch geschrieben hatte. Ich bin in Tränen ausgebrochen. Mir wurde bewusst, wie groß dieser Wunsch war. Damals schien er mir so bescheiden, ich dachte, mir fehlt gar nichts, mehr brauche ich nicht in meinem Leben. Wenige Monate später habe ich erfahren müssen, wie groß dieser Wunsch wirklich war. Auch jetzt noch, beim Schreiben laufen die Tränen.

Das muss so ungefähr im März 2005 gewesen sein. Ja, ich war rundum glücklich und zufrieden. Dennoch war unser Leben geprägt von harter Arbeit und Stress. Wir bewirtschafteten damals einen 160 Hektar großen landwirtschaftlichen Betrieb mit 80 Milchkühen und der gleichen Anzahl junger Kälber sowie Jungtieren des Vorjahres, die alle täglich versorgt werden mussten. Wir hatten einen ganz guten Tagesrhythmus gefunden. Morgens um 5 Uhr musste ich Lorne wecken, um ihn zu versorgen, zu stillen, zu wickeln und ihn anschließend wieder hinzulegen. Danach aufstehen,

Stallklamotten anziehen und mit dem Babywächter raus in den Stall. Draußen vor der Tür saß jeden Morgen unser Hund und wartete auf mich. Melken, Kälber versorgen. Arrie war immer an meiner Seite. Dann wieder rein, duschen, Frühstück zubereiten, Mädels wecken, frühstücken, fertig machen für die Schule. Fahrdienst zum Schulbus, denn wir wohnen außerhalb des Dorfes. Dann wieder heim, Lorne versorgen, Haushalt erledigen, Mittagessen zubereiten, Mädels wieder abholen, Lorne versorgen, bei den Hausaufgaben helfen. Nachmittags ging es wieder in den Stall, um zu melken und die Tiere zu versorgen. Dann wieder ins Haus Abendbrot machen, Lorne versorgen, etwas Zeit mit den Mädels verbringen. Bis dann gegen 20 Uhr alle versorgt und im Bett waren. So in etwa lief es täglich ab. Auch an den Wochenenden. Als landwirtschaftlicher Unternehmer hat man nie frei. In den Wochen und Monaten der Erntezeit, kamen für Jan die Erntearbeiten dazu und ich hatte auch schon mal so zehn Leute zum Mittagessen, Kaffee und Abendbrot am Tisch. Außerdem mussten die Kinder immer gefahren werden. Ein Bus fuhr bei uns im Außenbereich nicht. Aber irgendwie ging es immer. Wir hatten das Glück, dass meine Schwiegereltern uns immer unterstützten. Dennoch war es manchmal auch schwierig. Ich kam damals als junge Frau, gelernte Bankkauffrau, stellvertretende Zweigstellenleiterin, in einen bestehenden Familienverbund und es wurde erwartet, dass ich mich einfügte und unterordnete. Das war so gar nicht ich, hatte ich doch eigene Vorstellungen von Kindererziehung und dem Eheleben.

Meine Schwiegermutter Annegret war eine sehr patente Frau. Ihre Hilfsbereitschaft kannte keine Grenzen. Es schien, als würde ihr nichts zu viel werden. Ob Kinder hüten, beim Melken helfen, Fahrdienst zum Schulbus übernehmen und vieles mehr. Sie sagte immer:»Kein Problem. Das mache ich gerne!« Nebenbei hatte sie auf ihrem Grundstück den perfekt gepflegten Garten, ein blitzsauberes Haus und immer geputzte Fenster. Sie konnte sehr gut kochen und buk und verzierte die leckersten und schönsten Torten. Nebenbei ging sie regelmäßig zum Sport, machte jährlich ihr Sportabzeichen, war Mitglied im Landfrauenverein und organisierte jährlich eine mehrtägige Fahrt für ihre Vereinskolleginnen. Das waren sehr große Fußstapfen, in die ich da trat. Nichts schien ihr jemals zu viel, denn auch mein Schwiegervater Heinrich forderte sein Recht. Das Essen musste pünktlich um 12 Uhr auf dem Tisch stehen und seine Klamotten für »gut« wurden täglich frisch gewaschen und gebügelt für ihn zurechtgelegt.

Mein Schwiegervater war noch so einer vom alten Schlag. Er war der Boss im Haus. Auf dem Hof gab es die ersten Jahre schon einige generationsbedingte Probleme. Es dauerte ein paar Jahre, bis sich alles zurecht geruckelt hatte und jeder seinen Platz und seine Grenzen kannte. Heinrich kam täglich zu uns auf den Hof. Morgens um 8 Uhr stand er auf der Matte. Ich muss zugeben, dass mein Schwiegervater bis zu seinem Tod meinte, er sei der Boss auf dem Hof. Jan hatte ein unglaubliches Talent entwickelt, seinem Vater dieses Gefühl zu geben und doch das zu tun, was er selbst wollte. Somit verlief unser gemeinsames Leben auf dem Hof meistens harmonisch.

Bei uns hätte man die eine oder andere Folge aus »Büttenwarder« – die Norddeutschen werden diese Serie kennen –

original drehen können, denn wir hatten noch zwei Altenteiler. Heinrichs Bruder Ernst-Ludwig, genannt Onkel Lulu und seine Frau Marga wohnten nur ein Stück weiter die Straße runter. Die beiden hatten ihren eigenen Hof, auf dem Bruder Heinrich auch ab und zu nach dem Rechten schaute. Onkel Lulu und Tante Marga gehören zu den liebsten Menschen, die ich jemals kennengelernt habe. Jan war für die beiden wie ein Sohn. Sie selbst haben zwei sehr liebe und nette Töchter in unserem Alter.

Auch Onkel Lulu half auf unserem Hof, so oft er nur konnte und Tante Marga war für mich eine ganz enge Bezugsperson, wenn ich Hilfe beim Kochen oder Backen brauchte. Sie half mir immer gerne und gab mir das Gefühl, dass ich das schon alles ganz toll konnte.

Wir haben noch heute ein sehr inniges Verhältnis. Die beiden lieben unsere Kinder, wie ihre eigenen Enkelkinder.

Ich erinnere mich noch genau an meine ersten kläglichen Versuche, einen genießbaren Kuchen zu backen. Äußerlichkeiten waren vorerst völlig nebensächlich. Wenn ich daran denke, muss ich heute noch lachen. Ich war damals über Jahre voll berufstätig gewesen.

Betriebswirtschaftlich war ich durch meine Ausbildung als Bankkauffrau bestens vorbereitet. Ich übernahm sofort die Buchführung und Bankgeschäfte für unseren Betrieb. Das konnte ich sehr gut, das hatte ich gelernt. Außerdem war ich auf einem landwirtschaftlichen Betrieb groß geworden. Stallarbeit, Kälber füttern, melken und auch Traktor fahren hatte ich schon seit meiner Kindheit bis zum Beginn meiner Ausbildung jahrelang machen müssen. Die einzige Tatsache, die mich für hauswirtschaftliche Arbeiten qualifizierte, war folgende: Ich war eine Frau.

Das Kochen gelang mir sehr gut. Es machte mir sogar Spaß. Mit einem guten Rezept konnte man es schaffen. Das Backen dagegen war für mich ein großes Rätsel. Nichts gelang mir, so dass ich es irgendwann mit Fertigbackmischungen versuchte. Auch das war eine einzige Katastrophe. Ich weiß einfach nicht warum. Vielleicht hat der Kuchenteig gespürt, dass ich ihn hasste. Als ich mich einer Freundin anvertraute, die gar keine Lust auf Hausarbeit hatte, meinte sie: »Ich lass das immer ‚Coppenrath und Wiese' machen. Die können das viel besser als ich.«

Okay, das wäre die letzte Option, aber ich hatte irgendwie den Ehrgeiz entwickelt, es allein zu schaffen. Das konnte doch nicht so schwer sein. Also lud ich Jans Großmutter (Oma Elli) und meine Schwiegereltern Annegret und Heinrich zu Kaffee und Kuchen zu uns ein. Ich wollte einen Apfelkuchen aus Mürbeteig und eine Schwarzwälder Kirschtorte herstellen. Es war der Horror. Nichts gelang. Der Schokobiskuit war in der Mitte total klitschig. Ich höhlte ihn einfach aus, füllte die Lücke mit angedickten Kirschen, ließ es abkühlen, schlug Sahne und belegte den Kuchen damit und obendrauf streute ich Schokoraspel.

Der Mürbeteig wurde steinhart, das konnten auch die Äpfel nicht retten, aber diese beiden kläglichen Versuche schafften es auf den hübsch gedeckten Kaffeetisch.

»Mmhh, lecker« Oma Ellie lobte meinen Mürbeteigkuchen mit halb vollem Mund. Es wollte ihr einfach nicht gelingen, runterzuschlucken, weil sich ein Zahn ihres Gebisses gelöst hatte und beim Kauen immer wieder zwischen Teig und Äpfel geriet. Sie liebte ihren Janni so sehr, dass auch dessen Ehefrau bedingungslos geliebt und in Sachen Backkünsten lieb gemeint belogen wurde.

Ganz ehrlich: Der Kirschkuchen schmeckte richtig gut, sah einfach nur anders aus als eine Schwarzwälder Kirschtorte. Ich machte den Fehler, allen zu gestehen, was es eigentlich hatte werden sollen, so dass ich einen Tag nach diesem Desaster Besuch von meiner Schwiegermutter bekam. Sie stand plötzlich in meiner Küche mit einer perfekt gebackenen und natürlich ebenfalls perfekt dekorierten Schwarzwälder Kirschtorte (übrigens Jans Lieblingstorte) und sagte: »Guck mal, so soll die aussehen. Das schaffst du auch noch irgendwann.«

Wie nett. Wir beide werden sicher mal beste Freundinnen.

Als ich abends meinem Mann davon erzählte und mich bei ihm über dieses Verhalten beklagte, sagte er: »Ich weiß gar nicht, was du hast, Dörte. Die Torte hat doch super geschmeckt.« Ich sollte noch erfahren, wie häufig Mann und Frau aneinander vorbeireden. Nach solchen Erlebnissen ging ich immer zu Tante Marga und Onkel Lulu. Die beiden gaben mir immer ein gutes Gefühl.

Dank Tante Margas Hilfe gelangen mir über die Jahre alle Kuchen-Rezepte, die ich ausprobierte. Heute gehen mir das Kochen und das Backen sehr gut von der Hand. Ich habe sogar für meine beiden Töchter Malena und Johanna zwei handgeschriebene Kochbücher mit ihren Lieblingsrezepten verfasst. Selbstverständlich: Idiotensicher (das hätte ich gebraucht). Jeder Schritt wird ganz genau erklärt. Es kann einfach nicht schief gehen Ich schenkte den beiden die Bücher zu Weihnachten und ich weiß noch, dass ich den Verdauungsjubi mit links anheben und zum Mund führen musste, weil ich vom ungewohnt vielen Schreiben eine Sehnenscheidenentzündung im rechten Arm hatte.

Unsere erste Einladung, die wir frisch zusammengezogen von unseren Nachbarn erhielten, muss ich erwähnen. Wir sind hier auf Lebenau eine kleine Gemeinde von elf Haushalten. Wir führen eine gute Nachbarschaft und gelegentlich lädt man sich zum gemeinsamen Essen ein oder, um einen Geburtstag zu feiern. Ich wohnte damals gerade mal ein halbes Jahr hier und wir wurden zusammen mit Heinrich, Annegret, Onkel Lulu, Tante Marga und einigen anderen Personen bei unseren Nachbarn eingeladen. Es war ein sehr schöner Abend und alle unterhielten sich gut. Gegen zehn Uhr abends sprang mein Schwiegervater auf und sagte sehr bestimmt: »So jung Lüd, nun wollen wir an die Hütte!«

Ich dachte, was hat er denn für einen Auftrag? Alle, ausnahmslos alle erhoben sich, auch die Gastgeber, um sich zu verabschieden. Nur ich saß noch auf meinem Platz. Ich wollte noch bleiben.

Ich wusste gar nicht, wie mir geschah. »Schluss für heute, morgen müssen wir alle früh raus.« Mein Schwiegervater sah mich böse an. »Gute Nacht, bis morgen!«

Ich schenkte nochmal nach.

So ging es eine Weile hin und her, bis ich mich auch erhob, um zu gehen. Es saß ja niemand mehr am Tisch, mit dem ich mich noch unterhalten konnte. Ich dachte, wo bin ich hier denn gelandet? Auf diese Art musste ich erfahren, dass mein Schwiegervater seit Jahren der Boss war. Nicht nur auf seinem Hof. Es hatte sich noch nie jemand widersetzt. Das konnte ja lustig werden!

So war es bei uns auf Lebenau. Es wurde nie langweilig.

Es gibt jedenfalls einiges aus dieser Zeit zu erzählen, das würde wohl ein weiteres Buch füllen.

## Im ersten Jahr ist alles gut

Nun zurück zum Jahr 2005. Das erste Lebensjahr unseres Sohnes war eine einzige Freude. Die Zeit verging so schnell und nun wurde er schon ein Jahr alt.

Am 18. Juni 2005 feierten wir Lornes ersten Geburtstag bei uns im Garten. Wir hatten so schönes Wetter und ich sehe noch meinen Bruder Dirk vor mir. Er hatte seinen Sohn Thore und Lorne auf dem Schoß. Beide Jungen konnten unterschiedlicher nicht aussehen. Lorne dunkles Haar und braune Haut, Thore strohblond. Ich dachte damals, dass die beiden Jungen sicher noch einiges zusammen anstellen würden.

Der Altersunterschied betrug nur acht Monate. Es war ein so schöner Nachmittag. Alle waren fröhlich und redeten durcheinander. Malena und Johanna machten Faxen und brachten die beiden Jungen immer wieder zum Lachen. Wir waren so unbeschreiblich glücklich. Ich weiß es noch wie heute, und wenn ich daran zurückdenke, dann gibt es Momente, in denen fühle ich mich darum betrogen, um die Zeit mit meinen drei gesunden Kindern. Ich fühle mich betrogen, die ersten Worte meines Sohnes zu hören. Das erste Mal Mama, die ersten Fragen, die einen in den Wahnsinn treiben, wenn Kinder immer wieder »und dann?« fragen. Ich fühle mich so sehr vom Schicksal betrogen, wenn ich meine Neffen sehe (Thore und seinen jüngeren Bruder Tjark), die ich sehr lieb habe. Sie sind zu jungen Männern herangewachsen und ich frage mich, wie mein Sohn sich wohl entwickelt hätte, wäre er doch nur nicht so krank geworden. Diese Gefühle sind ab und zu einfach da und ich lasse sie zu. Dann bin ich so unendlich traurig.

Es gibt aber auch wieder die guten Phasen. Sie überwiegen. Dann bin ich dankbar. Ich habe zwei so wunderbare, liebe, tolle Töchter, und mein Sohn hat mir und uns so viel Gutes beigebracht. Vielleicht war das sein Auftrag. Lorne hat in jedem Menschen, bis auf ganz wenige Ausnahmen, die besten Eigenschaften geweckt. Die Erinnerung an sein herzhaftes Lachen wärmt noch heute mein Herz.

## Der Tag, der alles veränderte

Bis zum Monat Oktober lief es alles genauso, wie beschrieben. In den Ferien war immer alles etwas entspannter. Am 19. Oktober 2005 hatte Lorne einen Termin bei unserem Hausarzt. Er sollte an diesem Tag eine 6-fach-Auffrischungsimpfung gegen Tetanus, Diphtherie, Pertussis, Haemophilus, Hepatitis B und Poliomyelitis bekommen. Bei dem Impfstoff handelt es sich um Infanrix Ch-BA21-CA056A. Die Impfung hätte eigentlich schon zehn Wochen zuvor stattfinden sollen, aber ich musste sie bereits zweimal absagen, weil Lorne irgendwie nicht so fit war. Einmal hatte er Fieber, dann war er erkältet. An diesem Tag war er auch etwas verschnupft, so dass ich diesen Termin eigentlich schon wieder absagen wollte. Dann fuhren wir aber doch hin, denn Lorne hatte nach meinem Empfinden keine erhöhte Temperatur. Ich weiß es noch wie heute, dass ich damals gleich die Hausärztin darauf hinwies, dass Lorne mir eigentlich nicht fit genug sei, und ich bat sie, ihn vorher lieber nochmal abzuhorchen. Sie fragte mich, ob er Fieber hätte, und ich antwortete: »Ich glaube nicht. Seine Stirn fühlt sich nicht so heiß an.«
Darauf sagte sie, sein Husten säße sehr locker, somit könne sie ohne Bedenken impfen. Damals wusste ich nicht, dass Lornes Stirn trotz Fieber nie heiß war. Lorne bekam sehr heiße Hände, wenn er fieberte. Könnte ich doch die Zeit zurückdrehen! Mein Bauchgefühl sagte damals: »Nein!«
Der Verstand allerdings sagte: »Nun hast du den Termin schon zweimal abgesagt und wir sind schon mehrere Wochen über die empfohlene Zeit. Irgendwann muss der Junge auch mal damit durch sein.«

Gesagt, getan. Lorne wurde trotz Infektion (wie ich einige Tage danach erfahren sollte) geimpft. Ich mache niemandem Vorwürfe, außer mir selbst. Niemand konnte ahnen, was jetzt folgte. 15 Jahre geprägt von Verzweiflung, Hoffnung, Enttäuschung, Trauer, Sorge und immer wieder Verzweiflung.

Für mich stellt diese Impfung den Wendepunkt dar. Nur zu diesem Zeitpunkt war mir das nicht bewusst. Erst sehr viel später habe ich durch Nachfragen einzelner Therapeuten einen Zusammenhang gesehen. Nein, ich bin keine Impfgegnerin. Es geht mir hier nicht darum, das Pro- und Kontra von Impfungen zur Diskussion zu stellen. Aber diese Impfung markiert den Wendepunkt im Leben unseres Sohnes. Es gibt für uns keinen anderen Rückschluss als dieses Ereignis. Es gab keinen anderen Anlass, warum aus einem gesunden Kind innerhalb von 48 Stunden ein massiv krankes Kind wurde. Es mag die verdeckte Infektion gewesen sein in Kombination mit der Wirkung einer 6-fach-Impfung. Das weiß ich nicht. Niemand kann das wissen. Ich kann auch anderen Eltern keinen Rat dazu geben. Ich bin keine Ärztin oder Pharmazeutin. Ich bin nur eine Mutter, die ihr Kind nach einem langen, schweren Weg verloren hat. Das ist die harte Wahrheit.

### Ganz genau 48 Stunden später: 21. Oktober 2005

Lorne ist früh aufgestanden. Er hustet immer noch und ist etwas verschnupft. Ich gebe ihm sein Frühstück und wir verbringen den ganzen Vormittag draußen. Normalerweise schläft er vormittags nochmal eine Stunde, heute hat er allerdings wohl keine Lust dazu. Mittags füttere ich ihn etwas

früher und bringe ihn dann ins Bett für seinen Mittagsschlaf, damit ich die Mädchen dann in Ruhe vom Schulbus
abholen kann und etwas Zeit für die beiden habe. Heute
gibt es Kartoffelsuppe. Lorne sitzt in seinem Hochstuhl und
bereits nach dem zweiten Löffel stöhnt er laut auf. Dieses
schreckliche, verzweifelte Stöhnen werde ich wohl niemals
vergessen. Plötzlich sackt der kleine Körper leblos zusammen. Mein Herz bleibt stehen. Aber ich reagiere sofort ganz
mechanisch. Vielleicht hat er sich verschluckt und bekommt
keine Luft mehr?

Ich ziehe ihn aus dem Hochstuhl, klopfe auf seinen Rücken.
»Lorne, mein Schatz, Looorneee!«, rufe ich immer wieder.
Ich halte den schlaffen Körper meines Kindes auf dem
Arm, drehe ihn, klopfe auf seinen Rücken, puste in sein
Gesicht, rufe seinen Namen.

Nichts. Keine Reaktion. Er ist wie tot! Weder öffnet er seine
Augen noch macht er die kleinste Bewegung, die einen
Hinweis darauf geben, dass in diesem Jungen noch ein
Funken Leben ist. Es sind die schlimmsten Sekunden mei-
nes Lebens, die mir damals wie Stunden vorkamen.

Ich renne mit Lorne im Arm nach draußen, wo Jan mir
glücklicherweise entgegenkommt. »Hilfe! Jan … Hilfe! Mit
Lorne stimmt was nicht. Er ist zusammengebrochen. Ich
bekomme ihn nicht wieder wach.«.

Ich übergebe ihm unser Kind. Währenddessen greife ich
zum Handy und wähle den Notruf.

Jan will Lorne gerade schütteln und ruft immer:

»Lorne! Lorne!«

»Nicht schütteln! Er ist noch so klein. Dabei kann zu viel
passieren!« Jan drückt mir den kleinen, schlaffen Körper
wieder in den Arm.

»Los Dörte, zum Auto. Wir fahren dem Notarzt entgegen!«
Das alles hat nur drei Minuten gedauert. Eine gefühlte
schreckliche Stunde! Im Auto öffne ich die Fensterscheibe,
stecke Lorne meinen Finger in den Hals, damit er sich übergeben kann. Nichts! Ich puste ihn an, fächle Luft zu. Vielleicht hat er ja auch etwas in seine Luftröhre bekommen.
Ich handele mechanisch, um unseren Sohn zu retten, gleichzeitig bin ich innerlich verzweifelt und hysterisch.
Versuche aber, nicht den Verstand zu verlieren. »Nein, bitte
nicht mein Baby. NEIN, nicht mein Baby!«, gellt es in meinem Inneren.
Da, mein Herz macht einen Sprung. Ist es wahr? Ich spüre
einen ersten flachen Atem.
Gleichzeitig sehe ich plötzlich Blaulichter vor uns aufblitzen
und den großen Rettungswagen auf uns zukommen. Jan
hupt, macht Lichtzeichen und beide Autos kommen zum
Stehen. Ich springe mit Lorne im Arm aus dem Auto und
schreie ihnen die Infos entgegen. Die erfahrenen Retter
nehmen meinen Sohn sofort entgegen und steigen in den
kleinen Behandlungsraum.
Ich bin so erleichtert. Jetzt kann Lorne geholfen werden.
Allein die Ruhe, mit dem das Team ans Werk geht, hilft mir
in meiner Panik, wieder etwas Mut zu fassen. Ich muss nicht
zusehen, wie unser Sohn womöglich in meinen Armen
stirbt. Sie können ihm helfen. Hoffentlich …
Ich werde ein wenig ruhiger und steige mit in den Rettungswagen. Dort wird Lorne an alle möglichen Geräte angeschlossen. Ich weiß noch, dass einer der Rettungssanitäter
die ganze Zeit mit mir gesprochen hat: »So, jetzt schließen
wir ein Gerät an seinem Finger an, dann können wir sehen,
wie der Sauerstoffgehalt in seinem Blut ist.« Er kommentier-

te jeden Arbeitsschritt und erzählt mir, dass das Herz meines Sohnes ganz wunderbar schlägt, dass sein Blut sauerstoffgesättigt sei.

Sätze, die mich unendlich froh machen und mich etwas ruhiger werden lassen. Dann ist auch der Notarzt da. Doch auch ihm gelingt es nicht, Lorne zu wecken. Er liegt da, angeschlossen an alle möglichen Geräte. Mein Baby, mein Sohn. Ich will das alles nicht.

»Lornes Blut ist sauerstoffgesättigt. Das heißt, dass er die ganze Zeit doch geatmet haben muss.«

Eine gute Nachricht nun auch von dem Notarzt, die ich aufsauge wie einen rettenden Strohhalm.

Trotzdem wacht unser Kind nicht auf. Ich sehe meinen Sohn an und muss ihn einfach berühren. Ich fasse an seinen Hinterkopf an seine schönen flauschigen schwarzen Haare und irgendetwas durchströmt mich. Ich weiß nicht, was es ist, aber ich spüre ein warmes Gefühl und eine Gewissheit. Mein Sohn wird nicht sterben! Was auch immer das war. Was auch immer passiert. Sterben wird er nicht!

Der Notarzt bleibt im Rettungswagen und wir fahren mit eingeschalteter Sirene in die Klinik. Ich bekomme davon nichts mit, sitze ganz dicht bei meinem Sohn und kann den Blick nicht abwenden. Jan folgt dem Rettungswagen und hat die schlimmsten Minuten seines Lebens allein im Auto.

In der Klinik angekommen, steigen wir alle aus dem Rettungswagen und laufen durch die Räumlichkeiten der Notaufnahme. Sanitäter, Notarzt, nur wenig später auch mein Mann, der unseren Wagen irgendwo im Halteverbot abgestellt hat. Ich befinde mich die ganze Zeit in einem Tunnel. Nehme gar nicht wahr, ob noch andere Patienten dort sind, sehe nur meinen komatösen Sohn. Die fahrbare Trage, auf der Lorne liegt, wird durch einige Gänge geschoben und irgendwann befinden wir uns in einem Untersuchungszimmer, in dem schon ein Kinderarzt parat steht. Er kneift Lorne ins Bein und fragt:»Na, wen haben wir denn da?« Lorne schreit laut auf. Sofort ist alles anders. Das ist der schönste Schrei, den ich jemals gehört habe. Ich breche in Tränen aus und nehme erst einmal meinen Sohn in den Arm:»Lorne, Schatzi, was machst du für Sachen? Was war das?« Lorne schaut mich verwirrt mit großen Augen an. Aber er scheint völlig normal, ein wenig müde vielleicht. Wir führen anschließend ein langes Gespräch mit dem Oberarzt Dr. S., der jetzt auch nach meinem Sohn sieht und mit dem ich in Zukunft noch einige Zeit verbringen sollte. Es ist noch ein zweiter Arzt dabei, der Kinderarzt Dr. R.. Beide sind der Meinung, dass es sich um eine einmalige Absence handelte, das komme schon mal vor. Ich kann das nicht glauben. So etwas habe ich noch nie gehört. Dr. S.: »Jeder Mensch hat in seinem Leben mindestens einen epileptischen Anfall. Die meisten Anfälle bleiben unbemerkt.« Auch Dr. R. bestätigt das:»Manchmal sieht es aus, wie Sekundenschlaf oder es passiert im Zusammenhang mit hohem Fieber, ein sogenannter Fieberkrampf. Auch das ist ein epileptisches Geschehen.«

»Was machen wir denn jetzt?« Mein Mann weiß gar nicht, was er dazu sagen soll.»Muss Lorne die Nacht noch überwacht werden?« »Wir müssen auf alle Fälle einige Untersuchungen machen, die Hirnströme messen ein sogenanntes EEG, dann sollten wir ein MRT machen, dann wissen wir sicher mehr. Ich werde für Ihren Sohn diese Termine vereinbaren und mich dann bei Ihnen melden.« Dr. S. scheint sehr routiniert und wenig beunruhigt. Diese Ruhe saugen wir erleichtert auf. »Ich gehe davon aus, dass es sich um eine einmalige Absence handelt und sich nicht wiederholt. Die Untersuchungen machen wir auf alle Fälle. Dann sind Sie auf der sicheren Seite. Ich schätze, dass wir für nächste Woche die Termine schon bekommen werden. Dann sollten Sie mit Ihrem Sohn für eine Woche in die Klinik kommen. Heute können Sie nach Hause fahren.«

Das verunsichert mich sehr: »Ist es nicht besser, wenn wir eine Nacht hierbleiben?«

»Das ist wirklich nicht notwendig. Seine Blutwerte sind in Ordnung, er wirkt sehr fidel. Ich glaube nicht, dass irgendetwas schwerwiegendes mit Ihrem Sohn ist. Sollte sich dieser Zustand tatsächlich wiederholen, kommen Sie einfach wieder her. Dann sehen wir weiter. Ansonsten melde ich mich nächste Woche bei Ihnen, wann Sie stationär mit Lorne aufgenommen werden.«

Mit mulmigem Gefühl fuhren wir mit Lorne wieder nach Hause. Wir ließen ihn an diesem Tag und auch in der Nacht nicht aus den Augen. Der Schreck saß tief. Am nächsten Tag hatten wir einen Termin beim Hausarzt, um bei Lorne ein EKG zu schreiben. Wir wollten eine mögliche Herzschwäche ausschließen. Der Befund war völlig normal. Wir wurden wieder etwas ruhiger und nahmen an, dass es sich um einen einmaligen Krampfanfall oder um ein Verschlucken und eine Reizung des Vagusnervs handelte. Die Untersuchungen, die wir in den folgenden Wochen machen würden, sollten uns Aufschluss darüber geben, ob Lorne ganz gesund war.

Ich fing daraufhin an, alles Wichtige aufzuschreiben.

**Ich zitiere aus meinem Lorne-Tagebuch:**

**Mittwoch, 26.10.2005**

Lorne hat einen Termin im Friedrich-Ebert-Krankenhaus (FEK) in Neumünster zum EEG, um diesem Anfall auf die Spur zu kommen. Beim EEG wurden Elektroden überall an seinem Kopf angebracht, um die Aktivität seiner Hirnströme zu messen. Das Ergebnis ist ohne Auffälligkeiten. Wir fühlen uns schon wieder wohler und glauben nun immer mehr an einen einmaligen Krampfanfall. Vielleicht hatte er Fieber und wir haben es nicht bemerkt.

**Woche vom 31.10 bis 05.11.2005**

Lorne ist immer noch etwas verschnupft, aber sonst gut drauf. Er wird seine Erkältung nicht richtig los, ist aber völlig normal und wirkt nicht krank.

**Sonntag, 06.11.2005**

Lorne hat lange geschlafen bis 8.45 Uhr. Er spielt mit seinen Schwestern und seinem Vater im Wohnzimmer und knabbert dabei Sesamstangen. Er schiebt sich eine etwas längere Sesamstange in den Mund und plötzlich stöhnt er laut auf und bricht wieder zusammen. Er verdreht die Augen und lässt immer wieder den Kopf hängen. Das darf doch jetzt nicht wahr sein! Die Ärzte habe doch gesagt, dass es einmalig war. Was ist denn das nur? Sofort laufen wir mit dem schlaffen Körper unseres Sohnes raus an die Luft, rufen ihn, klopfen ihm auf den Rücken, aber er wirkt völlig abwesend. Mein Herz rast. Ich halte auch die Luft an. Will schreien, aber unterdrücke diesen Drang. Langsam wird es etwas besser, aber er ist sehr erschöpft. Voller Sorge fahren wir wieder in die Klinik, schildern der diensthabenden Ärztin den Verlauf und erwähnen auch den ersten Fall. Lorne wird abgehorcht, die Ohren werden kontrolliert. Der Hals ist ohne schwerwiegenden Befund, außer dass er etwas röchelt auf den Bronchien. Und er schreit. Das Schreien können wir erklären, denn er hatte noch nichts gegessen an dem Morgen. Dieser Zustand passierte unmittelbar vor dem Frühstück. Es wird uns wieder geraten, diese Zustände stationär abzuklären.

**Montag, 07.11.2005**
Lorne hat einen Termin bei unserem Hausarzt. Es wird über eine sofortige Einweisung ins Krankenhaus entschieden, um diese Zustände abzuklären. Die Station 22 des FEKs will sich telefonisch bei uns melden, sobald wir kommen sollen. Als wir bis 15 Uhr nichts hören, rufe ich an. Die Wichtigkeit dieses Falles war nicht klar zum Ausdruck gekommen, sodass wir auf den nächsten Tag vertröstet werden. Ich könnte ausflippen.

**Dienstag, 08.11.2005**
Wir sind gegen 10 Uhr im FEK und haben ein langes ausführliches Gespräch mit Dr. S., dem Oberarzt der Kinderstation. Lorne und ich sitzen auf gepackten Koffern, da wir annehmen, dass wir im Krankenhaus bleiben müssen. Wir werden darüber aufgeklärt, dass nur durch ein MRT, Licht in das Dunkel dieser Anfälle kommen wird. Allerdings bekommen wir so schnell keinen Termin für ein MRT, weil Lorne immer noch zu verschnupft ist und etwas zu schwer

atmet. Um eine Vollnarkose machen zu können, muss unser Sohn ganz gesund sein. Wir bekommen einen Termin erst in der nächsten Woche und fahren wieder nach Hause, mit einer Menge Informationen darüber, welche Untersuchungen in der nächsten Woche gemacht werden müssen.

### Woche bis zum 13.11.2005

Die Woche verläuft normal. Lorne ist fit und sieht aus wie das blühende Leben. Er hat immer rote Wangen, die wie wir annehmen, durch seinen ständigen Aufenthalt an der frischen Luft, zustande kommen. Er hat immer noch Schnupfen und Husten, so dass wir in dieser Woche noch den Hals-Nasen-Ohren Arzt Dr. W. konsultieren, um abzuklären, ob Lorne wirklich gesund ist. Und um zu überprüfen, ob nicht doch sein Hals oder Rachen verändert oder womöglich sehr eng sind, da sich diese Anfälle immer im Zusammenhang mit dem Verschlucken wiederholen. Auch Dr. W. glaubt nicht an eine Vagusnervreizung bzw. ein Verschlucken als Grund für diese Anfälle und entlässt uns ohne Befund.

### Montag, 14.11.2005

Heute Morgen ist etwas anders, denn Lorne schläft länger als normal. Gegen 9 Uhr wird er erst wach. Nach dem Frühstück spielt er, wirkt aber etwas müde. Dann fahren wir zum Einkaufen und im Einkaufswagen passiert es wieder. Lorne knabbert an einem Keks, stöhnt auf, verdreht die Augen und wird wieder ohnmächtig. Ich lasse den vollen Einkaufswagen einfach stehen und laufe sofort mit ihm raus an die Luft, rufe ihn, puste ihn an und klopfe auf seinen Rücken. Wir fahren nach Hause und er ist im Auto noch etwas abwesend, öffnet aber schon mal kurz wieder die Augen. Ich bin verzweifelt. Was ist das nur? Was können wir machen? So geht es doch nicht weiter. Lorne sitzt hinten im Auto und es fällt ihm sehr schwer, die Augen aufzuhalten. Er verdreht sie und will immer wieder einschlafen. Zu Hause geht es etwas besser. Nach dem Essen will ich mit ihm mal einen langen Spaziergang machen, setze ihn in seine Sportkarre und es passiert wieder. Genau wie im Einkaufswagen. Ich nehme ihn in den Arm und er schläft zwei Stunden in meinen Armen. Als er wieder wach ist, geht es ihm etwas besser. Ich muss immer wieder weinen.

Ich fühle mich so hilflos. Hoffentlich erhalten wir Antworten, wenn die Untersuchungen abgeschlossen sind.

Der Nachmittag verläuft normal. Aber abends im Wohnzimmer beim Spielen, er war kurz vorher noch total fidel, verschluckt er sich an seinem eigenen Speichel, schreit einmal auf und verdreht die Augen und wird wieder völlig schläfrig, ja wie apathisch. Die Nacht verbringt er bei mir. Ich lasse ihn keine Sekunde mehr aus den Augen. Ich bin so verzweifelt. Was soll ich nur machen? Morgen muss ich mit meinem Sohn in die Klinik.

**Dienstag, 15.11.2005**

15 Uhr Aufnahme im FEK.

Blutabnahme

24 Stunden soll Lornes Blutzucker überprüft werden.

Gegen 16 Uhr habe ich ein Gespräch mit dem Oberarzt. Jan muss leider nach Hause, um die Tiere zu versorgen, und muss sich um unsere Töchter kümmern. Es ist niemand da, der das übernehmen kann. Als ich Dr. S. schildere, dass Lorne in den letzten Wochen mehrfach diese Zustände hatte, antwortet er nur vage und meint, dass wir erst einmal die

Untersuchungsergebnisse abwarten sollten. Ich habe das Gefühl, dass hier alle, genau wie wir völlig ratlos sind. Dann verabschiedet er sich mit den Worten »Frau Thomsen, morgen wissen wir sicher mehr. Richten Sie sich mit Ihrem Sohn erst einmal ein. Es wird sicher eine anstrengende Woche.« Wie recht er hatte. Es ist unbeschreiblich anstrengend mit einem Kleinkind in einer Klinik.

Bereits nach einer Nacht mit meinem Sohn im Krankenhaus könnte ich schreien. Ich will das nicht! Es ist unerträglich hier! Jede Mutter, jeder Vater, die schon einmal mit ihrem Kind im Krankenhaus waren, werden das verstehen können. Ich kann hier nichts machen, nur warten. Ich kann nicht lesen, nicht einmal duschen. Meine Nerven sind bis aufs Äußerste angespannt. Lorne spürt das. Ich muss die ganze Zeit voller Sorge meinen Sohn beaufsichtigen. Das Personal hat hier alle Hände voll zu tun. Beaufsichtigen der Kinder gehört nicht dazu. Ich fühle mich machtlos und alleingelassen.

Dann soll Lorne die Nächte hier in einem fremden Bett, ich neben ihm im Schlafsessel, verbringen. In unserem Zimmer ist ein anderes krankes Kind mit Mama, die sich wohl einen Magen-Darm-Infekt eingefangen haben und sich die ganze Nacht erleichtern. Ich kriege kein Auge zu. Es kommt mir vor wie ein schlimmer Albtraum. Ich will nicht hier sein. Ich will mein Leben wieder haben. Ich brauche Ablösung! Aber das passiert nicht. In dieser schlimmen Phase, in der ich ununterbrochen weine, kommt mir ein Freund, Jörg M. zur Hilfe. Er arbeitet schon lange im FEK und hat gehört, was uns passiert ist. Er sorgt dafür, dass Lorne eine halbe Stunde betreut wird, und lädt mich auf einen Kaffee ein. Ich breche erneut in Tränen aus. Ich bin ihm so dankbar für diese 30 Minuten. Ich habe alles, was mich bedrückt, bei ihm abgeladen und er hat mich getröstet. Ich fühle mich besser. Ich schöpfe neue Kraft und sage mir: »Ich schaffe das schon!«

Nachmittags bekommen die anderen Mütter immer Besuch von ihren Müttern, den Omas, damit sie mal durchatmen können. Dieses Glück habe ich leider nicht. Aber auf meine Freundinnen ist wieder mal Verlass. Angela und Andrea besuchen mich in dieser schlimmen Woche und sorgen für Abwechslung. Die Woche ist so anstrengend und ich bin so traurig. Es werden unendlich viele Untersuchungen gemacht, doch niemand hat eine Antwort.

Folgende Untersuchungen stehen an:
EEG (Hirnströme messen)
EKG (Herz untersuchen)
MRT (Magnetresonanztomographie, Aufnahme vom Kopf)

Lorne schläft sich danach erst einmal aus, da diese Untersuchungen unter Vollnarkose gemacht wurden. Ich bin völlig erschöpft. Nachts bekomme ich kein Auge zu. Außerdem bin ich voller Sorge um meinen Sohn. Alle Untersuchungsergebnisse sind vorerst normal.

Dann auch noch:
Röntgen der Lunge.
Röntgen der Speiseröhre.
Nach einer Woche werden wir mit folgendem Befund aus dem Krankenhaus entlassen: Es gibt keinerlei Hinweise auf eine Epilepsie. Aber Lorne hat eine Nasen-Nebenhöhlen-Infektion. Alles ist dicht! Ich weiß nicht, warum ich das

nicht bemerkt habe. Er gefiel mir nicht so richtig, aber, dass er so krank ist, habe ich nicht bemerkt. Ich bin geschockt. Doch eine Erklärung für diese Anfälle bekommen wir nicht. Niemand kann sich erklären, was Lorne hat.

Ich weiß nicht, wie lange mein Sohn diese Erkältung schon hatte. Wurde in diese schwere Infektion bereits geimpft? Das ist möglich, denn er hatte an dem Tag auch Fieber. Das ist mir zu dem Zeitpunkt noch nicht klar. Aufgrund der Diagnose und nach Absprache mit unserem Hausarzt gehen wir wie folgt vor: Lorne bekommt für zehn Tage ein Antibiotikum, Hustensaft und Nasentropfen. Das ganze Programm. Nach Ablauf der Behandlung soll ein weiteres Blutbild erstellt werden. Lornes Temperatur wird nun regelmäßig gemessen. Sie ist immer leicht erhöht, aber kein Grund zur Sorge.

Das mag die ganze Zeit der »Anfallserscheinungen« so gewesen sein. Wir haben es aber nie bemerkt.

Er ist auch immer gut drauf und wirkt nicht krank. Die Gabe des Antibiotikums allerdings wirkt schleimlösend und wir sind erstaunt, dass Lorne keine Schmerzen hat oder es uns jedenfalls nicht deutlich macht.

Wir hoffen inständig, dass diese Entzündung, die schon etwas länger in ihm wütet, der Grund für die Anfälle ist. Doch noch sind wir nicht auf der sicheren Seite. Ich sage mir: Wenn Lorne in den nächsten vier Wochen keinen weiteren Anfall hat, dann glaube ich, dass er wieder ganz gesund wird, und die Entzündung der Grund für die Anfälle gewesen sein muss. Bis dahin kann ich nur hoffen und Hoffnung habe ich. Große Hoffnung! Erst einmal bin ich unendlich froh, dass wir zurück zu Hause sind und ich meine Töchter wieder in die Arme schließen kann. Ich habe die beiden so vermisst und sie mich auch. Langsam kehrt wieder Normalität ein.

### Eintrag vom 17.11. bis 27.11.2005

Lorne bekommt seit dem 17.11.2005 dreimal täglich CEC-Saft (Antibiotikum). Die ersten Tage hat er noch immer leicht erhöhte Temperatur, immer zwischen 37.5 und 38,5 Grad. Am 22.11. geht es ihm sehr schlecht. Er hat auch noch einen Magen-Darm-Infekt und 38,7 Grad Fieber. Am nächsten Tag ist er wieder gut drauf.

Drei Tage später geht es Lorne wirklich gut. Er ist wieder sehr mobil und brabbelt vor sich hin. Mir fällt auf, dass er die letzten Wochen doch sehr still und müde war. Es hat sich wohl so eingeschlichen. Immer wenn man dachte, dass er vielleicht krank sein könnte, hat er geschlafen und es ging ihm wieder wesentlich besser.

Am 27. November geben wir die letzte CEC-Gabe und hoffen, dass Lorne gesund ist. Er wirkt sehr lebhaft und sieht gut aus. Am 1. Dezember haben wir einen Termin beim Hausarzt zur Blutkontrolle. Die Nacht davor hat Lorne schlecht geschlafen. Er fasst sich immer an sein rechtes Ohr und weint. Ich gebe ihm gleich morgens halbstündlich »Apis levisticum«, ein homöopathisches Mittel gegen Erkältung und Ohrenschmerzen. Um 12 Uhr sind wir beim Hausarzt. Blutentnahme aus der Vene. Seine Leukozyten sind mit 12.000 zu hoch und deuten auf eine Entzündung hin. Sein rechtes Ohr ist stark gerötet. Wir bekommen für den Notfall »Isocellin-Saft« (wieder ein Antibiotikum) verschrieben. Die anderen Blutwerte werden im Labor ausgewertet und liegen voraussichtlich am Montag vor. Um 12.40 Uhr sind wir zu Hause.

Lorne spielt in der Küche auf dem Boden. Plötzlich wirft er sich zurück und stößt sich den Hinterkopf. Er will noch schreien, aber es kommt nur ein gurgelnder Laut aus seinem Mund. Mein Mann nimmt ihn schnell hoch, und ich sehe schon, dass seine Augen starr nach oben gerichtet sind. Wieder atmet er auch nicht mehr. Es sieht aus, als würde er krampfen. Ich nehme einen kalten Waschlappen und lege ihn auf sein Gesicht. Das wirkt. Er zuckt zusammen und atmet wieder, dann weint er, ist aber völlig erschöpft und müde, obwohl er am Vormittag zwei Stunden geschlafen hat. Das Adrenalin pocht in meinen Adern. Langsam beruhige ich mich wieder. Ich halte ihn warm und er schläft eine Stunde in meinen Armen. Danach geht es ihm wieder besser.

Ich bin verzweifelt. Ich kann gar nicht beschreiben, wie schlimm das immer wieder ist, wenn sich diese Zustände zeigen. Was sollen wir nur machen? Man kann nicht klar erkennen, wann und warum es passiert. Ob Lorne nur gefallen war und aufgrund dieses Stoßes am Kopf gekrampft hat oder ob er gekrampft hat und deshalb erst auf den Kopf gefallen ist, das kann ich nicht sagen. Sicher ist nur, dass es dieses Mal anders ist.

Der Blick ist völlig starr und sein Körper steif. Er bekommt dreimal täglich »Isocellin-Saft«, damit die Infektion endlich auskuriert wird und dann wird wieder ein Blutbild erstellt.

**Eintrag vom 02.12. bis 11.12.2005**

Lorne bekommt dreimal täglich »Isocellin-Saft«. Es geht mit ihm stetig bergauf. Er ist sehr mobil, fängt an zu laufen und man meint, er wolle Bäume ausreißen. Dann gibt es wieder Tage, an denen er doch mal leicht erhöhte Temperatur hat und nicht so zufrieden wirkt. Aber grundsätzlich fällt mir auf, dass er wieder wesentlich lebhafter ist. Am 5. Dezember werden seine Ohren kontrolliert. Die sind wieder in Ordnung und seine Blutwerte sind auch gut. Der Entzündungswert ist wieder normal. Insgesamt war unsere Hausärztin mit den Ergebnissen zufrieden. Am 6. Dezember wälze ich homöopathische Fachliteratur und stimme mich mit unserem Nachbarn und Heilpraktiker S. ab. Es gibt auch in der Naturheilkunde Mittel und Wege, um Krampfanfälle, wenn es denn welche sind, zu verhindern. Ich würde so gern glauben, dass es hilft. Einen Versuch ist es wert. Wir geben seit dem 8. Dezember zweimal täglich zwei Globuli »Cuprum metallicum D 12«. Es wird dem Kind schon nicht schaden. Lorne ist weiterhin sehr lebhaft und fidel. Ich würde fast sagen, dass es ihm wieder richtig gut geht. Am Sonntag, den 11. Dezember verbanne ich ihn aus meinem Bett und lege ihn in sein eigenes. Es soll wieder etwas Normalität einkehren und er ist meistens schon um 6 Uhr dermaßen ausgeschlafen, dass er uns sogar schon mal wieder ärgert. Diese Aktion passt Lorne überhaupt nicht. Er liegt in seinem Bett und quengelt, schreit aber nicht.

Es hat ihm einfach nicht gefallen. Plötzlich ein schriller Schrei, als hätte er starke Schmerzen. Ich bin sofort bei ihm und er sackt schon wieder in sich zusammen. Er verdreht die Augen und ist dermaßen müde, als hätte er Stunden nicht geschlafen. Noch fünf Minuten vorher war dieser Junge quietschfidel. Dann schläft er anderthalb Stunden in meinen Armen, wird wieder wach und ist wieder fit. Ein wenig träge vielleicht. Es ist wieder ein Rückschlag. Jedes Mal, wenn man eine Woche geschafft hat, keimt die große Hoffnung in uns auf, dass es nicht wieder passiert. Vielleicht ist da irgendwo ein starker Schmerz, der so stark ist, dass Lorne ohnmächtig wird. Irgendwann werden wir es sicher erfahren. Ich glaube fest daran.

**Eintrag vom 12.12. bis 22.12.2005**

Lorne hat am Montag, den 12. Dezember einen Termin beim Kinderkardiologen Dr. med. K.. Er hat meinen Bericht über Lornes Krankheitsverlauf gelesen und empfiehlt mir, diese Krankheit unbedingt in der Neuropädiatrie der Uniklinik Kiel abklären zu lassen, weil nur dort die Bedingungen optimal sind, um diesen Zuständen auf die Spur zu kommen. Die kardiologische Untersuchung ergibt, dass Lornes Herz ganz gesund und voll funktionsfähig ist.

Noch am Nachmittag telefoniere ich mit der Neuropädiatrie der Uniklinik und vereinbare einen Termin bei Professor S., dem Leiter der Station für den Januar. Bis dahin werden wir schon noch durchhalten. Ich bin immer froh, wenn irgendetwas passiert oder ein Termin ansteht, der uns irgendwie weiterbringen wird.

Seit ein paar Wochen läuft Lorne und wir hoffen, dass durch diesen neuen Impuls sein Gehirn neue Erfahrungen macht und vielleicht alles wieder normal wird. Sehr naive Vorstellung, aber wenn wir unsere Hoffnung nicht hätten, wo wären wir dann. Diese Woche verläuft ohne besondere Vorfälle. Am 20. Dezember wacht Lorne gegen 6.30 Uhr auf. Alles ist wie immer. Dann auf dem Wickeltisch passiert es wieder. Er schluckt ganz komisch, so als wolle er ein Übergeben verhindern, indem er ganz schnell schluckt. Plötzlich verdreht er die Augen und ist wieder völlig schlapp. Kein Schrei, kein Weinen, kein Krampfen. Er ist einfach nur völlig fertig, obwohl er gerade erst wach geworden ist. Noch vor wenigen Minuten war er gut drauf. Dann schläft er eine Stunde und es geht ihm wieder besser.

Zwei Tage später passiert das Gleiche: Direkt nach dem Aufwachen dieses komische Schlucken und die Erschöpfung. Heute passiert es gegen 9 Uhr ein zweites Mal. Er ist sehr benommen, aber nicht richtig weg. Wir fahren zu unserem Hausarzt und lassen ein Blutbild erstellen. Einige Werte sind etwas erhöht, ansonsten ist alles normal. Es ist zum Verrücktwerden.

Wir haben das große Glück, dass Prof. S. uns nach meinen verzweifelten Anrufen doch noch vor Weihnachten empfängt. Nach meinen Schilderungen und meinem Bericht zufolge scheint für Professor S. eine Epilepsie so gut wie ausgeschlossen zu sein. Er hat einen anderen Verdacht, der ihm wahrscheinlicher erscheint. Er vermutet, dass der Rückfluss der Magensäure in die Speiseröhre diese Anfälle auslöst, da es immer wieder im Zusammenhang mit dem Verschlucken passiert. Lorne macht zur Sicherheit, und um ein gründliches Bild zu bekommen, ein 30-minütiges Schlaf-EEG und danach wird eine Magensonografie durchgeführt, um den Rückfluss in die Speiseröhre zu überprüfen. Und tatsächlich, es ist wohl ein Rückfluss zu sehen. Am Tag vor Weihnachten, um 8.15 Uhr sollen wir telefonisch das Ergebnis dieser Untersuchungen erfahren.

Mir ging es in dieser Zeit so schlecht, ich habe in meinem ganzen Leben nicht so viel geweint. Auch meine Töchter nimmt die Situation sehr mit. Johanna wird immer stiller und bringt in der Schule Höchstleistungen. Besser geht es nicht. Ich glaube, sie will mir damit eine Freude machen, damit ich mir nicht noch mehr Sorgen mache. Malena versucht mir immer alles Mögliche abzunehmen.

Jedes Mal, wenn das Telefon klingelt, bitte ich sie abzuheben und zu sagen, dass ich zurückrufen würde. Ich stecke so fest in meinem Kummer, dass ich gar nicht sehe, wie schlimm diese Situation für meine lieben Mädels ist. Eines Tages als Malena mit ihren gerade mal zehn Jahren schon wieder für mich ein Telefonat annehmen musste, hörte ich, wie sie dem Anrufer erklärte, sie könnte mich nicht ans Telefon holen. Sie könnte es nicht mehr ertragen, weil ich dann wieder so sehr weinen würde. Da hat es bei mir Klick gemacht. Ich habe mich selbst am Schopfe aus dieser Hölle gezogen und mir gesagt:»Jetzt ist Schluss, sonst ist diese Familie verloren! Die Mädchen zerbrechen und die Ehe wird scheitern, wenn du so weiter machst!«

Seit diesem Tag wurde ich stärker. Es ging langsam, aber ich habe wieder zu mir gefunden, habe den Mädels wieder viel mehr Zeit gewidmet und mich auch um ihre Probleme gekümmert. Nach fast acht Wochen der Schwäche, des Leidens fing ich an zu kämpfen. Die Sorge, der Kummer, die Frage: Warum Lorne? Warum wir? All das kreiste täglich in meinen Gedanken. Ich litt so sehr, aber ich wollte nicht, dass meine Töchter einen so hohen Preis dafür bezahlten. Mich so zu sehen, muss für sie furchtbar gewesen sein. Ich bin ein so fröhlicher Mensch, immer zu Scherzen aufgelegt. Wir hatten immer so viel Spaß beim Spielen, beim Singen, beim Toben im Wald. Und plötzlich stand alles Kopf.

Ich musste meinen Töchtern wieder Stabilität geben und ihnen möglichst viel Normalität zurückgeben. Lachen gehörte zu unserem Leben dazu. Meine Töchter waren mein Spiegel. Meine Verzweiflung sah ich in ihren Augen. Nein. Das wollte ich nicht! Jan vergrub sich in so viel Arbeit, um mir den Rücken freizuhalten, dass wir einfach nur funktionierten. Ich weiß gar nicht, wie es ihm ging. Ich wusste damals nicht, dass die wirkliche Hölle noch vor uns lag. Ich ließ mich aber nicht ein einziges Mal wieder so gehen. Ich wurde aktiv. Suchte nach Alternativen. Es gab neben der Schulmedizin noch so viele Möglichkeiten, und ich fing an zu recherchieren. Meistens abends, wenn alle schliefen. Jan und ich wechselten uns nun bei Lorne ab. Wir ließen ihn nicht mehr allein in seinem Bett schlafen. Einer von uns lag von 20.00 bis 22.00 Uhr bei ihm, die nächste Schicht übernahm der andere. Ich weiß gar nicht mehr, wie wir das alles geschafft haben. Aber erst einmal lag meine große Hoffnung bei Professor S. der Uniklinik. Ich vertraute ihm.

**Einträge vom 23.12.2005 bis 01.01.2006**

**Hoffnung**

Mein Herz pocht, als ich am 23. zum Telefon greife. Ich werde gleich zu Professor S. durchgestellt. Ich erfahre, dass Lornes EEG tatsächlich keine besonderen Hinweise auf eine Epilepsie oder auf Krampfanfälle aufweist. Der Professor hält an seinem Verdacht fest, dass durch den Rückfluss der Magensäure in seine Speiseröhre dieser Reflex ausgelöst wird, durch den er in diesen tranceähnlichen Zustand fällt. Diese Krankheit hat sogar einen Namen: »Sandifer-Syndrom« und sie ist nach der Aussage des Professors heilbar. Entweder durch ein Medikament oder durch eine Operation, die nicht besonders kompliziert ist. Ich kann es kaum glauben. Mein Herz pocht bis zum Hals. Es ist das erste Mal, dass ich fest glaube: Wir haben es! Wir haben es! Alles, was er mir erklärt, wie es zustande kommt, deckt sich mit all meinen Beobachtungen. Das ewige Verschlucken, die Zustände, oh ich bin so froh. Ich kann es kaum fassen. Das ist unser schönstes Weihnachtsgeschenk. Ich fasse den Entschluss, Lorne sofort auf Schonkost umzustellen. Er bekommt nur noch Kartoffeln und Karotten, frisches Gemüse mit Butter. Ich werde ihm vorerst kein Obst geben und ihn nur noch milde Säfte trinken lassen. Prof. S. bremst meine Euphorie mit der Aussage, dass die Ernährung kaum etwas ändern wird, sondern dass die Völle des Magens ausschlaggebend sei. Ich glaube fest daran, dass ich es über die Ernährung in den Griff bekomme. Lorne geht es gut. Er läuft und läuft. Er ist kaum zu bremsen. Er ist nur ab und zu sehr wackelig auf den Beinen. Drei Tage später, morgens um 9 Uhr passiert es wieder, allerdings nur einmal. Nachdem Lorne eine Stunde geschlafen hat, geht es ihm besser. Wir lassen uns kaum davon unterkriegen, da wir jetzt eine Diagnose haben.

Wir hatten auch das Gefühl, dass es immer besser wurde. Bis zum letzten Tag des Jahres ging alles gut. Ich kann gar nicht in Worte fassen, wie erleichtert wir alle waren. Auch unsere Töchter spürten die Erleichterung und Fröhlichkeit. Wir feierten ein schönes Weihnachtsfest zusammen und hofften, dass im nächsten Jahr alles wieder gut sein würde.

## 2006

### Hoffnung und Verzweiflung

*Ein Zeisig sitzt für sich allein.*
*Auf einem Zweig im Sonnenschein.*
*Er rührt sich nicht, er hält fein still*
*Weil er nur die Sonne haben will.*
*Ich auf der Bank im Sonnenschein,*
*ich möchte dieser Zeisig sein.*
Hermann Claudius

Wenn ein neues Jahr so beginnt, was dann?

Es ist der erste Tag des neuen Jahres. Und er wird furchtbar.
Lorne ist von morgens um 9.00 Uhr bis abends 19.30 Uhr
fünfmal ohnmächtig geworden. Schon morgens ging es ihm
nicht so gut. Er hatte unruhig geschlafen, röchelte schon
wieder ein bisschen und er hatte Durchfall. Er hatte kaum
etwas getrunken und gegessen an diesem Tag. Jedes Mal
kurz bevor es passierte, schluckte er ganz komisch und man
hatte das Gefühl, er könnte das Schlucken und das Atmen
nicht zusammen koordinieren. Dann verdrehte er die Augen, hatte einen ganz komischen Gesichtsausdruck und
schlief einfach weg.
»Lorne, LORNE, hey, was ist mit dir?« Keine Reaktion.
Lorne drehte die Augen nach oben und sackte immer wieder in sich zusammen. Ich konnte meinen Sohn nicht erreichen. Es schien, als sei er weggetreten. Er schaute mich
ganz abwesend an. Kein Lächeln, keine Reaktion. Er wollte
einfach nur schlafen. Ich war so verzweifelt, einfach nur rat-

los. Wir mussten jetzt einfach durchhalten. Hoffentlich würde der Klinikaufenthalt, der mir schon so bevorstand, neue Erkenntnisse bringen. Lorne wollte nur schlafen, wenn er dann geschlafen hatte, ging es ihm besser. Dann war er wieder aktiv, wollte schaukeln und rumlaufen. Dann passierte es aus heiterem Himmel wieder. Das hat sich an diesem Tag fünfmal wiederholt. So schlimm war es noch nie. Wir waren wieder am Boden zerstört. Meinem kleinen, noch nicht einmal zweijährigen Sohn, scheint irgendetwas so zu schaffen zu machen, dass er immer wieder ohnmächtig wird. Warum nur?

In zwei Wochen sollten wir in die Uniklinik. Irgendwie mussten wir diese Zeit durchhalten. Die Diagnose des Professors stand so weit. Falls sich das bestätigte, könnte Lorne behandelt werden. Ich betete, dass unser Sohn dann gesund entlassen würde.
Die nächsten Tage Anfang Januar ging es Lorne besser. Er war fast wieder der Alte. Ich versuchte noch, zu rekonstruieren, wann diese Anfälle auftraten. Da ich genau Buch führte, war es nicht allzu schwer. Ich hatte den Verdacht, dass die Zustände ausgelöst wurden, weil Lorne am Sonntag sehr fettes Essen, nämlich einen Teil eines Entenbratens mit Soße und Rotkohl zu sich genommen hatte. Und am Mittwoch hatte er Gulasch mit Nudeln gegessen. Da er meistens nur Kartoffel, Karotten, etwas Butter oder auch mal Nudeln aß, konnte ich mir vorstellen, dass nach so einem Essen, die Magensäure erheblich gereizter war. Kurz: Ich hielt es für möglich, dass wir endlich auf dem richtigen Weg waren. Hoffentlich!

***

### 14.02.2022

*Jan kommt in mein Büro. Er hat einen Blumenstrauß in der Hand und fragt:* »Na, Schieter, kommst du gut voran mit dem Buch?«
*Ich sehe ihn an, die Tränen laufen und er sagt:* »Warum tust du dir das an? Lass doch das Scheißbuch. Es geht uns doch endlich etwas besser! Musst du das alles wieder noch einmal durchmachen. Ich hasse es, dich so zu sehen!«
»Ich muss das für mich machen, es ist so traurig, aber es tut mir gut!«
»Na gut, du musst es wissen!«

***

Der Januar war ein Auf und Ab. Am 12. Januar musste ich mit Lorne für einige Tage in die Uniklinik. Ich hasste es so sehr, aber ich hatte große Hoffnung in die Schulmedizin und auch keine bessere Alternative. Lorne bekam eine Magensonde (PH-Metrie bzw. Messkette) in die Speiseröhre bis zum Mageneingang. Ein Schlauch wurde durch die Nase in seinen Magen geführt. Lorne wollte schreien und wehrte sich nach Kräften. Es war schrecklich für ihn. Es brach mir das Herz, aber ich hielt meinen kleinen Sohn fest. Ich hätte nicht gedacht, dass ich so etwas könnte, aber ich blieb stark. Jan konnte es nicht ertragen und verließ den Raum. Ich konnte es verstehen.
Nun hieß es abwarten. Da seine Hirnströme (EEG) keinerlei Hinweise auf eine Epilepsie zeigten, wurde die aufsteigende Magensäure, der Reflux, untersucht. Jan fuhr zu den Mädchen und ich blieb für drei Tage und Nächte in der Kli-

nik. Es war schrecklich. Wie gerne wäre ich heimgefahren zu meinen lieben Töchtern.

Ich stand in unserem Krankenhauszimmer, hielt meinen schlafenden, süßen, lieben Sohn im Arm und schaute aus dem Fenster. Ich sah die Kieler Förde, sah Menschen, sah Familien, die mit ihren Kindern fröhlich lachend spazieren gingen. Das möchte ich auch! Ich will nicht hier sein. Ich will das alles nicht, aber ich ließ mich nicht wieder hängen. Ich blieb stark für meinen Sohn, für meine Familie.

Wenn Lorne gute Phasen hatte, wollte er sich bewegen. Er wollte laufen und schaukeln. Er war anderthalb Jahre alt und neugierig. Alles, was ihm in die Finger kam, steckte er in den Mund. Mir blieb hier nichts anderes, als mit ihm den Gang der Station rauf- und runterzugehen. Einmal hin und wieder zurück dauerte ungefähr zwei Minuten. Auch dieser Tag ging irgendwann zu Ende. Eine gefühlte Woche.

Wenn ich auf Toilette gehen musste, nahm ich meinen Sohn mit. Duschen konnte ich nur, wenn Jan und die Mädchen mich besuchten. Ich hätte so gern Zeit mit meinen Töchtern verbracht, aber es ging leider nicht. Es war alles wie ein Albtraum. Ich würde so gern aufwachen und alles wäre wieder normal.

Als Lorne abends endlich eingeschlafen war, schob ich sein Bett direkt an die Wand und meines davor, damit er, falls er wach würde, nicht aus dem Bett fiel, wenn ich mal kurz das Zimmer verließ. Ich stand ständig unter Strom.

Ich ging kurz in den Familienraum und sah die anderen Eltern. Auch sie hatten so schlimme Schicksale, dass ich mich fast schämte, weil ich immer weinen musste. Sie hatten Verständnis und trösteten mich. Das war eine Erfahrung, die mir sehr half, denn es war eine Familie dabei, die Schlimmstes hinter sich hatten, aber immer ein offenes Ohr für andere Menschen und Probleme hatten. Ich bewunderte sie sehr und versuchte, mich zusammenzureißen. Ihre Tochter war im Alter von zwölf Jahren vom Pferd gefallen und irgendetwas in ihrem Gehirn war so schwer beschädigt, dass sie weder laufen, noch sitzen, sogar nicht einmal liegen konnte. Sie rollte sich den ganzen Tag auf einer Matte, immer in Bewegung, konnte aber sprechen, war geistig völlig klar und so unglücklich über ihr eigenes Schicksal. Niemand wusste genau, ob der Sturz diesen Zustand ausgelöst hatte oder ob es eine genetisch bedingte Erkrankung war. Die Familie war schon seit Wochen in der Klinik und wartete auf einen OP-Termin, der immer wieder verschoben wurde. Das Risiko war sehr hoch, und die Ärzte waren sich nicht einig, ob sie die OP wagen sollten. Daher wurden immer wieder Untersuchungen gemacht.

Zwei Wochen nach meinem Aufenthalt besuchte ich diese Familie. Jan beaufsichtigte Lorne, ich holte Pizza und fuhr zu ihnen ins Krankenhaus. Sie freuten sich sehr, denn sie aßen so gern Pizza und waren jetzt schon seit Wochen in der Klinik. Ich bin immer noch froh, dass ich das gemacht habe.

Auch wenn bei uns alles so schrecklich war, hat diese Familie noch Schlimmeres durchgemacht. Es fühlte sich gut an, ihnen eine Freude zu machen. »Schlimmer geht immer!« Das sollte ich in den nächsten vierzehn Jahren noch schmerzlich erfahren. Gut, dass man nicht weiß, was einem alles bevorsteht.

Aber die Hoffnung gab ich nie auf. Die Hoffnung ließ mich immer weiterkämpfen und ich wurde stärker. Die Diagnose Sandifer-Syndrom bestätigte sich. Anscheinend schloss Lornes »Magenpförtner« (so nannte es der Professor) nicht richtig und es gelang immer wieder Magensäure in die Speiseröhre. Dieser immer wieder sehr schmerzhafte Prozess führte zu den Aussetzern, so die Diagnose des Professors. Lorne sollte ein Medikament nehmen, das den Säuregehalt abmilderte. Ansonsten habe man noch die Möglichkeit einer Operation. Ich war so froh. Wir hatten die Bestätigung der Diagnose des Professors, endlich. Es wurde für Lorne das Medikament »Antra« verschrieben. Es kam mir gar nicht in den Sinn, dass es nicht helfen würde. Ich war einfach nur erleichtert. Ab dem 21. Januar bekam Lorne jeden Morgen eine Tablette »Antra«, um den Reflux zu unterbinden. Ich glaubte fest daran und hoffte, dass wir mit der Gabe des Medikaments eine OP verhindern könnten und Lorne durch diese Behandlung wieder gesund wurde.

Endlich hatten wir eine Richtung. Eine Aufgabe, die ich angehen konnte. Eine leise Hoffnung. Zuhause machte ich mich penibel ans Werk mit der festen Überzeugung, dass wir nun etwas für unseren Sohn tun konnten.

Wir haben in den folgenden Wochen alles versucht. Es war ja nicht so einfach, Tabletten in einen quirligen kleinen Kerl hineinzubringen, der beim Schlucken gefährliche Anfälle bekommen konnte. Das bereitete mir Kopfzerbrechen, aber ich ließ nichts unversucht. Erst gemörsert im Joghurt. Leider zeigte sich keine Veränderung an Lornes Zuständen. Nicht gemörsert, mit Milch und ohne Milch, in etwas anderes hineingeschmuggelt, untergerührt, eingearbeitet. Mit Argusaugen beobachtete ich Lorne. Aber zu meinem größten Kummer blieben die Zustände trotz des Medikaments. Ich schrieb in der Zeit zweimal wöchentlich E-Mails an den Prof. S., herzzerreißende Mails.

Ich lese es gerade und alles kommt wieder hoch. Der Professor schrieb uns, dass es sehr bedauerlich sei, dass das Medikament gar nicht anschlug. Er vermutete, dass die Diagnose »Sandifer-Syndrom« wohl doch nicht die richtige sei. Ich konnte kaum glauben, was ich da las. Dieser kleine und doch so große Hoffnungsschimmer löste sich einfach in Luft auf. Wir sollten wieder in die Klinik kommen für weitere Untersuchungen:

MRT, CT, EEG. HILFE! Alles auf Anfang.

Wir wünschten uns so sehr, dass wir eine Diagnose und eine Behandlungsmöglichkeit gefunden hatten. Wir haben uns so gewünscht, dass unser Sohn wieder gesund würde. Nun waren wir wieder so ratlos wie am Anfang. Ich brauchte eine Nacht, um diesen erneuten Rückschlag zu verdauen. Am nächsten Tag schüttelte ich mich durch und riss mich wieder zusammen. Dann eben weiter. Lorne brauchte mich. Malena und Johanna brauchten mich. Nebenbei suchte ich nach Alternativen, denn ich wollte nichts unversucht lassen. Wir wissen bestimmt nicht alles, was zwischen Himmel und Erde passiert. Wir brauchten ein Wunder. Und es war mir egal, woher es kam. Ich fand einen Rutengänger, der auf unserem Grundstück Wasseradern ausmachte. Daraufhin richteten wir Lornes Bett anders aus. Bis dahin schlief Lorne erst einmal in Johannas Bett. »Antra« gaben wir jetzt morgens komplett nüchtern. Lorne hasste es. Ich hasste es auch, aber es nützte nichts. Das war meine letzte Hoffnung, dass doch die aufsteigende Magensäure der Grund für die Zustände waren. Zwischenzeitlich hatte ich Kontakt zu einem Professor des Uniklinikums Eppendorf, den meine Freundin Marlies, Lornes Patin, aufgetan hatte. Er meinte, dass Lorne auch an einer Stoffwechselerkrankung leiden könnte. Als ich das mit Prof. S. besprach, schloss er das aber aus. Die sehr umfangreichen Blutuntersuchungen hätten keinen Hinweis auf eine Stoffwechselerkrankung gegeben. Außerdem hätten sich schon mehrere seiner Kollegen mit Lornes Fall beschäftigt und nichts deutete in diese Richtung.

**Am 28.02.2006 schrieb ich in mein Tagebuch:**

Ab und zu zuckt Lorne ganz stark zusammen. So als würde er einen Stromschlag bekommen. Ich glaube, er hat eine besondere Gabe, die Energie oder den Fluss der Erde, des Universums zu spüren. Vielleicht wird er einmal ein Heiler. Er hat irgendeine Kraft oder Energie in sich. Wenn man ihn an beiden Händen hält, durchströmt einen so eine Wärme, die den ganzen Körper erfasst. Vielleicht ist es nur die Kraft der Liebe zu ihm, aber ich glaube, da ist noch mehr. Seine Erzieherin Elke (Reiki-Meisterin) in der Kita drückte es ein paar Jahre später so aus:»Immer, wenn ich nicht so genau weiß, wie es mir heute geht, gehe ich zu Lorne, nehme ihn auf meinen Schoß und schaue ihn an. Wenn er mich anschaut, sieht er immer wieder auf meine Stirn. Manchmal lacht er, dann weiß ich es geht mir gut. Ab und zu schaut er ganz verschreckt und fängt an zu quengeln und zu weinen. Dann ist es wohl nicht mein Tag.«
Genauso war es. Ich sollte es noch sehr oft bemerken. Auch Malena und Johanna bestätigten es. Jan meinte, dass alles sei totaler Quatsch!
Alles drehte sich um Lornes Befinden. Doch die Welt drückte nicht auf Pause. Das Leben und der Alltag mussten weitergehen. Der Hof und die Tiere mussten versorgt werden. Ohne die Unterstützung meiner Schwiegereltern hätten

wir das nicht geschafft. Meine Schwiegermutter Annegret hat sogar ab und zu Lorne eine Stunde beaufsichtigt, trotz der Angst, dass er einen »Anfall« bekommen konnte. Allen Schwierigkeiten, mit denen wir beide die ersten Jahre zu tun hatten zum Trotz, wuchsen wir in dieser schweren Zeit zusammen. Sie wurde eine meiner engsten Vertrauten und sie liebte Lorne so sehr. Sie war es auch, die mir von einem Vortrag erzählte, ein gewisser Joachim B. hatte von seiner Arbeit als Reiki-Meister und von der Kraft der Heilsteine referiert. Sie war sehr beeindruckt und meinte, dort sollte ich mit Lorne einmal hingehen. Gesagt, getan.

Ich rief ihn an und Lorne und ich fuhren am 16. März 2006 zu ihm. Es war beeindruckend. Joachim war ein sehr guter Zuhörer und strahlte eine angenehme Ruhe aus.

Lorne und ich erhielten jeder einen Heilstein und er lud mich ein, bei ihm ein Pendel zu erwerben und einen Abend bei ihm das Pendeln auszuprobieren. Danach war Lorne 17 Tage ohne Anfall. Dort lernte ich Dinge, die wirklich sehr spannend und auch etwas unheimlich waren. Auf alle Fälle tat es uns beiden gut.

Ich versuchte täglich, unser Leben so normal wie möglich zu führen. Schulfeste, Abschlussfeiern, Kuchen backen für Malenas Schulklasse, Pizzabrötchen backen für Johannas Schulklasse, Bastelnachmittage, Sportfeste und alles was, noch so anstand. Ich habe in meinem Leben immer sehr viel Sport gemacht. Diese sportlichen Aktivitäten waren aber immer an bestimmte Zeiten gebunden, Mannschaftssport, Sportkurse. All das konnte ich nicht mehr machen. Ich wusste bis zur letzten Minute nie, ob ich dorthin gehen konnte oder irgendeine Katastrophe meine Termine durcheinanderbringen würde. Somit begann ich zu laufen. Ich lief meistens zweimal die Woche erst vier, dann sechs und schließlich zehn Kilometer. Unseren Hund Arrie nahm ich immer mit. Er liebte es und brachte schon die Leine, wenn er sah, dass ich die Laufschuhe anzog. Es half mir so sehr. Ich bekam den Kopf frei und hatte wieder Energie, um neue Dinge auszuprobieren. Seit Lorne so krank war, gab es so viele Menschen, die helfen wollten. Ich bekam Adressen von Wunderheilern, Heilpraktikern, Zeitungsberichte von ähnlichen Schicksalen, Buchempfehlungen und vieles mehr. Ich legte Ordner an, machte Stapel je nach Interesse und Wichtigkeit. Er wuchs und wuchs. Wenn dieses Buch irgendwann einmal fertig werden sollte, werden wir, Malena, Johanna, Jan und ich diese ganzen Ordner samt Inhalt verbrennen.

Wir fuhren im März 2006 gemeinsam in den Skiurlaub und nahmen Lorne mit. Es tat uns allen gut. Die Mädels waren glücklich, wir hatten großartiges Wetter und viel Spaß. Jan und ich wechselten uns ab. Er fuhr morgens mit den Mädchen hoch auf den Berg und lief bis zum Mittag. Dann übernahm er Lorne, frisch gewickelt und abgefüttert, so dass ich nachmittags Skilaufen konnte.
Meine Schwiegereltern kümmerten sich um Haus und Hof und Hund. Heini sagte damals: »De Köter, de het immer so dull Heimweh no ju, de bellt den ganzen dag. Up den pass ik nich mehr op. Dor kann ik leber 100 Köh mehr melken.« (Der Hund hat immer so Heimweh nach der Familie und bellt den ganzen Tag. Auf den passe ich nie wieder auf. Da würde ich lieber 100 Kühe mehr melken).

**21.02.2022**

Ich sitze an meinem Rechner und schreibe. Es ist so anstrengend und so emotional. Diese ganze schreckliche Zeit, die Verzweiflung. Ich durchlebe alles noch einmal. Ich weine, wie schon lange nicht mehr.

Mein Handy klingelt: Ein Facetime-Anruf. Es ist Johanna, heute 25 Jahre alt und zurzeit in Norwegen. Sie macht ein Auslandssemester. Sie studiert Agrarwissenschaften im Master. »Hallo Mama, schreibst du schon wieder an deinem Buch?«

»Hey mein Schatzi! Ja, es ist so traurig!«

»Warum schreibst du nicht einmal etwas Lustiges? Du bist so witzig und hast einen so guten Humor. Niemand wird es erfahren, wenn du nichts davon zeigst.«

Ich antwortete ihr: »Ich stecke gerade in den Jahren 2005/2006 da gab es nichts zum Lachen, es war pure Verzweiflung.«

Was Johanna dann sagte, hat mich zutiefst bewegt, aber auch sehr gefreut. »Mama, davon haben Malena und ich nicht viel in unserer Erinnerung. Ich erinnere mich an eine so schöne Kindheit. Ihr habt immer alles für uns getan und uns alles ermöglicht. Sicher waren wir auch mal traurig, wenn es Lorne so schlecht ging, aber wir fühlten uns niemals vernachlässigt!«

»Danke, mein Schatzi. Das bedeutet mir sehr viel, dass du das jetzt gerade sagst.« Obwohl Malena und Johanna mir das schon wiederholt gesagt hatten, war es in diesem Augenblick ganz besonders wichtig für mich. Dann fragte sie: »Wie hast du das Buch angefangen, wie baust du es auf?«

»Im Moment halte ich mich an jeder Kleinigkeit auf, die sicher niemand wissen will. Ich füge die wöchentlichen Berichte ein, die ich damals an Professor S. geschrieben hatte. Es erscheint mir aber wichtig, damit man ein Gefühl dafür bekommt, wie verzweifelt ich war.« Johanna meint: »Das klingt ziemlich langweilig!« Ich sagte darauf: »Es soll ja kein Roman werden!« Obwohl mein Buch mich in diesem Au-

*genblick an eine Filmkritik des kleinen Hobbits von J.R.R. Tolkien erinnerte. Die Handlung des Films wird ungefähr so zusammengefasst: »Sie wanderten, dann kämpften sie, dann versteckten sie sich, dann wanderten sie, versteckten sich und kämpften wieder, dann versteckten sie sich.....«*
*Als ich Johanna das sage, meint sie: »Das solltest du schreiben. Das ist witzig!« Ich verspreche es. Wir plaudern noch etwas, haben wieder viel zum Lachen und verabschieden uns. Es geht weiter an die Arbeit.*

\*\*\*


**Eintrag im März 2006:**
Wenn man nach Wachstum, Gesichtsfarbe und Willen beurteilen würde, entwickelt Lorne sich prächtig. Er hat immer rote Wangen und strahlende Augen. Er strotzt vor lauter Energie. Er hat einen starken Willen und ist durch seine Krankheit sehr verwöhnt. Heute hat er Opa Heini gekratzt und gebissen. Opa sollte kurz auf ihn aufpassen, als Jan etwas mit dem Radlader aufladen musste. Dabei konnte Jan Lorne nicht mitnehmen.
Opa hat laut geschimpft »Ick war di wat. Hest du mi beten du Lümmel. Dat glöv ik nich.« (Ich werd' dich gleich mal, hast du mich gebissen du Lümmel. Das glaube ich nicht) Feinmotorik und Sprache entwickeln sich bei Lorne dagegen nicht wirklich weiter. Er hat beim Laufen immer etwas Schlagseite und kann noch kein Wort sprechen. In der Not ruft er dann immer: »Amam« (Mama). Aber er zeigt nicht auf irgendwelche Gegenstände und sagt: »Da«, wie es die Mädchen gemacht haben. Er nimmt uns an die Hand und führt uns dorthin, wo er gern sein möchte: Schaukel, Tre-

cker, Radlader. Vielleicht ist er auch nur stur, aber wir lieben unseren Sohn sehr und hoffen, dass er bald gesund wird.

Wir hatten uns auf den Rat des Rutengängers ein Gerät namens »Rayonex« gekauft. Dieses Gerät sollte die Schwingungen der Wasseradern vom Haus fernhalten. Im April ging es nach 17 Tagen ohne Anfall wieder los, vermutlich ausgelöst durch einen Magen- und Darminfekt. Ich war wieder am Boden zerstört. Jedes Mal hatte ich Hoffnung, es würde besser werden und dann kam doch der nächste Anfall und alles war wieder dahin. Ich blieb regelmäßig in Kontakt mit Professor S. und wir machten wieder einen Termin für einen weiteren Aufenthalt in der Uniklinik. Ich hasste es so, dort zu sein, aber ich hatte keine bessere Alternative. Es nützte nichts. Vor dem Klinikaufenthalt sollten wir Lorne wieder ambulant vorstellen. Das war jedes Mal eine Tortur. Die EEG-Untersuchung dauerte meistens 30 Minuten und Lorne durfte seinen Kopf nicht bewegen. Wie soll das gehen bei einem Kleinkind? Wir nahmen immer alles mit, um ihn irgendwie ruhig zu halten. Seine Spieluhr (er liebte »La-Le-Lu«), seine Schnuffitücher, kleine Fahrzeuge, an denen er die Räder drehen konnte. Die zuständige MTA war sehr genervt von Lorne und auch von uns. Sie gab uns das Gefühl, absichtlich anstrengend zu sein. Im Anschluss hatten wir immer ein Gespräch mit Professor S.. Es war wie die letzten Male: Das EEG ergab keinen Befund. Es musste eine andere Untersuchung her. Wir hofften auf ein neues Ergebnis eines MRT's unter Vollnarkose. Im Juni sollten wir wiederkommen. Das Medikament »Antra« sollten wir wieder absetzen. Bis dahin suchte ich weiter nach Alternativen.
Noch im April lud ich eine ehemalige Nachbarin zu uns ein,

die eine uralte Volksmedizin namens »Bodytalk« anbot. »Bodytalk« lässt den Körper sich selbst heilen. Corinna kam zu uns und nahm sich sehr viel Zeit, hörte sich Lornes und meine Geschichte an und sagte, Lorne sollte sich hinlegen. Sie wollte hören, was sein Körper sagte: Körper und Geist in Balance bringen, blockierte Energieströme wieder in Fluss bringen, den Körper zur Selbstheilung anregen. Für mich klang das ganz plausibel. Ich hatte schon immer einen Hang zum Übersinnlichen. Das wollten wir doch probieren. Sie behandelte erst Lorne dann mich. Lorne war ganz entspannt und ich fühlte mich irgendwie leichter. »Ich spüre, dass Lornes linke Seite blockiert ist. Sie muss neu ausgerichtet werden.« Und dann fiel zum ersten Mal die Frage, die etwas in mir ins Rollen brachte: »Wurde er geimpft?«

»Ja.«.

»War da irgendetwas anders? Danach?« Pause

Ich war total durcheinander: »Ja!?!?«

»Wann ist Lorne das erste Mal in diesen Zustand verfallen? War es nach der Impfung?«

Ohne nachzudenken, antworte ich: »JA!«

Das musste ich erst einmal verdauen. Konnte es sein, dass die Impfung der Auslöser dieser »Anfälle« war? Er war ja vorher kerngesund gewesen. Oder?

Als ich Prof. S. von dieser Vermutung erzählte, schloss er einen Impfschaden sofort aus. Klar. Er, der Schulmediziner, hielt das Impfen für einen Segen für die Menschheit. Was es ohne Zweifel ja auch ist, aber sechsfach? Ich sollte mich später noch häufiger mit dieser Frage auseinandersetzen.

In der folgenden Zeit schrieb ich immer ungefähr das Gleiche in die Wochenberichte über Lorne. Ich schilderte sein Befinden wöchentlich, manchmal täglich. Es ging ihm eine

Zeitlang gut, dann wieder ein Einbruch. Hoffnung und Verzweiflung wechselten sich zermürbend ab. Es war eine Achterbahnfahrt der Gefühle. Ein ständiges Auf und Ab.

Im Mai konnte Lorne plötzlich Türen öffnen. Das war einerseits ein kleiner Fortschritt, da er etwas dazugelernt hatte, aber es erschwerte uns andererseits das Aufpassen. Wir mussten überall abschließen, denn er durfte auf keinen Fall allein zur Treppe gehen. Da Lorne keine Angst kannte und Gefahr nicht einschätzen konnte, herrschte auf der Treppe für ihn ständige Sturzgefahr.

Wäre er allein nach draußen gegangen, hätten wir ihn womöglich nie wiedergefunden. Man konnte ihn rufen, so viel man wollte, er antwortete nicht und kam auch nicht zurück. Ich hatte zwischenzeitlich den Verdacht, er könnte vielleicht nicht hören. Daraufhin machte ich einen Termin bei einer HNO-Ärztin Frau Dr. K., einer sehr strengen, ich würde fast sagen furchteinflößenden Frau, aber sie schien sehr kompetent. Lorne wurde in einen Raum gesetzt, in dem viele Lautsprecher in verschiedenen Positionen angebracht waren. Er reagierte auf nichts. Es schien, als sei er taub. Dann sagte die Ärztin:»Das kann nicht sein. Der Junge hört doch. Der ist doch stur wie ein Esel. Den überliste ich mal.« Sie spielte ganz leise, für mich kaum hörbar, ein Traktorenmotorgeräusch ein, und was soll ich sagen, Lornes Kopf flog regelrecht immer in die richtige Richtung. Diagnose: Lorne hört wie ein Luchs.

Noch in der gleichen Woche hatte ich mit Lorne einen Termin in Hamburg bei der Ernährungsberatung. Ich hatte den Eindruck, dass er doch häufiger mal an einem Magen- und Darminfekt litt und dass die Anfälle immer dann gehäuft auftraten. Sie stellte einen Plan auf, was Lorne, wann genau essen sollte. Möglichst fünfmal täglich kleine Mahlzeiten. Ich musste genau Buch führen. Seine geliebte Milch sollte ich ganz weglassen. Stattdessen sollte Lorne möglichst viel Wasser trinken, frisches Gemüse essen. Weniger weißes Mehl und Zucker, kurz, alles, was er so sehr liebte, sollten wir weglassen oder reduzieren.

Wir hielten uns drei Monate an den vorgeschriebenen Plan. Ich habe drei Monate täglich Buch geführt, was dieser Junge gegessen und getrunken, gepinkelt und gekackt hatte. Es hat mich irgendwann nur noch gestresst. Ich habe die Pläne gerade vor mir und sehe, dass ich einmal geschrieben hatte: Lorne gewickelt. Riecht nach Spargel-Pipi, puh. Ich habe diese Berichte regelmäßig eingereicht. Anscheinend hatte ich meinen Humor doch nicht ganz verloren. Geholfen hat es nicht weiter.

Wir bekamen schriftlich Bescheid. Lorne und ich sollten am 26. Juni in die Uniklinik kommen. Es musste eine MRT-Aufnahme des Gehirns unter Vollnarkose gemacht werden. Der Aufenthalt stand mir wieder sehr bevor. Mein Mann sagte mir, ich würde ihm so leidtun, aber er könne es leider nicht für mich übernehmen. In meinem nächsten Leben möchte ich auch ein Mann sein. Ich war ungerecht, musste er doch die Stallarbeit machen, den Acker bewirtschaften und sehen, dass auch Geld reinkam. Die alternativen Behandlungen verschlangen einiges und jede ambulante Vorstellung bei Professor S. kostete 400 Euro. Wir wurden dort als Privatpatienten geführt, sonst hätten wir niemals einen Termin bekommen. So mussten wir allerdings die Rechnungen aus eigener Kasse bezahlen.

Einige Wochen vor unserem Aufenthalt in der Uniklinik

stellte ich Lorne nach etwas längerer Zeit mal wieder bei unserer Hausärztin vor. Sie empfahl mir, Lorne im Kinderzentrum Pelzerhaken vorzustellen. Dort hätte man sehr gute Erfahrungen mit Kindern, die sich aus welchen Gründen auch immer, nicht altersgerecht entwickelten. Vielleicht hätten die zuständigen Ärzte dort eine Idee, wie man Lorne besser fördern könnte. Ich willigte ein. Sie würde alles Weitere in die Wege leiten. Außerdem empfahl sie, für ihn einen Antrag auf Frühförderung zu stellen. Er sprach immer noch kein Wort und war in seiner gesamten Entwicklung weit zurück. Auch das leitete sie in die Wege. Angst und Erschöpfung brachen sich bahn. Ich hatte seit Oktober keinen einzigen freien Tag und auch in den Nächten schlief ich kaum. Was kam da noch auf uns zu?

»Frau Thomsen, so geht es doch nicht weiter. Ich habe hier die Berichte der Uniklinik vorliegen. Wir sollten Lorne mal ein Antiepileptikum verschreiben. Vielleicht hilft es ja.«

»Wie bitte? Das EEG zeigt keinerlei Hinweise auf eine Epilepsie und ich soll meinem Sohn Medikamente geben, die seine Hirnströme verändern? Niemals!« Ich war schockiert. Es war wie ein rotes Tuch für mich. »Wir können ihm doch nicht einfach irgendwelche Medikamente geben. Er wird in wenigen Wochen erst zwei Jahre alt.«

»Es ist durchaus möglich, dass ein EEG keine richtige Auswertung zeigt und doch eine Epilepsie vorliegt. Das ist keine Seltenheit. Es gibt sehr viele verschiedene Medikamente. Es ist immer ein Ausprobieren.« Unsere Hausärztin schien Erfahrung mit Epilepsien zu haben. »Das mache ich nur, wenn ich eine klare Diagnose und Auswertung des EEGs und der MRT-Untersuchung habe. Ansonsten auf keinen Fall.« Ich nahm meinen Sohn und verließ die Praxis. Draußen brach ich in Tränen aus. Das durfte doch alles nicht wahr sein. Tränen der Wut, des Trotzes. Tränen der Verzweiflung. Aber ich spürte auch, dass ich stärker wurde. Als wir das erste Mal in der Uniklinik waren, dachte ich, ich könnte dieses große Problem endlich abgeben, an einen Arzt, der das schon alles richten würde. Ich müsse es lediglich so lange aushalten, bis alles wieder gut wäre. Das passierte nicht. Das passiert nie. Hilf dir selbst! Hilf deinem Sohn! Suche Alternativen. Das machte ich. Es gab mir Sicherheit Professor S. im Hintergrund zu wissen, falls das alles noch schlimmer würde. Außerdem brauchte ich Untersuchungsergebnisse, aber helfen konnte bisher niemand.

Ich lief und lief und schöpfte immer wieder Kraft. Arrie war immer an meiner Seite. Unsere Töchter waren eine einzige Freude und wir liebten unsere drei Kinder über alles: Wir schaffen das schon. Irgendwann werden wir zurückblicken und sagen: »War das eine schwere Zeit und jetzt ist endlich alles gut!« Davon war ich überzeugt. Doch bis dahin suchte ich weiter nach Alternativen.

Ich schrieb einen Brief an unseren alten Hausarzt Dr. Berg aus Hohenwestedt. Er praktizierte schon nicht mehr. Er war bekannt wie ein bunter Hund und der beste Arzt, den ich je kennengelernt hatte. Er rief mich an, nachdem er sich mit Lornes Fall befasst hatte. Er hat den Verdacht, dass Lornes Symptome darauf hinwiesen, an »Torticollis« oder Schiefhals zu leiden. Er sagte, dass ich das unbedingt abklären lassen solle. Es könnte die Ursache für seine Zustände sein. Ich schrieb Prof. S. und er versprach mir, Lornes Halswirbelbereich beim nächsten Termin im Juni mit abzubilden. In dieser Mail schrieb ich außerdem, dass ich Lorne auf keinen

Fall ein Antiepileptikum geben würde, solange sich die Diagnose einer Epilepsie nicht bestätigen würde. »Dauernd meint hier irgendjemand mir sagen zu müssen, was ich tun und lassen muss. Das kostet Kraft und man entwickelt Schuldgefühle, dem Kind nicht gerecht zu werden.« Nur deshalb hatte ich mich auf eine Vorstellung in Pelzerhaken eingelassen.

Am 18. Juni 2006 feierten wir Lornes zweiten Geburtstag mit unserer Familie und einigen engen Freunden. Wenn man nun Lorne mit seinem Cousin verglich, konnte man den Unterschied sehr genau sehen. Thore konnte sprechen und verstand alles, was man ihm sagte. Lorne sprach immer noch kein Wort. Er wollte immer nur schaukeln und beachtete seinen Cousin gar nicht. Meine Freundin Angela war auch bei uns. Sie ist Lornes Patin und ihre Töchter Liza und Pia stehen uns sehr nah. Sie gehörten zur Familie. Angela gab mir eine Adresse einer Heilpraktikerin aus Heide, die bei einer Kollegin wahre Wunder vollbracht hatte. Okay.
Ich machte einen Termin. Am 20. Juni sollten wir schon kommen. Eine Woche vor unserem geplanten Klinikaufenthalt. Jan hatte Zeit und begleitete uns. Das erwies sich als großes Glück. Ich hätte allein nicht beschreiben können, was dort passiert ist. Es hätte mir niemand geglaubt. Ich lese es gerade wieder und bin immer noch fassungslos.

## Hokuspokus oder ein echtes Wunder?

**Zitat aus meinem Tagebuch:**
Am 20. Juni 2006 haben wir einen Termin bei Frau D. in Heide, eine Heilpraktikerin, die schon die Tochter von Angelas Kollegin behandelt und ihr geholfen hat. Wir betreten eine sehr schöne, helle Praxis, die sehr gut gelüftet ist, alle Fenster sind geöffnet. Es ist alles sehr sauber und ansprechend. Das Wartezimmer ist mit hellen Möbeln und vereinzelt einem antiken Möbelstück dazwischen, eingerichtet. Wir dürfen mit Lorne in das Kinderbehandlungszimmer gehen, in dem ein schöner Ohrensessel mit dem gleichen Überwurf steht, den ich auch zu Hause habe. Das ist vorerst mein Platz. Hier gibt es Spielzeug. An der Wand hängt ein Schild, auf dem geschrieben steht, dass man die Dinge, die von Kindern in den Mund gesteckt werden, bitte in die Spüle legen soll. Auch das wirkt positiv auf mich. Dann betritt Frau D. den Raum. Sie ist ca. 55 Jahre alt, hat eine weiße Hose und ein weißes Oberteil an, trägt ihr dunkelblondes, schon leicht ergrautes Haar zu einem Pagenschnitt.
Es sieht aus, als wäre ein Auge etwas kleiner als das andere oder als wäre das Gesicht ein wenig schief. Sie begrüßt uns und fragt uns, ob wir wissen, was sie mache. Sie hat meinen Brief und die Diagnosen anscheinend sehr aufmerksam gelesen. Die Praxis ist leer, denn sie will ausschließlich Zeit für Lorne haben. Sie erklärt uns, dass sie kinesiologisch vorgehen werde, das heißt sie würde zu Lornes Körper Kontakt aufnehmen und ihn fragen, ob bestimmte Dinge nicht in Ordnung sind. Vorerst müsse sie zu Lorne Kontakt aufnehmen und erfragen, ob sein Körper ihr die Erlaubnis erteilen würde. Sie weist uns darauf hin, dass es bei ihr auch

schon mal komisch aussehen könne, dass wir uns um sie aber keine Sorgen machen müssen. Ihr Mann, der jetzt dazu kommt, würde schon ein Auge auf sie haben. Sie bittet mich, ihr den Sessel zu überlassen, falls sie sich stützen müsse. Ich weiß noch nicht, was ich davon halten soll. Jan schaue ich auch nicht an, denn ich weiß, was er davon hält. »Hokuspokus«, würde er sagen. Dann fragt sie uns, ob sie anfangen dürfe, was wir bejahen. Frau D. greift nach ihrem rechten Unterarm, schaut Lorne an und fängt an zu zucken, zu krampfen, ruft noch: »Jetzt geht es schon los, ich habe doch nur gefragt, ob ich darf.« Sie rutscht auf den Fußboden, liegt dort und zuckt am ganzen Körper. Lorne sitzt derweil ganz ruhig auf dem Boden und dreht die Räder eines Spielzeugautos.

Ihr Mann eilt ihr zur Hilfe, wobei sie aber sagt, er solle sie vorerst liegen lassen, sie müsse erst wieder zu Kräften kommen. Ich komme mir vor, wie in dem Film »Ghost«, in dem Odamai Brown, gespielt von Whoopi Goldberg, den Leuten weismachen will, mit Geistern sprechen zu können.

Jan kann ich nicht ansehen. Ich weiß nicht, was das war und ob ich lachen oder weinen soll. Als Frau D. wieder Kraft hat, faselt sie irgendetwas in Richtung Diabetes, Blutzucker und murmelt noch ein paar andere Dinge. Sie will aber erst Lornes Körper nach der Impfung fragen. Nachdem sie ihn gefragt hat, antwortet ihr Lornes Körper, dass er nie geimpft worden sei. Das ist für sie ein Zeichen, dass er die Impfung im Oktober noch nicht verarbeitet hat und irgendwo eine Blockade sitzt. Sie meint im Nackenbereich. Dann fragt sie Lornes Körper, ob er im September geimpft war, woraufhin dieser bejaht, also war bis dahin alles gut. Der Knackpunkt liegt im Oktober. Sie erklärt uns, dass

Lorne mit der Impfung Bakterien geimpft bekommen hat, die durch seine Infektion bereits im Körper waren und mit dieser Doppelbelastung ist sein Körper nicht fertig geworden. Sie hat durch ihre Maßnahme über die Kinesiologie Lornes Körper dazu animiert, diese Verarbeitung vorzunehmen. Sie sagt auch, dass diese Bakterien ihn sehr müde machen müssten. Das stimmte, unser Sohn ist immer müde. Ich hebe Lorne auf meinen Schoß.

Dann streicht sie mit ihren Händen in Richtung der Wirbelsäule. Aber bevor sie das macht, fragt sie Lorne noch, was ihn so quält und plötzlich liegt sie im Sessel, kann sich nicht mehr bewegen und hat nur noch einen ganz flachen Atem. Sie sagt immer wieder: »Ich kann kaum atmen und ich kann mich nicht mehr bewegen.« Ihr Mann muss wieder eingreifen. Es sieht genauso aus, wie Lornes Anfall. Oh Gott, mein armes Kind, was muss er nur durchmachen. Dann passiert das Gleiche noch einmal. Wieder atmet sie nur ganz flach und ist völlig bewegungslos. Der Mann von Frau D. muss ihr immer wieder Energie zurückgeben, damit sie wieder zu Kräften kommt. Dabei fächelt er ihr immer wieder Luft zu. Dann wird es richtig dramatisch. Sie widmet sich Lornes Wirbelsäule, ohne ihn zu berühren. Plötzlich wirkt ihre gesamt linke Seite wie gelähmt. Vor allem die Hüfte ist völlig entstellt. Ich breche in Tränen aus. Sie faselt immer nur: »Oh mein Gott, dieser Junge ist völlig verspannt.« Als sie sich wieder erholt hat, fragt sie uns, ob sie nun chiropraktische Eingriffe vornehmen dürfe. Sie müsse dazu Lornes Wirbelsäule leicht berühren und würde durch Vibration die Muskeln dazu animieren, die Verspannungen zu lösen. Sie fängt bei den Brustwirbeln an. Ich halte Lorne auf dem Schoß und Frau D. zuckt und vibriert, wie ich es noch nie gesehen habe. Dann plötzlich zieht sie ihre Hand von der Wirbelsäule weg. Die Hand ist stark verdreht und sie sagt zu mir: »Sehen sie sich das mal an, der arme Junge. So, das hätten wir schon mal weg!«

Ich weiß nicht, was ich sagen oder denken soll. Lorne, der bisher gar nicht reagiert hat, verbiegt sich jetzt auch immer ein wenig, so als würde er sich überstrecken. Diesen Eingriff wiederholt sie noch am Hals und an der Hüfte. Beim Hals läuft es genauso ab, wie bei den Brustwirbeln, aber bei der Hüfte bricht Frau D. erneut zusammen, zieht angeblich totale Verrenkungen aus Lornes Körper und kann ihre gesamte linke Seite nicht mehr spüren. Sie braucht 20 Minuten, um sich zu erholen. Sie meint, das müsse für heute reichen und nach drei Tagen sollten wir eine Veränderung an Lorne spüren.

Als sie so auf ihrem Sessel sitzt, in den ihr Mann sie gehoben hat, erzählt sie uns von ihrer Vermutung. Sie glaubt, dass Lornes Wirbelsäulenverspannungen durch seine schwere Geburt zustande gekommen sind und dass sich dadurch eine Menge Blockaden gebildet haben, die das Blut nicht richtig zirkulieren lassen und die Motorik stören. Sie meint, wir sollen in sechs Wochen noch einmal wiederkommen, um Lorne erneut zu behandeln. Während sie uns das alles erzählt, wischt ihr Mann über ihrem Kopf durch die Luft und schüttelt Unsichtbares weg. Sie erklärt uns, dass er ihr so neue Energie zuführt, die aber auch nicht zu hoch dosiert sein darf. Ihr linkes Bein schmerzt, aber sie ist froh, es wieder spüren zu können.

Ich bin fassungslos, weiß absolut nicht, was ich davon halten soll, und denke immer nur, mein armer Junge, was hat er bloß mitgemacht. Ich weine und weine. Als wir hinaus gehen, um einen neuen Termin zu vereinbaren, kommt Frau D. über den Flur gehumpelt und meint, es würde schon wieder werden. Sie konnte die vergangenen 20 Minuten lang nicht aus ihrem Sessel aufstehen, weil ihr linkes Bein zu sehr schmerzte. Sie sagt, dass Lornes Körper sie benutzen würde und sich ihre Energie hole, damit es ihm besser gehe. Aber es wäre kein Problem für sie, denn schließlich hätte sie sich ihm ja angeboten. Was sagt man jetzt dazu? Wäre Jan nicht dabei gewesen, ich weiß nicht, was ich getan hätte. Wäre ich weggelaufen oder wie hätte ich das erzählen sollen?

Wir sind beide sicher, dass wir in sechs Wochen wieder kommen wollen. Es gibt nur zwei Möglichkeiten: Entweder machen da zwei Menschen ein Geschäft mit der Not anderer, und haben uns nach Strich und Faden verarscht. Oder Frau D. ist noch eine der wenigen Schamaninnen, die es ja wirklich einmal gegeben hat.

Das glauben wir. Vielleicht ist das dumm oder naiv, aber wir greifen nach jedem Strohhalm, denn Frau D. arbeitet schon eine lange Zeit in dem Beruf und hat wohl schon vielen Menschen geholfen.

Als sie da in ihrem Sessel total erschöpft sitzt, erzählt sie uns, dass auch sie über einen Notfall in ihrer Familie zu dieser Gabe gefunden hat, denn ihr Tochter war einmal sehr krank und niemand konnte ihr mehr helfen. So ist sie zu ihrem Beruf gekommen. Wir haben wieder einen kleinen oder vielleicht auch großen neuen Hoffnungsschimmer. Warten wir es ab.

Im Auto schweigen wir eine Zeit lang. Ich bin die Erste, die ihre Stimme wiederfindet, und frage Jan: »Glaubst du, dass es so schlechte Menschen gibt, die mit der Not anderer ein Geschäft machen? Oder glauben die selbst, dass sie so etwas können?«

Mein Mann, ein eher schweigsamer Mensch, ist zutiefst erschüttert. Er weiß es nicht. Ich muss nur an die Bodytalk-Behandlung denken und es stimmt schon einiges überein. Die Blockaden in der linken Seite und wieder die Impfung. Okay! Wir kommen am 1. August wieder. Es wird schon nicht schaden. Jedenfalls nicht Lorne, er sitzt hinten im Auto und strahlt.

Er liebt es, im Auto mitzufahren. Er ist, glaube ich das einzige Kind, das nie im Auto schläft. Selbst mehrstündige Autofahrten können ihn nicht in den Schlaf wiegen. Ein Stau dagegen ist der reinste Stress. Er wird unruhig, fängt an zu jaulen und zu schreien.

**Am 25.06.2006 schreibe ich in mein Tagebuch:**
Morgen muss ich wieder mit Lorne in die Uniklinik. Es soll eine noch genauere MRT-Aufnahme seines Gehirns und seiner Halswirbelsäule gemacht werden. Wir müssen wieder zwei Nächte dortbleiben, weil Lorne für diese Untersuchungen sediert werden muss. Ich habe ein komisches Gefühl, so als sollte ich lieber daheimbleiben. Aber ich muss ja gehen. Die Vernunft sagt: Ja! Mein Bauch sagt: Nein! Ich will eigentlich doch auf mein Bauchgefühl hören oder spielt mir mein Kopf einen Streich, weil ich es dort so schrecklich finde? Ach was, ich werde gehen.

Abends besuchten uns meine Eltern, um mir alles Gute für die nächsten Tage zu wünschen. Wir kamen im Gespräch auf die Heilpraktikerin Frau D. und sie fragten: »Was habt ihr dort eigentlich erlebt? Kann sie helfen?«

»Ich möchte es nicht erzählen. Ich habe ein ungutes Gefühl, wenn ich darüber spreche. Ich glaube mich würde noch heute Nacht der Blitz erschlagen, wenn ich das erzähle.«

Diese Antwort mag sehr komisch klingen, aber mein damaliger Arbeitskollege, Uwe M., und ich haben früher immer gescherzt, dass einen eher der Blitz auf dem Klo erschlägt, als das der Vorgesetzte uns mal loben würde. Wir verglichen damals immer wieder unwahrscheinliche Ereignisse mit der Möglichkeit, auf dem Klo vom Blitz getroffen zu werden. Deshalb sagte ich das, denn es schien mir so gruselig, dass ich das Erlebte mit der Heilpraktikerin nicht erzählen mochte. Als sie dann immer wieder nachfragten, erzählten wir dann doch einiges.

Ich ging gegen 23.30 Uhr ins Bett. Um 0.15 Uhr riss mich ein lauter Knall aus dem Schlaf. Wir wurden vom Blitz getroffen. Das ist doch wohl ein Witz! Nein, die Luft war elektrisiert. Ich lief ins Wohnzimmer, wo Jan bis eben noch einen Augenblick ferngesehen hatte.

»Dörte, wir wurden vom Blitz getroffen.« Sein Gesicht war weiß, wie die Wand.

In dem Moment gab es einen weiteren Knall. Wir haben ein sehr großes Haus, aber es fühlte sich an, als hätte unser Haus einen kleinen Hüpfer gemacht. Wir sind ein zweites Mal getroffen worden! Das kann doch wirklich nicht wahr sein. Die Kinder schliefen. Sollten wir sie wecken? Wir entschieden, es nicht zu tun. Wir wollten uns erst einmal den Schaden ansehen. Alle elektrischen Geräte im Wohnzimmer waren tot. Wir gingen nach unten in die Küche. Alle Sicherungen waren raus. Jan ging nach draußen, um dort zu schauen. Er war schon auf dem Weg in unsere Halle, wo auch noch ein Sicherungskasten angebracht ist. Auf halbem

Weg drehte er um und entschloss sich, erst in die Milchkammer zu gehen, um zu überprüfen, ob die Milchkühlung noch funktionierte. Das hat ihm wohl das Leben gerettet, denn als er anschließend die Hallentür öffnete, gab es einen dritten Einschlag und aus dem E-Kasten in der Halle sprühten Funken. Das war kein Gewitter. Das war ein Anschlag! Würde ich dieses Buch lesen, wäre bei mir wohl jetzt Schluss. Ich würde denken: »Die spinnt doch!« Ich würde es verstehen, aber es ist wirklich wahr. Mein Schwiegervater ist 1930 geboren und hat sein ganzes Leben hier verbracht. So etwas ist noch nie vorgekommen. Frau D. wird ja wohl kaum auf ihrem Besen zu uns geflogen sein, mit sprühenden Funken aus ihrem Allerwertesten, um uns eine Lektion zu erteilen. Ich weiß auch, dass es so etwas nicht gibt. Ich weiß nicht, warum das passiert ist oder was das bedeutete. Fakt ist: Es ist genauso passiert.

Es gibt Dinge, die glaubt man einfach nicht. Vielleicht weil es dafür keine wissenschaftlich belegten Beweise gibt. Das heißt aber doch nicht, dass es übernatürliche Ereignisse gar nicht gibt, nur weil wir sie nicht erklären können.

Am nächsten Morgen begutachteten wir den Schaden. Der große Kastanienbaum direkt am Haus, hatte braune verbrannte Äste und Blätter. Die Linde hinter unserem Haus hatte eine gespaltene Krone und unser Haus hatte ein Loch im Dach. Meine Eltern hatten damals noch die Vertretung für die Itzehoer-Versicherung.

Ich rief an und meldete den Schaden, denn alle Elektrogeräte im Haus, die in dieser Nacht am Stromnetz angeschlossen waren, funktionierten nicht mehr. »Sehr witzig. Du spinnst!? Echt? Das ist aber unheimlich!« In mein Tagebuch schrieb ich damals, ich solle wohl nicht in die Klinik, war das ein

Zeichen? Ich bin aber doch gefahren und es wurde die reinste Hölle, alles lief schief.

Als wir ankamen, begrüßte uns eine Ärztin, die ich noch nicht kannte. Professor S. war nicht da, aber die Ärztin hatte alles mit ihm besprochen und würde uns betreuen. Lorne bekam die erste Spritze, damit er einschlief.
Eine Stunde später sollte dann der Termin im MRT sein. Wir schoben sein Bett zu der Station, das dauerte zehn Minuten und wir hofften, dass das Medikament wirkte und er schon auf dem Weg zur Untersuchung einschlafen würde, damit die Untersuchung stattfinden konnte. Nicht mit Lorne. Er war wach und er blieb wach. Die Ärztin spritzte eine weitere Dosis und meinte, es wäre nur noch eine Frage von Minuten, dann würde dieses Kind schlafen und dann konnte es auch losgehen. Ich versuchte alles. Ich hatte seine liebste Spieluhr, die »La-Le-Lu« spielte, dabei, seine geliebten Schnuffitücher, die er zum Einschlafen brauchte und ich sang und sang. Mein Sohn versuchte, immer wieder aufzustehen. An Schlaf war gar nicht zu denken. Die Ärztin konnte es nicht fassen: »Das gibt es doch wohl nicht. Wir haben noch 15 Minuten, dann geht es los.« Sie rief Professor S. an, um ihn zu fragen, ob sie eine weitere Dosis des Schlafmittels geben könnte. Lorne war gerade zwei Jahre alt. Sie bekam grünes Licht. Spritzte erneut und sagte zu mir, dass diese Dosis selbst einen Elefanten umhauen würde. Na super. Das hilft mir auch nicht, blöde Kuh. Ich machte mir die größten Sorgen und wollte doch bloß, dass der Junge untersucht wird. Doch Lorne schlief nicht ein. Ich gab alles, aber er versuchte, weiterhin immer wieder aufzustehen.
»Der bringt hier alle unsere Termine durcheinander.« Der

vorwurfsvolle Unterton war nicht zu überhören. Was sollte ich nur machen? Ich bat sie, doch jemanden vorzuziehen, um mir etwas Zeit zu verschaffen. Keine Chance. »Nein, das geht nicht. Wir brechen ab.« Ich konnte es nicht fassen. Sie brach den Termin ab. Wir schoben Lorne zurück zur Station. Auf dem Weg dorthin schlief er ein. Ich bat sie umzukehren und zurück zur Untersuchung gehen zu können. Sie blieb hart. Ich hasste diese Frau. Ich kannte dieses Gefühl gar nicht, aber ich hasste sie. »Haben Sie Kinder?«

»Nein, warum?«

»Sie werden nochmal an mich denken!«

Ich wünschte ihr nur das Schlimmste. So bin ich eigentlich gar nicht. Aber diese herzlose Person weckte in mir die schlechtesten Eigenschaften. Lorne schlief bis zum nächsten Morgen. Ich saß mit ihm in unserem Zimmer und war am Boden zerstört. Lorne lag in meinen Armen, hatte seine kleine Faust um einen meiner Finger geschlungen und hielt ihn fest. Die Gefühle liefen über. Ich liebte ihn so sehr und versprach ihm, ihn nie zu verlassen und immer für ihn da zu sein, egal was noch alles passieren würde. »Ich werde immer für dich kämpfen, mein kleiner Schatzi«, flüsterte ich leise in sein Ohr. Ich weinte und wünschte mir so sehr, nicht hier zu sein. Ich steigere mich in diese Gedanken rein. Warum fühle ich das gerade? Wieso bin ich ich? Es gibt so viele Menschen auf dieser Welt. Warum fühle ich das hier? Es war meditativ, mein Geist verließ meinen Körper und ich sah diese arme Frau mit ihrem Kind dort unter mir sitzen und hatte tiefes Mitleid. Hat man als Leser*in die Blitzgeschichte noch gerade so verdaut, würde man wohl jetzt sagen: »Jetzt spinnt die aber doch total!« Nein, mit mir ist alles in Ordnung. Es dauerte nicht lange, da saß ich wieder auf diesem

Stuhl und wartete bis zum nächsten Morgen. Lorne hatte zwölf Stunden geschlafen und wir durften gehen. Er konnte fast zwei Tage nicht mehr laufen, weil das Schlafmittel ihm immer noch in den Knochen steckte. Professor S. bedauerte sehr, dass die MRT-Aufnahme nicht geklappt hatte, und schlug vor, dass wir am Donnerstag einen neuen Versuch starten sollten. Mein Gefühl sagte: NEIN! Schon wieder Schlafmittel. Der Junge konnte immer noch nicht wieder laufen. Am nächsten Morgen sagte ich den Termin ab. Lorne sollte sich erholen. Der Professor war einverstanden. Der neue Termin sollte der 14. Juli sein.

Am 14. Juli fuhren wir wieder in die Uniklinik. Es war immer der gleiche Ablauf. Erst mussten wir mit Lorne nach unten in die Poliklinik. Er wurde untersucht, bevor wir auf die Station durften. Es gab dort oben so viele schwer kranke Kinder, die sich auf keinen Fall mit irgendwelchen Krankheiten anstecken durften. Wir wurden abgewiesen. Lorne hatte erhöhte Temperatur. Oh Mann. Ein neuer Termin für die Woche darauf wurde vereinbart. Wir konnten wieder nach Hause fahren.

Am 20. Juli fuhren wir erneut nach Kiel. Dieses Mal war Lorne fit und wir konnten nach oben. Ich machte mir schon die ganze Zeit Gedanken, was ich tun sollte, wenn diese blöde Ärztin wieder zu uns käme. Dann werde ich auf einen anderen Arzt bestehen oder gehen. Ich lief gerade wieder den Gang mit Lorne rauf und runter, da sah ich sie. Sie kam mit großen Schritten auf ihren Absätzen auf uns zu und ich schaute ihr so böse, wie ich konnte in die Augen und dachte: NEIN, bitte nicht du! Egal wer sonst Lorne behandelt, aber nicht du! In diesem Augenblick rief jemand: »Achtung! Frisch gewischt!« Und dann passierte es. Die Ärztin rutschte aus und stürzte so schlimm, dass sie nicht allein aufstehen konnte. Oh mein Gott. War ich das etwa? Das gibt es doch nicht. Ich konnte es nicht fassen. So langsam wurde es unheimlich. Was war das? Zufall? Ein anderer Arzt wurde gerufen. Wie schlimm die Verletzungen dieser Ärztin waren, habe ich nie erfahren. Auf alle Fälle bekamen wir den nettesten, verständnisvollsten Arzt, den ich bis dahin kennengelernt hatte. Ich weiß nur noch seinen Vornamen: Chris. Er hatte einen osteuropäischen Akzent und sang gemeinsam mit mir für Lorne Schlaflieder und er beruhigte mich immer wieder, wenn ich nervös wurde. Er sagte, dass wir es schon schaffen würden und dass Lorne schon irgendwann einschlafen würde. Sollte es länger dauern, würde er Termine vorziehen, bis es dann endlich funktionierte. Ich war diesem Arzt unendlich dankbar und musste weinen. Irgendwann schlief Lorne ein und die Aufnahmen konnten gemacht werden.

Wir blieben zwei Nächte. Ich hasste es so sehr. Die Zeit verging hier nicht, gar nicht. Ich wollte zu Hause sein. Bei der Abschlussbesprechung mit dem Prof. erfuhren wir, dass Lorne keine Anzeichen einer Epilepsie zeigte.

Prof. S. schlug trotzdem vor, ein Antiepileptikum zu probieren, da es eventuell zu einer Verbesserung dieser »Zustände« führen könnte. NEIN. Ich wollte es auf keinen Fall. Erst einmal wollte ich den Termin bei Frau D. am 1. August abwarten.

Vielleicht könnte sie ja weiterhelfen. Dieses Mal sprach Jan ein Machtwort. »So geht es nicht weiter. Wir probieren das jetzt.« Ich fügte mich. Was nun begann, war ein Horrortrip. Das erste Medikament »Ospolot« mit dem Wirkstoff »Sultiam« wurde eindosiert. Jede Veränderung des Verhaltens unseres Sohnes schob ich auf das Medikament. War er unzufrieden, müde oder quengelig, dachte ich, dass es an den schrecklichen Tabletten lag. Aber ich zog es durch. Schrieb weiterhin E-Mails mit Professor S.. Er bestärkte mich, selbst zu entscheiden, die Dosierung zu erhöhen. Gab mir immer Informationen, wo die maximale Gabe lag, damit ich es besser einschätzen konnte.

Wir waren nebenbei im Abstand von jeweils sechs Wochen noch zweimal bei der Heilpraktikerin Frau D. Es war jedes Mal die gleiche Show. Einmal übergab sie sich und schrie: »Mama, hilf mir, bitte Mama, Mama!« Ich war am Boden zerstört und konnte es nicht mehr ertragen. Ich weinte nur noch und war zutiefst erschüttert. Aber es trat auch keine Besserung ein. Es war zu heftig und hatte keinen Effekt. Das musste aufhören. Wir sind nie wieder dort gewesen.

Außerdem war ich in der Zwischenzeit mit Lorne bei einem Arzt in Eckernförde, der sich auf Schiefhälse bei Säuglingen spezialisiert hatte. Er konnte diese wieder einrenken, aber auch das verlief ohne Erfolg.

Mit Lorne war es ein Auf und Ab. Mal dachten wir, dass es besser wurde, dann ging es wieder los mit den Anfällen. In meiner Not suchte ich einen Wunderheiler in Quickborn auf. Er sah sich Lorne an, behandelte ihn und sagte: »Nur Geduld! Das wird!« Er wollte kein Geld dafür. Ich legte 20 Euro in eine Schale, für eine freiwillige Spende. Ich glaubte ihm.

Das Medikament »Ospolot« wirkte dagegen nicht so wie erhofft. Als ich die Dosis erhöhte, wurde Lorne kurzatmig. Ich auch. Er musste sich nach wenigen Schritten immer wieder setzen und hechelte, wie ein kleiner Hund. Wir bekamen ein anderes Medikament namens »Petnidan« mit dem Wirkstoff »Ethosuximid«. Das »Ospolot« musste langsam über Wochen ausdosiert werden, während das neue Medikament langsam eindosiert wurde. Ich musste jede Veränderung dokumentieren. Im September schrieb ich Professor S., dass es Lorne besser ginge, und dass die Kurzatmigkeit verschwunden sei. Der »Petnidan-Saft« schien besser zu wirken. Er sei lediglich etwas appetitlos, aber wir überlisteten ihn mit seinen Lieblingsspeisen. Ich fühlte mich etwas freier und hatte wieder Hoffnung, dass unser Sohn gesund werden könnte.

Im Oktober hatte Lorne plötzlich eine veränderte Anfallsart. So in etwa wie ein Sekundenschlaf. Egal ob er irgendwo stand oder saß, schlief er einfach so kurz ein und fiel einfach um. Es war schrecklich. Ich hielt meinen Sohn den ganzen Tag fest an der Hand, damit ich ihn auffangen konnte, wenn er stürzte. Ich schrieb dem Professor, schilderte ihm die neuen Anfälle. Ich vermutete, dass durch die Medikamente diese Veränderungen entstanden waren. Der Prof. verneinte und schrieb, dass er sich darüber Gedanken machen und sich wieder melden würde.

Ein Jahr hatten wir jetzt hinter uns und noch keine wirkliche Lösung. Im Gegenteil, es fühlte sich alles noch schlimmer an. Wir versuchten, unser Leben weiterzuleben, so normal es irgendwie ging. Ich lief und lief, ging wieder zu meinem geliebten Malkurs, traf mich mit Freundinnen. Jan und ich wechselten uns weiterhin ab. Wir konnten nichts gemeinsam unternehmen. Einer musste immer bei Lorne bleiben. Nachmittags kam Annegret, um ihren Enkel ein bis zwei Stunden zu beaufsichtigen, damit ich meine Arbeit im Stall verrichten konnte. Wenn ich aus dem Stall wieder reinkam, musste es dann schnell gehen, duschen, anziehen, Oma ablösen. Annegret hatte immer Angst. Sie stand regelrecht unter Strom, wenn sie auf Lorne aufpasste. Sie wollte auf keinen Fall, dass ihm etwas Schlimmes passierte in den zwei Stunden, in denen sie auf ihn aufpasste. Abends, wenn wir Lorne ins Bett brachten, wechselten wir uns weiterhin im zweistündigen Rhythmus ab. Es musste so lange jemand bei ihm liegen, bis er eingeschlafen war. Und auch wenn er schlief, trauten wir uns nicht, ihn allein zu lassen. Ich schlief in dieser Zeit etwa drei Stunden jede Nacht, aber nie tief. Es war eher wie ein Schlummern. Ich hörte jede Bewegung oder auch Atemveränderung meines Sohnes und war dann hellwach.

Wenn Jan abends bei Lorne lag, nutze ich die Gelegenheit, um Zeit mit meinen Töchtern zu verbringen. Wir spielten Karten, ich half bei Problemen bei den Hausaufgaben, hörte Vokabeln ab und tat alles, was gerade wichtig war. Ich versuchte immer wieder, Normalität zu leben. Die Mädchen waren immer lieb und zufrieden, und machten uns gar keine Probleme. Im Gegenteil, sie halfen, wo sie nur konnten. Ich hatte solche Angst, dass sie zu wenig Aufmerksamkeit bekamen, konnte mich aber ja auch nicht zerreißen. Die Beiden hatten ja auch noch sich. Sie verstanden sich gut und haben auch viel untereinander ausgemacht. Sie waren auch traurig, dass es Lorne so schlecht ging, und taten alles, um ein Lachen in sein Gesicht zu zaubern. Lorne liebte seine Schwestern und dankte es ihnen, indem er laut lachte und strahlte, wenn die beiden mit ihm spielten. Wir waren froh, dass wir unsere Arbeit daheim hatten. Malena und Johanna waren häufig mit uns im Stall, um die Tiere zu versorgen, so dass wir auch dort immer Spaß hatten und Zeit miteinander verbrachten.

Es ging alles irgendwie weiter. Wir mussten viel fahren, da wir außerhalb des Dorfes wohnten. Jede Verabredung der Mädchen bedeutete eine Fahrt. Lorne nahm ich häufig mit. Er liebte das Autofahren. Wir besuchten Schulabschlussfeste, Sportereignisse und Musikaufführungen und versuchten, Normalität ins Leben der Mädchen zu bringen. Malena ging regelmäßig zum Jazz-Dance-Training und hatte einen Auftritt. Ich bat Annegret, Lorne zu beaufsichtigen, damit ich hingehen konnte. Ich weinte die ganze Zeit, als ich meine wunderschöne Tochter tanzen sah. Ich weiß nicht, was die anderen Eltern wohl dachten. Es war mir auch egal.

Johanna und Malena spielten Handball und ich sah häufig bei den Spielen zu. Ich hatte selbst bis zur dritten Schwangerschaft auch leidenschaftlich diesen Sport betrieben. Auch diese Zeiten mussten irgendwie organisiert werden, damit ich zuschauen konnte.

In den Herbstferien fuhren wir seit Jahren mit meiner Freundin Angela und ihren Töchtern Liza und Pia für eine Woche nach Büsum. Wir liebten es dort und wollten es nicht absagen. Die Mädels freuten sich sehr. Lorne mussten wir irgendwie einbauen. Das klingt sehr herzlos, es war mir aber so wichtig, meinen Töchtern diese Freude zu bereiten. Wir zogen Lorne immer eine Latzhose an, damit wir ihn besser festhalten konnten, falls er ungebremst stürzte.

Für mich war dieser Urlaub anstrengender als sonst, aber ich erholte mich trotzdem. Jan hatte daheim mal keinen Stress und schlief endlich mal ein paar Nächte gut durch.

## Achterbahn und komische Amtsärzte

Nach unserem Büsum-Urlaub in den Herbstferien 2006 hatte ich einen Termin beim Kreis Rendsburg-Eckernförde im Kreishaus in Rendsburg bei der Amtsärztin Dr. H.. Sie sollte den Antrag auf Frühförderung bewilligen. Das hieß für mich wieder, mit Lorne zu warten. Wieder eine Untersuchung. Es war so anstrengend. Der Antrag wurde bewilligt. Gleichzeitig wies sie mich darauf hin, dass sie privat auch chinesische Heilkunst und Akupunktur betreiben würde. »Kommen Sie doch mal in meine Praxis. Möglicherweise kann ich Lorne helfen.« Heute denke ich: Spinnt die? Sie ist Amtsärztin und wirbt für ihre private alternative Praxis? Damals sagte ich, ohne zu zögern, ja. Ich griff nach jedem Strohhalm. Ich war dreimal dort mit Lorne. Jedes Mal machte sie Akupunktur und stach Nadeln in sein Gesicht. Er schrie und schrie.

»Das tut gar nicht weh!«, hörte ich sie sagen. Na, anscheinend ja doch. Lorne hatte mehrere Nadeln im Gesicht, eine davon in der Oberlippe. Der arme Junge. Sie empfahl mir eine spezielle Teemischung aus chinesischen Kräutern, die es nur in einer Berliner Apotheke gibt. Ich bestelle die Kräuter und gab Lorne drei Monate diesen Tee. Er wurde sogar etwas ruhiger. Mehr habe ich dazu nicht aufgeschrieben. Das alles kostete Geld. So langsam kam einiges zusammen.

Am 9. November fuhr ich mit Lorne zu seiner ersten Stunde Physiotherapie nach Nortorf. Seine Therapeutin Astrid, ich mochte sie vom ersten Augenblick, gestaltete erst einmal eine Kennenlernstunde. Lorne taumelte, Lorne stürzte, dann lachte er wieder und war so süß. Ich konnte die Erschütterung in ihrem Gesicht sehen. Ist die Erkrankung meines Sohnes so ungewöhnlich? Sie sah hier doch oft erkrankte, ja sogar behinderte Kinder, mit viel schlimmeren Schicksalen, oder? Warum reagierte sie so? Astrid sollte Lorne die nächsten 12 Jahre betreuen. Das ahnte ich zu diesem Zeitpunkt noch nicht. Und ja, es gab zwar Erkrankungen und Behinderungen, die auch sehr traurig und schlimm waren, aber so etwas hatte sie noch nie gesehen. Ich freute mich jede Woche auf diese halbe Stunde. Dort konnte ich auch mal einen Augenblick sitzen und mich ausruhen. Außerdem unterhielt ich mich immer sehr gerne mit Astrid.

Es ging Lorne nicht wirklich gut. Die Anfälle hatten sich verändert. Er stürzte ungebremst aus heiterem Himmel. Der Professor erhöhte die Dosis auf die maximale Menge. Wir sollten ein paar Wochen probieren und ihn im Dezember wieder vorstellen. Als wir die Woche in Büsum waren, fiel mir wieder ein, dass es dort einen Wunderheiler gab. Ich würde nicht aufgeben, nach Strohhalmen zu greifen.

Ich wusste nur noch seinen Vornamen: Rudi. Viele Bekannte meiner Schwiegereltern waren schon dort gewesen. Er praktizierte aus gesundheitlichen Gründen nicht mehr.

Ich fragte nach, recherchierte und fand heraus, dass Rudi seine Ausbildung in Holland bei den Cornielje-Brüdern gemacht hatte. Ich fand die Adresse und schrieb einen Brief. Wir bekamen einen Termin in der Praxis in Heerenberg in den Niederlanden. Es wurde uns gesagt, dass Lorne schon um 5.15 Uhr morgens dort behandelt werden könnte. Wir buchten ein Hotel für zwei Tage im Dezember. Die 460 Kilometer Fahrt waren mit Lorne kein Problem. Zum Glück liebte er das Autofahren. Was machen diese Cornielje-Brüder?

## Kurzfassung: Heilmagnetismus

Heilmagnetismus ist schon so alt wie die Menschheit. Französische und spanische Grottenbilder zeigen das, was man heutzutage »magnetisieren« nennen würde. Aus archäologischen Funden weiß man, dass hebräische, phönizische und ägyptische Heiler den Magnetismus schon mit Erfolg praktizierten. Handauflegen ist bei allen Religionen bekannt. Der Schweizer Arzt Paracelsus (1493-1541) behauptete, dass im Menschen zwei Formen von Magnetismus existieren: Ein Teil des menschlichen Körpers empfängt die Strahlen der Planeten, der andere die der Erde. Das würde dazu führen, dass der Mensch magnetisch ist. Von großer Bedeutung ist das Werk des österreichischen Arztes Franz Anton Mesmer (1734-1815). Wie Paracelsus war auch Mesmer davon überzeugt, dass Körper, sich gegenseitig auf Entfernung beeinflussen können. Dieser Einfluss wurde verglichen mit der Wirkung eines Magneten auf Eisen. Deswegen nannten sie diese Beeinflussung magnetisch. Es gab und gibt einen Zusammenhang zwischen dieser magnetischen Kraft sowie Krankheit und Gesundheit. Mesmers Werk sagt u.a. aus, dass alle Krankheiten durch Störungen des Gleichgewichts im Energiefeld des Körpers des Kranken verursacht werden. Zur Heilung der Krankheit ist es erforderlich, dass dieses Gleichgewicht wieder hergestellt wird durch Zufuhr von Energie in den Körper des Kranken. Diese Zufuhr findet durch den Magnetiseur statt. Moderne wissenschaftliche

Untersuchungen weisen aus, dass es tatsächlich magnetische und mentale Kräfte gibt. Diese Kräfte sind in Form von elektromagnetischen Schwingungen nachweisbar und existieren in jedem Organismus. Wenn sie auf andere Menschen übertragen werden, können sie einen Heilungsprozess in Gang setzen.

Wir kamen gegen Abend im Hotel an und baten darum, am nächsten Morgen gegen 4.30 Uhr geweckt zu werden. Wir würden in die Praxis zur Behandlung unseres Sohnes fahren und dann direkt wieder heimfahren.
Ich glaube, Jan hasste es, aber er machte mit. Am nächsten Morgen hat dann alles geklappt. Wir bekamen freundlicherweise noch ein großes Fresspaket vom Hotel zum Mitnehmen für die Heimreise und konnten pünktlich um 5.05 Uhr auf dem Parkplatz der Praxis fahren. Es wurde uns gesagt, die Patienten würden nach Reihenfolge der Ankunft der Autos auf diesem Parkplatz, dann in der Praxis behandelt. Vor uns war nur ein Wagen. Das würde dann wohl nicht so lange dauern. Um 5.30 Uhr sollte es losgehen. Bis dahin waren schon ungefähr 30 weitere Autos angekommen.
Was geht hier denn ab? Und es kamen immer mehr. Jeder wusste, wann er dran war und es ging ganz ruhig voran. Als wir an der Reihe waren, lief es ganz unspektakulär ab. Herr Cornielje hatte meinen Bericht sehr aufmerksam gelesen und legte seine Hand auf Lornes Kopf. »Oh Mann, das ist aber ein ganz Starker!« Aha? Er strich mehrfach über Lornes Kopf und Rücken und sagte uns, dass Lorne ganz sicher wieder gesund werde, wir bräuchten lediglich viel Geduld. Ich glaubte ihm. Er empfahl uns, die Behandlung ein paar

Mal zu wiederholen, und sagte uns, dass er einmal im Monat in Ibbenbüren nahe Osnabrück behandeln würde. Er gab uns die Adresse, damit wir nicht jedes Mal ganz nach Holland kommen müssten.

Ich hatte ein sehr gutes Gefühl, dass Lorne hier geholfen wurde, und wollte auf alle Fälle wiederkommen. Die Möglichkeit, diese Behandlung in Niedersachsen zu wiederholen, würden wir ganz sicher nutzen. Wir machten uns auf den langen Heimweg und hatten wieder einen kleinen Hoffnungsschimmer.

\*\*\*

**23.02.2022**

*Malena heute 27 Jahre ruft an: »Hallo Mami!«*
*Sie lebt und arbeitet seit einigen Jahren in Hamburg, ist gerade frisch verliebt. Es geht ihr wirklich gut. Sie erzählt mir von ihrem Wochenende, sie hat die Eltern ihres Freundes kennengelernt und ist guter Dinge. Ich erzähle ihr von meinen kleinen Fortschritten beim Schreiben und wie anstrengend es ist. »Ich bin schon ganz gespannt, dieses Buch endlich zu lesen. Das wird sicher hart!« Das glaube ich auch. Wir plaudern noch etwas, machen Scherze und legen auf.*

\*\*\*

Am 11. Dezember hatten wir einen Termin in Pelzerhaken. Ich hatte überhaupt keinen Bock auf noch mehr Klugscheißer, Ärzte und Begutachter. Aber was hatte ich für eine Wahl? Ich fand den Cornielje so cool. Nun musste ich mich wieder mit Schulmedizinern auseinandersetzen. Mittlerweile war ich mit Lorne schon bei so vielen verschiedenen Menschen gewesen und konnte mir meine eigene Meinung über ihre Diagnosen bilden, ohne fremden Ärzten blind zu vertrauen. Ich war skeptischer geworden, was die Schulmedizin anging. Aber ich war auch ungerecht. Ich war der klinischen Untersuchung schon vor der Untersuchung negativ gegenüber eingestellt. Sie machten nur ihren Job und wir hatten doch um einen Termin gebeten. Der Kinderarzt und Jugendpsychologe waren sehr verständnisvoll und versuchten Lorne zu untersuchen. Er wehrte sich mit all seiner Kraft. Er wollte sich bewegen. Die Untersuchung gelang nur mäßig, er war einfach zu unruhig. Es wurde uns empfohlen, für einige Wochen mit Lorne stationär in das Kinderzentrum zu kommen, damit man sich ein genaues Bild machen könnte. Wir bräuchten uns um die Epilepsie in der Zeit keine Sorgen zu machen. Das Kinderzentrum stünde im engen Kontakt mit der Uniklinik Kiel und dem Spezialisten Prof. S.. Alles klar. Was sollten wir dann hier? Lorne ging es zu Hause am besten. Dort konnte er schaukeln. Dort konnte er sich draußen bewegen und ich hatte immer mal eine Stunde Ablösung. Jan, Annegret, Malena und Johanna übernahmen Lorne immer einmal für einige Zeit. Im Krankenhaus wäre ich wieder allein und Lorne hätte nur wenig Beschäftigung. In dem Bericht stand, dass unser Sohn zwei Jahre und fünf Monate alt sei, 15,3 kg wöge und in einem guten Allgemeinzustand wäre.

Es bestünde eine Entwicklungsverzögerung, insbesondere im sprachlichen Bereich. Das wussten wir auch schon vor der Untersuchung. Wir machten uns auf den Heimweg und waren nicht schlauer als vorher.

Einen Tag später hatten wir wieder einen Vorstellungstermin bei Professor S.. Das gleiche Programm wie immer: 30 Minuten EEG-Hölle. Danach ein Gespräch mit dem Professor. Dieses Mal musste auch Blut abgenommen werden. Da Lorne jetzt seit einiger Zeit antiepileptische Medikamente bekam, musste monatlich Blut abgenommen werden. Sein Medikamentenspiegel im Blut und seine Leberwerte wurden überprüft. Seitdem er Medikamente nehmen musste, waren diese Werte immer erhöht. Ich gestand Professor S. an diesem Tag, dass ich noch Alternativen nebenher probierte, Lorne aber niemals andere Medikamente geben würde, ohne es mit ihm abzusprechen. Er reagierte sehr positiv und bat mich, ihm von den alternativen Behandlungen zu berichten. Egal, was wir versuchten, wenn es Lorne half, würde er es immer befürworten, denn es könnte eventuell auch anderen Patienten helfen. Ich war sehr beeindruckt.

»Wenn alles vorbei ist und mein Sohn wieder gesund ist, schreibe ich irgendwann mal ein Buch über dieses Drama.« Der Professor lächelte. Lorne ging es an diesem Tag gut. Er zuckte ab und zu, stürzte aber nicht.

Ich schrieb in mein Tagebuch: Lorne brabbelt immer vor sich her. Wenn ihm irgendetwas nicht passt, schimpft er mit seinem Schnuffituch. Man versteht kein Wort. Wir haben jetzt jede Woche einen Termin zur Physiotherapie bei Astrid. In dieser Woche ist Lorne richtig gut.

## 2007

*Mein Herz, was willst du traurig sein?*
*Die Wolken glühen abendschön.*
*Mein Herz, was willst du traurig sein?*
*Sieh in das Leuchten nur hinein.*
*Lass alles Dunkle unter dir.*
*Denn was dich Untergehen dünkt,*
*ist Aufgehen einer andern Flur.*
*Es ist doch alles Wandel nur.*
*Du musst es wahrlich erst verstehn.*
*Die Wolken glühen abendschön.*
*Sieh in das Leuchten froh hinein,*
*mein Herz, und lass das Traurigsein.*
*Es kann und kann dir nichts geschehn.*

*Hermann Claudius*

Ab Januar begann einmal die Woche die Frühförderung durch die Heilpädagogin Frau S.. Sie kam zu uns ins Haus und spielte eine Stunde mit Lorne. Ich hatte so sehr gehofft, in dieser Stunde etwas anderes machen zu können! Doch ich landete wieder unsanft auf dem Boden der Tatsachen. Die Gefahr eines Anfalls oder eines Sturzes machten es unmöglich, Lorne ohne meine Aufsicht zu betreuen. Die Heilpädagogin war lediglich vor Ort, um auf Lornes Entwicklung zu schauen. Medizinisch war sie gar nicht ausgebildet oder abgesichert, falls ein schlimmer Anfall eine Verletzung zur Folge hätte Somit musste ich die ganze Stunde dabei sein.

**Am 15.01.2007 schrieb ich folgende E-Mail an Prof. S.:**
Bei uns ist die Lage unverändert. Lorne hat täglich immer mal wieder kleine Aussetzer, die wir meist aber schon vorher abfangen können, weil wir ganz genau wissen, wann er es bekommt. Steht er unter Stress und etwas läuft nicht zu seiner Zufriedenheit, gibt er einen jaulenden Ton von sich und schon sackt er zusammen. Wir fangen ihn dann auf. Sind wir mit ihm draußen, er liebt es dort, kann laufen, schaukeln und alles tun, was er so gerne mag, dann passiert ihm meistens nichts. Wir haben das Gefühl, dass er ganz kleine Fortschritte macht und sich weiterentwickelt. Sein Sprachverständnis verbessert sich. Kurze Aufforderungen versteht er. Er ist allerdings stur wie ein Esel und für einen zweieinhalbjährigen Jungen sehr weit in seiner Entwicklung zurück. Das Jahr 2007 steht für uns unter dem Leitsatz: Auch ein Weg von 1000 Meilen beginnt mit dem ersten Schritt.

Der Professor riet mir, die Medikamentendosis noch etwas zu erhöhen.

Ich lief und lief. Meine Schwiegermutter, Annegret, begleitete mich häufig auf dem Fahrrad. Sie hatte gerade zum 46. Mal ihr Sportabzeichen geschafft, war 66 Jahre alt, topfit und hatte immer ein offenes Ohr für meine Sorgen und Nöte. Wir sprachen noch einmal kurz über die ersten Jahre, in denen wir nicht so gut miteinander ausgekommen waren. Wir beschlossen, diese ganzen Geschichten nicht wieder aufzuwärmen. Wir hatten beide Fehler gemacht und wollten das alles nicht noch einmal durchkauen. Ganz gleich wie beschwerlich das Gestern war, stets kannst du im Heute von Neuem beginnen. Das taten wir. Sie half mir, wo sie nur konnte, und ich liebte sie dafür. Der Alltag lief immer gleich ab. Hofarbeiten, Hausarbeiten, Mädels fahren, Lorne betreuen. Einer musste immer bei ihm sein. Wir konnten ihn keine Minute aus den Augen lassen. Einmal die Woche Frühförderung. Einmal die Woche Krankengymnastik mit Astrid. Oft standen Arzttermine und einige weitere Termine an.

Wir fuhren noch im Januar nach Ibbenbühren nahe Osnabrück. Dort hatten wir einen weiteren Termin bei den Cornielje-Brüdern zum Heilmagnetismus. Was dort passierte, kann sich niemand vorstellen. Reisebusse aus verschiedenen Bundesländern standen dort. So viele Menschen, die sich alle von den Brüdern behandeln ließen. Wir wurden mit noch zehn weiteren Personen in Gruppen behandelt. Herr Cornielje erkannte Lorne sofort wieder und sagte: »Na da bist du ja wieder, der starke Junge!« Er strich wieder über seinen Kopf und seine Wirbelsäule und meinte: »Der wird wieder, haben Sie nur weiterhin Geduld!« Ich glaubte ihm. Ich fuhr noch dreimal in diesem Jahr zu ihm. Zweimal begleitete mich meine Freundin Andrea. Einmal sogar allein. Das war so anstrengend. Selbst eine kleine Pause auf der Autobahnraststätte war stressbehaftet. Was mache ich mit dem Jungen? Aufs Klo? Mitnehmen! Ob die Behandlungen halfen, weiß ich nicht. Niemand weiß, was aus Lorne geworden wäre, wenn wir das alles nicht versucht hätten. Außerdem tat es mir gut, Alternativen zu probieren. Die Schulmedizin schien mir nicht hilfreich. Im Grunde probierte man an Lorne nur verschiedene Medikamente aus. Die alternativen Behandlungen bestanden größtenteils aus Handauflegen, einigen pflanzlichen Mitteln und konnten ihm somit auch nicht schaden.

In den folgenden Wochen ging es ihm wieder schlechter. Er stürzte wieder häufiger und stieß sich dann oft den Kopf. Wir erhöhten den »Petnidan-Saft« auf die höchste Dosis. Es half nicht. Am 31. Januar waren wir wieder in der Uniklinik Kiel. Wie immer machten wir ein EEG. Die MTA war sehr geduldig und nett. Huch, was ist hier denn los? Sie ist doch sonst immer nur genervt von uns. Es war wesentlich entspannter, wenn jemand geduldig mit uns war. Danach hatten wir ein Gespräch mit Professor S.. Im EEG waren neuerdings epileptische Aktivitäten zu sehen. Myoklonische Anfälle*! Hä? Kommt das von dem Medikament? Professor S. verneint das. Wir erhielten ein neues Medikament namens »Keppra« mit dem Wirkstoff »Levetiracetam«. Es sollte zusätzlich eindosiert werden.

**\*Myoklonische Anfälle**
Das gemeinsame Merkmal dieser Anfälle sind mehr oder weniger stark ausgeprägte Muskelzuckungen (Myoklonien). Es kommt zu Zuckungen des Kopfes und der Arme, weniger der Beine durch plötzliche, kurze Muskelkontraktionen. Die Myoklonien können sehr heftig ablaufen. Der Anfall äußert sich dann in plötzlichen, heftigen, ungerichteten ausfahrenden Bewegungen der Schultern und Arme, zum Teil auch Einknicken der Beine. Es kann bei einem einzigen myoklonischen Anfall bleiben, es können aber auch salvenförmig mehrere einschießende Zuckungen auftreten. In der Hand gehaltene Gegenstände können dabei fortgeschleudert werden. Es besteht eine Neigung zur Anfallshäufung in der Zeit nach dem Aufwachen. Schlafentzug und vorzeitiges Wecken fördert das Auftreten dieser Anfälle.
Quelle: epilepsie-informationen.de

Nun bekam Lorne also auch noch »Keppra«. Als ich die Nebenwirkungen las, schrieb ich keine Mail. Ich rief an. Professor S. beruhigte mich, auch wenn in der Medikamentenbeschreibung stand, dass »Keppra« für Kinder unter vier Jahren nicht geeignet sei, hatte das lediglich den Grund, dass es noch keine Studien dazu gäbe. Das wäre aufgrund der Kosten so. Er hätte sogar Säuglinge schon mit diesem Medikament behandelt. »Keppra«, noch heute zieht sich mein Innerstes zusammen, wenn ich nur das Wort schreibe.

Kurz nach der zusätzlichen Gabe von »Keppra« zum »Petnidan-Saft« ging bei Lorne nichts mehr. Er rannte kopflos los und stürzte ungebremst. Er starrte, wenn er im Bett lag, auf den Kleiderschrank und schrie und schrie. Ich vermutete, dass er halluzinierte. Es war so unerträglich!
Unser gesamter Tagesablauf änderte sich. Lorne schlief fast gar nicht mehr. Wenn doch, dann so tief, dass er nach dem Aufwachen lange verwirrt und abwesend war. Er war sehr wackelig auf den Beinen. Ich mailte mal wieder. Der Professor riet mir, die Gabe etwas zu reduzieren, mich aber in Geduld zu üben. Ich hielt es nicht mehr aus. Der arme Junge. Konnte man ihn nicht einfach so lassen, wie er war? Da waren wir ohne Medikamente besser dran. Ich dosierte die Medikamente eigenständig und führte Buch. Ich kombinierte, reduzierte und schrieb alles auf. Es war ein Auf und Ab. Ich hasste es so sehr. Dann mailte ich wieder. Besser wurde es aber nicht. Wir mussten Lorne jetzt auch noch monatlich beim Hausarzt vorstellen. Es mussten regelmäßig Blutkontrollen durchgeführt werden. Wegen der starken Medikamente waren Lornes Leberwerte jetzt auch noch erhöht. Ich bat das Universum, uns doch bitte zu helfen. Mein armer

kleiner, süßer Junge, seine schöne, kleine bisher so gesunde Leber. Es war kaum zum Aushalten. Ich war so unglücklich und verzweifelt, durfte mich aber nicht gehen lassen. Ich musste stark bleiben für meinen Sohn, für meine Familie. Dank meiner Schwägerin Addi mussten wir bei unserem Hausarzt nie warten. Sie arbeitete dort und nahm uns immer alles ab, was dort zu erledigen war. Um all die Rezepte, Berichte und den weiteren Papierkram beim Hausarzt mussten wir uns dank Addi keine Sorgen machen.

In den Osterferien fuhren mit unseren drei Kindern in den Skiurlaub. Mit Medikamentenkoffer. Es war immer schwierig in ungewohnter Umgebung mit Lorne, aber es tat uns gut. Dort ging es Lorne sogar etwas besser. Die Mädchen genossen die Zeit in vollen Zügen. Das Skifahren machte beiden sehr großen Spaß. Allein, sie so glücklich zu sehen, war es schon wert, den Stress in ungewohnter Umgebung ohne Schaukel mit Lorne in Kauf zu nehmen.
Zu Hause hat auch alles gut geklappt. Unser Hund war etwas ruhiger.
Die folgenden Wochen war es wie immer ein Auf und Ab. Ich behaupte mal, es ging Lorne etwas besser nach unserem gemeinsamen Urlaub.
Im Mai kam dann wieder ein Einbruch. Es ging wieder los mit den Schluckattacken, wie am Anfang. Ich mailte Prof. S. Er sagte, dass ich die Medikamente wieder erhöhen sollte. Lorne wog 15 Kilo bei einer Größe von einem Meter.
Glücklicherweise hatte ich jemanden gefunden, die mich im Haushalt unterstützte: Ellen. Sie war ein echter Glücksgriff und wie eine Mutter für mich. Auch das musste irgendwie bezahlt werden, aber ich dachte ja immer noch, dass es nur

vorübergehend sei. Ellen erzählte mir von einem Heilpraktiker in Neumünster. Sie schwor auf ihn. Das waren nur sechs Kilometer Fahrt. Ich machte einen Termin. Es würde schon nicht schaden. Ich war nur einmal mit Lorne dort. Also dieser Mann schien sich doch etwas zu überschätzen. Er machte eine Augendiagnose, riet mir, eine komplexe Stuhlfloraanalyse zu veranlassen. Das habe ich dann auch gemacht. Alles andere, was dieser Heilpraktiker von sich gab, war sehr arrogant. Er verschrieb Lorne mehrere pflanzliche Medikamente, erklärte mir, wie ich weiter vorgehen sollte und sagte, er würde diesen Jungen gesund machen. Erst war ich sprachlos, dann aber wütend. Was bildete der sich ein? Ich war nie wieder mit Lorne dort. Die Analyse ergab nichts.

Aber es gab ja auch noch das andere Leben. Im Mai starb meine gute Freundin Magret an Brustkrebs. Sie hinterließ ihren Mann Detlef mit zwei kleinen Kindern, so alt wie Malena und Johanna. Das konnte doch alles nicht wahr sein. Sie taten mir so unendlich leid. Ich war so traurig. Ich könnte jetzt seitenweise über meine Freundschaft zu Magret berichten, die im Sommer 1971 ihren Anfang nahm, aber in diesem Buch geht es um Lorne und sein Schicksal. Ich vermisse meine Freundin Magret.

Da Lornes dritter Geburtstag bevorstand, neigte sich die Frühförderung dem Ende zu. Es wurde mir nahegelegt, Lorne in einer integrativen Kita anzumelden. Dort sollte er dann ab September aufgenommen werden. Frau S. stellte den Kontakt her. Wie bitte? Ich soll diesen kranken Jungen in eine Kita geben? Wie soll das denn gehen? Ich glaubte nicht daran, dass es funktionieren würde, aber ich meldete Lorne erstmal an. Er sollte nach den Sommerferien in die integrative Kita in Nortorf gehen. Wir werden ja sehen. Ende Mai hatten Lorne und ich einen gemeinsamen Termin in der Löwengruppe, in die Lorne aufgenommen werden sollte. Ich hatte ein Gespräch mit der Gruppenleiterin Elke und der zuständigen Heilpädagogin Bärbel. Ich wollte den beiden gleich klarmachen, dass sie sicher nicht leisten könnten, was wir zu Hause taten. Ich mochte Elke sofort. Bärbel schien mir sehr streng oder besser gesagt zielorientiert und fachlich sehr kompetent.

*Bärbel, solltest du das lesen, lachst du dich sicher kaputt! Es stimmt, ich weiß es noch wie heute. Ich liebe dich!*

Ich führte alles Mögliche an, was dagegensprach, dass Lorne in eine Kita gehen konnte. Sie antworteten beide jedes Mal, dass alles kein Problem sei. Mit dieser Antwort hatte ich nicht gerechnet. Bisher war es nicht einmal möglich gewesen, ihn irgendwo allein zu lassen. Weder bei der Krankengymnastik noch bei der Frühförderung und nun sollte Lorne täglich ein paar Stunden ohne mich in der Kita verbringen?

Doch Elke und Bärbel waren sich einig. Lorne sollte sehr gerne kommen. Die Kita hätte sogar einen Fahrdienst, den wir auch in Anspruch nehmen könnten. Das fehlte mir noch. Ich würde ihn bringen, dann schauen, ob das wirklich ginge und ihn zeitnah wieder abholen. Ich hatte Lorne die ganze Zeit auf meinem Schoss. »Ich gehe mal mit ihm raus, damit ihr in Ruhe alles besprechen könnt.« Ich schaute Elke ungläubig an. Sie nahm meinen Sohn an die Hand und er ging einfach mit. Das Wort »raus« verstand Lorne sehr gut. Eine völlig neue Situation für mich und ich traute dem Braten nicht. Ich rief ihr hinterher, was sie alles beachten sollte. »Kein Problem, liebe Dörte. Ich habe sehr gut zugehört. Ich passe gut auf Lorne auf!« Was soll ich sagen. Der Bann war gebrochen. Ich saß da mit Bärbel und weinte nur noch. Nach dieser so schweren Zeit und der ständigen Erschöpfung die Aussicht zu haben, dass es meinem Sohn für ein paar Stunden in der Kita gut gehen würde und ich in dieser Zeit frei haben sollte, waren in diesem Moment einfach zu viel für mich. Die Schleusen waren geöffnet und ich konnte mich gar nicht wieder beruhigen. Bärbel war sehr verständnisvoll. Sie erklärte mir, dass es besser sei, wenn Lorne einen Helm tragen würde. Den Helm müsste ein Arzt verordnen. Man bräuchte den Helm in der Kita, wegen Lornes ständiger Sturzgefahr, und er sollte auch sein Notfallmedikament mitbringen. Notfallmedikament? Das hörte ich zum ersten Mal. Ich wusste bisher nicht einmal, dass es so etwas gab. Kaum zu glauben.

Ich kümmerte mich um alles. Wir bekamen den Helm und auch das Notfallmedikament mit dem Wirkstoff Valium. Es war in Form einer Tube, die wie ein Einlauf zu verabreichen war. Es hieß »Diazepam« und war nötig, denn Lorne hatte im Juni seinen ersten Grand Mal-Anfall*.

**\*Grand Mal-Anfall:**
Beginnt mit einem plötzlichen Bewusstseinsverlust, verbunden mit einem gepressten Schrei. Bei aufrechter Körperhaltung kommt es zu einem Sturz, wobei sich der Patient verletzen kann. Im tonischen Stadium kommt es zu einer Ver-

steifung sämtlicher Gliedmaßen, der Gesichts-, Hals- und Rumpfmuskulatur, die etwa 10 bis 30 Sekunden andauert. Im darauffolgenden klonischen Stadium treten generalisierte symmetrische Zuckungen auf, die besonders an Kopf, Armen und Beinen sichtbar sind und etwa 40-60 Sekunden andauern. Zu Beginn des Anfalls zeigt sich Atemstillstand, später eine verlangsamte und erschwerte Atmung. Es wird schaumiger Speichel abgesondert. Die Gesichtsfarbe ist anfangs blass, später leicht bis stark bläulich verfärbt. Die tiefe Bewusstlosigkeit während des Anfalls geht gleitend in einen tiefen Nachschlaf über, der bei einigen Patienten nur sehr kurz anhält, bei anderen aber einige Stunden andauern kann.

*Quelle: epilepsie-informationen.de*

Es ist eine ganz besonders schlimme Art von Anfällen. Ich dachte, jetzt stirbt mein kleiner süßer Junge und ich kann nichts tun. Er wurde ganz steif, hatte die Augen nach oben gerichtet, Speichel lief aus seinem Mund, die Lider flatterten, er atmete nicht mehr und bekam blaue Lippen. Dieser Krampf dauerte etwa eine Minute, fühlte sich für mich aber an wie eine Ewigkeit. Dann holte er tief Luft, sackte zusammen und schlief ein. Ich war so fertig. Ich weinte, wie schon lange nicht mehr. Mein armer, armer Junge. Das musste doch von den Medikamenten kommen. Das ganze Auf und Ab, und Ein- und Ausdosieren konnte doch nicht gut sein. Er hatte doch vorher nie solche Anfälle gehabt.

Wir fuhren im Juli wieder nach Kiel. Es wurde erneut ein EEG geschrieben. Wie immer hatten wir im Anschluss ein Gespräch mit Professor S.. Es wurden nun plötzlich zwei

Anfallstypen diagnostiziert: Epilepsie mit Sturzanfällen und komplexe, partielle Anfälle ungeklärter Ursache. Ich sollte »Keppra« langsam absetzen und ein weiteres Medikament namens »Orfiril« mit dem Wirkstoff »Natriumvalproat« eindosieren. Der »Pednidan-Saft« sollte bleiben. Ich dosierte aus. Ich dosiere ein. Ich führte Buch. Ich mailte und ich bewachte meinen Sohn, wie ein Luchs. Das dauerte mehrere Wochen. Seit das »Keppra« raus war, reduzierten sich die Grand Mal-Anfälle. Ein Glück, die machten mich fertig. Mit dem Medikament »Keppra« hatte Lorne öfter Grand Mal-Anfälle und meisters morgens die kleineren Anfälle. Über Monate wurde er im Laufe des Tages aber immer fitter. Ohne »Keppra« blieben zwar die Grand Mal-Anfälle fast aus, allerdings bekam Lorne nun auch wieder nachmittags oft kleine Anfälle. Es war zum Verzweifeln. Er schlief nun nicht mehr viel. Nur zwischen 21-23 Uhr. Dann blieb er bis 5 Uhr morgens wach und schlief dann nochmal zwei Stunden. Er war dann den ganzen Vormittag benebelt. Das ging über Monate so. Wir gingen auf dem Zahnfleisch, denn es musste immer einer bei ihm sein. Tagsüber war Lorne durch die Medikamente sehr wackelig auf den Beinen und unsere Sportkarre wurde langsam zu klein. Wir brauchen irgendetwas, um ihn mal abzusetzen, waren wir doch dauernd draußen.

Unsere Hausärztin verordnete ihm einen Rollstuhl. Oh nein! Jetzt auch noch einen Rollstuhl. Das konnte doch alles nicht wahr sein! Mit dieser Verordnung ging ich zu einer orthopädischen Werkstatt, die alles in die Wege leiten sollten, nachdem sie Lorne ausgemessen hatten. Wenige Wochen später bekamen wir einen Ablehnungsbescheid von unserer Krankenkasse. Was? Wie konnte der Rollstuhl trotz einer Verordnung der Ärztin abgelehnt werden? Denken die zuständigen Mitarbeiter der Krankenkasse, dass wir gerne einen Rollstuhl für unseren Sohn hätten, den wir gar nicht brauchen?

Ich sollte in den nächsten Jahren noch erfahren wie aufreibend und wie anstrengend der ewige Kampf mit den Behörden und der Krankenkasse würde. Alles wurde nach Aktenlage entschieden. Jede ärztliche Verordnung wurde erst einmal abgelehnt. Es war in den ganzen Jahren nicht einmal jemand hier, um sich selbst ein Bild von diesem Jungen, der Familie und der besonderen Situation, die wir hier hatten, zu machen. Lediglich die Vertreter des medizinischen Dienstes der Krankenversicherung (MDK), die über die Höhe der Pflegestufe entschieden, hatten uns ein paar Mal besucht. Allerdings ließ ich mir die Ablehnung nicht einfach so gefallen. Ich legte Widerspruch ein. Dann zog es sich über Wochen, bis entschieden wurde, ob das jeweilige Hilfsmittel bewilligt würde. Irgendwann, Wochen später bekam Lorne einen Rollstuhl. Es war schrecklich, meinen Sohn im Rollstuhl zu sehen. Er fand es toll, und entwickelte sehr viel Geschick, immer dorthin zu fahren, wohin er gerade wollte. Erstaunlich. Er wusste genau, an welchem Rad er wie stark drehen musste, um in die Richtung zu fahren, in die er wollte.

Im Juli war ich mal wieder mit Lorne in Nortorf zur Krankengymnastik. Es lief gut und Astrid war sehr zufrieden mit Lorne. Ich war sehr froh darüber, wollte heim und allen erzählen, dass es ein erfolgreicher Nachmittag war. Es war sehr warm an dem Tag. Ich setzte Lorne ins Auto, schnallte ihn an und schlug die Tür zu. Wie auch immer mir das passieren konnte, aber es ist passiert. Mein Schlüssel lag im

Auto und es war abgeschlossen. Bitte nicht! Zum Glück gab es schon Handys. Ich rief Jan an. Er kümmerte sich und brachte einen Kfz-Mechaniker mit. Der Ersatzschlüssel war leider nicht auffindbar. Ich wartete eine halbe Stunde und versuchte Lorne irgendwie von außen zu beruhigen. Es war sehr warm, im Auto wohl noch wärmer und Lorne schrie. Er schaffte es irgendwie, sich aus dem Gurt zu befreien, und kletterte im Auto umher. Er klatschte immer wieder mit seinen Händen gegen die Scheibe. Als Jan endlich kam, sagte der Kfz-Mechaniker: »Wieso macht der Kleine denn nicht einfach auf?« Er klopfte gegen die Scheibe und sagte: »Eh, Bubi, drück mal auf den Knopf! Siehst du dort?«

»Das versteht er nicht!«, erwiderte ich. Der Kfz-Mechaniker schaffte es, den Wagen zu öffnen. Ich holte diesen völlig durchgeschwitzten Jungen aus dem Auto und gab ihm zu trinken. Mein Mann meckerte: »Wie hast du das denn geschafft? Mann, Mann, Mann!«

»Sehr witzig! Meinst du ich habe das absichtlich getan? Blödmann!«


## Hoffnung: Gehirnforschung

Ich hatte wieder einen neuen Hoffnungsschimmer. Ich las in einem Fachblatt über Gehirnerkrankungen einen Bericht über einen Professor Haffelder vom Institut für Kommunikation und Gehirnforschung aus Stuttgart. Der Physiker und Psychologe arbeitete schon seit über 25 Jahren in der Gehirnforschung und widmete sich seit zehn Jahren insbesondere Kindern mit Lernstörungen. Ich nahm Kontakt auf. Wir mussten einen sehr umfangreichen Fragebogen ausfüllen und einreichen. Es sollte bei Lorne ein spezielles EEG, eine spectralanalytische Messung vorgenommen werden. Das sollte etwa eine Stunde dauern. Während der Messung sollten wir mit Lorne die wenigen Dinge machen, die er konnte: Bilderbuch ansehen, Singen, Klatschen und Räder an Spielzeugfahrzeugen drehen. Gleichzeitig wurde über einen Kopfhörer Musik von Mozart, Verdi und Vivaldi sowie Walgesänge gespielt. Es sollte genau aufgezeichnet werden, bei welchen Frequenzbereichen welche Aktivitätspotenziale ausgelöst wurden. Daraufhin sollte eine spezielle CD erstellt werden, die er dann täglich hören sollte. Am besten über Kopfhörer. Puh! Wir machten einen Termin. Uns wurde gesagt, dass die Messung einmal im Monat bei einem Heilpraktiker, Herrn F. in Hochdonn, gemacht würde. Welch ein Glück, wir mussten nicht nach Stuttgart fahren. Am 31.08.2007 fuhren wir mit unserem Sohn nach Hochdonn und sprachen vor der Messung noch mit dem Heilpraktiker. Er fragte uns, nachdem er unseren Bericht über Lornes Geschichte angehört hatte: »Wurde Lorne geimpft?« »Ja!« Das war jetzt das dritte Mal, dass jemand die Erkrankung von Lorne direkt mit einer Impfung in Verbindung brachte. Ich wurde hellhörig. Dem wollte ich jetzt endlich nachgehen, wenn ich zu Hause war. Da saß er nun, mein kleiner Schatz mit riesigen Kopfhörern auf dem Kopf. Er hatte rote Wangen, strahlte uns an und sah so gesund aus. Er drehte die Räder an seinem Lieblingsspielzeugtrecker. Bitte, bitte, lass ihn doch wieder gesund werden. Was kann ich noch machen? Es lief alles glatt. Die EEG-Untersuchung war hier nicht so anstrengend wie in Kiel.

Etwa zwei Wochen später bekamen wir die CD. Die wohl teuerste CD, die wir jemals erwerben sollten: inklusive Messung 400 Euro. Außerdem bekamen wir den Hinweis, dass es in Eckernförde einen Heilpraktiker namens Thomas R. gäbe, der die Wirkung dieser CD durch eine Lasertherapie verstärken könnte. Ich machte dort einen Termin für den 22. September 2007.

Der Alltag lief wie immer. Ich dosierte weiter die Medikamente. »Keppra« war nun ausdosiert und es ging Lorne viel besser. Er bekam nur »Petnidan-Saft« und es kam stattdessen »Orfiril« dazu. Mit zunehmenden »Orfiril« ging es Lorne zunehmend wieder schlechter. Anfangs noch nicht dramatisch, aber es schlich sich ein. Wieder ein ständiges Auf und Ab.

Lorne verbrachte einen Großteil des Tages auf einer seiner Schaukeln. Wir hatten nicht nur draußen eine Schaukel, sondern auch in seinem Zimmer eine Schaukel angebracht, die wie ein Sessel war. Er konnte sich mit einem Bein abstoßen, schaukelte und sang dabei in den höchsten Tönen. Er konnte die Melodie von »La-Le-Lu« so toll singen. Er traf jeden Ton. Man muss es sich allerdings eher wie ein Lautieren oder Summen vorstellen, da er ja nicht wirklich den Text singen konnte. In seinem Zimmer stand auch ein CD-Player, der immer wieder die gleiche Musik spielte. Er hatte eine Lieblings-CD mit verschiedenen Kinderliedern. Bei bestimmten Liedern freute er sich besonders, wenn sie gespielt wurden. Dann sprang er auf, lief schnell zu seiner Schaukel und schaukelte und sang lauter und höher. Einer von uns musste immer bei ihm sein und aufpassen, dass er nicht aus der Schaukel fiel. Es konnte jederzeit ein Anfall kommen, der ihn von den Beinen riss. Malena und Johanna übernahmen täglich »Lorne-Schichten«. Auch Annegret kam jeden

Nachmittag. Wir versuchten es viele Male, die CD des Instituts für Gehirnforschung über Kopfhörer für ihn zu spielen. Doch er wurde unruhig und schrie, weil er dabei nicht schaukeln oder sich bewegen konnte. Deshalb spielten wir sie täglich laut über den CD-Player. Manchmal sprang er aus der Schaukel, kam zu mir, nahm mich an die Hand und klopfte auf seinen CD-Player. Damit signalisierte er, dass er lieber die CD mit den Kinderliedern hören wollte. Das tat er auch, wenn der Player gerade das letzte Lied gespielt hatte. Dann wollte er die gleiche Musik nochmal hören. Das war für mich ein Riesenerfolg. Ich lobte ihn und rief immer wieder: »Bravo Lorne.« In solchen Momenten hofften wir, dass er eben doch nur stur und durch seine Krankheit sehr verwöhnt war, aber mehr konnte, als wir dachten.

Wir mussten die Schaukel jährlich erneuern, so ausgefranst und durchgeschaukelt war sie. Außerdem mussten die Karabinerhaken erst jährlich, später sogar halbjährlich, erneuert werden. Sie waren an beiden Schaukeln, draußen und drinnen, vom ganzen Schaukeln durchgescheuert. Wir schafften außerdem ein großes Trampolin an. Das war für Lorne wie ein Paradies. Er konnte so toll hüpfen. Er hatte eine unglaubliche Muskelspannung. Auf dem Trampolin hatte er aus irgendeinem Grund einen deutlich besseren Gleichgewichtssinn als beim Laufen. Das war wohl das Einzige, was Lorne besser konnte als alle anderen Kinder in seinem Alter. In unserer Maschinenhalle hatten wir eine dritte Schaukel angebracht. War man mit Lorne draußen, lief es immer gleich ab. Erst lief er nach hinten in den Garten, um zu schaukeln und Trampolin zu springen. Danach rannte er in die Halle. Dort saß er meistens auf dem Rasenmähertrecker und drehte am Lenkrad. Er liebte es, mit Jan mitzufahren, wenn er den Rasen damit mähte. Also setzte Lorne sich sogar auf den Rasenmäher, wenn der Motor aus war. Das konnte Stunden dauern. Einer von uns stand immer daneben oder hatte ihn fest an der Hand, falls doch mal ein Absacker kam. So nannten wir die kleinen Anfälle. Standen wir neben ihm, konnten wir ihn auffangen, damit er nicht stürzte. Dann lief Lorne wieder von der Maschinenhalle in den Garten. Im Garten war es immer etwas entspannter. Dort hatten wir einen großen Rasen und die Verletzungsgefahr war nicht so hoch wie in der Halle mit dem Betonboden. Ich sollte die nächsten 13 Jahre genau diesen Ablauf immer wieder erleben. Das wusste ich damals glücklicherweise nicht. Zwischenzeitlich mussten wir natürlich reingehen, um Lorne zu wickeln und zu füttern. Ich hatte aber auch immer etwas zum Trinken und Essen bei mir. Ich lief immer mit meinem Lorne-Leinenbeutel auf der Schulter hinter oder auch neben ihm her. Ich bin in diesen Jahren mehrfach versehentlich mit diesem Beutel auf der Schulter zum Einkaufen gefahren, einmal sogar zu einem Grillabend bei Bekannten, so sehr hatte ich mich daran gewöhnt.

Der Sommer war immer entspannt. Doch auch im Winter wollte Lorne immer raus. Ich war bei Wind und Wetter, bei Kälte oder Regen stundenlang mit ihm draußen. Nichts konnte Lorne davon abhalten, nach draußen zu wollen.

**Lorne kommt in die Kita**

Am 03. September 2007 war es so weit. Lorne hatte seinen ersten Tag in der Kita. Ich weiß gar nicht, wo ich anfangen und aufhören soll. Wir durften so viele wundervolle Menschen kennenlernen, die Lorne und mich die nächsten Jahre begleiten sollten. Aber fangen wir von vorne an. Ich schaffte ein Mitteilungsbuch an. Die ganze Familie schrieb etwas über Lorne, da er ja selbst niemandem etwas über sich erzählen konnte. Ich begann dieses Buch mit vielen Informationen zu Lornes Lieblingsliedern und Fingerspielen. Eines dieser Lieder war »Liebe, liebe Sonne«, das ich immer mit ihm sang, wenn er sich weh getan hatte, und das für ihn sehr beruhigend war. Ich nahm ihn auf meinen Arm und er legte seine Wange an meine. Wir sahen aus dem Fenster und ich sang. War das Lied zu Ende, drückte Lorne seine Wange ganz fest gegen meine, damit ich weiter sang. In solchen Momenten ging mir das Herz auf. Ich liebte diesen Jungen so sehr! Neben den schönen Sachen, die er gerne mochte, beschrieb ich die verschiedenen Anfälle und was zu tun war, wenn er einen dieser Anfälle bekam. Dann beschrieb ich, was Lorne schon alles konnte. Das klang ungefähr so: Das kann Lorne schon gut: hüpfen, klettern (nur hoch, runter muss man ihm helfen), Treppen steigen (nur hoch), rennen (ab und zu ist er sehr schnell und fällt nach vorn), laut lachen, dann fühlt Lorne sich wohl.

Nein verstehen kann Lorne auch. Er kann sehr gut zeigen, was er möchte.

Will er irgendwohin, nimmt er sich jemanden an die Hand und zieht denjenigen dorthin. Manchmal dreht er uns den Rücken zu, hebt die Arme und stupst uns mit seinem Po an, dann möchte er irgendwohin hochgehoben werden, zum Beispiel in die Schaukel.

Will er irgendetwas gar nicht, dann hüpft er auf der Stelle und schimpft laut dabei. Will er nicht in die Richtung, die wir vorgeben, macht er seinen Arm ganz steif, bis wir in die von ihm gewünschte Richtung gehen. Lorne steckt immer noch sehr viel in den Mund. Sagt man energisch Nein, kümmert es ihn wenig. Er grinst und macht weiter. Wir versuchen hier gerade etwas konsequenter zu sein, denn Lorne ist sehr verwöhnt. Wir haben hier die letzten Jahre alles für ihn getan, damit es ihm nur gut geht. Er kennt keine Grenzen. Daran arbeiten wir hier alle gemeinsam. Manchmal kneift Lorne uns oder er beißt uns sogar, wenn er etwas überhaupt nicht will. Wir versuchen trotzdem, konsequent zu bleiben. Dafür sind die Neins hier sehr selten, denn hat man mit ihm etwas Liebe und Geduld ist er ein ganz toller Junge.

Wir baten alle, die Lorne in der Kita betreuten, in das Mitteilungsbuch zu schreiben, was er in der Kita so erlebte, da er uns selbst nicht davon berichten konnte. Und natürlich, wie es ihm ging.

Das Mitteilungsbuch entwickelte sich für uns zur Lieblingslektüre. Wir lasen jeden Nachmittag, wie schön es für Lorne in der Kita war, dass er laut gelacht hatte, dass er sogar ab und zu am Tisch saß und vieles mehr. Bärbel und Elke hatten ein sehr gutes Händchen für die Zivildienstleistenden (Zivis – leider gibt es heute keine mehr) und suchten einen jungen Mann namens Tim aus, der Lorne eng begleitete. Ein Glücksgriff! Ich fuhr Lorne die ersten Wochen morgens mit dem Auto in die Kita, brachte ihn hinein und wenn ich das Gefühl hatte, dass er gut betreut und versorgt wurde, fuhr ich wieder nach Hause und heulte die erste Woche jeden Tag, wenn ich ihn abgegeben hatte. Ich konnte es gar nicht genießen und dachte die gesamte freie Zeit an meinen Sohn. Was er wohl machte, wie es ihm wohl ginge. Ich tigerte durch unser Haus und unseren Garten, bis die Zeit um war und ich Lorne wieder abholen konnte. Jeden Mittag holte ich ihn wieder ab. Da die Fahrerei viel Zeit kostete und ich schnell merkte, dass er in der Kita gut aufgehoben war, nahm ich doch den Fahrdienst in Anspruch. Tim war immer dabei. Er holte Lorne morgens ab und brachte ihn mittags heim. Es war traumhaft. Ich schnupperte für ein paar Stunden täglich an einem normalen Leben und konnte es mit der Zeit richtig genießen, einfach mal etwas zu erledigen, einzukaufen ohne den bisherigen Zeitdruck möglichst schnell die Person abzulösen, die gerade bei Lorne war. Meistens eine meiner Töchter, Oma oder Jan, der immer sehr viel Arbeit zu erledigen hatte. Auch Lorne tat es gut, etwas anderes kennenzulernen als zu Hause. Außerdem schauten jetzt auch noch andere auf sein Befinden. Das war gut. Ich wusste schon gar nicht mehr, ob es ihm gut oder schlecht ging. Ich hasste die Medikamente so sehr. Sie waren für mich immer die Ursache, wenn es Lorne nicht so gut ging.

Lornes Physiotherapeutin Astrid kam jetzt einmal die Woche in die Kita. Es gab dort einen Bewegungsraum und sie konnte die Krankengymnastik dort machen. Sie schrieb auch in Lornes Buch. Das erste Mal schrieb sie:»Ich glaube, dass Lorne mich erkannt hat. Er hat mich angelacht. Ich habe mich sehr gefreut.« Ich musst schon wieder weinen, als ich das las.

Elke gab mir das Gefühl, dass Lorne etwas ganz Besonderes war und dass sie immer ein waches Auge auf ihn hatte. Ich fühlte mich so wohl, wenn ich ihn in ihrer Obhut wusste. Auf einem der Elternabende erfuhr ich, dass sehr viele Eltern so dachten. So war sie. Lorne liebte Elke. Alle Kinder liebten Elke. Bärbel war nicht jeden Tag in der Kita, aber auch sie betreute Lorne. Sie achtete auf viele Kleinigkeiten und schrieb alles, was ihr auffiel, in sein Buch. Lorne liebte auch Bärbel. Bärbel kümmerte sich aber auch um mich. Sie half mir so sehr. Sie trieb mich an, mir ein Netz aus Helfern aufzubauen, Hilfsmittel zu beantragen und mich nicht abspeisen zu lassen von irgendwelchen Ablehnungen. Sie wurde in den nächsten Jahren meine engste Vertraute. Durch sie wurde ich noch stärker und sicherer. Ich mailte nur noch monatlich an Professor S.. Ich hatte jetzt Bärbel und auch Elke, die immer in Lornes Buch schrieben, wann er benebelt war, wann er besonders aufmerksam war, ob er wackelig auf den Beinen war oder ob er zuckte. Ich blieb vorerst bei der Dosis der Medikamente, obwohl ich glaubte, dass »Orfiril« nicht die Lösung war. Am besten ging es Lorne nur mit dem »Pednidan-Saft«. Die ersten Wochen in der Kita waren traumhaft. Je mehr »Orfiril« ich eindosierte, desto müder und wackeliger wurde Lorne. Wir waren gerade mal bei der Hälfte, der von Professor S. empfohlenen Dosis »Orifiril«. Das beobachteten auch Tim, Elke und Bärbel.

Es war das erste Mal nach zwei Jahren, dass ich nicht nur Lorne abgab, sondern auch etwas Verantwortung. Zu Hause entschied, dosierte und mailte ich allein. Wir besprachen zwar vieles, aber wenn Entscheidungen anstanden, vertraute die Familie auf mich. Bärbel nahm mir diesen Druck. Sie bestärkte mich und sagte, dass ich die beste Ärztin für meinen Sohn sei. Wenn ich das Gefühl hätte, dass ihm etwas nicht guttäte, dann sollte ich dies ändern. Obwohl Professor S. schon mal etwas Ähnliches geäußert hatte, bestärkte mich Bärbels Meinung, auf mein Gefühl zu vertrauen. Es war so hilfreich, mit Bärbel über alles sprechen zu können. Sie bestätigte auch, dass Lorne zunehmend müder und schlapper wurde und sich häufig übergab. Wir wollten die Herbstferien abwarten und danach entscheiden, wie wir mit der Medikation weiter vorgehen wollten. Bärbel sagte: »Dörte, ich kann es nicht für dich entscheiden, aber ich werde es mit dir tragen!« Ich weinte schon wieder. Vor Erleichterung und Dankbarkeit. Wir wurden Freundinnen. Was für ein Glück! Danke Lorne! Nichts ist so schlimm, als dass es nicht für irgendetwas gut ist.

\*\*\*

### 24.02.2022

*Russland bombardiert die Ukraine. Ich bin erschüttert! Ich weiß gar nicht, ob ich weiterschreiben kann. Krieg in Europa. Wie furchtbar. Die armen Menschen in der Ukraine! Wie kann es sein, dass ein Mann die ganze Welt erschüttert. Hat dieser Alpharüde denn keine Feinde im eigenen Land? Kann nicht irgendjemand ihn aufhalten?*
*Johanna ruft an: »Mama, ich habe lange mit meinen Mitbewohnerinnen aus Frankreich, Holland und Deutschland diskutiert. Wir sind entsetzt, bleiben aber erst einmal hier.« Ja, warten wir erst einmal ab. In Norwegen bist du sicher.*
*Malena ruft an. Es hört sich an, als würde sie weinen. Sie ist so erschüttert, kann es kaum in Worte fassen: »Nach zwei Jahren Corona, endlich die Hoffnung auf Normalität und nun das! Die armen Menschen in der Ukraine.« Wir reden fast 30 Minuten darüber, was nun alles passieren könnte. Warten wir es erst einmal ab. Ich mache erst einmal eine Schreibpause.*

\*\*\*

## Immer wieder das Impfthema

Am 22. September 2007 hatten wir einen Termin bei dem Heilpraktiker Thomas R. aus Eckernförde. Er hatte eine ganz besondere Therapie entwickelt. Die menschlichen Selbstheilungskräfte sollten mit Hilfe eines »Rainbowlasers« angeregt werden. Jan und ich hatten, bevor Lorne behandelt werden sollte, erst einmal ein Gespräch mit Herrn R.. Wir erzählten ihm Lornes Geschichte.

»Wurde er geimpft?«, fragte er sofort.

»Ja.«

Da war es schon wieder!

»War er davor gesund?«, fuhr er fort.

»Ja.«

»War er am Tag der Impfung gesund?«

»Er hatte eine Infektion der Nasen-Nebenhöhlen«, antwortete ich. Herr R. war sich sicher, dass die Impfung der Auslöser dieses Leidens war. Seine Worte: »Eine Sechsfach-Impfung. Das ist vergleichbar, als würde man mit Handgranaten auf Spatzen schießen! Auf alle Fälle, wenn der Junge zu dem Zeitpunkt eine Infektion hatte.«

So, jetzt war das auch bei mir angekommen. Es ergab einfach Sinn. Was sollte es denn sonst gewesen sein? Lorne war gesund auf die Welt gekommen. Er hatte sich in seinem ersten Lebensjahr ganz normal entwickelt. Ich schaute in sein gelbes U-Heft, das ich dabeihatte. Dort stand es schwarz auf weiß. Der Gedanke war kaum zu ertragen.

Herr R. empfahl mir, den Arzt anzuzeigen. Was? Nein! Das wollte ich nicht. Das würde Lorne auch nicht helfen und mir schon gar nicht. Außerdem hatte dieser Arzt uns schon so oft geholfen. Herr R. empfahl uns, Lorne einige homöopathische Medikamente mehrmals täglich zu verabreichen, um seine Abwehr zu stärken. Was wir daraufhin auch taten. Dann erzählte er aus seiner Vergangenheit. Er behauptete, im Zweiten Weltkrieg von einer Granate zerfetzt worden zu sein. Er erinnerte sich noch an den Moment und sei dann einige Jahre später im Körper des Sohnes seines Vaters wiedergeboren worden. Er allerdings sei sein Onkel, der Bruder seines Vaters. Deshalb habe er seinen Vater auch nie respektiert, sich stattdessen nur mit ihm gestritten und einmal sogar geschlagen. Okay. Was sollte man dazu sagen? Ich schielte zu meinem Mann. Fast hätte ich laut gelacht, als ich seinen Blick sah. Eigentlich glaubte ich an Reinkarnation, jedenfalls konnte ich mir gut vorstellen, dass es so etwas wie Reinkarnation gab, aber so wie Herr R. das erzählte, das war suspekt. Herr R. sah meinen Mann an. »Na, Herr Thomsen, Sie denken doch gerade: Was erzählt der R. uns hier für eine gequirlte Scheiße!«

Mein Mann darauf: »Genau das habe ich gedacht.«

Es stand ihm ins Gesicht geschrieben und er hat echt einen Blick drauf. Es wird einem angst und bange, wenn man Jan nicht kennt. Dieser Blick hat schon so manchen Fremden in die Flucht geschlagen.

Dann erfuhren wir, was Herr R. machte. Er hatte ein spezielles Gerät entwickelt für die Biostimulation, einen sogenannten Rainbowlaser. Herr R. stand in Kontakt mit dem Institut für Gehirnforschung und würde Lorne, während er über Kopfhörer die für ihn entwickelte CD hörte, diesen Lichtlaser auf den Kopf richten. Dadurch würde sein Gehirn stimuliert und seine Selbstheilungskräfte angeregt werden. Wir sollten ein halbes Jahr lang jeden Samstag in seine Praxis kommen. Dann könnte Lorne gesund werden. Ich glaubte ihm nicht. Aber ich würde alles tun, um meinem Sohn zu helfen. Also fuhr ich ein halbes Jahr jeden Samstag dorthin. Malena und Johanna wechselten sich ab, um mich und Lorne zu begleiten. Es war anstrengend. Lorne musste 40 Minuten über Kopfhörer seine CD hören und unter dem Licht des Lasers liegen bleiben. Er hasste es. Wir versuchten alles, damit er möglichst still liegen blieb. Wir sangen, spielten Fingerspiele, zogen seine Spieluhr auf, beschäftigten ihn und standen unter Anspannung. Am schönsten war jedes Mal die Fahrt dorthin und wieder zurück. Im Auto war Lorne glücklich und ich konnte Zeit mit meinen Töchtern verbringen. Zweimal ganze 45 Minuten Zeit zum Reden, um zuzuhören und alles Mögliche zu besprechen. Unser Alltag lief normal weiter. Es gab auch mal Probleme in der Schule, beim Sport oder auch mit Freundinnen. Es gab aber auch so viel Schönes zu berichten. Ich wollte teilhaben am Leben meiner Töchter, für sie da sein, zuhören. Mit ihnen lachen und mich mit ihnen freuen oder aufregen.

Auch ich teilte mich mit. Ich hatte wieder so große Hoffnung, dass es mit Lorne besser würde, wenn wir nur durchhielten.

Jan ist nie wieder dorthin gefahren. Es kostete jede Woche 50 Euro. Ob es geholfen hat, weiß ich nicht. Niemand weiß, was aus Lorne geworden wäre, wenn wir es nicht versucht hätten. Vielleicht würde das alles, was wir in der Gesamtheit versuchten, irgendetwas Gutes bewirken.

In der ersten Oktoberwoche hatte Lorne hohes Fieber. Er hatte Scharlach! Einige Kinder in der Kita waren krank und ich hatte schon befürchtet, dass er sich anstecken würde. Mittlerweile hatte ich »Orfiril« vollständig eindosiert und sein Zustand wurde ohnehin immer schlechter. Ich konnte gar nicht richtig erkennen, ob Lorne wirklich krank war oder die Medikamente ihn so fertig machten. Da er hohes Fieber hatte, ließ ich beim Hausarzt einen Abstrich machen und es wurde Scharlach diagnostiziert. Außerdem hatte er auch noch eine Mittelohrentzündung. Bevor wir ihn richtig behandeln konnten, brach plötzlich auch noch sein Trommelfell durch. Es blieb uns auch nichts erspart. Es ging Lorne richtig schlecht. Mein armer, armer kleiner Sohn. Wenn ich doch bloß helfen könnte. Die wenigen Stunden, die ich sonst schlief, wachte ich nun an seinem Bett.

Als er wieder gesund wurde, waren schon Herbstferien. Unser jährlicher Urlaub in Büsum stand bevor. Die Mädchen freuten sich schon so sehr. Ich konnte einfach nicht absagen. Angela, Liza und Pia waren wie immer dabei. Ich dachte, dass die Nordseeluft Lorne sicher guttun würde. Kurz vor unserem Urlaub hatten wir es geschafft. Lorne war seit mehreren Tagen anfallsfrei.

Doch wegen der Medikamente war er teilnahmslos. Er saß sabbernd im Rollstuhl, konnte nicht mehr laufen, aber er hatte keine Anfälle mehr. Ich erinnerte mich an eine Situation in Büsum. Ich nahm Lorne aus dem Rollstuhl, Angela stand etwa fünf Meter vor uns und rief: »Lorne, lauf in meine Arme.« Er lief die Strecke, ohne zu fallen. Wir trauten unseren Augen kaum und kreischten vor Begeisterung. Wir waren so glücklich, dass er ein paar Schritte ging. Das war es also, was die Mediziner erreichen wollten. Das Ziel war Anfallsfreiheit. Aber der Preis war mir trotzdem zu hoch. Was ist mit Lebensqualität? Dieser Junge war ein Schatten seiner selbst. Kein Lachen, kein Singen, kein Laufen. Das Einzige, womit wir Lorne noch eine Freude machen konnten, war das Schaukeln. Pia, die damals sechs Jahre alt war, gab alles. Sie gab ihm Anschwung und tat alles, um Lorne ein Lächeln ins Gesicht zu zaubern. Sie spielte mit ihm, schaukelte mit ihm, umarmte ihn, sang. Sie tat alles. Sie liebte ihn wie einen kleinen Bruder. Auch Malena, Johanna und Liza gaben sich so viel Mühe. Die drei genossen es aber auch, dass sie sich in Büsum frei bewegen durften. Sie meldeten sich auch schon mal eine Stunde ab, um Crêpes zu essen und einmal etwas allein zu unternehmen.

Ich konnte sie so gut verstehen. Wir wohnten alle außerhalb der Ortschaften und hier konnten sie alles fußläufig erreichen. Angela und ich ließen ihnen alle Freiheiten. Angela liebte Lorne und sie war in dieser Zeit vor allem für mich da. Wir hatten, bevor wir heirateten, zusammengewohnt und sind seit fast 40 Jahren beste Freundinnen.

**War es die Impfung?**

Nachdem ich nun mehrmals gehört hatte, dass der Grund für Lornes Erkrankung die Impfung sein könnte, begann ich zu recherchieren. Ich recherchierte Impfkritik. Es gab zahlreiche Todesfälle nach Sechsfach-Impfungen. Ich las von so vielen Schicksalen. Vor allem von Epilepsien nach Sechsfach-Impfungen und von Autismus-Schwemmen in den USA vor allem bei Jungen. Das durfte doch nicht wahr sein. Davon hatte ich noch nie gehört. Ich war erschüttert. Ich stieß auf einen Impfreport, der sogar von plötzlichem Kindstod nach Sechsfach-Impfung berichtete. Ich las, dass es in Niedersachsen eine Kinesiologin gab, die die Impfung mit einem speziellen Gerät ausleiten könnte. Das Kind musste sechs Wochen lang einmal die Woche für eine Stunde vor diesem Gerät sitzen. So könnte die Impfung ausgeleitet und das Kind gesund werden. Ich behielt es im Hinterkopf. Erst einmal wollte ich meinen Jungen wieder fitter sehen. So voller Medikamente ging das sicher nicht, außerdem wusste ich noch nicht einmal, wo genau diese Praxis war. Ich sprach mit meiner Familie über das Thema. Wir alle waren geschockt. Wir hatten bisher die Empfehlungen des Hausarztes nicht in Frage gestellt. Sicher hatte man einige Entscheidungen bezüglich der Medikationen diskutiert, weil es doch auch viele gute alternative Mittel zur Schulmedizin gab, die ich bevorzugte, dass Impfungen aber solche Schäden anrichten konnten, hatte ich bisher noch nicht gehört.

Ich entschied, das »Orfiril« zu reduzieren. Ich mailte meine Entscheidung dem Professor. Er riet mir davon ab. Ich hörte nicht auf ihn. Ich konnte es nicht mehr mitansehen, wie Lorne sabbernd, teilnahmslos ohne jegliche Freude vor sich hinvegetierte. Schließlich wusste ich doch am besten, was für meinen Sohn gut und richtig war. ODER?
Ab November wurde er wieder lebhafter. So stand es auch in seinem Kita-Buch. Bärbel riet mir, für Lorne Pflegegeld zu beantragen. Ich tat es. Von dem Geld konnte ich mir Hilfe leisten.
Selbst arbeiten und Geld verdienen konnte ich ja nicht, da ich rund um die Uhr mit der Beaufsichtigung meines Sohnes beschäftigt war. Außerdem musste ich täglich meine Arbeit im Stall erledigen und ich machte für unseren Betrieb die gesamte Buchführung, kontierte und buchte.
Das hatte ich gelernt. So konnte ich mein Wissen als Bankkauffrau einsetzen. Zudem hatte ich seit zwei Jahren nicht

einen einzigen freien Tag. Ich schlief durchschnittlich drei Stunden die Nacht. Wie sollte ich da gewissenhaft anderswo arbeiten? Auch wenn Lorne in der Kita war, konnte jederzeit irgendetwas passieren, so dass er abgeholt werden musste. Die meiste Zeit des Tages verbrachte er sowieso daheim.

## Pflegegeld?

Am 08. November sollte Lorne also begutachtet werden. Die Dame des medizinischen Dienstes besuchte uns daheim, um Lorne zu beobachten. Sie war sehr freundlich, betonte aber immer wieder, dass auch gesunde Kinder im Alter von drei Jahren bei vielen lebenspraktischen Anforderungen Hilfe benötigten, so dass eine Pflegestufe sehr schwierig zu bewilligen wäre. Wir bekamen Pflegestufe 2. Ich widersprach. Dieser Junge musste schließlich rund um die Uhr überwacht werden. Außerdem musste er gefüttert, gewickelt und gepflegt werden. Der Widerspruch wurde abgelehnt. Aufgrund seines Alters könne man ohne richtige Diagnose nicht Pflegestufe 3 bewilligen. Na, gut. 410 Euro monatlich. Das half vorerst. Ich nahm mir vor, die Erhöhung der Pflegestufe im nächsten Jahr wieder zu beantragen. Obwohl ich hoffte, dass es nicht notwendig sein würde, weil sich alles zum Besseren entwickeln würde.

Im Dezember hatte Lorne plötzlich wieder Anfälle. Ich fühlte mich schuldig. Ich reduzierte schließlich seine Medikamente. Die Tage ohne Anfälle waren aber so schön. Er lachte, er schaukelte, er konnte wieder laufen, war aktiv und immer fröhlich.

Am 21. Dezember hatten wir wieder einen Termin in der

Uniklinik. Wir fuhren alle nach Kiel. Malena und Johanna waren auch mit dabei. Ich war sehr froh darüber. Die Mädchen hatten doch mehr Geduld als Jan, wenn Lorne gar nicht stillhalten wollte. Erst hatten wir einen Termin zum EEG und anschließend das Gespräch mit Professor S.. Wie immer.

Professor S.: »Ach wie nett, die ganze Familie ist heute dabei. Frau Thomsen, Herr Thomsen, wir nehmen Ihnen heute Blut ab, um eine genetische Erkrankung auszuschließen. Dann haben Sie Gewissheit, dass die geistige Behinderung Ihres Sohnes nicht vererbt wurde.«

Er nannte Lorne geistig behindert. Das traf mich wie ein Faustschlag. Für mich war er immer noch erkrankt und musste nur gesund werden. Wieso sagte er das? Er würde doch wieder gesund, oder? Ich riss mich zusammen. Dicke Tränen saßen hinter meinen Augenlidern. Ich schaute zu Jan, ich schaute zu Malena und Johanna. Ich konnte nichts in ihren Gesichtern erkennen.

Hatten sie es nicht gehört? Beinahe wäre ich in Tränen ausgebrochen. Was sollte das bedeuten? Wir hatten doch nicht einmal eine Diagnose oder eine Erklärung für Lornes Erkrankung. Wir vereinbarten, dass Lorne in wenigen Wochen wieder stationär aufgenommen müsste. Es sollte eine MRT-Aufnahme in Kombination mit einem EEG gemacht werden. Beide Ergebnisse würden ausgewertet, um eventuell einen »Herd« im Gehirn auszumachen. Das würde uns weiterbringen, denn in so einem Herd entstanden die Anfälle.

Das könnte man dann operieren. Wir willigten ein. Diese Untersuchung hieß: »EEGfMRI«, bei dem auch eine »Array-CGH« veranlasst werden sollte. Im Grunde bedeutete diese Untersuchung, dass gleichzeitig während des MRTs eine

EEG-Untersuchung gemacht wurde. Lorne sollte in die MRT-Röhre mit einem Laptop auf dem Bauch geschoben werden, mit den gesamten Kabeln, die für die EEG-Untersuchung auf seinem Kopf befestigt waren. So konnte man im Falle eines Anfalls sehen, in welcher Region des Gehirns dieser entstand. Das Ergebnis nach der Untersuchung sollte folgendes sein:

Lornes Gehirn zeigte während der gesamten Untersuchung, die ungefähr 30 Minuten dauerte, keine einzige Anfallsaktivität. Die Untersuchung hatte nichts weiter gebracht.

Außerdem sollte ich Lorne im Epilepsie-Zentrum in Raisdorf vorstellen und eventuell für mehrere Wochen mit ihm dort verbringen.

Mehrere Wochen. Bitte nicht! Schon zwei Nächte mit Lorne im Krankenhaus waren unbeschreiblich anstrengend. Wie sollte ich das mehrere Wochen schaffen? Außerdem war gerade alles so schön in der KITA. Ich wollte meine kleinen Freiheiten nicht wieder hergeben. Und auch Lorne nicht aus diesen neuen Routinen reißen. Aber es nützte alles nichts. Wenn ich jetzt kniff, half ich dem Jungen auch nicht. Ich machte den Vorschlag, das »Orfiril« ganz rauszunehmen und Lorne nur noch »Petnidan-Saft« zu geben. Professor S. riet mir ab. Das sei nicht gut für den Therapieerfolg. Ich glaubte ihm nicht. Und selbst wenn es nicht gut für den Therapieerfolg wäre, hatte ich gesehen, wie viel besser es Lorne mit der niedrigeren Dosis ging. Das war mir wichtiger. Wir besprachen außerdem, dass ich Lornes Anfälle in einen elektronischen Kalender namens »EPIVISTA« eintragen sollte. Der Professor könnte mit dem entsprechenden Kennwort jederzeit schauen, wann Lorne gekrampft hatte. Dann wurde uns für den Gen-Test noch Blut abgenommen, um auszuschließen, dass Lornes Erkrankung erblich bedingt war. Das war uns sehr wichtig, wegen unserer Töchter. Kosten 1000 Euro. Die Krankenkasse übernahm diese Kosten nicht. Der Antrag wurde mal wieder abgelehnt. Wir wollten die Untersuchung des Blutes trotzdem machen lassen. Einige Wochen später kam das Ergebnis. Alles war in Ordnung. Es gab keinen Hinweis auf eine genetische Erkrankung. Ich hatte es zwar erwartet, war dennoch heilfroh.

Ein kleiner Zweifel, der in einem nagt, bestand immer. Außerdem dosierte ich »Orfiril« langsam ganz aus. Der Professor hatte mir schon mehrfach gesagt, dass ich die beste Ärztin für meinen Sohn sei. Nun hatte auch Bärbel es bestätigt. Ich war immer so sehr hin und her gerissen. Sollte ich mich komplett auf die Schulmedizin verlassen oder einfach selbst entscheiden? Ich wollte doch nur das beste für meinen kleinen Sohn. Es hieß immer, der Patient müsse zwei Jahre ohne Anfall sein, dann würde das Gehirn sich nicht mehr erinnern, wie Anfälle ausgelöst werden (sehr einfach ausgedrückt). Ich wollte meinen Sohn nicht zwei Jahre sabbernd und teilnahmslos im Rollstuhl erleben. Ohne sein schönes Lachen, schaukelnd, Musik hörend, summend und singend. Nein, das konnte nicht die Lösung sein. Meine Familie bestätigte das. Der Familienrat stand hinter der Entscheidung. Tragen musste ich sie größtenteils.

## 2008

*So ist das Leben, sagte der Clown mit Tränen in den Augen*
*und malte sich ein Lächeln ins Gesicht.*

*Verfasser unbekannt*

Im Januar 2008 schrieb ich folgendes in Lornes Mitteilungsbuch:»Guten Morgen Kita-Nortorf, Bärbel, Elke, Tim und
alle anderen, wir hatten ein schönes Weihnachtsfest mit unseren drei tollen Kindern. Nun hat der Alltag uns wieder
und ich versuche einmal das Jahr 2007 zusammenzufassen
in Bezug auf Lornes Entwicklung: Lorne ist am 01. Januar
mit Jan und mir spazieren gegangen und ist etwa einen Kilometer an unseren Händen marschiert. Davon hätten wir
im letzten Jahr nur träumen können. Er bewegt sich oben
bei uns in den Räumen ohne Helm. Er stürzt kaum und ist
sehr sicher auf den Beinen. Ich kann in der Zeit, die ich bei
ihm bin, schon kleine Dinge nebenbei erledigen. Das war im
letzten Jahr unmöglich. Lorne klettert freihändig auf seine
Schaukelbanane, bleibt stehen, schaut zur Matratze und
springt ganz gezielt rüber. Er tut das wiederholt. Es ist einfach toll anzusehen. All diese eigentlich kleinen, für uns aber
ganz großen Fortschritte sind entstanden, seit ich Lornes
Medikamente reduziert habe. Das Schönste aber ist Lornes
Lachen! Es vergeht hier kein Tag, an dem Lorne nicht wenigstens einmal laut, aus vollem Herzen lacht. Dieses Lachen ist für uns, für mich wie ein Ansporn weiter für Lorne
zu kämpfen und niemals aufzugeben und ihn so zu lieben,
wie er ist. Auf ein schönes Jahr 2008.

Liebe Grüße Dörte.«

Wir bauten unseren Alltag so auf, dass jeder mal Freiheiten hatte. Am Tag war hauptsächlich ich gefordert, da Jan viel Arbeit auf dem Hof hatte. Sobald Jan Lorne auf dem Trecker mitnahm oder mit ihm den Rasen mähte, ging ich laufen. Manchmal, wenn Jan Zeit hatte, nahm er Lorne auf dem Fahrrad mit und begleitete mich. Ich hatte vor allem abends Freiraum. Den nutzte ich. Ich traf mich mit Freundinnen, ging ins Kino, ins Theater, in die Oper, ins Ballett, ging zum Malkurs und spielte regelmäßig Skat mit Gaby und Andrea. Magret war leider nicht mehr dabei. Ich ging mit Angela oder auch Birte in die Sauna. Meine Schwiegereltern halfen uns weiterhin. Mein Schwiegervater Heini unterstützte Jan auf dem Hof, während Annegret nachmittags häufig ein bis zwei Stunden bei Lorne war.

## Hoffnung: Frischzellentherapie

Malena und Johanna gingen schon beide aufs Gymnasium nach Neumünster. Wir mussten noch mehr fahren, zum Bahnhof und zur Bushaltestelle. Bei uns fuhren weder Bus noch Zug, aber es ging alles immer irgendwie.
Lorne war Anfang des Jahres wieder sehr wackelig auf den Beinen und häufig sehr müde. Zwischendurch hatten wir aber immer wieder ganz tolle Nachmittage, an denen er sehr fit war. Ich vermutete, dass dieses Auf und Ab der Medikamente seinen ganzen Körper irgendwie durcheinanderbrachte. Die wachen, guten Phasen waren zu schön, daran hielt ich mich fest. Ich wünschte mir so sehr, dass es ihm endlich wieder endgültig gut ging. Ich hörte nicht auf, nach alternativen Behandlungen zu suchen. Sowohl medizinisch

als auch therapeutisch. Wir mussten ja alles im Auge behalten. Lornes Gesundheit und seine Entwicklung. Ich konnte nicht aufhören, denn ich hatte noch so große Hoffnung, ihn irgendwann wieder gesund zu sehen.

Ich ging wieder zu meinem geliebten Malkurs. Die Kursleiterin, Inge von der Mehden, war 76 Jahre alt, studierte Kunst an einer Privatuni in Hamburg. Sie war die beste Studentin in ihrem Kurs. Sie erzählte uns regelmäßig, was sie dort erlebte. Inge war es auch, die mir erzählte, dass ihre Tochter an MS erkrankt sei und sich regelmäßig einer Frischzellenbehandlung unterzog. Ihr ging es dadurch sehr viel besser. Sie gab mir die Adresse. Ich nahm Kontakt zu der »Villa Medica« in Edenkoben auf. Der zuständige Oberarzt Dr. A. hat meine E-Mail gelesen und sich intensiv mit meinen Schilderungen zu Lornes Geschichte befasst. Er schrieb mir, dass er bei Lorne an einen Therapieerfolg durch Frischzellen glaube. Er nannte mir einige Beispiele seiner Patienten, die unter Krampfanfällen litten und denen es nach der ersten Frischzellenbehandlung schon wesentlich besser ging. Er behandelte Menschen aus der ganzen Welt. Sein jüngster Patient war vier Monate alt, sein ältester bereits über 90 Jahre. Er empfahl, diese Therapie vier- bis fünfmal im Abstand von sechs Monaten zu wiederholen. Er schrieb mir von einem Jungen aus Edenkoben, der nach einer Sechsfach-Impfung im Alter von fünf Jahren das Wachstum eingestellt hatte. Er kam mit zehn Jahren zur Frischzellenbehandlung, war auf dem geistigen Stand eines Fünfjährigen. Nach nur einer Behandlung war der Junge drei Monate später schon fast wieder »normal«, sowie körperlich als auch geistig. Schon wieder ein Impfschaden, dachte ich. Das überzeugte mich. Ich meldete uns an. Vom 4. bis zum 7. Februar 2008 sollten wir mit Lorne kommen. Ich recherchierte, fand heraus, dass Frischzellenbehandlungen in Deutschland sehr umstritten waren und sogar schon einmal gesetzlich verboten waren. Kritische Zungen behaupteten, dass die Pharmaindustrie dahintersteckte. Ich fand heraus, dass das Verbot nur für eingefrorene Zellen bestand. In der »Villa Medica« wurden die Frischzellen frisch injiziert (innerhalb von 20 Minuten), deshalb galt das Verbot hier nicht. Außerdem kannte ich Monika S. persönlich. Sie litt an MS und berichtete, dass sich ihre Beschwerden wesentlich verbessert hatten, nachdem sie die zweite Frischzellenbehandlung bekommen hatte.

**Was bedeutet Frischzellenbehandlung?**

Ich hatte schon von Stammzellenbehandlungen gelesen, die bei Krebsbehandlungen eingesetzt wurden, mehr wusste ich damals nicht. Wir schrieben das Jahr 2008 und meine Recherchen dauerten Stunden. Wir wohnten im Außenbereich und bekamen über eine Satellitenschüssel ein Signal, um das Internet zu nutzen. Es dauerte Stunden, bis man einen brauchbaren Artikel gefunden hatte. Zwischenzeitig stürzte die Verbindung immer wieder ab. Ich nutzte mehrere Abende, um an Informationen zu kommen. Mein erstes Smartphone bekam ich 2010. Erst tat ich mich sehr schwer, mein geliebtes Nokia »Klapphandy« aufzugeben. Es dauerte nicht lange und ich konnte mir gar nicht mehr vorstellen, wie man es ohne Smartphone überhaupt ausgehalten hatte. Ich war so fasziniert von dieser Technik. Etwa zwei Jahre später bekamen wir schnelles Internet. Es war so eine Erleichterung bei meinen Recherchen. Endlich konnte man schnell mal etwas erfahren, ohne stundenlanges Warten.

Ich stieß auf einen Bericht in einem medizinischen Fachblatt »CO-Med 08/07« in dem Dr. Burkhard Aschoff berichtete:

»In der Klinik Villa Medica, in der ich als Ärztlicher Leiter und Klinikleiter vorstehe, wenden wir seit mehr als 30 Jahren die Frischzellentherapie nach Prof. Niehans an und ich selbst führe die Therapie seit 17 Jahren durch. Ich bin einer der wenigen Ärzte in Deutschland, der Frischzellen entsprechend der behördlichen und juristischen Vorgaben herstellen kann und anwenden darf. Im vorliegenden Artikel gebe ich einen Überblick sowohl über die Rechtslage in Bezug auf die Definition und Anwendung von Frischzellen als auch über das praktische Vorgehen in der Therapie.
Definition Frischzellen: Das von einem Jungtier oder Tierföten gewonnene tierische Gewebe, das einem in der Nähe der Klinik gehaltenen, serologisch untersuchten Spendentier entnommen und möglichst innerhalb von 20 Minuten nach dem Tod des Spendentiers untersucht, aufbereitet und dem Patienten injiziert wird. Die Zellen werden in der Regel aus Schafföten gewonnen. Die Spendertiere stammen aus in der weiblichen Linie geschlossenen Herden; damit soll das Risiko der Übertragung bestimmter Krankheiten vermieden werden.«

Er beschrieb in diesem Artikel noch, wie genau die Jungtiere gehalten und untersucht wurden, damit es zu keinen Zwischenfällen kam. Die Herde wurde auf dem Klinikgelände gehalten und das trächtige Jungtier wurde in den unteren Klinikräumen, getötet und das Gewebe wurde im klinikeigenen Labor aufbereitet und frisch injiziert. Ich hatte einige Jahre zuvor in einem Artikel gelesen, dass zwei Ärzte mit einem Nobelpreis ausgezeichnet wurden, weil sie nachgewiesen hatten, dass die unterschiedlich implantierten xenogenen Gewebe und Organe sich in den korrespondierenden Organen des Empfängers anlagern konnten.

Ich hatte große Hoffnung, dass diese Therapie Lorne helfen könnte. Bitte liebes Universum hilf uns doch! Bitte lass unseren Sohn gesund werden. Wieder eine so große Hoffnung. Dieses Mal musste es klappen. Aber wohin mit den Mädels? Meine Schwiegereltern mussten die Tiere versorgen, Kühe melken und uns komplett auf dem Hof vertreten. Allein lassen wollen wir die Mädchen auch nicht, dafür waren sie noch zu jung. Doch auf unsere Freunde war wieder Verlass. Rainer und Antje luden Malena und Johanna für drei Nächte zu sich ein. Sie hatten selbst drei Töchter, nur wenig älter als Malena und Johanna. Auch sie bewirtschafteten einen großen Hof, zögerten aber keinen Moment und halfen uns gerne. Unsere Töchter waren so gern bei ihnen.
Am 04. Februar 2008 ging es los. Wir hatten 700 Kilometer vor uns, brachten unsere Töchter zu Rainer und Antje. Als ich Antje sah, fing ich an zu weinen. Sie sowieso, ist sie doch so nah am Wasser gebaut. Die beiden wünschten uns alles Gute und wir wussten, dass wir uns um unsere Töchter keine Sorgen machen mussten.
Es war eine anstrengende Fahrt. Wir hatten mehrere Male Stau und mussten Lorne nebenbei versorgen. Essen, trinken, wickeln. Stand der Wagen, wurde er unruhig und fing

an zu weinen. Wenn wir fuhren, ging es. Wir schafften es gerade noch zur Sprechstunde bei Dr. A.. Ich mochte ihn sofort. Wir bezogen unser Zimmer. Lorne schlief zwischen uns, das kannte er. Am nächsten Morgen wurde Lornes Temperatur gemessen und sein Blut kontrolliert. Gegen 10 Uhr sollte die Behandlung sein. Wir gingen noch eine Stunde mit unserem Sohn nach draußen. Nach der Behandlung sollte er möglichst ruhen. Wir gingen ein Stück spazieren, da sahen wir sie. Die beiden Schafe, die heute sterben mussten, damit unser Sohn und auch noch viele andere Patienten gesund werden konnten. War das richtig? Ich wollte kein schlechtes Gewissen haben. Ich wollte, dass mein Sohn gesund wird.

Lorne bekam gegen 10.30 Uhr vier große Spritzen intramuskulär, in den Po. Zwei rechts und zwei links. Ich hielt ihn fest. Es war unerträglich. Mittlerweile war Lorne durch das ständige Blutabnehmen hart im Nehmen, aber das war zu viel für ihn. Er schrie vor Schmerzen. Er schrie wie schon lange nicht mehr, schrie sich sein ganzes Elend aus dem Leib. Ich hielt ihn fest. Ich fühlte mich so schlecht und musste mir immer wieder vor Augen führen, dass ich doch nur das Beste für ihn wollte. Als Dr. A. fertig ist, tätschelt er Lornes Schulter und sagt: »Na, na mein Junge. Nun hast du Frontalhirn, Prietalhirn, Occipitalhirn, Hirnrinde, Thalamus, Hypothalamus, Kleinhirn und noch Niere und Schilddrüse bekommen. Da musst du doch nicht so weinen!« Ich weiß nicht, ob das witzig sein sollte. Ich konnte in dem Moment jedenfalls nicht darüber lachen. Ich bat Jan, einen Augenblick bei Lorne zu bleiben. Ich musste raus. Ich musste schreien. Ich stand draußen an der Wiese und schrie, so laut ich konnte. Mein armer Junge. Mein geliebter LORNE.

Auch das ging vorbei. Wir blieben noch eine Nacht und Lorne hatte alles gut überstanden. Wir reisten nach der Visite ab. Ich wollte nur nach Hause.

Diese Behandlung und der Aufenthalt mit Vollpension kosteten 2.300 Euro. Wir hatten uns für August wieder angemeldet. Langsam ging uns das Geld aus. Wir kündigten schweren Herzens eine unserer Lebensversicherungen. Daheim schrieb ich an die Krankenkasse, erklärte unsere Lage und bat um einen Zuschuss zur Frischzellentherapie. Wir bekamen eine Ablehnung.

Am 22. Februar mailte ich Professor S.. Ich schrieb, dass Lorne stabil sei und dass er einmal die Woche einen großen Anfall hätte. Die kleinen Absacker wären fast verschwunden und er sei sehr fröhlich und gut zu Fuß. Ich würde Lorne entgegen seinem Therapieplan kein »Orfiril« mehr geben und er bekäme nur noch den »Petnidan-Saft«, mit dem ich noch experimentiere, um die beste Dosis zu finden. Ich bekam keine Antwort. Das war bisher noch nie der Fall. Ist der Prof. etwa eingeschnappt? Am 27. März mailte ich erneut, da ich bisher noch nichts von ihm gehört hatte. Ich fragte ihn direkt, ob er verärgert sei und berichte, dass Lorne seit 24 Tagen anfallsfrei sei. Außerdem wollte ich für die nächste MRT und EEG-Untersuchungen einen Termin vereinbaren. Am ersten April kam die Antwort. Er schrieb, dass er um Verständnis bäte, aber er hätte auch noch andere Patienten und der Arbeitsanfall in der Klinik sei auch nicht ohne. Er hatte recht. Ich nahm uns so wichtig. Er hatte sicher noch viele andere Patienten, denen es auch nicht besser ginge, wenn nicht sogar schlimmer. Ich schämte mich … jedenfalls ein bisschen. Außerdem schrieb er, dass er sehr erfreut sei, dass es Lorne besser ginge, und dass er uns einen Termin für die Untersuchung mitteilen würde.

## Offenes Haus

Wir pflegten seit Jahren so etwas wie eine »Open house«-Mentalität. Jeder war bei uns willkommen. Wir hatten häufig Besuch und freuten uns. Es verging selten ein Tag, an dem nicht irgendjemand zu uns kam. Auf einen Kaffee, ein Bier oder ein Glas Wein. Jans Großmutter hat es einmal so ausgedrückt: »Zehn sind geladen, zwölf gekommen! Gieß Wasser zur Suppe, heiß´ alle willkommen!« So lebten auch wir. Wir genossen es und unsere Töchter auch. Einer unserer regelmäßigen Besucher war unser guter Freund Mathias, Johannas Pate und auch unser Zahnarzt. Er war groß, hatte einen Vollbart, eine sehr tiefe angenehme Stimme und Lorne liebte ihn. Er kam jeden Samstagnachmittag und trank mit uns Kaffee. Lorne saß immer auf seinem Schoß und sang laut und lachte. Wenn Lorne herzhaft lachte, riss er den Mund weit auf und warf seinen Kopf nach hinten. Mathias nutzte die Gelegenheit, um einen Blick auf seine Zähne zu werfen. Ich putzte und pflegte Lornes Zähne, wo ich konnte, aber es war wirklich nicht so einfach. Mathias beruhigte mich dann immer und meinte, wenn mal irgendetwas mit Lornes Zähnen nicht in Ordnung wäre, würde er das schon hinbekommen.

Im April las ich immer wieder in dem Mitteilungsbuch, dass Lorne sehr aufmüpfig sei, und auch versucht hatte zu kratzen und zu beißen, wenn ihm etwas nicht gefiel. Auch wenn das sehr anstrengend klingen mag, war es für mich eine positive Nachricht. Das bedeutete, dass dieser Junge wieder einen Willen hatte und nicht mehr so teilnahmslos war. Außerdem schrieb Bärbel, dass sie sehr erfreut über Lornes Fortschritte sei. Er lautierte mehr und hielt viel Blickkontakt. Gesundheitlich war er auch stabil. Wirkten hier nun wirklich die Frischzellen? Es nahm alles eine so positive Entwicklung. Ich mochte gar nicht daran glauben, aber ein klitzekleiner Hoffnungsschimmer keimte in mir auf.

**Lornes erste Nächte ohne uns**

Ende April besuchte Bärbel uns zu Hause. Die Löwengruppe sollte am 13. Mai für eine Woche auf Freizeit fahren, und alle würden sich freuen, wenn Lorne mitkäme. Sie wollte ein Gefühl dafür bekommen, wie Lornes Tag bei uns ablief, da sie ihn auf der Freizeit sehr eng betreuen sollte. Eine Woche!
Ich glaubte nicht, dass das funktionieren konnte. Aber ich beschloss, ihn für drei Tage dorthin zu bringen. Das wäre ja der Hammer, wenn das klappen würde!
Ich könnte mal wieder eine Nacht durchschlafen, wenn nicht sogar ausschlafen. Tatsächlich brachten wir Lorne am 16. Mai, einen Monat vor seinem vierten Geburtstag, für drei Nächte an den Brahmsee, damit er die letzten vier Tage dabei sein konnte. Es fiel mir sehr schwer: Geht das? Kann ich das machen? Ich will das so sehr! Drei Nächte, unfassbar! Es war ein Wechselbad der Gefühle. Malena und Johanna begleiteten mich. Wir packten alles, was Lorne brauchte ein und fuhren los. Ich hatte Kuchen und Pizzabrötchen für die Löwengruppe gebacken. Wir blieben noch

ein paar Stunden dort, dann war es so weit. Wir gaben Lorne an Bärbel ab. Bärbel wollte mit Lorne in einer eigenen Hütte schlafen. »Er ist hier in sicheren Händen«, versicherte sie mir. »Wir passen sehr gut auf ihn auf!«

Elke und Tim waren auch dort. Wir sagten Tschüss und fuhren. Wir saßen grad im Auto, da heulte ich schon, Malena heulte auch. Nur Johanna war ganz ruhig. »Mama, du hast jetzt zwei ganze Tage frei! Genieße das doch!« »Ich weiß. Ich freue mich ja auch so, aber ich habe das Gefühl, dass Lorne jetzt denkt, ich hätte ihn verlassen!«, jammerte ich. »Spätestens in drei Tagen weiß er ja, dass du ihn nicht verlassen hast. Also entweder genießt du das jetzt oder wir drehen um und nehmen ihn wieder mit!« Meine 11-jährige Tochter war so klar, in voller Sorge um ihre Mama. Sie half Malena und mir, Lorne loszulassen. Ich war beeindruckt! Und was soll ich schreiben? Ich habe es genossen. Ich hatte das erste Mal frei. Zwei ganze Tage. Es war unbeschreiblich schön.

***

**01.03.2022**
*Ich sitze in meinem Büro zwischen meinen Unterlagen. Zwischen Fotoalben, alten Kalendern, Mitteilungsbüchern und überall liegen Notizzettel. Neuerdings läuft das Radio. Ich möchte keine Nachrichten drüber verpassen, was in der Ukraine vor sich geht. Ich habe so klare Erinnerungen an die Zeit, auch an diese Rückfahrt mit meinen Töchtern. Malena und ich waren so beeindruckt, wie klar Johanna die*

*Dinge auf den Punkt brachte. Ja, ich wollte die Zeit damals genießen. Ich weiß noch, dass es schön war, frei zu haben, aber ich habe nicht die geringste Ahnung, was genau ich während dieser freien Zeit gemacht habe. Es ist komplett weg!*

\*\*\*

## Am 16. Mai schreibt Bärbel in Lornes Buch:

Endlich kommt Lorne auf die Freizeit. Viele Kinder haben schon nach ihm gefragt. Alle freuen sich über deinen leckeren Kuchen und die Pizzabrötchen. Lorne isst ganz gut zum Abendbrot und geht mit mir nach dem Abendkreis mit allen Kindern um halb acht ins Bett. Drei Stunden dauert es dann, bis Lorne einschläft und ich stehe noch einmal wieder mit ihm auf, und wir machen einen Abendspaziergang. Tim nimmt ihn auf den Arm. Danach schläft er dann schnell ein.

## 17. Mai:

Aufwachen um acht, sehr angenehm. Frühstück und dann mit den anderen Kindern den Platz erkunden. Leider stürzt Lorne und zieht sich eine blöde Beule zu. Alle Erwachsenen ärgern sich, weil sie nicht gut genug aufgepasst haben, aber es ist nicht so schlimm. Ein Glück. Am Nachmittag macht die ganze Gruppe im strömenden Regen eine Schatzsuche und Lorne läuft die ganze Strecke mit. Abends ist Lorne sehr müde und schläft um halb acht ein. Um halb vier ist er wach, singt und klatscht ein wenig, aber ich habe es geschafft, dass er nochmal einschläft. Bis halb acht.

## 18. Mai:

Nach dem Frühstück spielt Lorne auf unserem Platz. Danach fahre ich ihn ein bisschen spazieren. Nach dem Mittag geht es zum Lagerfeuer und auf der herrlich großen Wiese läuft und spielt Lorne mit vielen Kindern. Nach dem Abendbrot ist er sehr quarkig, bekommt sogar einen Wutanfall. Ich bringe ihn dann schön in Ruhe ins Bett und merke, dass er unsere Hütte als Ruheplatz gut akzeptiert. Heute schläft Lorne bis Viertel nach sieben. Insgesamt finden alle Teamer, dass Lorne sehr sicher auf den Beinen ist.

**In meinem Tagebuch steht:**

Es ist soweit: Gleich hole ich meinen geliebten Sohn wieder ab. Ich bin schon so gespannt, wie er reagieren wird. Ob er mich vermisst hat? Ich gehe langsam auf den Spielplatz, wo Lorne schaukelt. Bärbel steht neben der Schaukel und grinst. Ich sage ganz bewusst kein Wort, mal sehen, ob er mich erkennt. Lorne schaut mich an, springt von der Schaukel und läuft zu mir. Er drückt ganz fest meine Hand und lacht laut los. Das schönste Lachen der Welt. Ich schließe ihn in meine Arme und bin glücklich.

**Ich schreibe am 19. Mai:**

Lorne hat heute wieder daheim alle Plätze aufgesucht, die ihm vertraut sind. Trampolin, Schaukel, Kinderzimmer.

Nach einem langen Mittagsschlaf ist alles wie immer. Er wirkt sehr ausgeglichen und sicher. Die Freizeit hat ihm gutgetan und mir auch. Danke an euch alle.

Am 28. Mai schlug Bärbel mir vor, Lorne an einem Tag die Woche bis 14 Uhr in der Kita zu lassen. Ich nahm es an. Ich lernte, zu vertrauen und loszulassen.

## Hoffnung

Wir mussten wieder in die Uniklinik, um die komplexe Untersuchung eines »EEG-fMRI« zu machen. Wieder zwei Nächte. Lorne und ich wanderten den Gang der Station rauf und runter. Der Tag nahm einfach kein Ende. Er wollte nie irgendwo ruhig sitzen. Er schaute sich keine Bilderbücher an oder malte. Stattdessen tobte er über die Gänge. Hier konnte er nicht schaukeln und seinen unheimlichen Bewegungsdrang ausleben.
Ein Aufenthalt in einer Klinik war für ihn und für mich der Horror. Er versuchte Türen zu öffnen, die auf keinen Fall geöffnet werden sollten. Er fasste alles an, steckte alles, was ihm in die Finger kam, in den Mund. Er verstand einfach nicht, dass das hier nicht möglich war. Auch das ging vorbei. Nach drei Tagen waren wir wieder daheim. Prof. S. mailte mir, dass Lorne sehr wenig Anfallsaktivität zeigte. Das sei einerseits erfreulich, helfe uns aber auch nicht viel weiter. Er bekam weiterhin nur eine geringe Menge »Petnidan-Saft«. Ich hätte es am liebsten ganz abgesetzt, traute mich aber noch nicht. Er hatte im Mai keine Anfälle, deswegen wollte ich erstmal alles so lassen, wie es war. Ob die Frischzellen

tatsächlich halfen? Es wäre zu schön. Ab und zu erlaubte ich mir die Vorstellung, wie es wäre, wenn Lorne tatsächlich gesund würde. Es war der schönste Traum, den man nur träumen konnte. Ich wünschte mir so sehr, dass er irgendwann einmal sagen würde:»Na Mama, was gibt es?« Allein die Vorstellung trieb mir die Tränen in die Augen. In Lornes Mitteilungsbuch standen nur positive Nachrichten. Er war aufmerksamer und lernte dazu. Ich war so froh. Endlich ging es bergauf.

**In Bärbels Bericht stand:**

Lorne ist vier Jahre alt und lebt mit seinen Eltern und seinen elf- und dreizehnjährigen Schwestern in einem großen Haus auf einem landwirtschaftlichen Betrieb. Nebenan wohnen die Großeltern, zu denen Lorne guten Kontakt hat. Hauptbezugsperson und Betreuerin rund um die Uhr ist die Mutter. Lorne hat ein eigenes Zimmer und einen großen Spielbereich im Garten. Im Familienverband ist Lorne sehr herzlich integriert und wird von allen Familienmitgliedern sehr liebevoll umsorgt und gefördert.

Professor S. schrieb in seinem Bericht, der für unseren Hausarzt und für uns verfasst wurde kurz zusammengefasst, dass die vorher erwähnte Untersuchung nichts ergeben hätte. Außerdem schrieb er: Nach Berichten der Mutter mache Lorne Fortschritte. Sie führte dies unter anderem auch auf alternativ-medizinische Behandlungsverfahren zurück, die sie im Februar 2008 veranlasst hat. Außerdem diskutierte er die Ätiopathogenese (Entstehung) und auch die Möglichkeit, ob es sich hier um einen Impfschaden handelte, da der erste Anfall kurz nach einer Sechsfach-Impfung aufgetreten war. Diese wurde damals in einen Infekt hinein appliziert. Eine solche Möglichkeit können wir derzeit weder ausschließen noch bestätigen. Doch gewöhnlicherweise sind die nach zerebralen Impfschäden entstehenden Epilepsien anders gestaltet als bei Lorne. Aha! Es gab sie also doch. Anfälle nach Impfungen. Das war das erste Mal, dass Professor S. in Erwägung zog, dass Lornes Krankheit aufgrund der Impfung aufgetreten ist.

Ich lief und lief. Ich nahm auch an 10-Kilometer-Wettkampf-Läufen teil. Dem Störlauf, Holstenköstenlauf und dem Büsumer-Krabbenlauf. Ich brauchte noch vor einem Jahr um die 55 Minuten für 10 Kilometer. Nun schaffte ich es nicht mehr unter einer Stunde. Die physische und psychische Belastung der letzten Jahre gingen doch nicht spurlos an mir vorüber.

Am 18. Juni war Lornes 4. Geburtstag. Ich lud die gesamte Löwengruppe zu uns ein. 18 Kinder und sechs Erwachsene. Es ist so schön bei uns und Lorne konnte den Kindern nicht erzählen, wie er lebte.
Ich dachte, dass die Kinder Lorne ganz anders wahrnehmen würden, wenn sie sein Zuhause sehen könnten. Außerdem wollte ich unbedingt, dass es für Lorne ein ganz besonderer Tag wurde. Für mich war es Stress pur. Meine Freundin Andrea kam mit ihrem Sohn Jesper und half mir. Jesper und Lorne waren im gleichen Alter. Wir freuten uns damals sehr, dass wir gleichzeitig schwanger waren, und malten uns aus, dass unsere Kinder miteinander spielen könnten. Und dann kam es leider anders …

Während Lornes Geburtstagsfeier musste jemand Lorne beaufsichtigen, damit ich Kaffee kochen und das Frühstück vorbereiten konnte. Der Vormittag war ein voller Erfolg. Jan fuhr mit den Kindern Traktor und danach sahen alle, wie großartig Lorne schaukelte und hüpfen konnte. Es war ein so schöner Vormittag. Als ich Lorne eine Woche später in die Kita brachte, weil der Fahrdienst ausfiel, sah ich vor der Löwengruppe eine große Wand voller gemalter Bilder von Traktoren, Schaukeln und Trampolinen. In der Mitte klebte ein Bild von Lorne. Alle Kinder hatten Bilder von seinem Geburtstag gemalt. Ich stand vor dieser Wand und weinte hemmungslos. Ich war so gerührt, wie schön Elke diese Wand mit den Kindern zusammen gestaltet hatte.

Lorne ging seit Anfang Juni mit der Kita zum Reiten. Auch vor seiner Zeit in der Kita ging ich einmal die Woche bei uns im Ort mit ihm zum Reiten. Es gibt hier ein Isländer-Gestüt und Ina, die Besitzerin, nahm sich die Zeit, um mit Lorne zu reiten. Ich war immer dabei und wunderte mich, wie gut er reiten konnte, hatte er doch sonst immer Probleme mit dem Gleichgewicht.
Bärbel schrieb damals: Lorne ist geritten und hat richtig gut Kontakt zum Pferd aufgenommen. Wenn er gerutscht ist, hat er sich selbst korrigiert. Toll! Die nächsten Wochen las ich nur gute Nachrichten in seinem Mitteilungsbuch. Wie toll er turnte, dass er viel Kontakt zu anderen Kindern aufnahm und vieles mehr. Ich war jetzt sicher. Die Frischzellen taten ihre Wirkung. Oh wie schön! Es wird, es wird …

Unsere Freunde Gaby und Jens (Herzi) verbrachten die Sommerferien mit ihren Kindern Nona, zwölf Jahre, und

Liz, sechs Jahre, auf dem Campingplatz in Borsmøse an der dänischen Nordseeküste. Malena und Johanna sind mit Nona befreundet und Gaby und Jens luden die beiden ein, ein verlängertes Wochenende mit ihnen dort zu verbringen. Wir nahmen es dankend an. Seit Lornes Krankheit und wegen der vielen Arbeit auf dem Hof, war an einen gemeinsamen Sommerurlaub kaum zu denken.

Liebe Gaby, lieber Jens, ich kann euch gar nicht genug danken, dass ihr unseren Töchtern dieses schöne lange Wochenende ermöglicht habt. Sie haben in Borsmøse eine so schöne Zeit verbracht. Unbeschwert und ohne Sorgen. Es sollte nicht der letzte Urlaub dort sein. Borsmøse wurde für sie und auch für mich ein Ort des Friedens und des Abschaltens. So wunderschön. Wir sollten noch viele schöne Tage und Wochen dort verbringen.

Zuhause hatten wir mit Lorne einen Traumsommer. Die täglichen Anstrengungen wie Pflegen, Füttern, Beaufsichtigen, abwechselnd Schlafen, waren zwar geblieben. Aber er hatte keine Anfälle. Kurz vor unserem Termin zur zweiten Frischzellenbehandlung im August ging es dann plötzlich wieder los. Ich war am Boden zerstört. Trotzdem dachte ich, dass wir unbedingt die nächste Behandlung machen sollten. Dr. A. hatte schließlich gesagt, dass Lorne vier- bis fünfmal kommen sollte.
Vom 25.08. bis 28.08.2008 hatte Lorne die zweite Behandlung in der »Villa Medica«. Malena und Johanna konnten bei unseren Freunden Andrea und Mathias bleiben. Wir hatten wieder die lange Fahrt vor uns. Solange es keinen Stau gab, ging es ganz gut mit Lorne. Nun wusste ich, was Lorne und

uns bevorstand. Ich hatte die ganze Fahrt einen riesigen Kloß im Bauch. Ich würde meinem Sohn diese schrecklichen Spritzen so gern ersparen, war aber so sicher, dass es half. Außerdem ging es Lorne nach der ersten Behandlung so gut. Das war es doch wert, oder? Was hatten wir denn sonst noch für Möglichkeiten? Medikamente? Weiter dosieren, kombinieren, notieren? Es blieb ein Höllenritt. Das ständige Auf und Ab. Dann lieber zwei Minuten die Spritzen ertragen, damit es weiter bergauf ging. Meine Gedanken kamen nicht zur Ruhe. Ich versuchte, mir Mut zuzusprechen. Es war wie beim ersten Mal. Ich hielt meinen Sohn fest. Lorne schrie und schrie. Diese schrecklichen Spritzen nahmen kein Ende. Er tat mir so unendlich leid. Ich würde es ihm so gern ersparen. Was sollten wir nur machen?

Nach den Sommerferien hatte ich ein langes Gespräch mit Bärbel. Sie hatte eine Fortbildung bei einer gewissen Heike Meyer aus der Schweiz gemacht und war sich sicher, dass Lorne autistische Verhaltensweisen entwickelte. Es passten so viele Muster in seinem Verhalten, so dass sie meinte, wir sollten dem Nachgehen. Ich war sehr geschockt. Was? Jetzt auch noch Autismus. Wie konnte das denn nur sein? Warum passierte uns das auch noch. Ich war wieder so verzweifelt. Jan sagte: »Ach Dörte, nun hat die Krankheit vielleicht einen Namen, na und? Lorne ist Lorne! Wir nehmen ihn so, wie er ist, ob geistig behindert, Epileptiker oder Autist. Das macht doch keinen Unterschied. Was aus ihm einmal wird, wissen wir eh erst dann, wenn es so weit ist!«
Mein Mann, man höre und staune. Er hatte ja so recht. Lorne blieb Lorne!

Am 02.09. schrieb ich eine Mail an Professor S., um ihn auf den neuesten Stand zu bringen, und bat ihn um Hilfe, um Autismus zu diagnostizieren. Er vermittelte einen Termin bei Dr. Carlsson, Kinderpsychologe und Autismus Experte. Termin: 30.10.2008

Tim hatte seinen letzten Tag in der Kita. Ein Jahr war unser Sohn jetzt schon dort. Bärbel und Elke fanden einen neuen Zivi namens Gunnar.

Als ich Gunnar das erste Mal sah, dachte ich: Ach du ahnst es nicht! Gunnar war sehr groß und kräftig, hatte lange Haare und trug ausschließlich schwarze Klamotten, so ganz anders als Tim! Aber auch Gunnar war super. Er entwickelte ein ganz tolles Verhältnis zu Lorne und Lorne fand ihn toll! Auch wir mochten ihn sehr. Wieder ein Jahr der guten Betreuung gesichert. Lorne hatte nun wieder zwei Anfallsarten. Die kleinen Absacker und ab und zu einen Grand Mal-Anfall. Er bekam weiterhin nur das Medikament »Petnidan«. Die Zeiten zwischen den Anfällen waren immer schön! Er war aufmerksam und lachte sehr viel. Gunnar war ein Bär von einem Mann, und so lieb und fürsorglich mit Lorne, dass es einem vor Rührung die Tränen in die Augen trieb.

Eines Tages brachte er Lorne mit dem Kita-Fahrdienst nach Hause, drückte mir Lorne an die Hand, schaute mich an wie ein begossener Pudel streckte mir seinen Finger entgegen und sagte mit weinerlicher Stimme: »Guck mal, Lorne hat mich heute gebissen.«

Da stand er vor mir, dieser riesige, muskulöse junge Mann. Ich 1,63 m groß, den Kopf im Nacken, um diesem Hünen in die Augen zu schauen, fragte ihn voller gespieltem Mitleid: »Och Mensch, Gunnar! Soll ich mal pusten?« Schon prustete ich los. Es war so lustig. Am Finger war ein ganz kleiner roter Ratscher zu sehen, sonst nichts. Auch Gunnar musste plötzlich klar geworden sein, wie absurd diese Situation war und lachte aus vollem Herzen. Sogar Lorne lachte laut mit. Es ging einem das Herz auf, ihn so lachen zu hören.

Im Oktober flogen wir für zehn Tage mit unseren drei Kindern und unseren Freunden Andrea und Jürgen mit ihren Kindern an die spanische Atlantikküste. Wir hatten zwei Häuser gemietet und verbrachten dort eine schöne Zeit. Lorne hatte dort nur einen schweren Anfall! Ich ließ meine Familie jeden Morgen ausschlafen, damit sie alle den Urlaub genießen konnten. Ich stand jeden Morgen gegen 6 Uhr mit Lorne auf, schlich mich mit ihm ins Wohnzimmer, versorgte ihn und ging dann mit ihm nach draußen. Ich hatte das Glück, dass Jürgen dieses Schicksal mit mir teilte, allerdings mit seinem gesunden Sohn, Jesper, der aber auch nicht sehr viel länger schlafen wollte als Lorne. Wir machten uns jeden Morgen gegen 8 Uhr auf den Weg, um für alle Brötchen zu besorgen. Das dauerte schon mal zwei Stunden. Ich genoss die frühmorgendlichen Stunden mit Jürgen. Wir hatten lange intensive Gespräche. Ich lud eine Menge meiner Sorgen bei ihm ab. Trotz aller Anstrengungen fühlte ich mich nach dem Urlaub erholt. Meine Schwiegereltern kümmerten sich wieder um Haus, Hof und Hund. Dieses Mal hatten wir auch einen Betriebshelfer angeheuert, der die beiden unterstützen sollte. Unser Hund drehte wieder komplett durch, so sehr vermisste er uns und die Kinder.
Wieder daheim freute ich mich aber auch, dass Lorne wieder in die Kita gehen konnte und auf ein paar wenige freie

Stunden daheim. Sicher, ich hatte genug Arbeit zu erledigen. Es fühlte sich trotz aller Arbeit wie freie Stunden an, weil ich mich einfach mal um den Haushalt und das Büro kümmern konnte, ohne jede Minute zu lauschen, zu schauen, zu rennen, um bei Lorne zu sein.

In der Kita häuften sich jetzt auch schon mal die eine oder andere Verletzung durch Stürze. Eine dicke Nase, ein Oberlippenbiss; niemand konnte etwas dafür, Lorne hatte so einen Bewegungsdrang und genoss es, wenn man ihn einfach einmal laufen ließ. Insgesamt wurde Lorne aber immer besser: Aufmerksamer, experimentierfreudiger, er nahm mehr wahr. Ich war überzeugt, dass die Frischzellen der Grund für die Verbesserungen waren.

**Ich schrieb in sein Buch:**

Liebe Bärbel, liebe Elke, lieber Gunnar,
Lorne hatte ein ganz schönes zufriedenes Wochenende. Mit viel Schlaf, viel Lachen und ganz vielen feuchten Küssen. Er ist sehr entspannt und ausgeglichen und hattte keinen Anfall!. So darf es weitergehen!
Am 30.10.08 hatten Lorne und ich einen Termin bei Dr. Carlsson. Bärbel begleitete uns. Bei Lorne wurde Autismus diagnostiziert. Die Diagnose war für mich irgendwie nur noch Formsache, damit wir weitere Förderungen bekamen. Ich hielt mich an Jans Satz: »Lorne bleibt Lorne, ist doch egal wie die Krankheit heißt.« So dass ich die Diagnose: »Ich muss ihnen leider mitteilen, dass ihr Sohn unter frühkindlichem Autismus leidet.«, einfach so hinnehmen konnte, als hätte jemand gesagt: »Ich muss ihnen leider mitteilen, dass ihr Sohn keinen Fisch mag.«

Wir machten einen Termin bei der Beratungsstelle für Autismus Dr. Baumgart in Kiel. Ich recherchierte, kaufte Bücher, brauchte Input, wie wir Lorne daheim besser fördern könnten. Dabei stieß ich auf einen sehr interessanten Bericht.

## Hoffnung: Delfintherapie

Ich konnte einfach nicht aufhören, nach Alternativen zu suchen, denn ich hatte immer noch so große Hoffnung meinen geliebten Sohn irgendwann wieder gesund zu sehen. Ich las sehr interessante Berichte über Delfintherapien. Es gab solche Therapien in Florida, auch schon in der Türkei und ich las auch einen Bericht über den Verein namens »Dolphin.aid«. Ich entschied mich, an diesen Verein zu schreiben, nachdem ich viel über das Schicksal der Gründerin gelesen hatte. Ich bat um weitere Informationen. Wer weiß, vielleicht wäre das auch eine Möglichkeit für Lorne? Für uns? Ich bekam einen Fragebogen zugeschickt, den ich ausfüllte und zurückschickte. Als ich den Mädchen davon erzählte, waren sie Feuer und Flamme. Das wollten sie unbedingt miterleben. Okay. Also, wenn wir das versuchten, dann alle zusammen.

»Oh Mann, nicht das auch noch. Das reicht langsam Dörte!« Jan war nicht begeistert. Er war ausgelaugt von den ganzen Aktionen. Mein Antrieb blieb dagegen ungebremst.

Wenige Tage, nachdem ich den Fragebogen zurückgeschickt hatte, bekamen wir Post von »Dolphin aid«. Lorne hätte im nächsten Jahr einen Platz für die Delfintherapie auf Curaçao! Vom 12. bis 23. Oktober 2009. Die Therapie, die Unterkunft und die Flüge sollten insgesamt um die 12.000

Euro kosten. Man hatte die Möglichkeit, spätestens drei Monate vor Beginn abzusagen, falls aus gesundheitlichen Gründen die Reise nicht möglich wäre. Aus gesundheitlichen Gründen? Wie wäre es mit finanziellen Gründen? Diese Summe war so gewaltig, das würde nichts.

Ich schrieb zurück, erklärte unsere finanzielle Situation und bekam von »Dolphin aid« eine lange Liste mit Adressen von Stiftungen, die eventuell einen Zuschuss geben würden. Ich schrieb etwa 30 Briefe an alle möglichen Stiftungen und Vereine. Aktion für Kinder, Aktion Sorgenkind, Herzenssache, Aktion Sonnenschein und noch einigen anderen. Eine Spende in Höhe von 1000 Euro haben wir bekommen.

Alle anderen lehnten ab. Die Spende sollte direkt an »Dolphin aid« geschickt werden. Irgendwie hatte dieser Verein bei mir einen bitteren Beigeschmack. So ein Bauchdrücken. Ich wusste gar nicht so genau, warum. Welcher normale Mensch sollte sich 12.000 Euro leisten? Außerdem wollte ich doch auf meinen Bauch hören.

Ich dachte immer, dass diese Vereine sich über Spenden finanzieren, und dass man den Familien möglichst kostengünstig eine Therapie ermöglichen würde und die Spenden den Familien zugutekämen. Das schien leider nicht der Fall zu sein. Für einen Zuschuss hätten wir unsere gesamte finanzielle Situation offenlegen müssen. Doch der Blick von außen zeigte nicht unbedingt die wahre Situation. Wir hatten mit unserem landwirtschaftlichen Betrieb einen großen Besitz. Insofern galten wir als vermögend, aber wir waren nicht immer flüssig. Der Landwirtschaft ging es auch nicht gerade gut. Kurz: Das konnten wir uns nicht leisten.

Ich hielt vorerst an dem Termin fest, wollte auch noch einmal mit dem Professor abklären, ob der lange Flug mit Lorne überhaupt möglich wäre. Wir hatten ja noch Zeit. Überzeugt war ich allerdings noch nicht.

## November 2008

Eines Nachmittags, war ich kurz bei meiner Schwiegermutter und führte wieder ein nervenaufreibendes Gespräch, das meist mit den Worten begann:»Du siehst schlecht aus, du musst auch mal schlafen, das kann so nicht weitergehen…«
Ich gebe zu, an dem Tag war»Inge Meysel-Tag«. Das waren die Tage, an denen ich aussah, wie die faltige, ältere Schauspielerin, die mittelmäßigen Tage. An meinen»Horst Tappert-Tagen«versuchte ich, meiner Schwiegermutter aus dem Weg zu gehen, damit sie sich noch mehr Sorgen machen musste und ich nicht so zickig zu ihr war, denn sie half mir so. Sie war einer der wenigen Menschen, die Lorne auch mal für ein- bis zwei Stunden beaufsichtigte. Ich kann gar nicht schreiben, wie dankbar ich ihr dafür war, denn ich brauchte diese Stunden.
Ich sagte ihr in dem Gespräch, dass ich irgendwann einmal ein Buch schreiben würde. Lornes Geschichte, und dass ich ihn mit jeder Faser meines Körpers liebe und dass mir diese Liebe Kräfte verleihen würde, von denen ich selbst keine Ahnung gehabt hätte.»Mir geht es gar nicht so schlecht, wie ich aussehe. Mach dir keine Sorgen. Ich habe noch jede Menge Ideen.«, versuchte ich sie damals zu beschwichtigen.
Ich hatte tatsächlich im Jahr 2006 und 2008 schon gesagt, dass ich ein Buch schreiben würde. Allerdings dachte ich damals, dass ich es schreiben würde, wenn diese schlimme

Zeit hinter uns läge und Lorne gesund und munter seinen weiteren Weg gehen würde.

Wir mussten die Reise nach Curaçao dann im Juni 2009 absagen, weil Lorne wieder schlimme epileptische Anfälle hatte und wir den weiten Flug auf ärztlichen Rat nicht wagen wollten. Irgendwie war ich erleichtert.

## Human Dolphin Relationship Projekt

Das war die absolut richtige Entscheidung, denn wenige Wochen, nachdem wir storniert hatten, rief Bärbel mich an, um mit mir einen Vortrag in der »Arche Warder« zu besuchen. Hier sollte eine Methode vorgestellt werden, eine Therapie mit freilebenden Walen und Delfinen zu machen. Volker Todt und Roma Spring berichteten von ihrer Arbeit.

*Den Prospekt finde ich in meinen Unterlagen. Ich halte ihn grad in meiner Hand, lese und bin wieder so ergriffen:*

»Human-Dolphin-Relationship Projekt«

### »Born to be free«

Ein Nachmittag mit Unterwassertonaufzeichnungen, aktuellen Berichten – untermalt von einzigartigen Bildern. Authentische Einblicke in die Arbeit eines deutsch/englischen Forschungsteams. Ein einleitendes Märchen, auditive und optische Eindrücke stimmen die Besucher auf eine Reise in die Welt der Delfine und Wale ein. Das Kernstück des Nachmittags sind authentische Berichte von Begegnungen

mit Delfinen und Walen in europäischen Gewässern, begleitet von einzigartigen Farbbildern. Die beiden Referenten
Roma Spring und Volker Todt berichten aus ihrer Arbeit
von tiefen Erlebnissen in speziell angeleiteten Begegnungen
mit wilden Delfinen und Walen. Sie geben auch kurze Einblicke in das laufende Forschungsprogramm zur Evaluation
einer Delfinfamilientherapie.

Die tiefe emotionale Berührung wird neben einigen physio-
logischen Faktoren als allgemeiner Wirkfaktor in der Kataly-
satorwirkung des Delfins im therapeutischen Prozess gesehen, doch die Suche nach spezifischen Wirkfaktoren zum
Beispiel im neuroendokrinologischen Bereich geht weiter.
Videoaufzeichnungen aus dem laufenden Programm vermitteln den Besuchern optische Eindrücke von Begegnungen zwischen Menschen und Delfinen und Walen, die einzigartig sind und sehr überzeugend vermitteln, dass eine
freie Interaktion zwischen Menschen und Delfinen möglich
und sinnvoll ist.

Ich war sprachlos und überzeugt, dass nur diese Form der
Therapie für uns in Frage kommen würde. Mit freilebenden
Delfinen und Walen. Das waren wir! Das wollten wir!
Das entschied ich an diesem Nachmittag, ohne den Familienrat zu befragen. Ich wollte nicht mit meinem kranken
Sohn zu einem traurigen in Gefangenschaft gehaltenen Delfin ins Wasser tauchen, schwimmen und hoffen, dass er uns
ein Glücksgefühl bereitete, aber selbst unglücklich, begrenzt
und gegen seine Natur gehalten wurde.
Ich wusste ja nicht, dass es so etwas überhaupt gab. Im Vergleich zur bisherigen Delfintherapie mit gefangenen, kondi-
tionierten Delfinen wurde hier ein ökologischer Ansatz er-

kennbar. Das hieß, der Delfin wurde in seiner Würde geachtet und respektiert. Am Ende des Vortrags standen die Referenten für spezielle Fragen zur Verfügung. Ich war total aufgeregt und fiel direkt mit der Tür ins Haus. Ich erzählte von meinem Sohn Lorne und meldete unsere Familie direkt zur Familientherapie an.

»So einfach geht das leider nicht.« Roma und Volker erklärten mir, dass sie nicht einfach jemanden annehmen und mit zu ihren Freunden, den Delfinen und Walen mitnehmen würden, ohne diese Menschen kennengelernt zu haben.

Das war eigentlich völlig klar. Dennoch war ich enttäuscht. Der Vortrag hatte mich so sehr begeistert. Kein Bauchdrücken, nur positive Energie.

Wir tauschten Adressen und die beiden baten darum, dass jedes Familienmitglied einen kurzen Brief schreiben sollte, warum er glaubte, dass diese Therapie das Richtige für uns und Lorne sei.

Als ich daheim war, erzählte ich von dem Nachmittag und bat alle um diesen Brief. Niemand hat dem anderen geholfen. Es sollte so sein, wie wir sind. Jan schrieb, dass er nicht glaubte, dass es etwas bringen würde, er aber mal wieder mitmachen würde, was seine Frau da wieder vorhatte.

Nachdem die Briefe zugestellt waren, baten Roma und Volker um ein Treffen, um uns alle, speziell Lorne, kennenzulernen. Ich war schon etwas nervös. Hoffentlich mögen sie uns, mögen sie Lorne. Hoffentlich dürfen wir nach Teneriffa kommen. Ich wünschte es mir von ganzem Herzen. Irgendwann finden wir eine Therapie und dieser Junge wird gesund. Vielleicht war diese genau die richtige?

Jan war genervt. Er hatte gar keinen Bock auf Teneriffa und therapeutische Gespräche im Familienverbund. Ich hatte das Gefühl, dass er absichtlich einen noch grimmigeren Gesichtsausdruck auflegte, mit dem er schon so manchen fremden Besucher in die Flucht geschlagen hatte. »Du könntest dich wenigstens bemühen, freundlich zu sein. Sag doch ehrlich, dass du nicht überzeugt bist von der Idee, eine Delfintherapie zu machen, und versuche bitte auch mal zu lächeln.« Genervt von diesem egoistischen Verhalten deckte ich den Kaffeetisch.

Malena, jetzt schon 14 Jahre alt, so wunderschön und trotz Pubertät äußerst selten launisch, schon gar nicht, wenn es um ihren Bruder ging, kam angelaufen. »Mama, ich bin so aufgeregt. Was soll ich denn sagen?« Auch Johanna, zwölf Jahre alt, unsere kleine, süße Rebellin, war aus dem Häuschen. »Ich wünsche mir das so sehr, Mama. Stell dir mal vor, wir dürften mit Delfinen schwimmen, im offenen Meer, die frei sind. Das wäre so cool.« Delfine waren für Johanna schon immer faszinierend. Auch ich war sehr angespannt.

Zwei aufgeregte Töchter, ein absolut entspannter Sohn, der laut summte, schaukelte und hüpfte, und ein Ehemann, den ich am liebsten zum Mond geschossen hätte.

Ich musste die Situation etwas entspannen. »Wisst ihr was? Seid einfach so wie immer. Guckt euch Lorne mal an. Der ist so fröhlich. Wir wollen uns nicht verstellen. Entweder es klappt oder nicht.« In meinem Inneren sah es etwas weniger entspannt aus, aber es half. Malena und Johanna gingen zu Lorne, der fröhlich schaukelte, gaben Anschwung und sangen seine Lieblingslieder. Sie bemerkten gar nicht, dass Roma und Volker schon angekommen waren und alle drei beobachteten. Sie waren ganz angetan, wie toll die Mädchen mit Lorne umgingen. Volker schien sehr interessiert an Jan und konnte sehr gut auf ihn eingehen. Er ließ sich von dem mürrischen Gesichtsausdruck gar nicht abschrecken. Im Gegenteil, es interessierte ihn, was hinter dieser Fassade steckte. So war es eben bei uns. Wir waren einfach wir selbst. Es wurde ein richtig schöner Nachmittag.

Und was soll ich sagen. Wir dürfen kommen! JUHU!

Termin: 22.01. bis 05.02.2010.

# 2009

*Lütt Vagel*
*Weet nix vun Tiet un vun Atom*
*Un sitt un singt in`n Appelboom*
*Hermann Claudius*

Das Jahr fängt eigentlich ganz gut an.

**Ich schrieb in Lornes Buch:**
Die Weihnachtsferien mit Lorne waren schön, aber auch
anstrengend. Er will zurzeit unbedingt seinen Willen durch-
setzen, geht es nicht nach seiner Nase, schmeißt er sich hin
und ab und zu haut er mit seinem Kopf auf den Boden.
Puh! Er brabbelt wieder sehr viel. ›Bä,bä,bä...ke,ke,ke.« Ich
glaube, er sagt bald Bärbel und auch Elke. Von Mama ist
nichts zu hören.

Außerdem hatten wir in den Ferien Anfang Januar ein wirklich dramatisches Erlebnis. Wenn Jan Zeit hatte, nahm er
Lorne auf dem Traktor oder auf dem Radlader mit. Lorne
liebte das. Das Motorengeräusch beruhigte ihn. Er saß
schon mal zwei Stunden neben Jan auf dem Traktor, ohne
sich zu beschweren. Auf dem Traktor war das kein Problem. Auf dem Radlader hatte Lorne keinen festen Platz,
deshalb saß er meistens auf Jans Knien oder er stand neben
dem Sitz. Der Radlader hatte keine Kupplung, nur einen
Schalter, den man nach vorne schob und dann fuhr er los.
Stand der Radlader in der Halle, kletterte Lorne immer auf
den Fahrersitz und spielte mit den Hebeln. Opa Heini sagte
zu Jan:»De Jung speelt op den Lader. Pass blots op, wenn

de Motor löpt. De föhrt bald los, wenn du dat nich sühst.« (Pass bloß auf, wenn der Junge auf dem Radlader spielt und der Motor läuft. Der fährt noch los, wenn du das nicht siehst). Als Jan mir abends erzählte, was Opa gesagt hatte, machen wir uns darüber lustig und äfften Opa nach. »Ups, schau mal, wer fährt denn dort auf dem Hof mit dem Radlader?« »Mensch, das ist ja Lorne. Wer hätte das gedacht!« »Dat heff doch glieks secht, aber mi glövt jo keener!« (Das habe ich doch gleich gesagt, aber mir glaubt ja keiner).

Wir lachten Tränen, glaubten niemals, dass so etwas passieren könnte. Wir schlachteten solche Geschichten voll aus. Jeder setzte noch mehr Dramatik oder Lustiges drauf, und wir steigerten uns so rein, dass wir Bauchschmerzen vom Lachen bekamen. Ich denke, das war so eine Art »Druckabbau«, denn es grenzte fast an Hysterie. Hätte man uns von außen betrachtet, wäre die Verzweiflung, die dahinter steckte, zum Greifen gewesen.

Opa bekam leider Recht. Leider noch viel schlimmer, als man es sich vorstellen konnte.

Anfang Januar 2009 hatten wir zweistellige Minusgrade. Unsere Teiche waren zugefroren und Jan wollte an einem dieser Teiche irgendwelche Arbeiten mit dem Radlader erledigen. Es waren Ferien und die Mädels schliefen noch. Lorne allerdings war schon seit Stunden wach und ich hatte ihn die ganze Zeit beaufsichtigt und noch nichts anderes erledigen können. Jan sagte: »Zieh Lorne warm an. Es sind zehn Grad minus draußen. Ich nehme ihn auf dem Radlader mit. Dann kannst du noch einkaufen.«

Ich weiß noch genau, dass ich Lorne einen dicken Schneeanzug anzog, das hat dann Schlimmeres verhindert. Lorne saß auf Jans Schoß. Es war ein Ast im Weg, den Jan nur kurz beiseite räumen wollte. Er ließ den Motor laufen, stieg kurz ab und ließ Lorne auf dem Radlader bei laufendem Motor. Dann passierte, was passieren musste. Lorne setzte sich auf den Fahrersitz, spielte an den Hebeln und der Radlader fuhr schnurstracks in den gefrorenen Teich. Das Eis brach und der Radlader versank ein Stück. Jan sprang in voller Montur in den Teich, um Lorne aus dem Radlader zu retten. Beide brachen durch das Eis, konnten sich aber an Land retten, pitschnass!

Jan lief durchnässt die zwei Kilometer mit dem triefnassen Lorne im Arm bei zehn Grad minus nach Hause. Sein Schneeanzug war außen schon steif gefroren, als die beiden zu Hause ankamen. Jan drückte mir Lorne in den Arm und rannte zurück zu dem Radlader. Ich hatte gar keine Zeit, mich um Jan zu kümmern, weil ich meinen fast steif gefrorenen Sohn im Arm hatte. Ich zog Lorne aus, innen war er zwar sehr kalt, hatte aber keine Erfrierungen. Ich brachte ihn splitternackt zu Malena ins Zimmer. »Achtung! Aufwachen. Es wird kalt.«, und legte Lorne direkt zu ihr ins Bett, damit sie ihn wärmen konnte. Malena zog sehr geräuschvoll Luft ein! Dann weckte ich Johanna und sagte ihr: »Lorne ist unterkühlt. Er liegt bei Malena im Bett. Ihr müsst ihn wärmen!« Dann lagen sie da. Zusammen im Bett, meine drei Kinder. Lorne lachte so sehr. Er fand es ganz toll und die beiden Mädels hielten ihn warm. Es war nichts Schlimmeres passiert. Jan kam mit dem Radlader heim. Heini hatte ihn mit dem Traktor aus dem Teich gezogen und der Motor lief noch. Auch Jan musste sich aufwärmen. Lorne wollte auf keinen Fall Malenas Bett wieder verlassen. Beide Mädchen hielten ihn fest im Arm und alles ging gut aus. Opa hatte

Recht bekommen. »De Jung föhrt mit den Radlader los!« Wer hätte das geglaubt. Opa ging kopfschüttelnd vom Hof und brabbelte irgendwelche Flüche in seinen Bart. So etwas konnte doch wirklich nur bei uns passieren. Als Opa gerade außer Sicht war, prusteten Jan und ich los. Wir lachten Tränen.

Nach Regen scheint Sonne, nach Weinen wird gelacht oder umgekehrt.

Dann hatte Lorne wieder Anfälle. Plötzlich auch nachts. Ausgelöst durch einen Magen- und Darminfekt. Ich schlief seit Jahren nur oberflächlich. Ich hörte jede Unregelmäßigkeit. Ich hörte ihn nachts plötzlich schrill schreien, nach Luft schnappen und war sofort bei ihm, legte ihn in stabile Seitenlage, das Notfallmedikament immer bereit, falls er nicht wieder atmen konnte. Meistens dauerte so ein Grand Mal-Anfall um die ein bis zwei Minuten, die sich anfühlten wie zehn Minuten. Lornes Lippen wurden blau, er krampfte, ruderte rhythmisch mit den Armen, verdrehte die Augen und atmete nicht mehr, dann plötzlich, nach einer gefühlten Ewigkeit, holte er wieder Luft, entspannte sich. Das Notfallmedikament hatte ich immer zur Hand. Lorne schaffte es fast immer ohne dieses Medikament, den Krampf zu überstehen. Trotzdem gab ich es ihm einige, wenige Male. Dann setzten die Entspannung und Atmung sofort ein. Als er noch klein war, hatten wir eine Tube »Diazepam« mit dem Wirkstoff »Valium«, die als Einlauf verabreicht wurde. Diesen Einlauf hatten wir nie gebraucht. Nun hatten wir ein neues Medikament namens »Tavor« mit dem Wirkstoff »Lorazepam«. Eine kleine Tablette wurde in Lornes Mund geschoben, löste sich sofort auf und wirkte über die Schleimhäute.

Es war so unbeschreiblich furchtbar. Wie sollte man das nur aushalten? Immer, wenn es gerade etwas besser wurde und wir trotz aller Sorgen fröhlich unser Leben lebten, wurde es wieder so schlimm, dass wir kaum noch schliefen, voller Sorge unseren Sohn eng begleiten mussten und nur noch funktionierten.

Ich schrieb an Dr. A. der »Villa Medica«, dass ich nun doch zweifelte, ob die Therapie den gewünschten Erfolg hätte und die Anfahrt sowie die Behandlung für Lorne auch sehr anstrengend sei. Wir sollten im März wieder zur Frischzellenbehandlung in die »Villa Medica«. Er schrieb zurück, dass wir unbedingt durchhalten sollten. Er würde sogar ein Mädchen aus Bogota behandeln und für diese Familie wäre die Anreise wesentlich beschwerlicher. Okay, ich hatte schon gleich wieder ein schlechtes Gewissen. Wir würden fahren.

Im Januar stellten wir Lorne wieder in der Uniklinik Prof. S. vor. Er hatte im Januar an zwei Tagen fünf bis sechs Anfälle die Nacht. Ich hatte die Nase voll, von diesem Auf und Ab und schlug vor, die Medikamente ganz abzusetzen. Lornes Leberwerte waren immer erhöht und wirklich geholfen hatte bisher keines der Medikamente. Professor S. riet dringend ab. Ich hörte nicht auf ihn und dosierte langsam aus. Ich war erschöpft, aber ich durfte auf keinen Fall schlapp machen. Ich vertraute nicht mehr auf die Schulmedizin. Hatten nicht die Medikamente die richtig schlimmen Anfälle ausgelöst? Vielleicht hätten wir gar nicht einwilligen sollen, überhaupt Medikamente zu geben. Die EEG-Untersuchungen hatten doch vorher nie Anzeichen einer Epilepsie gezeigt. Warum konnte denn niemand helfen? Warum haben wir keine richtige Diagnose? Es war und blieb ein großes Rätsel und Lorne kam mir vor wie ein Versuchskaninchen. Warum konnte unser Sohn nicht gesund werden? Warum konnte er nicht wie andere Kinder in seinem Alter fröhlich Ball spielen? Warum? Warum?

Ich dosierte die Medikamente aus. Das dauerte Wochen. Bis der Tag gekommen war. Lorne bekam keine Medikamente mehr. Ich hoffte so sehr, dass die Entscheidung richtig war.

Lorne ging mit der Kita und auch mit Annelie, die ich als Helferin rekrutiert hatte, regelmäßig reiten. Bärbel ließ nicht locker, dass ich mehr Hilfe bräuchte. Annelie holte Lorne jeden Samstag ab und ging mit ihm reiten. Ich hatte endlich mal wieder Zeit für meine Töchter.

Wir fuhren nach Neumünster zum Shoppen. Selten gingen wir mal ins Kino oder genossen einfach mal einen kleinen Ausflug. Ich hatte immer die Zeit im Nacken und wir mussten uns beeilen, aber wir genossen die gemeinsame Zeit.

Bei uns auf dem Hof entwickelte Lorne immer mehr Interesse an den Kühen und Kälbern. Er setzte sich zu ihnen ins Heu und schaute, wie sie wiederkäuten. Häufig lachte er dann laut. Auch mit unserem Hund nahm er Kontakt auf, brabbelte, strich über sein Fell und lachte. Arrie hielt immer still, auch wenn Lorne ihn kniff. Dieser große Jagd- und Wachhund, vor dem viele Besucher großen Respekt hatten, wurde zu einem Lamm, wenn Lorne mit ihm spielte.

Wir hatten schlaflose Nächte. Besonders in den Nächten vor und nach dem Vollmond schlief Lorne gar nicht. Unser Hausarzt verschrieb ihm »Atosil« und sagte mir, dass ich auch einmal schlafen müsse und es meinem Sohn nicht nützte, wenn ich irgendwann umfallen würde. Ich las die Nebenwirkungen und entschied mich dagegen. Nach stundenlanger Recherche fand ich ein Mittel namens Melatonin. Ich gab es ihm jeden Abend. Er wurde etwas ruhiger.

Bärbel bot an, dass Lorne auch mal bei ihr schlafen könne, wenn wir an einem Wochenende etwas vor hätten. Oh, Bärbel. Ich war ihr so dankbar und nahm an. Bärbel lebte mit ihrer Familie und ihren Freunden auf ihrem Hof in Bokel in einem Zirkuswagendorf. Lorne liebte es, dort zu sein. Ich auch. Er liebte Bärbel und auch ihren Mann Ulli, der immer mit ihm scherzte. Es wurde Lornes zweites Zuhause. Dort konnte er sein, alle nahmen ihn so, wie er war. Jeder scherzte mit ihm und abends saß er mit den Bewohnern dieser Wohngemeinschaft am Lagerfeuer. Ich lernte auch Bärbels und Ullis Freunde Reingard und Thomas kennen. Sie leben in der alten Mühle in Bokel und vermieten auf ihrem Grundstück auch Zirkuswagen. In der Mühle lernte ich auch Annika kennen. Ich spannte auch sie ein, Lorne zu beaufsichtigen. Sie sollte Lorne und mich die nächsten zehn Jahre unterstützen.

Das hatte ich damals nicht einmal geahnt. Auch Bärbels Tochter Flora, damals noch 13 Jahre alt, wurde ein paar Jahre später zu einer unserer Helferinnen.

Es fühlte sich wie ein neues Leben an, als Lorne das erste Mal bei Bärbel schlief. Wir mussten zwar morgens immer früh aufstehen und Kühe melken und füttern. Wir hatten immer viel Arbeit auf dem Hof. Aber der Abend mit unseren Töchtern war wie ein Geschenk. Wir konnten mal wieder ein Spiel spielen, gemütlich zusammensitzen, uns unterhalten ohne Anspannung. Niemand kann sich vorstellen, wie sich das anfühlte. Es scheint so selbstverständlich, war bei uns aber nie möglich, wenn Lorne zu Hause war. Man musste sich regelrecht kleine Momente stehlen, um ohne Anspannung etwas zusammen zu erleben.

**03.03.2022**

*Es gibt in der Mediathek vom NDR einen Beitrag: »Bokel, ein Dorf voller Zirkuswagen«. Mittlerweile betreibt Bärbel dort ein Hostel. Wer einmal etwas ganz Besonderes erleben möchte, sollte dort unbedingt einmal für ein paar Tage bleiben.*

\*\*\*

Wir hatten einen Termin bei der Beratungsstelle für Autismus bei Dr. B. in Kiel. Der Termin wurde telefonisch vereinbart. Frau B. bat mich, Lornes Krankengeschichte zusammenzufassen und zu beschreiben, wie ich ihn wahrnahm. Bärbel wollte Lorne und mich begleiten.
Ich schrieb an Frau B.: »Liebe Frau B., wie telefonisch besprochen erhalten Sie vor unserem Termin schon mal einen Einblick in Lornes Krankengeschichte sowie seinen Entwicklungsstand. Außerdem habe ich meine Schwiegermutter und meine Töchter gebeten, Lorne zu beschreiben, wie sie ihn sehen und erleben. Ich habe ihnen nichts von der aktuellen Diagnose Autismus gesagt. Wenn Sie nur meine Beschreibung meines Sohnes bekämen, hätten Sie sicher keinen objektiven Einblick, sondern müssten sich meine Liebeserklärung an meinen geliebten Sohn anhören. Das würde

uns wohl kaum weiterhelfen. Wir freuen uns auf Freitag und hoffen auf eine gute Zusammenarbeit.«

Folgende Beschreibungen fügte ich bei.

Malena und Johanna schrieben damals, dass Lorne sehr gut hüpfen könne und immer sehr viel herumliefe. Dass er wenig reagiere, wenn man etwas von ihm wolle, man ihn aber immer mit den Dingen überlisten könne, die er möge: Rasenmäher-Trecker fahren, Schaukeln usw. Es falle ihnen auf, dass er nicht so viel dazulerne.

Wenn sie mit ihren Cousins Thore, sechs Jahre, und Tjark, drei Jahre, spielten, würden sie beim nächsten Treffen immer wieder die Spiele spielen wollen, die sie Wochen zuvor gelernt hatten. Das könnte Lorne leider nicht.

Mein Herz wurde mir so schwer, als ich es damals las. Ich weinte so sehr. Es war pure Verzweiflung. Was sollten wir nur machen. An manchen Tagen wusste ich einfach nicht mehr weiter, durfte mich aber nicht gehen lassen. Ich musste stark bleiben.

Annegret schrieb damals Folgendes:

*Ich bin Lornes Oma und möchte versuchen, ihn zu beschreiben. Ich erlebe gute, sehr gute aber auch schlechte Tage mit ihm. Ganz nach seinem Befinden. An seinem Blick, Gang und seiner Haltung merke ich, wie es ihm geht. Wenn er ins Haus stürmt, lacht und strahlt, glaube ich, dass uns kennt und weiß, wo er ist. Er ist willensstark und zeigt uns die Richtung. Wehe es geht nicht nach ihm, dann kann er sehr eigen sein. Seine Wahrnehmung ist sehr unterschiedlich. Mit anderen Kindern zusammen, beachtet er sie kaum oder gar nicht.*

*Aber auf dem Trampolin nimmt er gerne deren Hände, um mit ihnen zu hüpfen. Fährt ein Auto oder Trecker vorbei, dreht er sich danach um. Hat er lange Zeit nicht getan. Er kennt keine Angst und läuft einfach drauf los. Rufe ich zum Beispiel.* »Lauf in meine Arme!« *oder* »Gib Oma einen Kuss!« *Manchmal tut er es oder auch nicht. Ich weiß dann nicht: Hat er mich nicht verstanden oder will er es nicht? Auf einige Dinge reagiert er sofort. Wenn der Rasenmäher läuft, will er sofort mitfahren. Beim Radlader hebt er die Arme und zeigt, man soll ihn hochheben. Ebenso beim Fahrrad. Steht er vor der Badewanne, zieht er am Pulli und zeigt, man soll ihn ausziehen. Oder die Schaukel – dort dreht er sich so, dass man ihn hineinsetzen kann. Er mag nicht gern in geschlossenen Räumen sein. Er sucht immer den Weg nach draußen. Nimmt er Spielzeug oder Buch in die Hand, legt er es sofort wieder hin und läuft gleich wieder los. Er gibt einem ständig die Hand und fällt beim Laufen viel hin. Auf dem Hof sucht er immer den Weg in den Stall zu den Tieren oder in die Halle (dort steht der Radlader), dann fällt er nicht hin und ist besonders schnell. Wenn er etwas nicht will, sträubt er sich dagegen. Einmal in der Woche fahre ich Lorne in die Kita. Im Auto versucht er sich gern abzuschnallen, mag aber gern Autofahren. In die Kita geht er sehr gern. Er freut sich, wenn wir dort aussteigen, und läuft sofort los. Einmal wollte er nicht dortbleiben. Er stellte sich mit erhobenen Händen vor mich hin und weinte. Zum Glück war es nur dies eine Mal. Alles, was er in die Hände bekommt, nimmt er in den Mund, obwohl das in letzter Zeit viel weniger geworden ist.*

*Ansonsten ist Lorne ein fröhlicher, lieber Junge. Schade nur, dass er uns nichts erzählen kann. Aber dafür kann er ganz herzhaft lachen. Wenn er dann so fröhlich lacht, denke ich immer, es geht ihm gut und mir auch.*

*Annegret Thomsen*

**03.03.2022**

*Ich weine schon wieder, brauche eine Pause. Mein Handy klingelt, es ist Johanna. Sie ist für eine Woche mit ihren Mitbewohnerinnen nach Lappland gefahren. »Hallo Mama!« Ich höre am Tonfall ihrer Stimme, dass etwas nicht stimmt. Liebe Eltern, kennt ihr das auch? Ihr hört die Stimme eures Kindes und wisst sofort, dass etwas nicht in Ordnung ist. Mein Herz rast. »Hallo mein Schatzi! Ist alles in Ordnung?« »Na, ja, geht so! Eine meiner Freundinnen hat sich heute, nach der langen Busfahrt, an unserem ersten Tag hier, beim Langlauf, den Arm gebrochen. Sie tut mir so leid. Sie musste jetzt erst einmal ins Krankenhaus. Detta ist mit ihr gefahren, sie kannten sich schon vorher aus Holland!« Versteht mich bitte nicht falsch, sie tut mir unendlich leid, aber ich bin erst einmal froh, dass es nicht Johanna passiert ist. »Mama, bin ich ein schlechter Mensch, weil ich froh bin, dass es mir nicht passiert ist?« So ist es immer! Wir denken so oft das Gleiche, sie sprach genau das aus, was ich gerade gedacht hatte.*

*»Nein, das bist du nicht! Das denkt jeder, das ist menschlich!« Dann gesteht sie mir noch, dass die Busfahrt eine Katastrophe war. Länger als 26 Stunden, statt der geplanten 18 Stunden gedauert hätte. Es hätte morgens um 4 Uhr einen so schlimmen Ruck gegeben, der Busfahrer wäre eingeschlafen, auf die Gegenfahrbahn gekommen und der Bus wäre gegen die Leitplanke gerutscht. Dem Himmel sei Dank, sei nichts Schlimmeres passiert! »Wie bitte?« Da rät man seiner Tochter doch bitte das Auslandsemester in Norwegen, in einem sicheren Land statt in Mexiko zu machen und nun das! Wir sprechen noch eine Weile, es geht ihr schon besser. Wir sind uns einig: Gesundheit ist nicht alles, aber ohne Gesundheit ist alles nichts!*

\*\*\*

Bärbel und ich fuhren mit Lorne nach Kiel und verbrachten einen ganzen Vormittag in den Therapieräumen der Beratungsstelle für Autismus. Lorne hatte den ganzen Nachmittag keine Anfälle. Es war sehr beeindruckend. Dr. B. und seine Frau machten bestimmte Spiele und Übungen, die eindeutig zeigten, dass Lorne autistische Verhaltensweisen aufwies. Ich hielt mich weiterhin an Jans Satz: »Lorne bleibt Lorne.« Das Ehepaar B. war sehr freundlich und erklärte sehr viel zu verschiedenen autistischen Verhaltensweisen, so dass ich auch für bestimmte Situationen im Umgang mit Lorne ein besseres Verständnis entwickelte, wenn er so ganz anders reagierte als erwartet. Ein Gutachten wurde erstellt und Lorne sollte jetzt zusätzliche Förderung in der Kita bekommen.

Die Diagnose »Autismus« veränderte einige wenige Strukturen in der Kita. Es wurden nach dem sogenannten »Teacch-Ansatz« bestimmte alltägliche Dinge, die Lorne machen sollte, angepasst.
Beispiel 1: Wenn Lorne mit seiner Gruppe in den Bewegungsraum ging, zeigte man ihm ein Springseil und sagte: »Lorne, wir gehen zum Sport!«
Beispiel 2: Wenn Lorne im Badezimmer gewickelt werden musste, zeigte man ihm einen Waschlappen und sagte: »Lorne, wir gehen zum Wickeln.«
Jede Aufforderung wurde mit einem Gegenstand verstärkt, meistens sogar auch noch mit einer Gebärde, um ein besseres Sprachverständnis zu fördern. Ich freute mich sehr, dass alle Erzieher und Helfer so engagiert waren und immer versuchten, Lorne bestmöglich zu fördern.

**Bärbel schrieb damals in ihren Bericht:**

Im lebenspraktischen Bereich ist Lorne noch vollständig auf einen anderen Menschen angewiesen. Er trägt noch eine Windel. Beim Anziehen gelingt es Lorne, den Arm dem Ärmel entgegenzustrecken. Bei den Mahlzeiten sitzt Lorne in einem eigens für ihn gebauten begrenzenden Stuhl, der ihn fixiert. Ohne die Fixierung wäre die Möglichkeit des Sitzens nicht gegeben und Lorne könnte keine Mahlzeiten zu sich nehmen. Zur Aufsicht und Pflege in der Kita wird Lorne ständig begleitet und versorgt.

**Hoffnung, immer wieder Hoffnung**

Im März fuhren wir wieder in die »Villa Medica«. Malena und Johanna, mittlerweile 14 und 12 Jahre alt, blieben allein daheim. Wieder 700 Kilometer Fahrt, wieder vier Spritzen, mein armer, kleiner Junge. Es war wie bei den letzten Malen. Schrecklich für uns und unseren Sohn. Wenn es doch bitte, bitte helfen würde. Ich würde fast alles tun, damit es nur half. Wir blieben zwei Nächte.

Bärbel half mir, wo sie nur konnte, und trieb mich weiter an. Ich beantragte auf ihren Rat schweren Herzens einen Schwerbehindertenausweis. Wir bekamen den Ausweis. Es erleichterte besonders das Parken unseres Autos, wenn wir Lorne dabeihatten. Er konnte die meiste Zeit nicht allein laufen. Einer von uns hatte ihn immer fest an der Hand.

Dann stellte ich einen Antrag auf Pflegestufe 3.

Die Dame vom Medizinischen Dienst der Krankenkasse (MDK) kam zu uns nach Hause. Es war wie beim letzten Mal. Schon ihr ganzes Auftreten schien mir sagen zu wollen, dass der Junge nicht Pflegestufe 3 bräuchte. Ich erklärte ihr unsere Situation, 24 Stunden, sieben Tage die Woche unter Volllast. Sie meinte, auch andere fast fünfjährige Kinder bräuchten Aufsicht und Hilfe bei alltäglichen Dingen. Ich konnte es nicht glauben. Na, dann wollen wir mal sehen. Ich bat sie, zwei Minuten auf Lorne zu achten, ich hätte Unterlagen oben im Büro vergessen. »Das geht ganz schnell, sie müssen nur aufpassen, dass er nicht stürzt und sich womöglich verletzt!« Meine Unterlagen waren alle vollständig. Ich wollte nur, dass diese Dame allein mit Lorne Zeit in seinem Zimmer verbrachte und ein paar Minuten das machen musste, was ich täglich zwölf bis vierzehn Stunden tat. Sie musste ja nicht einmal waschen, wickeln oder füttern. Sie sollte ihn nur beaufsichtigen. Ich blieb fünfzehn Minuten im Büro und spielte »Solitär« und hoffte, dass Lorne sich ja nicht verletzte. Es waren die längsten fünfzehn Minuten meines Lebens. Als ich wieder in Lornes Zimmer kam, lief die Damen vom MDK mir entgegen. Sie sah aus wie ein aufgescheuchtes Huhn. Ihre Haare standen nach allen Seiten ab und sie fragte hysterisch: »Wo waren Sie denn die ganze Zeit?«
Wir bekamen Pflegestufe 3 und es wurde die nächsten Jahre auf eine Begutachtung verzichtet und nach Aktenlage entschieden. Geht doch! 675 Euro monatlich. Ich konnte mir mehr Hilfe leisten. Yes!
Wir machten wieder eine Woche Urlaub in Büsum. Dieses Mal in den Osterferien. Angela und ich mit unseren Kindern. Es war unglaublich anstrengend. Ich konnte Lorne nicht mehr so gut händeln, er wurde immer größer und

schwerer. Wenn er etwas nicht wollte, schmiss er sich im Watt einfach in den Matsch und stand nicht auf, sondern wälzte sich. Wenn ich ihn hochhob, war ich von oben bis unten voller Schlick, musste mit ihm zurück in die Wohnung gehen, um uns zu waschen und umzuziehen. Das war keine Erholung. Das war unser letzter gemeinsamer Urlaub mit allen Kindern. Wir schafften es ein paar Jahre später, ab und zu nur mit unseren Töchtern ein Wochenende in Büsum zu verbringen.

Aber immerhin hatte Lorne keine Anfälle.

Die Nachrichten in seinem Mitteilungsbuch waren durchgehend positiv. Lorne war sehr gut drauf, fröhlich und aktiv. Am 08. Mai 2009 wollte die Löwengruppe wieder für eine Woche auf die Freizeit an den Brahmsee. Dieses Mal sollte Lorne für fünf Tage dabei sein.

Ich brachte ihn am 10.05. bis zum 15.05.2009 auf die Freizeit. Ich hatte fünf Tage frei! Unfassbar!

\*\*\*

*Was soll ich schreiben, auch an die freien Tage habe ich keinerlei Erinnerungen. Nichts! Unfassbar. Auch im Kalender ist kein einziger Eintrag.*

\*\*\*

Da Lorne seit einigen Wochen keine Medikamente mehr bekam, schrieb ich mal wieder an die Uniklinik. Ich brauchte nach wie vor diesen Austausch, auch wenn wir uns nicht immer einig waren, war der Professor für mich wie ein Rettungsanker. Wenn alles, was ich versuchte, doch nicht half, hätte ich immer die Möglichkeit den Spezialisten um Entschuldigung und um Hilfe zu bitten.

Anfang Juni schrieb ich an Professor S.:

Lorne ist seit vier Monaten anfallsfrei. Er bekommt keine Medikamente mehr und es geht ihm sehr gut. Er summt und singt Melodien von Kinderliedern, die man sehr gut erkennen kann. Er spricht immer noch kein richtiges Wort außer »Hoppe, Hoppe und Papa«. Ab und zu schaut er ganz bewusst in die Sonne und provoziert so kleine Anfälle und scheint es zu genießen, vor allem beim Autofahren, dann flimmert die Sonne zwischen den Bäumen. Wenn man ihn anspricht, lacht er laut und ist sofort klar. Es sieht aus, als würde er es genießen.

Außerdem träumt er ab und zu vor sich hin, dann klappt sein rechtes Auge etwas zur Seite (wir nannten sein Auge Faulauge). Nach Ansprache schaut er dann ganz klar und fixiert mit beiden Augen. Er sieht dann immer ganz klar aus.

Der Professor antwortete, dass es dieses Provozieren der kleinen Absacker durch Flackerlicht häufig gebe, es sich hierbei aber um ein epileptisches Geschehen handele und möglichst durch Medikamente reduziert werden müsse.

Er hatte sicher recht. Er war der Fachmann, aber wieder Medikamente? Es ging Lorne gerade so gut und im August sollte er die nächste Frischzellenbehandlung bekommen. Ich war überzeugt, dass er gesund werden würde, wenn wir so weitermachten. Ich beschloss, erst einmal keine weiteren Medikamente zu geben und die nächste Frischzellenbehandlung abzuwarten. Wenn alles nichts half, müssten wir eben wieder neu starten und neu eindosieren. Das zog sich dann wieder über Monate. Ich hoffte so sehr, dass das nicht passierte. Mein Bauch sagte mir, dass die Frischzellen halfen.

Bärbel sagte zu mir, nachdem Lorne bei ihr übernachtet hatte:»Ihr braucht ein Pflegebett für Lorne. Ihr bekommt sonst noch länger kein Auge zu. Wie soll das weitergehen, Dörte?« Oh nein, auch das noch. Ich wollte das alles nicht. Lorne musste doch bald gesund werden und er liebte sein Kinderbett so sehr. Alle unsere Kinder liebten ihr Bett. Das eigene Bett war für uns alle ein Rückzugsort, ein Nest. Aber es half nichts. Sie hatte ja recht. Ich bat unseren Hausarzt, um diese Verordnung. Wir könnten ja so ein Bett bestellen. Schauen mal, ob wir dann wieder etwas Ruhe bekommen. Die orthopädische Werkstatt wollte alles Weitere mit der Pflegeversicherung klären. Im August sollte das Bett geliefert werden.
Im Juni feierten wir Lornes fünften Geburtstag. Wir luden die Löwengruppe mit allen Betreuern wieder zu uns ein. Lorne hatte jetzt auch schon die ersten Milchzähne verloren und mir fiel auf, wie groß er geworden war und wie wenig Fortschritte er machte, als alle Kinder hier bei uns waren.

Die Sommerferien verbrachte Lorne wie immer daheim. Das war sportlich. Wir alle übernahmen Lorne Dienste. Stunde um Stunde an der Schaukel oder in der Halle am Rasenmäher und Radlader stehen und aufpassen.
Malena und Johanna durften wieder nach Dänemark! Wir hatten jetzt schon ein gutes Helfernetz. Oma, Petra, Annelie und Bärbel. Jeder hatte mal für ein paar Stunden Zeit. Das musste alles bezahlt werden. Aber dafür nahm ich das Pflegegeld. Trotzdem waren wir völlig überarbeitet und der

Landwirtschaft ging es finanziell nicht gerade gut. Wir beratschlagten wochenlang, rechneten hin und her, wie es weitergehen sollte. Nach einigen Wochen trafen wir eine schwere Entscheidung. Wir schafften die Kühe ab. Das war eine ganz große Entscheidung. Man könnte meinen, wir hätten geweint, als die Kühe von unserem Hof zu einem anderen Milchviehbetrieb wechselten, aber wir waren nur erleichtert. Es war ein komisches Gefühl, weil sich das Leben plötzlich sehr veränderte und man nicht genau wusste, ob man finanziell die fehlenden monatlichen Eingänge verkraften würde. Traurig waren wir nicht. Mein Mann war mit Leib und Seele Landwirt. Das betraf ausschließlich den Ackerbau. Das Melken war immer eher Pflichterfüllung. Opa sagte damals zu uns:»Nun sünd ji pleite. Keene Koh mehr op den Hoff, dat ick dat noch belewen mut!« (Nun seid ihr pleite. Keine Kuh mehr auf dem Hof. Das ich das noch erleben muss.) Für uns bedeutete es: Wir mussten nicht mehr melken. Schlief Lorne jetzt mal bei Bärbel, konnten wir ausschlafen. Nach Jahren! Es war unbeschreiblich.

Gunnars Zeit als Zivi neigte sich dem Ende, wir hatten ihn alle ins Herz geschlossen. Schon wieder ein Jahr rum. Bärbel und Elke hatten wieder ein gutes Händchen und ab sofort übernahm Steffen. Lorne fand Steffen richtig gut. Auch er entwickelte ein sehr gutes Gespür für Lornes Bedürfnisse.

Anfang August kam ein Brief von der Pflegeversicherung. Das Pflegebett wurde abgelehnt. Wie bitte? Wie kann man ein vom Arzt verordnetes Pflegebett ablehnen? Glaubt ihr, ich freue mich, dass wir es brauchen? Ich konnte es nicht fassen. Ich widersprach. Das konnte wieder Wochen dauern.

Das Pflegebett würde sicher nicht vor dem Herbst kommen. Erst musste der Widerspruch bearbeitet werden. Die Krankenkassen muteten Eltern behinderter Kinder mit diesem Sparauftrag lange Wartezeiten zu.

Vom 25. bis 27.08.09 fuhren wir wieder nach Edenkoben. Die vierte Frischzellentherapie. Dieses Mal fünf Spritzen! Mein armer Junge. Was muten wir dir zu? Ich hoffte so, dass es half. Malena und Johanna blieben daheim. Sie wurden so schnell groß. Johanna hatte sich beim Handball am Knie verletzt und weinte am Telefon. Meine Kleine, ausgerechnet wenn ich nicht da bin. Ich sagte den beiden Mädels, was zu tun war. Malena kümmerte sich rührend um ihre Schwester. Übermorgen wollten wir weitersehen.

Im Herbst kam dann nach langem Hin und Her mit der Versicherung das Pflegebett. Ich war erschüttert. Ein großes Gitterbett, das man schließen und noch über einen Balken absichern konnte. Fort Knox! Na gut, die Gitter waren rot und grün bemalt, aber trotzdem. Ich könnte meinem Sohn nicht einmal über den Kopf streicheln, wenn er schlief. Ich weinte, als es fertig aufgebaut war.

Abends besuchten uns mein Bruder Dirk und meine Schwägerin Addi mit ihren Kindern Madita, neun, Thore, sechs, Tjark, drei Jahre alt. Meine Neffen gingen zum Spielen in Lornes Zimmer und riefen »Oh Mann, hat der ein cooles Bett. Das sieht aus wie eine riesige Höhle!« Und das war es auch. Wir ließen die Tür in den ersten Wochen geöffnet und es lag immer jemand bei Lorne. Als wir das erste Mal die Tür verschlossen, wussten wir, unser Sohn konnte nicht aufstehen und stürzen oder weglaufen. Er war sicher in seinem Bett. Und er liebte sein Bett vom ersten Augenblick bis zum letzten Tag. Es war immer ein Rückzugsort für ihn.

Immer, wenn jemand uns besuchte, den er besonders mochte, zog er diesen an seiner Hand in sein Bett, um dann dort einen Augenblick neben ihm zu liegen und dann in Löffelstellung mit ihm zu kuscheln. Besonders Malena und Johanna mussten immer dort mit ihm liegen, als sie schon ausgezogen waren, wenn sie uns besuchten. Für uns bedeutete es in dieser schweren Zeit, mal wieder zusammenzusitzen, wenn Lorne schlief. Wir hatten mal wieder gemeinsame Abende, gemeinsame Mahlzeiten. Durch dieses Bett hatten wir wieder etwas Normalität zurückbekommen. Das war so wichtig in dieser schweren Zeit. Ich ließ nachts die Verbindungstür zu Lornes Zimmer geöffnet und hörte so jede Unregelmäßigkeit. Nun konnte ich abends wieder lesen. Es war wie ein neues Leben.

Wir fanden ein Schild, das sehr gut zu unseren Galgenhumor passte: »Betteln und Hausieren verboten«

Dieses Schild klebten wir außen an Lornes neues Gitterbett.

*04.03.2022*

*Jans Freund Jens Anton kommt vorbei auf einen Kaffee. Die Männer unterhalten sich über den Krieg in der Ukraine. Sie belächeln die Hilfsaktion der Deutschen, Helme zu schicken und monieren die jahrelange Politik der Abrüstung. Ich bin anderer Meinung. Wir sollten immer den Frieden unterstützen, nicht den Krieg. Hätte die Regierung der letzten Jahre aufgerüstet, hätte ich sie sicher nicht gewählt. Ich bin überzeugte Pazifistin. Die Männer blähen sich auf, dass wir uns doch verteidigen müssten. Die Welt würde doch über uns lachen. Tut sie das? Weil wir an den Frieden glauben?*

*Trotzdem! Kennt ihr das auch, wenn die Argumente ausgehen und jemand nicht mehr weiß, was er noch einbringen soll, aber nicht klein beigeben möchte; »Trotzdem!«*

\*\*\*

## Am 15.09.2009 schrieb Bärbel in Lornes Buch:

Heute hat Lorne mit fünf anderen Kindern im Badezimmer geplanscht. Er hat sehr viel ausprobiert und zeigte sichtliches Wohlgefallen über dieses Angebot. Zu Beginn war meine Aufmerksamkeit kurz nicht bei Lorne, so dass er in voller Montur in der Wanne saß und sich freute. Einige Kinder waren fassungslos, andere fanden Lornes Idee toll und wollten sie gerne nachahmen. Aber keiner traute sich, trotz Ausnahmegenehmigung der Erwachsenen mit Kleidung ins Wasser zu tauchen, so dass alle zu dem Entschluss kamen, dass Lorne sehr mutig ist.

Ich traute meinen Augen nicht. So etwas gab es nur in der Kita Nortorf. Sie machten ein positives Ereignis aus Lornes Aktion und nahmen mehr Arbeit in Kauf, um den Kindern zu vermitteln, dass Lorne mutig war. Ich weinte schon wieder.

Da wir keine Tiere mehr hatten, die versorgt werden mussten und nun auch noch das Pflegebett hatten, konnte ich mit meinen Töchtern Urlaub machen. Wir sollten im Januar 2010 nach Teneriffa zur Delfintherapie. Wir wollten uns den Ort ansehen und uns mit Roma und Volker treffen, um alles Weitere zu besprechen. Ich schrieb einen Dienstplan für 14 Tage. Dieser Dienstplan umfasste zehn DIN-A4-Seiten. Lorne konnte jeden Tag bis 14 Uhr in der Kita bleiben. Steffen würde ihn abholen und bringen, so dass Oma und Jan mit Unterstützung von Anna, Annelie, Petra und auch Bärbel die restliche Zeit leisten konnten.
Ich konnte es bis zum Abflug nicht glauben und mich auch nicht freuen. Erst als ich im Flugzeug saß, wurde mir klar, dass ich jetzt Urlaub hatte. Wir hatten eine wunderschöne Zeit und haben es so genossen. Jan und Annegret haben mit dem ganzen Helferteam daheim alles super gemeistert. Danke an euch alle, dass ihr uns das ermöglicht habt.

*04.03.2022*

*Malena kommt uns besuchen. Wir haben uns fast drei Wochen nicht gesehen. Sie erzählt von ihrer Arbeit, von dem Stress den sie in den letzten Wochen hatte. Sie arbeitet als Erzieherin in einer integrativen Kita in Hamburg. Ich erzähle wieder von meinem Buch und wie sehr es mich in Anspruch nimmt, weil es sehr emotional ist und ich auch so oft weinen muss. Sie sagt zu mir: »Mama, ich weiß das alles und habe auch etwas Angst, es zu lesen. Ich habe aber nur schöne Erinnerungen an unsere Kindheit. Ich war auch traurig, wenn es Lorne mal schlecht ging, aber wir haben uns ein so schönes Leben drum herum gebastelt. Ich bin dankbar dafür. Ich genieße immer noch die kleinen Freuden des Alltags, wie du sie immer nennst und bin jeden Tag dankbar für alles. Das hat Lorne mir gegeben und ich bin sicher, dass er über uns wacht. Ich vermisse ihn so sehr!« »Ich auch!« Wir weinten …*
*Ich bin sehr froh, dass meine Töchter so tolle junge Frauen geworden sind!*

\*\*\*

Ende des Jahres hatte Lorne eine Mittelohrentzündung und dadurch wieder Anfälle. Nicht dramatisch, aber es ging wieder los. Ich war verzweifelt. Er war sehr wackelig auf den Beinen, stürzte häufig ungebremst. Die wenigen, kleinen Freiheiten, an denen wir uns gerade wieder etwas erfreut hatten, lösten sich wieder in Luft auf. Er musste wieder sehr eng begleitet werden. Nach vier Monaten ohne Anfälle! Ich kann gar nicht beschreiben, wie wir uns fühlten. Es war die pure Verzweiflung. Eigentlich hatten wir alle uns abgewöhnt, der Hoffnung zu großen Raum zu geben. Wir erfreuten uns jeden Tag an kleinen Dingen immer mit der Einschränkung: Wer weiß, was morgen kommt. Aber nach vier Monaten keimte doch Hoffnung, große Hoffnung auf. Nun war alles wieder dahin. Ich musste den Helm wieder mit in die Kita geben. Ich schrieb damals ins Buch: Welch ein Rückschritt.

# 2010

*Ein Zeisig sitzt für sich allein*
*auf einem Zweig im Sonnenschein.*
*Er rührt sich nicht, er hält fein still,*
*weil er nur Sonne haben will.*
*Ich auf der Bank im Sonnenschein,*
*ich möchte dieser Zeisig sein.*
Hermann Claudius

## Im Januar 2010 schrieb ich in Lornes Buch:

Lorne war an den Weihnachtstagen sehr krank. Eine dicke Erkältung und eine Mittelohrentzündung und leider wieder viele Absacker. Er sollte erst einmal wieder eng begleitet werden. Es wäre auch schon zu schön gewesen!
Ab dem 22. Januar sind wir dann mal weg. Wir fliegen mit der ganzen Familie nach Teneriffa zur Delfintherapie.
Wir hatten unsere Töchter an der Schule für vierzehn Tage beurlauben lassen, damit wir gemeinsam diese Therapie machen konnten.

## Wir schwimmen mit Walen und Delfinen

Endlich ist es endlich so weit. Wir fliegen nach Teneriffa. Ich bin etwas in Sorge, mit Lorne den fünfstündigen Flug zu erleben. Hoffentlich macht er sich nicht in die Windel. Hoffentlich kann ich ihn ruhig auf seinem Platz halten. Die Gedanken überschlugen sich in meinem Kopf. Wir hatten einen alten Kindersitz für das Auto mitgenommen. Die Eltern in meinem Alter werden sich erinnern. Er war wie eine

Schale, die man den Kindern über den Oberschenkeln vor den Bauch legte und dann mit dem Anschnallgurt befestigte. Das war super, Lorne konnte nicht aufstehen, hatte aber volle Freiheit mit seinen Händen. Als die Stewardess kam, um zu kontrollieren, ob alle Passagiere angeschnallt waren, fragte sie:»Was ist das denn? So etwas ist leider nicht erlaubt. Da können wir nicht für die Sicherheit des Kindes garantieren, falls wir abstürzen!«

Solche Sätze waren für mich mittlerweile eine Steilvorlage für fiesen Sarkasmus.

»Das Risiko nehmen wir voll und ganz auf unsere Kappe. Das unterschreibe ich ihnen hier und jetzt, dass wir für die Sicherheit unseres Sohnes selbst verantwortlich sind, falls wir abstürzen.«

Sie ging etwas beleidigt mit den Worten »Ich kläre das mal.«

Danach kam die Chefstewardess. Ich erklärte ihr unsere Situation, dass Lorne einen so starken Bewegungsdrang hätte und nur ruhig bliebe, wenn er »fixiert« sei. Hätte er nur die kleinste Chance, dem Sitz zu entkommen, würde er die fünf Stunden im Flugzeug entweder den Gang rauf und runter rennen oder schreien, wenn wir ihn daran hinderten. Das überzeugte sie. Nun saßen wir alle auf unseren Plätzen, das Flugzeug startete mit einem Affenzahn. Lorne ruderte mit den Armen und jubelte. Das fand er so toll. Der eine oder andere Passagier rümpfte die Nase oder tuschelte etwas in unsere Richtung »Was ist das für einer?«.

Das kratzte uns nicht die Bohne. Für mich war es immer schlimmer, wenn Lorne direkt angegriffen wurde. Darauf komme ich später noch. Nach etwa zwei Stunden meldete sich der Co-Pilot aus dem Cockpit mit den Worten: Der Pilot Dirk J. begrüßt Sie alle an Bord. Ich saß damals neben

Malena und Johanna, zwischen uns irgendwie Lorne und sagte: »Dirk J., den kenne ich!«

Eines der beiden Mädchen, ich weiß leider nicht mehr welche von beiden: »Oh nee, Mama! Sag bitte nichts, das kann nicht sein.«

»Doch!«

Ich ließ mich nicht darauf ein und sprach die Stewardess an: »Entschuldigung!«

Die Mädchen versanken in ihren Sitzen und verdrehten die Augen wegen ihrer peinlichen Mutter!

»Heißt der Pilot Dirk J.? Ich kenne ihn, bitte richten Sie ihm aus, dass Dörte Thomsen, geb. Struve an Bord ist.«

Meine Töchter hielten nach Möglichkeit Abstand.

Und siehe da, zwanzig Minuten später kam über den Bord-Lautsprecher: »Dörte Struve, kommen Sie doch bitte ins Cockpit!«

Klar mach ich doch glatt! Und es war tatsächlich Dirk J. ein alter Bekannter. Ich durfte ins Cockpit. Das wäre heute sicherlich nicht mehr möglich. Wir unterhielten uns einen Augenblick, brachten uns auf den neuesten Stand. Wir hatten uns einige Jahre nicht gesehen. Danach kehrte ich zurück auf meinen Platz, gab Lorne demonstrativ »five« mit den Händen. Das konnte er super und lachte laut. Es war so ein gutes Timing, filmreif. Dann setzte ich mich breit grinsend wieder hin. Meine Töchter waren beeindruckt und auch etwas neidisch.

Trotz dieser netten Begegnung war ich angespannt: Hoffentlich bekommt Lorne keinen Anfall! Hoffentlich macht er nicht sein großes Geschäft in die Windel. Den Gestank hätten alle Passagiere abbekommen. Wo soll ich ihn wickeln? Wohl auf der Sitzreihe. Der Gestank wäre noch schlimmer gewesen. Bitte, bitte nicht. Lorne kack bitte erst wieder, wenn wir gelandet sind. Auf dem Klo im Flugzeug hätten wir beide sicher nicht genug Platz gehabt. All das geisterte durch meinen Kopf. Außerdem war ich so gespannt und aufgeregt, was uns wohl erwartete bei den Delfinen und Walen.

Es ging alles glatt. Wir landeten, nahmen einen Bus nach Los Gigantes und trafen Roma, um unser Appartement zu beziehen. Nachmittags sollten wir alle am Swimmingpool eine Einweisung erhalten, wie wir uns draußen auf dem Atlantischen Ozean im Wasser verhalten sollten, wie wir richtig schnorcheln und andere wichtige Dinge. Wir bekamen alle einen Neoprenanzug, auch Lorne. Er sah so süß aus. Am nächsten Morgen sollte es losgehen. Wir sollten mit Roma und Volker auf ihrem Boot, der »Empathia« raus fahren auf und in den wunderschönen Atlantischen Ozean. Es waren für die nächsten 14 Tage zehn Fahrten geplant. Ein Therapietag dauerte schon mal von 9 Uhr morgens bis etwa 15.30 Uhr nachmittags.
Roma und Volker arbeiten schon länger als zwanzig Jahre auf Teneriffa. Sie haben über Jahre und nach ganz vielen Begegnungen mit immer derselben Herde so etwas wie eine Freundschaft mit den Tieren geschlossen. Die Wale und auch einige Delfine erkennen das Boot am Motorengeräusch und kommen freiwillig, um Roma und Volker zu begrüßen. Irgendwann fasste Roma den Mut zu ihnen ins Wasser zu tauchen und mit ihnen zu schwimmen. Die beiden fuhren fast täglich raus, um bei der Gruppe zu sein. Durch diese positiven Begegnungen fassten sie irgendwann den Entschluss, dieses Erlebnis mit ganz bestimmten Men-

schen zu teilen. Roma fühlte diese positive Energie und meinte, man könne Menschen durch diese Begegnungen helfen. Unter der Bedingung, dass die Wale und Delfine selbst entschieden, wie weit man sich näherte. Ob sie sich lieber entfernten oder sich näherten, entschieden die Tiere und nicht der Mensch. Das war für uns auch ein ganz wichtiger Punkt, diese Art der Therapie zu wählen. Die Tiere wurden in ihrer Würde geachtet und respektiert, blieben in ihrem natürlichen Lebensraum. Sie wurden nicht in Becken gehalten, dressiert, geschweige denn mit Futterentzug bestraft, wenn sie nicht mitarbeiteten.

Als Lorne das erste Mal ins Wasser durfte, hielt Roma ihn an seiner Schwimmweste und schwamm mit ihm zu den Walen. Volker sagte: »Schaut euch das an! Sie sind alle gekommen. Die ganze Gruppe. Sogar Delfine. Das haben wir nicht so oft.«
Wir standen alle auf dem Boot und staunten. Sahen unseren Sohn und Bruder mitten in einer großen Herde von etwa 20 Grindwalen und einigen Delfinen. Lorne war so entspannt. Er summte irgendeine Melodie und grinste. Wir standen alle auf dem Boot und schwiegen staunend. Uns fehlten die Worte … auch mir! Es war so gewaltig, so schön und wir mussten alle grinsen. Glücksgefühle, ja Glücksgefühle pur, ausgelöst durch fröhliche Delfine und Ergriffenheit, diese wunderschönen Wale so nah zu erleben. Es war unbeschreiblich. Ich hatte gehörigen Respekt, in dieses Wasser zu tauchen und dort zu schwimmen. Alle Achtung Lorne, du machst es uns vor.
Die ersten Male für jeden Einzelnen von uns im Wasser gemeinsam mit Roma, waren ganz anders als erwartet. Die

Glückseligkeit stellte sich nicht ein. Wir waren alle so mit uns selbst beschäftigt, dass diese Ruhe und diese Erdung, die diese Herde ausstrahlte, zu viel für einige von uns waren. Anschließend saßen wir alle zusammen auf dem Boot und analysierten die Begegnungen.

Es flossen unendlich viele Tränen, wenn wir alle zusammen auf dem Boot »festsaßen« und aufgefordert wurden, unsere Gefühle zu beschreiben. Nach ein paar Tagen wurde es dann so wunderbar.

Wir hatten alle unseren ganz eigenen Begegnungen. Mal schön und glücklich, mal ganz anders als erwartet. An manchen Tagen spiegelten die Wale sogar unser Verhalten. Als ich das erste Mal allein ins Wasser durfte, kam eine Walmama mit ihrem kleinen, noch sehr jungen Jungtier angeschwommen, und schob es ganz dicht an mich. Ich hätte es berühren können. Sie schaute mich mit ihrem großen freundlichen Walauge an, so wissend, so empatisch, dass es mir die Tränen in die Augen trieb. Als sie unter mir abtauchte, schenkte sie mir eine Luftblase. Roma sagte später: »Du zeigst ihr deinen Jungen und sie dir ihr Junges.«

Ich habe so sehr geweint. Sogar jetzt beim Schreiben laufen die Tränen. Als ich mit Malena und Johanna gemeinsam im Wasser schwamm, hielten wir drei uns an den Händen und schauten durch unsere Taucherbrillen. Unter uns tauchte eine Walmama mit zwei jungen Walen auf, die sich scheinbar an den Flossen hielten. Als sie unter uns abtauchten, winkten alle drei mit ihren Schwanzflossen. Wir waren so ergriffen und haben wieder so geweint. Ich weiß gar nicht, ob vor Glück oder wegen dieser Gewaltigkeit. Die Gefühle liefen über. Auch Jan und ich waren gemeinsam im Wasser. Unter uns spielte sich immer ein Walbulle auf, und zeigte uns seine

ganze Kraft und Männlichkeit, wenn ein Weibchen dazu-
kam.

Der Einzige, der uns etwas vormachte, war Lorne. Er ging
mit einer Gelassenheit ins Wasser, sang und summte. Er war
so erfüllt mit Liebe und Urvertrauen. Ihn schien gar nicht
zu kratzen, wie gewaltig das war. Wir sahen ihn plötzlich mit
ganz anderen Augen. Wir alle hatten unser Päckchen zu tragen und mit ins Wasser genommen. Das hat den einen oder
anderen auch ganz schön aus der Fassung gebracht. Lorne
war in diesen 14 Tagen das stärkste Familienmitglied. Das
war wunderbar, wie er es meisterte. Was für ein toller außergewöhnlicher Junge, mein Sohn. Das schien auch ein kleiner
Wal, den wir Lollo getauft hatten, zu spüren. Er kam immer
sofort angeschwommen, wenn Lorne im Wasser war und
wollte spielen. Es war so unglaublich, das zu sehen.

Dann kam der Tag, an dem Lollo mit seiner Schwanzflosse
gegen das Boot klopfte, genau dort, wo Lorne saß. Er wollte, dass sein Freund zu ihm ins Wasser kam. Das machte er
von dem Tag an jedes Mal, wenn wir die Herde erreichten.
Wow Lorne! Das gab es noch nie. So lange Roma und Volker denken konnten.

Im alltäglichen Leben bei uns in Deutschland passte Lorne
nicht in die »Norm«. Kinder in seinem Alter sollten normalerweise schon bestimmte Dinge können, wie beispielsweise
alleine laufen, Roller fahren, sprechen, allein essen. Lorne
konnte das alles nicht. Bei uns galt er als mehrfach schwer
behindert. Ich hasse diese Bezeichnung. Für mich war er ein
Kind, ein Mensch mit besonderen Bedürfnissen. Hier auf
Teneriffa, im weiten, großen und so wunderschönen Atlantischen Ozean mit diesen Ur-Geschöpfen, war das nicht
wichtig. Ob man sprach, lief oder las. Hier musste man ein-

fach nur sein und zulassen. Lorne konnte das, ohne Vorbehalte, ohne Angst. Er musste nicht sprechen. Man sah es in seinem Gesicht. Es sagte uns:»Was habt ihr eigentlich? Warum weint ihr dauernd so viel? Es ist doch einfach nur wunderschön hier im Wasser mit unseren neuen Freunden.« Ja, es stand ihm ins Gesicht geschrieben. Er musste gar nichts sagen.

Jan war der krasse Gegensatz zu Lorne. Er war immer angespannt. Er hatte seit seiner Jugend eine große Angst vor Haien. Er stand immer auf dem Boot und hielt Ausschau, ob das Wasser auch sicher war. Komischerweise spiegelte auch dieses Verhalten ein großer Walbulle mit einer krummen Flosse. Er hielt immer etwas Abstand von dem Boot und der Herde. Er schien über uns zu wachen. Wir nannten ihn den Wächter. Volker versicherte uns, dass es in den letzten 18 Jahren nur ein einziges Mal zu einer Begegnung mit einem Hai gekommen war, die zu keinem Zeitpunkt bedenklich gewesen sei. Es kam, wie es kommen musste…

Johanna und Roma waren gerade im Wasser, weil mehrere Delfine dort waren. Auch Wale waren dort, aber Roma wollte Johanna die Freude gönnen, mit den Delfinen zu schwimmen. Plötzlich wurde es ganz kurz hektisch. Roma schaute aus dem Wasser, gab ein Zeichen, Volker riss das Boot herum, alle Wale formierten sich um unsere Familie zu einem Kreis, da sah Johanna ihn. Ein Hai hatte sich der Gruppe genähert. Sie konnte ihn genau sehen und sagte später, er sei wunderschön gewesen. Sein Körper hätte bunt geschillert und plötzlich hätte Papa sie an den Armen gepackt, aus dem Wasser gerissen und mit einem Schwung an Bord des Bootes gehoben. Es war zu keinem Zeitpunkt gefährlich. Die Wale hatten sich ganz ruhig zu einem Kreis um uns formiert, um unsere Familie zu beschützen. Der Hai war nur neugierig und schwamm einfach wieder fort.

Volker sah zu Jan, dem sämtliche Farbe aus dem Gesicht gewichen war.

»Manchmal werden unsere Ängste zur Wahrheit«

»Komm mir bloß nicht mit so einem Psychoscheiß!«

Jan war völlig aus der Fassung geraten.

Als wir wieder am Hafen anlegten, sagte Volker: »Jan, du hast morgen frei. Wir fahren nur mit Dörte und den Kindern raus. Das wird dir guttun. Schreib doch einfach mal für uns auf, was dieses Erlebnis mit dir gemacht hat. Zum Thema: Meine Familie ist sicher, auch ohne mich.«

»Das mache ich ganz sicher nicht. Lass mich bloß in Ruhe.«

Mein Mann war extrem genervt von dem »Psychogequatsche«, wie er es nannte.

So sehr Jan uns immer wieder beteuerte, wie froh er sei, dass er einen Tag aussetzen dürfe, machte es ihm am nächsten Tag doch etwas zu schaffen, den Tag ganz allein zu verbringen, während seine Frau und Kinder wieder rausfuhren. Es half. Er wurde geschmeidiger und zugänglicher. Geschrieben hat er nichts. Darauf hatte er gar keinen Bock. Volker hatte ein sehr gutes Gespür für Jan.

Johanna und Roma versuchten noch, herauszufinden, was für ein Hai uns dort im Atlantik überrascht hatte. Sie vermuteten, es war ein Weißspitzen-Hochseehai. Vermutlich ein junges Tier, das nur neugierig war.

Ich würde sehr gern noch mehr berichten, was wir dort noch erlebt haben. Wenn ich überhaupt weitere Worte finde. Es war das Großartigste, was ich jemals in meinem Leben erleben durfte. Ausgenommen die Geburten meiner Kinder.

Insbesondere die Wale hatten eine Schwäche für unsere Familie, und ich fühlte mich so geehrt, dass diese wundervollen Geschöpfe uns angenommen und akzeptiert haben. Ich fühlte mich so klein und unbedeutend und doch so großartig, weil die Wale zugelassen haben, dass ich mit ihnen so nah schwimmen und im Wasser sein durfte. Ich habe in der Zeit ausführlich in meinem Tagebuch geschrieben, lese es gerade und bin immer noch ergriffen.

Die Therapiegespräche während der Rückfahrt an Land gingen wirklich sehr tief, und haben uns an manchen Tagen aus der Fassung gebracht. Niemand konnte einfach gehen und die Tür zuschlagen. Wir saßen fest auf diesem Boot und mussten uns unseren Problemen stellen. Es ging ein Redestab von Hand zu Hand. Wer ihn in der Hand hielt, durfte reden ohne Unterbrechung. Erst wenn diese Person fertig war, sagte sie: »Danke, dass ihr mir zugehört habt.« Die anderen sagten: »Danke, dass du es mit uns geteilt hast.« Wir alle sind an unsere Grenzen und auch darüber hinaus gegangen. Es war sehr emotional und sehr gewaltig!
Diese 14 Tage würden ein weiteres Buch füllen. Ich bin mir aber nicht sicher, ob ich es überhaupt alles teilen will.
Für dieses Buch muss es so weit reichen.
Rückblickend betrachtet, hat diese Familientherapie unsere Ehe gerettet. Das war uns zu diesem Zeitpunkt nicht klar. Aber heute würde ich es unterschreiben.

Am 28. Januar feierten wir Malenas 15. Geburtstag, gingen alle zusammen essen und nahmen Lorne mit. Das hatten wir daheim noch nie gemacht. Es war ein ganz besonderer Abend. Die zweite Woche haben unsere Freunde Bärbel und Ulli mit uns auf Teneriffa verbracht und uns auch mal Lorne abgenommen.

Wir haben so schöne gemeinsame Abende verbracht, dass diese Zeit unvergessen bleibt. DANKE

Liebe Bärbel, wir haben deinen Geburtstag gefeiert und nach dem leckeren Essen, das Ulli zubereitet hatte, Lach-Yoga gemacht. Es war so ein schöner Abend. Und Lorne konnte sich frei bewegen, ohne zu stürzen. Unvergessen.

An unserem letzten Abend auf Teneriffa haben wir gemeinsam mit Roma und Volker ein Feuer entzündet und die Dinge, die wir nicht mehr brauchen in unserem Leben, auf Zettel geschrieben und untermalt von den Klängen einer Schamanentrommel, verbrannt. Es war ein sehr emotionaler, befreiender und entspannter Abend.

Am nächsten Tag, Heimreise.

Ich war so entspannt und voller guter Vorsätze, dass mir der Rückflug gar nicht bevorstand. Fünf Stunden mit Lorne in einem Flugzeug. In frischen Windeln, hoffend, dass ja nichts »Großes« passiert, na und! Wenn ich an die Anreise denke, oh mein Gott. Ich hatte so viel Sorge: Wie halte ich diesen Jungen so lange auf seinem Platz? Er, der so einen unbändigen Bewegungsdrang hat. Schaukeln, laufen, hüpfen, eigentlich nicht machbar.

Die Heimreise hat dann auch irgendwie geklappt. Wir waren aufgewühlt und tief entspannt. Geht das? Aber irgendwie war es so. In Hamburg gelandet, brach das Chaos aus. Lorne hatte sich dann doch erleichtert. Kann es sein, dass so ein kleiner Mensch so viel? Na, ja! Jan und die Mädels kümmerten sich um das Gepäck, und ich versuchte, auf der Behindertentoilette irgendwie alles sauber zu machen.

Gleich sind wir daheim, duschen den Jungen und bringen ihn ins Bett und lassen alles, was wir erlebt haben noch nachwirken. Wir haben uns fest vorgenommen, diesen Zustand nach Hause zu transportieren. Familienrat nur noch mit dem Redestab. Wer den Stab hat, darf reden ohne Unterbrechung, bis der nächste dran ist. Wir fühlten uns alle etwas leichter. Dann ging es los.

Eine gut Bekannte, wirklich sehr lieb und nett, hatte es etwas zu gut gemeint: Grünkohl für uns und noch fünfzehn geladene Gäste in meinem Haus, in meiner Küche.
ÜBERRASCHUNG!
Meine Schwägerin Addi hat sofort gemerkt, dass mir sämtliche Gesichtszüge entgleisten, ich kann mich leider nicht verstellen. Sie sagte:»Ich gehe mal mit Lorne nach oben in sein Zimmer, dann kannst du erst einmal ankommen.«
Ich will das gar nicht. Sorry, ist ja nett und wirklich lieb gemeint, aber so gar nicht das, was jetzt gut ist, nach der Zeit auf Teneriffa.
Bevor ich mich überhaupt irgendwie äußern konnte, kam meine Schwägerin mit Lorne nach unten. Er war von seinem Trampolin gestürzt und hatte sich die Lippe so schlimm aufgerissen, dass wir ins Krankenhaus zum Nähen mussten. Ich wusste nicht, ob ich weinen oder lachen sollte. Noch eben dachte ich, bitte lass irgendetwas passieren, damit wir allein sein können, aber doch nicht das.
Wir sind dann mit Lorne in die Notaufnahme gefahren und mussten noch ewig warten. Warten war für Lorne wie immer der Horror. Es war sehr anstrengend, denn er wollte nicht stillsitzen. Außerdem blutete seine Verletzung und er schrie. Seine Lippe musste dann genäht werden. Der Arzt

sagte uns, dass eine Betäubung in so einem Fall nicht nötig sei. Er müsste nur zwei Stiche nähen. Das sei genauso schmerzhaft, wie eine Betäubungsspritze. Mein armer Sohn, es blieb ihm aber auch nichts erspart. Wir überstanden auch das und nach etwa zweieinhalb Stunden waren wir wieder daheim.

Alle Gäste waren schon gegangen.

Was für ein Glück, dachte ich erleichtert. Zehn Minuten später rief meine Schwägerin an. Sie war bei dem Schnee mit ihrem Auto in den Graben gerutscht. Okay, glücklicherweise war nichts Schlimmeres passiert. Jan regelte das mit dem Traktor. Dann um 23.30 Uhr war endlich Ruhe.

Wie schafft man es, entspannt und voller guter Vorsätze daheim so weiterzumachen, wie man es in den letzten 14 Tagen gelernt hat? Ich hatte keine Ahnung.

Aber siehe da, wir haben unsere Töchter unterschätzt, die immer wieder darauf hinwiesen, was wir alle gelernt hatten, und wir erinnerten uns gegenseitig, wenn es mal wieder stressig war daheim.

Sicher fällt man zu Hause in alte Muster, aber das, was wir erlebt haben, kann uns keiner nehmen und wirkt noch heute zwölf Jahre später nach. Danke Lorne, ohne dich hätten wir so etwas Großartiges niemals erlebt. Danke Roma und Volker, ihr seid ganz besondere Menschen.

Danke Ulli und Bärbel für eure Unterstützung und die wunderschönen Abende. Unvergessen!

Ein paar Wochen daheim, der Alltag hatte uns wieder. Wir haben uns mit Mühe und Arbeit immer wieder selbst reglementiert, nicht zu vergessen, was wir über uns selbst und unseren starken Familienbund gelernt haben, schrieb ich einen Brief an Roma und Volker.

Beim Schreiben dieses Briefes wurde mir bewusst, dass mit Lorne eine Veränderung stattgefunden hatte. Wahrscheinlich nur, weil wir uns auch verändert hatten. Die tägliche Sorge um sein Wohlergehen, die tägliche Sorge, dass ihm nur nichts passierte, hatte ihn in gewisser Weise auch eingeengt. Wir haben ihn gehütet wie ein rohes Ei und ihn dadurch sicher auch ausgebremst. Gesunde Kinder ermutigt man, auch mal etwas zu wagen. Lorne hingegen konnte zwar laufen, klettern, schaukeln und hüpfen, nur leider hätte in jedem Moment ein Anfall jegliche Körperspannung verhindert und ein ungebremster Sturz wäre die Folge. Außerdem hatte er kein Gefühl für Gefahr. Wenn er loslief, dann ungebremst, ob Straße, Gartenteich oder tiefe Gräben. Mit dieser Angst und dieser Anspannung lebten wir jetzt seit Jahren.

Und das hat Lorne gespürt.

Durch den Aufenthalt auf Teneriffa waren wir gelassener und je mehr Freiheiten wir ihm gaben, desto sicherer wurde er. Das klingt einfach und logisch, wenn dann aber plötzlich ein Anfall kam, stürzte er ungebremst, oft auch auf den Kopf. Dass dieser liebe Junge sich nur einmal den Arm gebrochen hatte, ist ein Wunder. Es ist wirklich einiges gut gegangen.


Liebe Roma, lieber Volker,

endlich komme ich dazu, Euch zu berichten, welche Wirkung, welche Veränderung und wie viel Gutes unser Aufenthalt auf Teneriffa, bei Euch und den Walen und Delfinen, für uns bewirkt hat.

Sicher sind keine Wunder geschehen und doch gab es eine Veränderung bei Lorne und in unserer Familie, die an ein Wunder grenzt.

Wir sehen uns und Lorne seit unserer Begegnung mit Euch und euren Freunden mit ganz anderen Augen.

Lornes Mut, Lornes Stärke, seine Gelassenheit und Fröhlichkeit, die schon immer vorhanden waren, sind uns dort im Atlantischen Ozean mit den freilebenden Walen und Delfinen erst richtig bewusst geworden.

Lorne ist jetzt bald sechs Jahre alt und seit fünf Jahren krank. In den gesamten fünf Jahren seiner schweren Epilepsie hatte er auf Teneriffa seine besten 14 Tage. Sicher hatte er vorher auch einmal einen guten Tag oder gute Phasen, aber er war noch nie 14 Tage lang so beständig und so gut, wie bei euch.

Beständig gut bedeutet: Er konnte vorher immer mal ein paar Schritte laufen und auch klettern, aber irgendwann stürzte er dann, oder er musste sich setzen oder er erlitt eine Absence. Auf Teneriffa hat Lorne nur morgens etwas geschwächelt, 3 bis 4 Absencen, wenn wir mit dem Boot raus gefahren sind. Immer, wenn das Boot wieder angelegt hat, war nichts mehr. Lorne konnte sich den ganzen Nachmittag und Abend frei bewegen. Zu Hause undenkbar. Er ist auf Betten geklettert, konnte hüpfen und ist dann sicher vom Bett gesprungen oder geklettert, ohne zu stürzen. Hier war so etwas bisher kaum möglich.

Außerdem konnte er sich im Appartement bei Ulli und Bärbel frei bewegen und sogar drei Stufen rauf und runter sicher gehen. Runter hat er hier noch nie geschafft. Wir konnten seit langem Mal wieder alle an einem Tisch sitzen und gemeinsam essen. Seine Anfallsbereitschaft war erheblich gesunken. Zwei Wochen nach dem Aufenthalt bei Euch waren wir in der Uniklinik Kiel bei Professor. S.. Er war sehr erfreut über Lornes guten Zustand und hat uns bestärkt, weiterhin keine Medikamente einzusetzen. Vorher – undenkbar.

Mit zunehmender Sicherheit unseres Sohnes stieg unsere Zuversicht. Wir haben Lorne mehr zugetraut, weil er uns jeden Tag im Wasser mit den frei lebenden Walen und Delfinen gezeigt hat, wie mutig, wie stark und wie gelassen er diese Situation gemeistert hat, in der wir anderen alle mit uns selbst genug zu tun hatten.

Wir haben ihm mehr Freiheit gegeben, sich zu bewegen und er selbst zu sein. Auch das tat ihm gut. So weit wären wir allein nicht gekommen. Das war nur durch eure Hilfe und euren Rat möglich und durch die Begegnung mit den Walen und Delfinen in freier Natur.

Das alles war nur als ganze Familie zu erreichen. Wir sind davon überzeugt, dass die Therapie eines Einzelnen, nicht so viel hätte verändern können. Der Schlüssel zum Verändern und zum Verbessern der Situation liegt in der Gesamtheit – der Familie.

Wir müssen zu Hause alle zusammen genesen, nicht nur Lorne. Ihr habt uns den Weg dahin bereitet. Danke!

Danke für alles! Wir hoffen, Euch bald wieder zu treffen, kommt gern einmal bei uns vorbei, wir würden uns sehr freuen.

Liebe Grüße


Dörte und Familie

**05.03.2022**

*Ich muss gerade so sehr weinen. Ich lege mal wieder eine Pause ein.*
*Ich treffe mich heute Abend mit meinen Freundinnen Sybille, Anja*
*und Andrea. Wir machen und essen Sushi. Der Krieg in der Ukraine*
*ist Thema des Abends. Wir unterhalten uns über die armen Men-*
*schen, die aus ihrer Heimat flüchten müssen und dass wir sie aufneh-*
*men würden. Krieg bringt nur Unglück und Leid!*
*Dieses Gespräch stand im krassen Gegensatz zu dem gestrigen, dass*
*ich mit den Männern führte.*

\*\*\*

## Schulpflicht?

Wir bekamen Post. Lorne würde am 18. Juni 2010 sechs
Jahre alt werden und müsse eingeschult werden. Ich wäre
fast vom Stuhl gefallen. Auch das noch. Es mag etwas naiv
klingen, aber damit hatte ich irgendwie noch gar nicht gerechnet. Ich dachte, dass Lorne durch seine Erkrankung
eine andere Behandlung zu teil würde. Dass man gemeinsam mit dem zuständigen Arzt schaut, ob Lorne schon
schulfähig ist oder so in der Art. Ich hatte nicht erwartet,
dass wir einen ganz normalen Brief erhielten, wie bei unseren Töchtern. Ich schrieb Briefe, an die Schulleiterin der
zuständigen Grundschule, an die Schulrätin, sogar Professor
S. schrieb auf mein Bitten einen Bericht, dass er den
Wunsch der Eltern unterstütze, dass Lorne ein Jahr beur-
laubt würde. Ich wollte mit aller Macht verhindern, dass
Lorne in die Schule ginge. Wie sollte das bitte gehen?

Bärbel vermittelte Thomas H., Lehrer an der Förderschule »An den Eichen« in Nortorf. Er erstellte ein sonderpädagogisches Gutachten.

Ich habe es tatsächlich geschafft, Lorne durfte noch ein Jahr in der Kita bleiben. Heute denke ich, was war nur in mich gefahren? Ich gehörte bisher zu den Müttern, die ihre »gesunden« Kinder immer bestärkt hatte, Veränderungen als etwas Positives zu sehen. Einem Erzieher- und Lehrerwechsel positiv zu begegnen. Veränderungen müssen nicht negativ sein, sie bringen uns weiter, sie erweitern unseren Horizont. Wenn so etwas Lorne betraf, wurde ich zu einem anderen Menschen. Ich wollte ihn mit aller Macht beschützen. Es ging ihm in der Kita doch gerade so gut. So sollte es noch ein Jahr bleiben. Vielleicht würde es ihm in einem Jahr viel besser gehen oder er könnte in dem Jahr endlich gesund werden.

Wenn wir unsere Hoffnung nicht hätten, waren wir wohl verzweifelt.

Im April schrieb ich an Professor S.:

Mit Lorne geht es weiterhin wie eine Berg- und Talfahrt. Mal ist er super, keine Anfälle, sicherer Gang; dann wieder (meist bei Infektionen) kann er kaum laufen, weil ihm alle fünf Minuten die Beine versagen. Es ging seit einigen Tagen ein spezieller Fall durch die Medien, den man unter Stern-TV nachlesen konnte. Es ging um einen Jungen, der unter einer seltenen Form der Epilepsie litt, dem »Landau-Kleffner-Syndrom« (LKS). Ich schrieb ihm, dass ich es mir genau angesehen und auch das Buch über diesen Jungen gelesen hätte und das Gefühl habe, dass Lornes Symptome sehr ähnlich wären.

Die Mutter dieses Jungen hatte ein Buch geschrieben: »Mogli – Der Kampf um mein wunderbares Kind!«

Außerdem schrieb ich, dass ich Lorne gern bei Bethel in Bielefeld vorstellen würde, um eine zweite Meinung zu seinen Symptomen einzuholen.

Er antwortete: »Natürlich habe ich nichts gegen eine Vorstellung bei Bethel, allerdings bezweifle ich, dass Lorne dadurch gesundheitlichen Profit hätte. Lorne hat kein LKS. Er konnte nie sprechen. Es ist typisch für Patienten mit LKS, dass sie sprechen lernen und das wieder verlieren im Rahmen eines epileptischen Prozesses.«

Okay, er war der Fachmann. Er würde es wohl wissen. Trotzdem wollte ich mal sehen, ob die Ärzte in Bethel nicht einen neuen Ansatz fanden. Ich hatte das Gefühl, wir steckten fest, obwohl die Uniklinik Kiel wirklich den besten Ruf auf diesem Gebiet hatte.

**Alle Hoffnung wieder dahin**

Die Kita fuhr wieder für eine Woche auf Freizeit. Lorne war dabei. Ich hatte frei. Dieses Mal bekam ich am vierten Tag einen Anruf von Bärbel. Es ging Lorne so schlecht, dass sie es nicht verantworten konnte, ihn dort zu behalten. So schlimme Anfälle hatte er. Ich war am Ende meiner Kraft.

Es war wieder sehr schlimm. Schlimmer denn je. Lorne konnte vormittags gar nicht mehr laufen. Bestimmt 50 »Absacker« täglich, vor allem morgens. Am Nachmittag wurde es dann etwas besser. Ich war am so sehr Ende meiner Kraft. Das Jahr hatte so gut begonnen. Es war so schrecklich. Lorne genoss gerade wieder mehr Freiheiten, damit seine Entwicklung Fortschritte machte. Dann plötzlich ließ sein gesundheitlicher Zustand nicht zu, ihm diese Freiheiten weiterhin zu gewähren. Es war zum Verzweifeln. Wie sollte er sich weiterentwickeln, wenn er dauernd umfiel oder seine Wahrnehmung völlig vernebelt war, weil er wieder so viele schwere epileptische Anfälle hatte? Es war wie ein Teufelskreis!

Im Juni musste ich Lorne aus der Kita abholen, weil er nicht mehr ansprechbar war. Ich sah ihn und vermutete einen Status (epileptische Anfälle, die nicht endeten). Ich fuhr direkt in die Uniklinik. Das war ein Notfall. Malena und Johanna begleiteten mich. Eine der Beiden saß hinten bei Lorne und versuchte, ihn irgendwie zu erreichen. Die Andere saß neben mir und versuchte, mich abzulenken, damit ich meine Familie sicher nach Kiel brachte. In der Uniklinik angekommen, sprach ich mit Professor S., der unmittelbar ein Notfallmedikament »Tavor Expidet«, mit dem Wirkstoff »Lorazepam« gab und ein sofortiges EEG veranlasste. Er gab eine zweite »Tavor«. Das ist nicht ohne. Ich war so verzweifelt, wie lange nicht mehr.

»Bitte verzeihen Sie mir meine eigenmächtigen Handlungen. Ich ergebe mich. Ich weiß keinen Rat mehr. Ich bin eine schlechte Mutter. Ich mache ab sofort alles, was Sie sagen!«

Ich weinte so sehr und der Professor nahm mich in den Arm und tröstete mich: »Das ist Unsinn, Frau Thomsen! Sie sind die beste Mutter für Lorne, die er sich nur wünschen kann. Sie sind eine Kämpferin. Machen Sie sich keine Vorwürfe. Sie haben nichts falsch gemacht. Das kriegen wir schon alles wieder hin.«

Er veranlasste eine sofortige Eindosierung antiepileptischer Medikation. Ich war mit allem einverstanden. Jetzt gab ich die Verantwortung nun doch ab. An einen Arzt. Der sollte es richten. Ich nahm Lorne wieder mit nach Hause und dosierte ein. Durch das Notfallmedikament war er zwar sehr müde, aber wieder ansprechbar. Er blieb drei Tage daheim und erholte sich. Ich dosierte »Petnidan« wieder ein.

Drei Tage später konnte er wieder in die Kita. Ich machte mir zwar große Sorgen, musste aber auch einmal durchatmen. Ich hatte drei Tage und Nächte nicht geschlafen.

Gegen 13 Uhr klingelte das Telefon. Lorne war von der Schaukel gestürzt und hatte sich den Arm gebrochen. Bärbel war mit ihm im Notarztwagen auf dem Weg ins Krankenhaus nach Rendsburg und ich sollte doch bitte kommen. Ich hatte das erste Mal in meinem Leben einen Nervenzusammenbruch, einen Weinkrampf. Ich sagte zu Jan: »Ich kann das nicht!« Das war das erste Mal, dass ich so etwas sagte. Er antwortete nur: »Also ich kann das auch nicht. Nimm mal die Mädchen mit. Das macht ihr schon!« WAS? Wie bitte? Hast du nicht gehört, was ich gesagt habe? Siehst du mich gar nicht? Ich bin nicht in der Lage, das jetzt zu regeln! Okay, wenn das alles vorbei ist, lasse ich mich scheiden!

Ich musste mich beruhigen. So konnte ich nicht mit dem Auto nach Rendsburg fahren. Atmen, atmen, wie die Wale es mir gezeigt hatten. So schafften wir auch das. Malena und Johanna halfen mal wieder. Leider war der Arm so kompliziert gebrochen, dass Lorne operiert werden musste. Wieder im Krankenhaus bleiben, mein armer, lieber Junge. Ich war so am Ende!

Es war nicht einfach, Lorne die nächsten Wochen ruhig zu halten. Er durfte nicht hüpfen, nicht schaukeln und nicht rennen. Außerdem erlitt er dauernd Anfälle und stürzte. Ich musste ihn den ganzen Tag stützen, damit er nicht auf den gebrochenen Arm fiel. Nach sechs Wochen, es waren so anstrengende sechs Wochen, unbeschreiblich, hatte er eine weitere OP, um die Drähte zu entfernen. Wieder eine Narkose, wieder eine Nacht mit ihm im Krankenhaus. Nebenbei dosierte ich auch noch die Medikamente ein. Es war ein so schlimmes Jahr, dabei hatte es doch so gut angefangen. Im Juli stehen verschiedene Einträge in meinem Kalender. Teilweise fünf bis sechs Anfälle täglich. Ab und zu richtig gut oder auch Lorne konnte den ganzen Tag gar nicht laufen. Es war ein Auf und Ab. Und nichts half wirklich.

Bärbel nahm ihn trotz aller Schwierigkeiten für eine Nacht zu sich. Ich weiß nicht, ob ich das jemals wieder gutmachen kann. Ich musste unbedingt mal schlafen. In der Kita trug Lorne wieder seinen Helm.

**Urlaub von der Pflege?**

Ich las in der Tageszeitung, dass die AWO ein ganz besonderes Angebot machte: »Urlaub von der Pflege« – eine Woche Sylt – Unser kompetentes Team kümmert sich um die zu pflegende Person und Sie erholen sich auf Sylt.

Ich dachte gar nicht nach, wie das gehen sollte. Ich brauchte unbedingt frei und griff nach jedem Strohhalm. Ich meldete Lorne und mich einfach an. Johanna wollte uns begleiten. Wir machten Pläne. Eine Woche. Wir wollten ins Kino gehen, einen Nachmittag am Strand verbringen und einmal essen gehen. Das waren unsere Wünsche. Nur drei kleine und doch für uns so große Wünsche. Wir freuten uns sehr auf Sylt.

Auf der Insel angekommen, sprachen wir mit der Pflegedienstleiterin. Sie hörte aufmerksam unseren Schilderungen zu, was alles zu beachten war im Umgang mit Lorne. So eine Erkrankung hatte sie noch nie zuvor gesehen und wollte mit ihrem Team besprechen, ob es möglich wäre, Lorne zu betreuen. Bisher hatte sie vor allem pflegebedürftige, ältere Menschen oder auch Patienten, die im Wachkoma lagen, aufgenommen. Dass eine Familie mit einem behinderten Kind, das so mobil war, um Hilfe bat, gab es bisher noch nicht. Wir sollten eine Stunde warten, sie würde uns dann Bescheid geben. Ich sah es in ihrem Gesicht, das würde nichts. Ich war den Tränen nah, riss mich aber zusammen. Eine Stunde später teilte sie uns mit, dass wir sehr gerne unser Zimmer beziehen und die Woche auf Sylt verbringen könnten, eine Betreuung aber leider nicht möglich wäre. Ich brach in Tränen aus. Johanna 13 Jahre alt, tröstete mich. »Mama, wir machen das schon.«

Was soll ich schreiben. Wir blieben. Wir mieteten uns Fahrräder und einen Fahrradanhänger. Wir hatten eine so schöne Woche bei bestem Wetter und nahmen Lorne überall hin mit, machten blöde Witze, wenn er sang, lautierte und lachte und die Urlauber die Nasen rümpften und uns anstarrten. »Achtung, er beißt!« »Vorsicht, nicht so nah!« Das war Galgenhumor, aber es half. Noch heute erinnern wir uns an eine wirklich schöne Woche auf Sylt.

## Ein bester Freund für Lorne

Steffens Zeit in der Kita neige sich dem Ende und Lorne bekam einen neuen Zivi, Lasse. Als ich Lasse das erste Mal sah, dachte ich. Das ist doch noch ein kleiner Junge. Wie soll das denn gehen? Wenn er Lorne an der Hand hielt, konnte man nicht genau sehen, wer mit wem spazieren ging. Als Lasse ihn das erste Mal begleitete, war gerade Basar in der Kita. Er stellte sich mir vor und hatte Lorne an der Hand, aber nicht richtig auf ihn geachtet. Das waren gerade zwei Minuten, da hatte Lorne mit einer Hand mehrere Torten und Kuchen vom Buffet gefegt. Ich dachte damals, das wird wohl nichts mit den beiden.

Lasse wurde zu dem besten Freund, den Lorne jemals hatte. Er stand uns bis zum letzten Tag treu zur Seite. Er wurde für uns, wie ein Sohn und hat sich so liebevoll um Lorne gekümmert. Ein paar Jahre später sagte Lasse zu mir: »Ich liebe Lorne, wie einen Bruder!«
Ich war sehr berührt, richtig gewundert habe ich mich aber nicht. Es war so klar, wenn man die beiden zusammen sah. Es war eine einzige Freude, wie sehr Lorne Lasse liebte.
Lorne hatte im September die für seine Größe und Gewicht vorgeschriebene Dosis Medikation erreicht. Richtig gut ging es ihm immer noch nicht.

**11.03.2022**

*Die Sonne scheint. Endlich können wir wieder Fahrrad fahren. Ich schreibe eine Nachricht an Lasse. Er lebt seit zwei Jahren auf Pellworm. Wir wollen ihn besuchen. Am 15. März hat er Geburtstag. Wir machen einen Termin aus. Ich freue mich auf Lasse, obwohl wenn ich ihn sehe, fühlt es sich noch mehr so an, als würde ein wichtiger Teil fehlen.*

\*\*\*

In den Monaten September, Oktober, November war es mit Lorne ein Auf und Ab. Er war sehr aktiv und fröhlich, dann wieder zehn Absacker und Stürze täglich. Ab und zu auch noch große Anfälle, häufig auch nachts, so dass er ein Notfallmedikament brauchte. Ich schlief gar nicht mehr. Ich las. Las ich früher sehr gerne Kriminalromane, historische Romane und Sachbücher, ich war sehr vielseitig interessiert, waren es jetzt ausschließlich Bücher, die in irgendeiner Form mit Lornes Erkrankung zu tun hatten – zum Beispiel Delarue »Impfungen – der unglaubliche Irrtum«, Antonowsky Salutogenese, Paradiz »Hörst du mich«, Hirschmann »Strahlen – Die gesunde Energie«, Brauns »Buntschatten und Klopfer« und von Jean Dominique Bauby »Schmetterlinge und Taucherglocke«.

## Eine zweite Meinung, endlich?

Im Oktober hatten wir einen Termin bei Bethel in Bielefeld. Ich hatte alles per E-Mail beschrieben und gebucht. Ein Dreibettzimmer mit privatem Kostenanteil. Es stand mir so bevor. Wir sollten 14 Tage bleiben. Es waren Herbstferien und Malena wollte mich begleiten. Allein wäre es undenkbar. Trotzdem wusste ich, dass wir Stunde um Stunde Lorne beaufsichtigen und bespaßen mussten. Eine harte Zeit stand uns bevor. In Bielefeld angekommen, sagte man uns, es wäre etwas schief gelaufen. Sie hätten gar kein Bett und Malena könnte auf keinen Fall bleiben. Es wäre nur eine Begleitperson möglich. Ich wusste nicht, ob ich das noch wollte. Wir sprachen mit der zuständigen Ärztin, die uns versicherte, dass Lorne gut aufgehoben wäre. Bei schweren Epilepsien stünde Bethel eng mit dem Spezialisten, Professor S. von der Uniklinik Kiel in Kontakt. Der würde im Notfall immer helfen. Okay, was nun? Soll ich 14 Tage bleiben und im Notfall würde Professor S. um Rat gefragt? Nein! Das kann ich auch daheim klären. Das hätte er mir auch sagen können, als ich ihm davon erzählte, Lorne bei Bethtel vorzustellen. Wir packten gar nicht erst aus und fuhren wieder heim. Lorne ging es nicht wirklich besser. Ich zweifelte schon wieder wegen der Medikamente, machte aber alles, was Professor S. verlangte. Trotzdem wollte ich die letzte Frischzellentherapie noch durchziehen.

Jan hatte die Nase gestrichen voll und wollte nicht noch einmal nach Edenkoben. Wir hatten gerade gar keine gute Zeit miteinander. Oma Annegret sagte: »Ich komme mit dir. Gönnen wir Jan mal eine Pause.«

Ich fuhr die ganzen 700 Kilometer, Oma kümmerte sich um Lorne. Danke liebe Annegret! Es war anstrengend. Lorne bekam dieses Mal sieben Spritzen. Ich musste alle meine Kraft aufwenden, um meinen Sohn festzuhalten. Meine Gefühle musste ich unterdrücken, sonst hätte ich laut geschrien. Oma konnte es nicht ertragen und weinte. Sie fragte mich: »Wie hältst du das nur aus?«

»Ich weiß es nicht!«

Ich wusste es nicht. Wie hält eine liebende Mutter so etwas aus? Es ist wohl die Hoffnung. Die Hoffnung, dass sich endlich langfristig ein wenig verbessert. An Heilung glaubte ich nicht mehr wirklich.

Wieder daheim mailte ich an den Professor. Er schrieb, es täte ihm leid, dass Bethel so ein Reinfall für uns gewesen sei. Ich sollte Lornes Medikamente erhöhen, trotz der hohen Leberwerte. Ich tat, wie mir befohlen. Hoffte auf die Wirkung der Frischzellen und hoffte auf den Therapieerfolg der Schulmedizin laut Prof. S.. Lorne war jetzt sechs Jahre alt, sprach kein richtiges Wort, wurde noch gewickelt und gefüttert und war sehr aktiv, musste den ganzen Tag begleitet werden. Wenn er einen anfallsfreien Tag hatte, ging es ihm richtig gut. Er lachte, er rannte, er kletterte, er schaukelte und wir passten auf ihn auf. Oma, Jan, Malena, Johanna und ich. Hatte er Anfälle, hielten wir ihn den ganzen Tag an der Hand. Niemand kann sich vorstellen, wie unser Alltag funktionierte. Aber es ging immer irgendwie.

Professor S. vermittelte einen Termin im Epilepsie-Zentrum in Raisdorf. Wir sahen es uns an. Hatten ein langes Gespräch und kamen zu dem Ergebnis, dass es Lorne in seiner gewohnten Umgebung besser ginge. Professor S. entschied, dass seine Mutter in der Lage wäre, die Medikamente daheim ein- und aus zu dosieren. War sie das? Eigentlich war sie am Ende, hätte es aber niemals zugegeben.

Ende des Jahres las ich ein Buch. Es ging um einen älteren Mann, der sich als Wunderheiler bezeichnete. Er hatte als Student in Niedersachsen zufällig bemerkt, dass er fließend Hebräisch sprach, und nahm es als von Gott gegeben an. Außerdem bemerkte er, dass er unerklärliche Kräfte hatte und andere Menschen heilen konnte. Er hatte regelmäßig Patienten in Griesbach, in der Klinik Köhnlechners, die er behandelte. Er beschrieb in seinem Buch, dass er seine Hand auflegte, Gott um Hilfe bat und er dann eine unerklärliche Kraft verspürte, die Beschwerden genau zu orten und zu behandeln.

Na Donnerwetter! Den wollte ich finden!

\*\*\*

*10.03.22*
*Ich habe unser ganzes Haus abgesucht. Ich kann dieses Buch nicht mehr finden und weiß auch nicht mehr, wie der Autor und Heiler hieß. Ich vermute, es ist verliehen, habe aber keine Ahnung an wen. Ihr müsst mir einfach glauben.*

\*\*\*

Er schrieb außerdem, dass er selbst wegen eines Rückenleidens im Rendsburger Krankenhaus behandelt werden musste und dort einen Chiropraktiker kennenlernte, an dem er auch diese Kraft spürte. Er nahm ihn unter seine Fittiche, um ihm seine Kräfte weiterzugeben, da er sich schon zu alt und zu schwach fühlte, um weiter zu praktizieren. Ich fand diesen Chiropraktiker und machte einen Termin für Lorne und mich.

Ich nenne ihn noch heute Doc. Hartmann. Ich mochte ihn sofort, hatte mir aber mittlerweile einen so dicken Pelz zugelegt, dass ich nichts mehr an mich heranließ. Ich glaube, ich wirkte etwas überheblich auf ihn. Ich sollte es später erfahren. Es war eine sehr helle, schöne Praxis. Im Behandlungszimmer sollte ich mich hinlegen und Lorne sollte auf meinem Bauch liegen. Doc Hartmann untersuchte erst einmal Lornes Wirbelsäule und strich mehrfach über seinen Rücken. Lorne schlief ein. Ein Wunder!
Lorne schlief nie ein. Was ist hier los? Dann nahm er eine Kupfergabel, sie sah aus wie eine Stimmgabel nur wesentlich größer. Mit dieser Gabel fuhr er mehrfach langsam über Lornes Körper. Er sagte, er hätte einen Verdacht, würde diesen aber mit seinem »Meister« (Der Autor, dessen Namen nicht genannt werden darf – Scherz – den ich nicht mehr weiß.) besprechen und mich dann anrufen. Außerdem empfahl er mir, Lorne »Kolloidales Silber« zu verabreichen, das wäre ein Naturheilmittel gegen Bakterien und Viren. Das machte ich.
Ein paar Tage später rief er mich an und sagte, Lornes Körper hätte die Information der Tetanusimpfung nicht verarbeitet. Und die Anfälle, die er zeigte, seien nicht epileptisch, sondern eine verkrampfende Muskelüberstreckung aufgrund der Tetanusimpfung, wie es auch bei Patienten mit Tetanus der Fall sei. Er habe das mit dem Meister besprochen. Dieser hätte eine Ferndiagnose gemacht und seinen

Verdacht bestätigt. Er werde spezielle Tropfen für Lorne herstellen, die seinem Körper neue Informationen gäben und die er dann täglich nehmen müsse und dann sollten wir spätestens in einem halben Jahr Erfolg haben. Und Lorne könne gesund werden.

Ich musste lachen. Es tut mir heute so leid. Aber ich lachte. Doc Hartmann sagte, es gebe keinen Grund dafür, jetzt zu lachen. Es sei alles schlimm genug und er wolle Lorne nur helfen. Ich könne die Tropfen in vier Tagen abholen. Dann legte er auf.

Ich schrieb ihm eine E-Mail:

Moin Doc Hartmann,

es tut mir sehr leid, wenn ich am Telefon den Eindruck vermittelt habe, Ihre Fähigkeiten zu belächeln. Das ist nicht so. Ich versuche lediglich, mich zu schützen, denn die letzten Jahre waren von so viel Hoffnung und Enttäuschungen geprägt, dass ich mir einen ziemlich dicken Pelz zugelegt habe, mir zulegen musste.

All die Ärzte, Heiler, Magnetiseure, dann noch Akupunktur und »hast du nicht gesehen«, und zu guter Letzt Prof. S., der mich immer unterstützt und bestärkt hat, auch andere Wege zu gehen, haben sicher nach bestem Wissen und Gewissen gehandelt und jeder von denen wollte sicher gern helfen.

Ich hege wirklich keinen Groll gegen diese Menschen, nur konnte keiner von ihnen Lorne wirklich helfen. Lorne mein geliebter Sohn, der von allen geliebt wird und doch so sehr leiden muss. Es ist im Moment so, dass ich alles dafür tun würde, um wenigstens eine Diagnose zu bekommen. So hart es auch für mich wäre, so könnte man sich endlich einmal auf etwas einstellen, die Aussichten beurteilen. Ich wünsche mir so sehr, dass es irgendwo auf der Welt irgendjemanden gibt, der mir sagen kann:»Das hat Ihr Sohn!« Punkt! Und nun kommen Sie und sagen mir, Lorne hätte Tetanussymptome, weil sein Körper die Information der Impfung nicht verarbeitet hat! Das musste ich erst einmal verdauen. Ich glaube, es gibt Dinge zwischen Himmel und Erde, die wir nicht verstehen, sie passieren und niemand muss erklären warum, wieso, weshalb. Vielleicht ist das bei Lorne so. Ich habe das Gefühl, dass er ein ganz besonderer Junge ist. Er gilt nach normalen Maßstäben (Kinderarzt, Kindergarten, Schule) als schwerbehindert sowie geistig als auch körperlich, denn er kann nicht sprechen, muss gewickelt werden, kann oft nicht allein gehen und hat keine richtige Orientierung, kennt keine Gefahren. Und doch ist etwas an ihm, das mir ganz besonders erscheint, eine Gabe, als würde er in mich hineinsehen und mein Befinden widerspiegeln. Das bestätigt auch seine Erzieherin in der Kita. So ist Lorne. Er sieht auf unsere Stirn und spiegelt unser Befinden. Eigentlich sollte man ihn einfach so lassen, wie er ist – einfach wunderbar – wenn nur die täglichen Anfälle/Absacker nicht wären, die ihn immer wieder umhauen und verletzen. Der Alltag sieht leider anders aus. Er ist wohl zur falschen Zeit am falschen Ort geboren. Er hat sich zwar einen guten Platz, eine gute Familie für sich ausgesucht, bei uns; es wird nur leider zunehmend schwerer. Die alltäglichen Dinge schaffen mich. Windeln wechseln bei einem kräftigen sechsjährigen Jungen. Wir haben ihn über Jahre nachts gehalten, damit er nicht aufsteht und wegläuft und sich womöglich verletzt. Es gibt Nächte, in denen Lorne gar nicht schläft immer um die Zeit des Vollmondes.

Dann noch die klugen Ratschläge vieler anderer, netter Menschen, die es doch nur gut meinen: »Du musst ihn in eine Einrichtung geben, du hast noch mehr Kinder, die brauchen ihre Mutter, du selbst bleibst auf der Strecke, sieh dich doch mal an usw.«

Und, soll ich Ihnen etwas sagen? Es geht mir gut! Lorne hat mich verändert. Er hat mir so viel Gutes gezeigt, das in mir steckt. Ich habe mich schon oft bei meinem Sohn bedankt, dass er mich genau an diesen Punkt gebracht hat. Die vielen kleinen, schönen, alltäglichen Momente, die mir vorher abhandengekommen waren, sind wieder so wertvoll. Jeder Tag ist ein Geschenk.

Das hat Lorne mich gelehrt. Vielleicht war das sein Auftrag. Er hätte es verdient, gesund zu werden und wieder ein lebenswertes Leben, ohne Anfälle zu leben. Und nun habe ich wieder Hoffnung. SIE! Ich weiß gar nicht, warum ich Ihnen das alles schreibe. Ich weine die ganze Zeit. Vielleicht musste ich es einfach mal loswerden, damit Sie mich ein wenig verstehen und mich nicht für überheblich halten. Ich mochte Sie vom ersten Augenblick. Ich hoffe so sehr, dass Ihre Tropfen Lorne helfen.

Bis dann.

**10.03.2022**

*Ich muss eine Pause einlegen. Ich bin so aufgewühlt. Es fühlt sich gerade an, als hätte ich diese Mail heute geschrieben. Ist es wirklich eine gute Idee, dieses Buch zu schreiben? Ich dachte, es wäre wie eine Therapie für mich? Ich durchlebe alles noch einmal und heute bin ich so erschöpft und so traurig. Es wirft mich um Jahre zurück. Ist es bei einer richtigen Therapie auch so? Ich habe mich ganz bewusst gegen eine Reha nach dem Tod meines Sohnes entschieden. Heute habe ich Zweifel.*

\*\*\*

**15.03.2022**

*Ich sitze in der Küche, trinke Kaffee und denke an mein Projekt. Ein Buch schreiben. Kann ich das? Nebenbei läuft das Radio. Es ist 8 Uhr und es wird über eine Podcast-Folge gesprochen: Flexicon, es geht darum, wie man Schriftsteller werden kann! Wie bitte? Ein Ausschnitt eines Interviews mit Sebastian Fitzek wird gesendet. Er wird gefragt, wie man Autor wird! Er antwortet: »Die wichtigste Voraussetzung dafür ist es, dass man ein Leben hat. Ein Leben, über das man berichten kann. Das ist die Grundvoraussetzung. Dann hat man etwas zu erzählen! Wer nicht viel erlebt hat, kann auch nicht viel erzählen!« Also, das habe ich wirklich, viel zu erzählen.*
*Ist das jetzt ein Zeichen? Soll ich weiterschreiben?*
*Okay. Ich setze mich wieder ran!*

\*\*\*

# 2011

Lorne bekam jetzt täglich die Tropfen, die Doc Hartmann einmal monatlich herstellte.

## Am 2. Januar 2011 schrieb ich in Lornes Buch:

Lorne hatte eine schöne Weihnachtswoche. Er war gut drauf und hat sicher auch die Aufregung seiner beiden Schwestern gespürt. Morgens schwächelt er immer etwas, aber im Laufe des Tages geht es ihm immer besser. Das Beste ist zurzeit sein wacher Blick mit so schönen klaren Augen. Hoffen wir auf ein schönes 2011.

Der Monat Januar war noch etwas wackelig, aber mit vielen klaren Tagen und sehr viel Aufmerksamkeit und seinem Lachen. Dieses wunderschöne, laute Lachen traf uns alle direkt ins Herz. Mittags schlief Lorne eine Stunde. Das war neu! Ab und zu hatte er mal einige Absacker, aber es wurde besser.
Am 28. Januar feierten wir Malenas 16. Geburtstag. Lorne hatte einen komplett anfallsfreien Tag! Seitdem las ich nur gute Nachrichten in seinem Buch. Lasse schrieb: Ich habe Lorne noch nie so aktiv und gut gelaunt gesehen. Einen Tag später schrieb er: Heute war noch viel besser.

Ich schrieb: Es ist gerade so schön. Wenn es doch nur so bleiben könnte. Das wäre einfach zu schön.

Bereits Anfang Februar ging es Lorne nicht gut. Er quengelte, war ständig müde, hatte ganz heiße Hände. Ich dachte, was ist das jetzt schon wieder? Da zeigten sich schon die ersten Pusteln. Bitte nicht auch noch Windpocken. Wie soll ich diesem großen sechsjährigen Jungen erklären, dass er sich nicht kratzen darf? Wenige Stunden später war mein Sohn davon übersät und hatte 40 Grad Fieber. Einerseits war ich froh, dass es »nur« Windpocken waren, andererseits fürchtete ich mich wieder davor, was dieses Virus mit Lorne machte. Drohte doch der nächste Anfall? Ich ließ meinen Sohn wieder nicht aus den Augen und verfolgte jede Veränderung.

Außerdem zog ich ihm nachts Handschuhe an, damit er sich nicht kratzte. Leider konnte er nicht mehr auf dem Daumen nuckeln. Dadurch wurde er ständig wach und quengelte. Er liebte seinen Daumi so sehr. Es waren wieder schlaflose Nächte. Ich war so erschöpft. Glücklicherweise bekam er keinen Anfall. Das blieb ganze vier Wochen so. Ich gab ihm weiter die neuen Tropfen, sollte es tatsächlich besser werden? Ich traute mich gar nicht zu hoffen. Lieber jeden Tag genießen, der ohne Katastrophen verlief. Ende Februar dann doch ein heftiger Grand Mal-Anfall! Ich wollte mich davon einfach nicht unterkriegen lassen. Ich blendete meine Enttäuschung komplett aus und sagt mir: Damit könnte ich leben! Einmal im Monat ein Anfall.

Die restliche Zeit ging es ihm sehr gut. Lorne sang in den höchsten Tönen beim Schaukeln.

Er bekam seit einigen Wochen in der Kita Logopädie. Seine Logopädin, Ilona schrieb ins Buch: Es ist wunderbar, Lorne so zu erleben und seine Fortschritte zu sehen! Ich habe den Eindruck, er möchte vieles nachholen.

Ende März ging es wieder los, kleine Absacker, auch ein, zwei große Anfälle. Dann wieder eine gute Zeit. Es war ein Wechselbad der Gefühle.

Anfang April flogen Jan und ich für eine Woche in den Urlaub. Bärbel schlief bei uns. Ich hatte einen Dienstplan geschrieben, wer wann, wie lange Lorne betreute. Die Nächte übernahm Bärbel. Ich hatte eine ganze Zeit gezögert, doch Bärbel hatte gedrängt, dass Jan und ich zusammen Urlaub machen sollten. Das sei sehr wichtig für uns und würde uns guttun. Ich wusste Lorne in besten Händen. Bärbel, Oma, Malena, Johanna, Lasse, Anna, Annika. Sie alle übernahmen Lorne-Schichten. Es konnte gar nichts schief gehen. Er hatte kaum noch Anfälle.

Wir genossen die gemeinsame Zeit. Es war nach 19 Jahren der erste gemeinsame Urlaub.

Nur wir zwei.

Es hatte uns wirklich gutgetan. Wir haben einfach alle Probleme ausgeblendet und genossen die Zeit. Wir taten einfach so, als hätten wir ein normales Leben zu Hause. Endlich mal wieder schlafen. Da hatte ich gar keine Lust, problembeladene Gespräche zu führen. Das würden wir in einer freien Woche sowieso nicht lösen können. Also genossen wir die freie Zeit.

Wieder daheim traf uns Lornes schlechter Zustand mit voller Wucht. Die ersten Tage unseres Urlaubs war wohl noch alles gut gegangen, dann hatte er plötzlich wieder Anfälle. Mehrere Grand Mal-Anfälle und auch Anfallsreihen. Als wir nach Hause kamen, befand er sich in einem Dämmerzustand und hat uns gar nicht mehr erkannt. Er konnte nicht mehr laufen. Ob er uns vermisst hatte? Ich war sofort voll im Geschehen. Hatte ich Urlaub gehabt?

Malena und Johanna weinten, als wir nach Hause kamen. Sie hatten uns Lornes Zustand verschwiegen, weil sie unbedingt wollten, dass wir uns erholten. Außerdem hätten wir nicht spontan einen Flug nach Hause bekommen. Ich nahm erst einmal meine lieben Töchter fest in den Arm. Der ganze Druck der letzten Tage fiel von ihnen ab.

Ich gab ihm und mir eine Woche, gab ihn nicht in die Kita. Ich war eine Woche nur für meinen Sohn da. Rund um die Uhr. Wenn es nicht besser würde, müssten wir wieder in die Uniklinik, aber langsam ging es bergauf. Die Tropfen bekam er täglich. Bärbel war jeden Tag bei uns gewesen und auch Oma war täglich zur Stelle. Trotzdem fühlten sich unsere Töchter verantwortlich für ihren Bruder. Ich hatte ein so schlechtes Gewissen. Wäre ich doch nur daheimgeblieben. Das hatte ich nicht gewollt. Was mutete ich meinen Töchtern da nur zu? Gar nicht auszudenken, wenn etwas Schlimmeres passiert wäre. Das hätten Malena und Johanna niemals verkraftet. Das war der erste und letzte Urlaub für uns gewesen.

Am 17. April feierten wir Oma Annegrets 70. Geburtstag. Wir gaben uns die größte Mühe, diesen Tag für sie unvergesslich zu gestalten. Sie war rundum glücklich, das freute mich sehr. Meine Schwiegermutter sah sehr gut aus an ihrem Ehrentag. Um 15.15 Uhr hatte Lorne einen schweren epileptischen Anfall und dann nicht mehr. Er konnte wieder laufen, lachte, lautierte, sang und rannte, als wäre nichts passiert. Das sollte drei Jahre so bleiben, das ahnten wir nicht.

## 22.04.2011

## Karfreitag

Ich brauchte einen ganzen Tag frei. Mein allerbester Freund Cordy war an Bauchspeicheldrüsenkrebs erkrankt und lag im Sterben. Ich hatte ihn in den letzten Monaten mehrfach besucht und dachte, es gäbe Hoffnung. Nun lag er auf der Palliativstation in der Klinik und wir wollten einen ganzen Tag zusammen verbringen. Annegret sagte:»Fahr Dörte, nimm dir Zeit. Lorne kann bei mir bleiben.« Danke liebe Annegret! Gegen 11 Uhr kam ich zur Station, die Pflegekraft begrüßte mich:»Sind Sie Dörte?« »Ja.« »Er wartet schon auf Sie. Ich habe schon viel von ihnen gehört!« Oha, hoffentlich nicht alles? Ich betrat sein Zimmer. Cordy freute sich sehr und sagte: »Schön hier, oder? Wenn du einmal im Krankenhaus bleiben musst und dein Zimmer so schön eingerichtet ist, mit ner Ledercouch und so, dann sei auf der Hut. Das bekommst du nur, wenn das Ende naht.« Ich lachte, umarmte ihn, legte mich zu ihm. Wir hielten Händchen und schwelgten in Erinnerung. Wir hatten uns mit sechs Jahren auf dem Weg zur Schule auf der Aubrücke zwischen Aukrug-Böken und Aukrug-Innien unsere Kinderliebe gestanden. Sie hielt ganze drei Jahre. Cordy war der einzige Junge, den ich nicht im Armdrücken und im Nahkampf besiegen konnte. Er war der einzige Junge, der besser Fußball spielte als ich. Ich liebte ihn auf eine Weise, wie es nur Kinder in dem Alter vermögen. Unsere schulische Laufbahn ging in verschiedene Richtungen. Er küsste ein anderes Mädchen und blieb mein bester Freund. Er ging bei uns daheim ein und aus und ich bei ihm. Er war auch der beste Freund meines Bruders Dirk. Ich heiratete und zog nach Ehndorf. Er heiratete und zog auch nach Ehndorf. Ich bekam zwei Töchter, er bekam zwei Söhne. Dann bekam ich einen Sohn, den er nur kurz kennengelernt hat. Nun sollte er sterben. Das durfte doch alles nicht wahr sein! Wir hielten Händchen, gaben uns noch einen kindlichen Kuss und vertrauten uns unsere Gedanken und Gefühle an. Wir lachten sehr viel, wir weinten sehr viel. Es war ein ganz besonderer Tag. Danke Annegret, dass du mir diesen Tag, diese Zeit mit meinem Freund geschenkt hast.

Am 9. Mai starb er. Ich wünschte, er wüsste, dass unsere Kinder, Malena, Johanna, Lennart und Bjarne heute sehr gut befreundet sind und die besten Partys zusammen feiern.

**Der Tod, Teil des Lebens?**

Johanna und ich sahen eines Abends eine Reportage in der ARD. Es ging um eine Frau, die als Sterbebegleitung ehrenamtlich tätig war und eine Familie begleitete, deren Tochter 13 Jahre alt, so schwer an Krebs erkrankt war, dass es keine Hoffnung mehr für sie gab.

Die Familie wollte, dass sie bis zum Ende zu Hause bleiben konnte und wollten ihr alles so schön wie möglich bereiten und intensiv Zeit miteinander verbringen. Sie suchten alle zusammen einen Baum aus, an dem sie begraben werden sollte und erfüllten ihr noch einige Wünsche, die ihr besonders wichtig waren. Die Mutter wurde gefragt, wie sie es aushielte, und sie antwortete, sie müsse jetzt sehr stark sein, auch lachen, um ihrer Tochter die Zeit so schön wie möglich zu gestalten. Zum Trauern hätte sie später noch genügend Zeit. Johanna und ich weinten die ganze Zeit. Als das Mädchen dann starb, öffneten sie ein Fenster, zündeten eine Kerze an und verabschiedeten sich. Es war so intensiv und so traurig und trotzdem gestalteten sie alles so schön, wie die Tochter es sich gewünscht hatte.

Ein Picknick an dem Baum, fröhliche Farben, Tränen und Lachen. Es war so berührend. Wir konnten gar nicht fassen, wie stark diese Familie dieses schwere Schicksal meisterte und doch alles so schön gestalteten, wie sie es ihrer Tochter versprochen hatten.

Noch am selben Abend führte ich mit meinen Töchtern ein Gespräch über den Tod. Der Tod war gerade so präsent und die beiden übernahmen immer mal eine Lorne-Schicht. Außerdem hatten sie während unseres Urlaubs so große Verantwortung getragen. »Mädels, wenn ihr Lorne beaufsichtigt, habt ihr dann Angst, dass etwas ganz Schlimmes passieren könnte?« Johanna wirkte sehr nachdenklich.

»Was meinst du? Dass er stürzt und sich schwer verletzt? Ja, diese Gedanken sind immer da. Ich bin immer angespannt, wenn ich auf ihn aufpasse, habe mich aber auch schon an dieses Gefühl gewöhnt. Wisst ihr, was ich meine?«

Malena bestätigte das. »Es gibt aber auch Tage, da merkt man sofort, dass es ein guter Tag wird. Lorne wirkt stabil und man kann ihn laufen lassen. Dann schaue ich auch mal fernsehen und lasse ihn schaukeln, wenn die Tür zu seinem Zimmer weit geöffnet ist.« »Stimmt, das mache ich auch.« Johanna schaut mich sehr ernst mit ihren großen blauen Augen an. »Ich habe trotzdem immer ein besseres Gefühl, wenn du unten in der Küche bist. Fährst du einkaufen, bin ich immer froh, wenn du wieder da bist.«

»Wenn wir zu zweit sind,« bestätigte Malena, »dann geht es mir meistens auch besser.«

Johannas Augen füllen sich mit Tränen: »Wir wollen aber auch so gerne helfen, Mama. Wir sehen, wie erschöpft du bist. Auch wenn du das nie zugibst.«

Jetzt füllten sich auch meine Augen mit Tränen, das konnte ich gerade nicht gebrauchen, dreimal schlucken und das Gespräch fortführen. Wir mussten da jetzt durch.

Malena erinnerte sich: »Für mich war es mal ganz klar, wie schlimm das alles ist, als ich Lorne zu Oma und Opa gebracht habe und er dort in der Küche in seiner Karre plötzlich einen schweren Anfall bekam. Ich habe sofort reagiert und ihm sein Notfallmedikament gegeben, ihn in Seitenlage gelegt und ihn zugedeckt. Er hat sich sofort nach der Medikamentengabe entspannt, wieder geatmet und ist eingeschlafen. Oma und Opa waren total fertig und überfordert und haben mir gesagt, wie froh sie waren, dass ich noch da war. Sie hätten gar nicht gewusst, was sie hätten machen sollen. Da wurde mir das erste Mal richtig bewusst, wie erschreckend diese Situation war und wie groß die Verantwortung ist, die ich trage. Aber ich konnte das. Ich habe einfach funktioniert. Das war kein Problem für mich.«

Meine große Tochter. Ich war beeindruckt.


»Hat Oma Lorne eigentlich schon mal ein Notfallmedikament gegeben?« »Bisher noch nicht. Ich habe ihr vor Jahren eines gegeben und ihr gesagt, wie man es verabreicht, und dass sie es immer bei sich tragen soll, wenn sie Lorne beaufsichtigt. Sie hat es noch nie benutzen müssen.«

Nun kamen wir dem Anlass des Gesprächs langsam näher. Das spürten auch meine Töchter. Johanna sprach es jetzt aus: »Mama, könnte es wirklich passieren, dass Lorne stirbt, wenn man das Medikament bei einem großen Anfall nicht gibt?« Die Anspannung war zum Greifen nah.

»Ich weiß es nicht. Er ist schon so oft ohne das Medikament aus einem schweren Anfall rausgekommen. Ich mag und kann mir das nicht vorstellen, dass er es mal nicht schaffen sollte. Aber, wenn es tatsächlich mal nicht rechtzeitig wirkt und er nicht wieder atmen sollte, dann würde Lorne sterben! Ein Notarzt könnte niemals so schnell bei uns sein, um ihn zu retten!«

Schweigen. Malena weint jetzt auch. Ich wundere mich über mich. Ich kann das jetzt. Ich kann dieses Gespräch ganz sachlich führen.

»Wenn das wirklich jemals passieren sollte, dann hat niemand Schuld. Wenn das wirklich passiert, dann soll das so sein. Dann haben wir keine Macht, das zu verhindern und niemand ist schuld, weil irgendeiner von uns nicht schnell genug irgendetwas gemacht oder geholfen hat. Das entscheidet eine höhere Macht. Das Leben passiert einfach. Es fragt uns nicht. Der Tod ist Teil des Lebens. Auch er passiert einfach und wir müssen damit leben. Wir alle werden immer alles Menschenmögliche tun, um das Schlimmste zu verhindern, das versprechen wir uns heute. Mehr können wir nicht machen.«

Dennoch hoffte ich, dass so etwas Schreckliches niemals passieren würde. Genau das ging meinen Töchtern wohl auch durch den Kopf. Malena sah mich ernst an: »Ich glaube nicht, dass so etwas passiert, Mama. Lorne hat es schon so oft geschafft. Der wird niemals sterben.« Auch Johanna konnte sich das niemals vorstellen. In dem Moment kam Lorne aus seinem Zimmer ins Wohnzimmer gelaufen, sah uns drei da so ernst sitzen, grinste uns alle an, nahm Malena an die Hand, zog sie in sein Zimmer und klopfte auf seinen CD-Player. Seine Musik war ausgegangen. Malena startete seine CD neu, Lorne sprang auf seine Schaukel und summte laut die Melodie, die gerade lief und schaukelte, was das Zeug hielt.

Nein, dieser liebe, fröhliche Junge würde niemals sterben. Das durfte einfach nicht passieren. Es war aber sehr wichtig, dass wir darüber gesprochen hatten. Es mag kühl und pragmatisch klingen, aber es musste einmal ausgesprochen werden. Ich lastete meinen Töchtern eine riesige Verantwortung auf, wenn ich nur mal schnell dieses oder jenes erledigen musste und sie dann Lorne beaufsichtigten. Dennoch hoffte ich, dass das niemals passieren würde.

Im Mai schrieb ich eine E-Mail an Doc Hartmann:

Lornes Tropfen sind mal wieder leer. Wir brauchen Nachschub, hole ich wieder ab. Ich weiß ja nicht, was Sie da so machen, aber bitte machen Sie weiter. Lorne hat einen so guten Lauf, dass ich es gar nicht schreiben mag, damit es bitte so bleibt. Bis zum 17. April ging es ihm nochmal richtig schlecht. Seitdem geht es ihm super. Er kann laufen, lautiert, summt Melodien und lacht ganz laut. Bitte, bitte lass es so bleiben! Bis dann

**Im Juli schrieb ich an Professor S.:**

Da wir seit längerer Zeit in dem elektronischen Kalender für Epilepsie, im »Epivista«, zu finden sind, hielt ich es für nötig mich regelmäßig zu melden. Es geht Lorne super! Ich mag es gar nicht schreiben, aber auch gute Nachrichten teilt man so gern einmal mit. Sollten wir ihn mal wieder bei Ihnen in Kiel vorstellen? Er wird im August eingeschult. Eventuell vorher noch?

Er antwortete:
Ich bin begeistert. Gerne sehe ich Lorne erneut. Meinen Sie, dass er bei einem EEG kooperiert? Ich fände es wichtig, mal wieder ein EEG zu wiederholen.
Am 25. Juli fuhren Malena und ich mit Lorne nach Kiel. Er war jetzt sieben Jahre alt, 125 cm groß und wog 28 Kilo. Im Bericht stand, er sei schlank und muskulös. Das stimmte. Die EEG-Auswertung war kaum lesbar. Kommentar: Der Patient brüllt, tobt, abwehrend nur kurze ruhige Strecken. Malena und ich hatten alles gegeben, aber Lorne hasste es einfach, wenn sein Kopf untersucht wurde.
Sein Medikamenten-Ethosuximid-Spiegel lag bei 30, empfohlen waren 40-100. Prof. S. bezeichnete die Dosis als homöopathisch, wollte aber auch keine Erhöhung, weil es Lorne so gut ging. Er veranlasste noch eine Urinprobe. Er hatte Kontakt zum Universitätsklinikum in Heidelberg aufgenommen und eine Untersuchung auf Stoffwechselerkrankung veranlasst. Sie verlief ohne Ergebnis. Auch die Impfung kam mal wieder zur Sprache. Es stand in seinem Bericht, dass es nach jetzigem Wissenstand keinen Anhalt für einen Impfschaden gäbe.

In Lornes Mitteilungsbuch standen nur gute Nachrichten. Alle freuten sich, dass er so gut drauf war, keine Anfälle hatte, sehr aufmerksam war und sehr viel laut lachte. Ich freute mich, dass es ihm besser ging. Es wurde aber auch anstrengender ihn zu beaufsichtigen. Wenn er irgendetwas absolut nicht wollte, war es nicht so einfach, ihn zu überzeugen. Oma Annegret kam immer noch jeden Nachmittag gegen 16 Uhr und verbrachte eine Stunde mit Lorne. Er freute sich immer sehr. Oma hatte in diesem Jahr zum 50. Mal ihr Sportabzeichen gemacht. Trotzdem gefiel sie mir nicht so richtig. Sie wurde zunehmend kurzatmiger. Sie schob es erst auf ihre Schilddrüse, ließ dann aber auch das Herz überprüfen. Bei den Untersuchungen konnte nichts festgestellt werden und es schien alles gesund. Ein Glück!

Lorne musste unbedingt zum Zahnarzt. Mathias schaute zwar ab und zu in seinen weit geöffneten Mund, wenn er so laut lachte, wollte seine Zähne aber genauer anschauen. Ich setzte mich auf den Behandlungsstuhl, nahm Lorne auf den Schoß, umschlang seine Beine mit meinen, wie eine Schere und hielt seine Arme fest. Eine Helferin hielt seinen Kopf und Mathias setzte eine Kieferklemme ein, damit er nicht biss. Wir gaben alles, um kleine Behandlungen und Versiegelungen zu erledigen. Ich putzte seine Zähne, so gut es ging, trotzdem waren einige Kleinigkeiten zu machen. Es war so anstrengend, Lorne so zu halten. Er hatte eine unglaubliche Kraft und wehrte sich mit all seiner Kraft gegen die Behandlungen. Ich war danach jedes Mal so erschöpft. Ein zehn Kilometer-Lauf war nichts dagegen.
Wir gingen regelmäßig mit Lorne zum Friseur. Er bekam immer einen späten Termin, wenn kein weiterer Kunde

mehr im Laden war. Die Friseurin war eine alte Bekannte von mir und hatte immer sehr viel Geduld mit uns. Lorne hasste es, wenn jemand an seinem Kopf zugange war. Die vielen EEG-Untersuchungen forderten ihren Tribut. Er wurde immer größer und kräftiger. Dieses Mal randalierte er und hätte fast eine Trennwand eingetreten.

Wir schafften es irgendwie. Die Friseurin weinte, sie sagte: »Du tust mir so leid, aber ich kann das nicht mehr!« Eigentlich hätte ich traurig sein müssen. Ich aber war wütend. Ich dachte nur. Alle sechs Wochen Haare schneiden, pah, das kannst du nicht. Du solltest mal einen Tag machen, was ich mache. Gesagt habe ich dann: »Alles klar, dann eben nicht mehr. Wir machen das schon.« Weichpappe! Ich war manchmal wirklich ungerecht, aber nur in Gedanken.

Wir schafften uns einen eigenen Rasierer an und schnitten seitdem selbst. Jan und Johanna waren sehr durchsetzungsfähig und schafften es schon mal in einer Stunde. Malena und ich ließen uns immer sehr viel Zeit. Es dauerte schon mal vier Stunden. Es kam vor, dass Lorne mit viertel- oder halbrasiertem Kopf aufsprang und zur Schaukel rannte. Er sah aus, als wäre bei uns der Föhn explodiert. Manchmal auch wie ein Punker oder »Strampelnder Vogel« aus dem Film »Der mit dem Wolf tanzt«. Es war irgendwie auch lustig. Wir ließen ihn laufen, gönnten ihm die Pause und machten dann wieder weiter.

Meine Freundin Birgit lud Lorne zum Reiten ein. Sie hatte selbst fünf Kinder und wirklich genug um die Ohren, aber so ist Birgit. Alles kein Problem. Ich nahm es an. Lorne ging so gerne zum Reiten. Ich weiß gar nicht mehr genau, wie viele Samstage wir dort jede Woche bei Birgit und ihren tollen Pferden Torge und Bent verbrachten. Ich glaube, ein paar Jahre. Johanna begleitete mich häufig und hatte Reitunterricht auf Bent und Birgit machte alle möglichen Übungen mit Lorne auf ihrem Torge. Es war toll. Sie hat Lorne sogar auch mal abgeholt, alles kein Problem. Ich danke dir so sehr liebe Birgit!

Lorne hatte irgendwie einen ganz besonderen Zugang zu manchen Pferden. Das hatte Bärbel auch schon gesagt, sie ritt auch häufig mit Lorne, wenn er das Wochenende bei ihr verbrachte.

Wir nannten ihn dann den Pferdejungen. Es gab tatsächlich ein Buch, das so heißt. »Der Pferdejunge« von Rupert Isaacson. Ich las es. Es ging um einen autistischen Jungen namens Rowan Besa (ich dachte, das gibt es doch nicht). Hatte ich als Mutter schon viel auf die Beine gestellt, um meinem Sohn zu helfen, war das nichts gegen die Anstrengungen, die die Eltern dieses Jungen auf sich genommen hatten. Sie sind mit ihrem Sohn in die Mongolei gereist, um einen Heiler namens Ghoste zu finden, der ihren Sohn behandeln sollte. Sie mussten auch eine lange Teilstrecke zu diesem Heiler reiten. Es war unglaublich. Ich war sehr beeindruckt. Ich schrieb schon wieder einen Brief.

\*\*\*

**17.03.2022**
*Ich muss wirklich gerade mal schmunzeln. Wem ich alles geschrieben habe ist schon wieder irgendwie lustig!*

Im Grunde unterschied sich der Brief nur wenig von meinen Anderen. Ich beschrieb Lorne und seine besondere Beziehung zu Pferden. Dass ich mal gesagt hätte, wäre Lorne zu den Zeiten der Indianer geboren, wäre er sicher ein Medizinmann geworden. Und dass wir alle wohl die Fähigkeit verloren hätten, uns genau zu betrachten. Alles ginge nur um die Norm. Es stellte sich auf ihrer Reise heraus, dass dieser Heiler Ghoste auch Epileptiker und Autist war, von seinem Stamm aber als Heiler verehrt und bewundert wurde. Ich fragte, ob das wohl der Schlüssel zu unseren Söhnen sei. Waren sie nur zur falschen Zeit am falschen Ort geboren? Ob man sie nicht einfach lassen könnte, wie sie waren. Lorne sei ein ganz besonderer Junge, der mit einer Fröhlichkeit und Sorglosigkeit durch die Welt ging, die beneidenswert war. Das hätten wir »neurotypischen« Menschen wohl durch alltägliche Zwänge verloren. Ich schrieb, ich würde gerne mit Lorne nach Texas kommen. Bärbel wollte mitkommen. Der Vater betrieb dort eine Reitschule für Autisten.

Meine Freundin Friederike übersetzte diesen Brief. Sie unterrichtet Englisch am beruflichen Gymnasium. Dieser Brief war schon sehr speziell, dafür reichten meine Kenntnisse doch nicht ganz aus.

Danke liebe Friederike. Du bist immer so hilfsbereit!

Leider wurde der Brief nie beantwortet. Aus unserer Reise wurde nichts. Ich war irgendwie auch erleichtert. Mit Lorne einen so weiten Flug zu wagen, lieber nicht.

## Lorne wird eingeschult

In diesem Jahr war es so weit, Lorne sollte eingeschult werden. Es gab in Nortorf eine Förderschule: »Schule an den Eichen«. Einen Lehrer, Thomas H., den ich sehr mochte, hatte ich schon kennengelernt. Bärbel und ich sahen uns aber auch die Rudolf-Steiner-Schule in Kiel an. Ein schöner und interessanter Abend. Diese Schule orientierte sich an dem Waldorf-Konzept. Jede Mutter, jeder Vater würde sich sicher wünschen, sein bedürftiges Kind hier einzuschulen.

Alles in dieser schönen Schule ging nur um die Bedürfnisse der Kinder. Wir sahen Lorne dort aber nicht als zukünftigen Schüler. Er hatte einen so starken Willen und war stur wie ein Esel, wenn es nicht nach seiner Nase ging. Das wäre hier kontraproduktiv. Ich sah ihn vor meinem geistigen Auge den ganzen Tag in der Badewanne sitzen und planschen. Wir entschieden uns für die Schule in Nortorf. Lasse wollte Lorne das erste Schuljahr begleiten. Darüber war ich so froh. Lasse, du bist ein Schatz! Lasse und Lorne verbrachten seit Mai jede Woche einen Tag in der »Schule an den Eichen«, damit Lorne sich langsam an die Umgebung gewöhnte.

Am 18. Juni feierten wir Lornes 7. Geburtstag noch einmal mit der gesamten Kitagruppe. Alle kamen, Erzieher, Kinder, Zivis. Es war purer Stress. Jan fuhr mit allen Kindern mit dem Traktor. Sie konnten gar nicht genug davon bekommen. Sogar einige der Erwachsenen nutzten die Gelegenheit, um mitzufahren. Ich weiß nicht, ob Lorne gespürt hat, dass es ein ganz besonderer Tag war. Er wurde ja jeden Tag mit Liebe überschüttet. Das war für ihn völlig normal. Nur die Anwesenheit der Kinder bei uns war etwas Besonderes. Ich hoffte einfach, dass die Kinder Lorne ganz anders wahrnahmen, wenn sie sein Zuhause erlebt hätten. Er konnte ihnen ja nicht erzählen, wie schön es bei uns war. Am 22. Juli 2011 hatte Lorne seinen letzten Tag in der Kita. Ich weinte, sah aber, wie groß er geworden war. Er passte nicht mehr dorthin. Seine zukünftige Klassenlehrerin, Lena, hatte ich bereits kennengelernt. Ich fand sie sehr nett. Das würde schon alles klappen. Außerdem war es eine neue Chance für ihn, sich weiterzuentwickeln und neue tolle Menschen kennenzulernen, wie es schon in der Kita der Fall gewesen war.

Am 17. August 2011 wurde Lorne mit einer kleinen Feier eingeschult. Johanna war gerade mit RUF-Jugendreisen in Kroatien unterwegs. Jan, Malena und ich nahmen Oma Annegret und Opa Heini mit nach Nortorf. Mir liefen die ganze Zeit die Tränen, ich konnte es nicht aufhalten. Dann stellte sich uns der Rest des Klassenteams vor, die zuständige SPA, gab Lorne die Hand und fragte: »Na, wen haben wir denn da?« Lorne war sowieso sehr aufgeregt, weil er sitzen musste, und biss ihr in den Arm! Sie sagte sehr streng: »Na, wir beide werden wohl noch viel Freude miteinander haben, Freundchen!« Ach du ahnst es nicht, das konnte ja heiter werden. Sie wirkte so streng auf mich.

Es stellte sich heraus, dass sie Lorne ganz schnell in ihr Herz schloss. Es war einfach nur ein schlechter Start. Nachmittags kamen noch Bärbel, Angela, Liza, Pia, Andrea, Mathias, Dirk und Addi und Kinder zu uns. Wir tranken zusammen Kaffee und aßen Kuchen. Lorne schaukelte und sang. Er war jetzt ein Schulkind und so groß geworden.

**Ich begann ein neues Mitteilungsbuch:**

Hallo, ich bin Lorne und ab jetzt ein Schulkind. Ich mag leider nicht so gern stillsitzen, aber man kann mich überlisten, zum Beispiel mit einem kleinen Fahrzeug, an dem ich die Räder drehen kann. Das mache ich sehr gern.
Meine Lieblingsfarbe: grün.
Lieblingsbeschäftigungen: Schaukeln, Laufen, Singen, Tanzen, Trampolin springen.
Lieblingslieder: »La-Le-Lu«, »Hänschen klein«, »Auf der Mauer, auf der Lauer«.
Wenn ich mal traurig oder müde bin, kuschle ich am liebsten mit meinem Schnuffituch und höre meine Musik (Kassette ist im Rucksack).
Außerdem habe ich immer eine Notfalltablette dabei. Im Falle eines epileptischen Krampfanfalls bitte in die Wangentasche schieben. Dann muss ich erst einmal schlafen. Danach geht es mir meistens wieder gut.

Es lief jetzt folgendermaßen ab. Lasse kam morgens mit dem Schulbus, in dem er ab Nortorf mitfahren konnte, zu uns, holte Lorne ab und brachte ihn mittags, ab und zu auch nachmittags wieder heim.
Die Nachrichten im Mitteilungsbuch waren durchgehend positiv, nun war Lasse ja auch ständig an seiner Seite. Er schrieb, er habe Lorne noch nie so neugierig, geduldig und fröhlich gesehen.
Anna holte Lorne immer montags von der Schule ab, nahm ihn für drei Stunden mit zu sich und brachte ihn dann zu uns nach Hause. Oma kam auch oft nachmittags und übernahm eine Stunde. Sie war immer etwas erschöpft. Am Wo-

chenende übernahm Annika den Sonntagnachmittag und auch Bärbel blieb uns weiterhin erhalten. Dort konnte Lorne ab und zu mal übernachten. Das musste alles bezahlt werden, aber wir mussten auch mal schlafen. Ich kaufte mir wertvolle Zeit. Das klingt alles richtig entlastend, dennoch blieben genügend Betreuungszeiten für mich. Vor allem in den Ferien. Die Kosten für die Schulbegleitung übernahm der Kreis Rendsburg-Eckernförde, Abteilung Wiedereingliederungshilfe. Das musste jährlich beantragt werden. Man konnte dieses Geld leider nie direkt abrufen. Es musste ein ambulanter Dienst beauftragt werden, um diese Abrechnung vorzunehmen. Lasse musste dort eingestellt werden und bekam sein Geld von diesem Dienst. Wir entschieden uns für die »Offenen Hilfen« in Kiel. Lorne bekam eine Bewilligung für eine Fachkraft, weil er nicht nur geistig behindert war, sondern auch an Epilepsie litt. Der Stundensatz betrug damals 18,65 Euro. Lasse bekam davon 12 Euro. Die Differenz blieb bei den »Offenen Hilfen« als Verwaltungsaufwand. 6,65 Euro pro Stunde. Falls Lasse einmal krank war, sollte die Vertretung durch einen Angestellten der »Offenen Hilfen« abgedeckt werden. Das klappte nie. Ich musste immer einen Ersatz suchen oder Lorne musste zu Hause bleiben. Dieser Ersatz musste dann aber auch bei den »Offenen Hilfen« angestellt werden. Es war der reinste Papierkrieg. Ich bemühte mich damals um eine direkte Abrechnung. Der Kreis hätte lediglich 12 Euro für die Stunde bezahlt, Geld gespart und ich hätte die Ersatzkraft selbst einsetzen können. Das war leider nicht möglich. Ich konnte es nicht fassen. Es wäre viel einfacher gewesen, aber die Behörden entschieden immer nach Akten- und Gesetzeslage.

Da Lorne jetzt seit einiger Zeit Pflegestufe 3 hatte, hatten wir Anspruch auf Verhinderungsleistungen in Höhe von 1500 Euro jährlich. Das waren 100 Stunden. Diese konnte ich nach Angabe der persönlichen Daten der Personen und Ausgabequittungen selbst abrufen. Das klingt erst einmal sehr gut. Lorne musste aber 24 Stunden betreut werden. Es waren gerade mal zwei Wochenenden im Jahr oder auch 30 Nachmittage.

Ein Urlaub war so gar nicht möglich. Außerdem hatten wir Anspruch auf Kurzzeitpflegeleistungen in gleicher Höhe. Diese Leistungen waren leider an eine Einrichtung gebunden. Wir hatten bisher keine Einrichtung gefunden, die es leisten konnte, ein Kind wie Lorne zu betreuen, somit verfiel der Betrag jedes Jahr. Ich schrieb einen Brief an die für uns zuständige Pflegekasse. Ich schilderte unsere Situation. Ich berichtete von dem »Reinfall« auf Sylt. Wir hatten den Aufenthalt aus eigenen Mitteln bezahlt, weil wir keine Pflege bekommen hatten. Die Kurzzeitpflegeleistungen für das Jahr konnten nicht abgerufen werden und verfielen. Ich schrieb, dass wir ein sehr gutes Helfernetz hätten, zum Teil aus ausgebildeten Kräften. Wir diesen vertrauten und Lorne sehr gern, so lange wie möglich zu Hause versorgen würden, es ohne diese Hilfe leider immer schwieriger für uns würde. Ich schrieb: »Können wir nicht einen gemeinsamen Weg finden, der es für uns möglich macht, Lorne noch so lange wie möglich zu Hause zu versorgen?« Ich bekam einen Anruf von der Abteilungsleiterin. Sie hatte meinen Brief gelesen. Es wäre laut Gesetz zwar nicht üblich, aber sie würden eine Ausnahme machen. Ich könnte die gewünschten Leistungen genauso abrechnen, wie die Verhinderungspflegeleistungen. Ich war sprachlos. Wie toll. Das half. Danke!

Das sollte bis 2020 so bleiben es war sehr unkompliziert und hat jedes Mal ohne Probleme geklappt. Lieben Dank an das Team der Landwirtschaftlichen Pflegekasse!

In meinem Kalender steht, dass Lorne im August 2011 im Alter von sieben Jahren das erste Mal die Treppe allein runtergehen konnte. Ich ging immer rückwärts vor ihm, falls er stürzte, konnte ich ihn so auffangen. Bisher hatte ich ihn auch häufig auf meinem Rücken getragen. Er liebte es, huckepack auf mir und auch auf seinen Schwestern zu reiten. Außerdem schob er neuerdings Spielzeugautos und brummte dazu. Das war ein riesiger Fortschritt. Ich weiß noch, dass Johanna nach einem 14-tägigen Urlaub aus Kroatien heimkam, sah, wie Lorne die Treppe allein runterkam, und sofort weinte vor Freude.

Lornes Lehrerin Lena und ich besprachen, dass Lorne erst einmal lernen sollte, den normalen Schulalltag zu meistern. Er sollte möglichst beim gemeinsamen Frühstück am Tisch sitzen, das war schon eine Herausforderung. Dann sollte er lernen, seine Hände zu waschen, seine Zähne zu putzen, alles mit Lasses Hilfe. Dann wollten sie ihm schon einmal kleine Aufgaben stellen, zum Beispiel Duplo-Steine nach Farben zu sortieren. Das sollte dann je nach Ausdauer gesteigert werden, nach Größe und Form. Für Lorne war das im ersten Schuljahr eine sehr große Herausforderung. An Lesen, Schreiben, Rechnen, selbst auch ein Bild zu malen, war gar nicht zu denken. Das erste Jahr war vorerst so durchgeplant. Er brauchte immer wieder Freiraum und Pausen, um sich zu bewegen und zu schaukeln, damit er nicht zu unruhig wurde. Er bekam jetzt Physiotherapie, Logopädie und spezielle Förderstunden durch die Autismus-Förderung in der Schule. Hier wurde nach dem »Teacch-Ansatz« mit ihm gearbeitet. Der T-Ansatz verwendet Bilder oder Gegenstände, um geplante Aufgaben und Aktivitäten besser mitzuteilen. Zum Beispiel ein Springseil=Sport, Waschlappen=Wickeln. Wir hofften, dass Lorne unsere Worte in Verbindung mit diesen Gegenständen besser verstehen würde.

Die Schule stellte einen »Talker« zur Verfügung, eine Taste, die aufnahm, wenn man sie besprach. Wenn Lorne diese Taste drückte, spielte dieses Gerät alles ab, was darauf gesprochen wurde. Ich besprach diese Taste täglich, manchmal sang ich auch. So konnte Lorne im Morgenkreis »erzählen«, was er nachmittags gemacht hatte. Er musste mehrmals drücken, damit alles abgespielt wurde. Er entwickelte sehr viel Freude, diese Taste immer wieder zu drücken, vor allem, wenn ich ein Lied gesungen hatte. Lasse machte es genauso, so dass Lorne daheim »erzählen« konnte, was in der Schule so los war. Wir hatten auch noch das Mitteilungsbuch für wichtige Nachrichten. Ansonsten nutzten wir immer den »Talker«.

Lorne hatte seit April 2011 keinen Anfall mehr gehabt. Ich gab ihm immer noch die geringe Dosis »Petnidan« und die Tropfen von Doc Hartmann.

Malena hatte sich entschieden, ihre Gymnasiallaufbahn zu beenden. Sie ging mit einem guten Realschulabschluss von der Schule ab und begann eine Ausbildung zur Hotelfachfrau in Nortorf. Ich könnte jetzt behaupten, dass unsere familiäre Situation eine große Belastung für alle war und es daran lag, aber ich glaube, Malena hätte auch unter normalen Umständen so entschieden. Wir unterstützten sie. Ich hatte keine Lust, ihr Druck zu machen. Sie war sehr reif für ihr Alter und hatte es wohl durchdacht. Sie musste jeden Tag um 14 Uhr in Nortorf sein und hatte gegen 22 Uhr Feierabend, wenn sie keine Überstunden machen musste. Es dauerte auch schon einmal bis 22.30/23 Uhr. Es gab weder eine Bus- noch eine Zugverbindung zu uns. Wir mussten sie jeden Tag hinfahren und wieder abholen. Nachmittags nahm ich Lorne häufig mit, abends blieb Jan bei ihm und ich holte Malena ab. Ich fuhr sie wirklich sehr gerne, aber es war eine zusätzliche Belastung. Vor allem abends. Sie musste häufig länger arbeiten, so dass wir auch oft erst um 23.30 Uhr daheim waren.

Johanna ging weiterhin auf das Gymnasium in Neumünster. Auch sie musste jeden Morgen und Nachmittag gefahren werden. Außerdem hatten beide Mädchen das Feiern für sich entdeckt und gingen am Wochenende aus. Johanna schlug in diesem Jahr öfter mal über die Stränge, zum Glück ist alles gut gegangen. Sie musste wohl mal Dampf ablassen. Wir ließen unseren Töchtern sehr viel Freiheiten. Ich holte sie nachts, später dann auch häufig sehr früh morgens von überall ab. Häufig war ich dann gegen 4 bis 5 Uhr wieder daheim und Lorne schon wach.
Dann ging es gleich weiter bis zum Abend.

Malena hatte eine sehr schwere und stressige Ausbildungszeit. Ich war mehrfach kurz davor, ein Gespräch mit ihrer Chefin zu suchen, aber Malena wollte nichts davon wissen. Sie war ja erst 16 Jahre. Ich fühlte mich verantwortlich für ihre Belange, wollte aber nichts ohne ihr Einverständnis unternehmen.

## 2012

*Ach schrittest du durch den Garten*
*noch einmal in raschem Gang,*
*wie gerne wollt ich warten,*
*warten stundenlang.*
Theodor Fontane

**Am 08. Januar schrieb ich in Lornes Mitteilungsbuch:**

Lorne hatte schöne Ferien. Er fühlt sich hier rundum wohl. Ich bin nun allerdings auch ziemlich erledigt. Es ist schon anstrengend, wenn man Lorne rund um die Uhr versorgen muss. In der Weihnachtszeit hat man leider kaum Hilfe von außen. Das Wetter war auch nicht gerade von Vorteil. Aber es ging Lorne die ganze Zeit sehr gut, keine Anfälle. Darüber bin ich sehr froh und dankbar.

Es kamen täglich gute Nachrichten zurück. Lorne ging es richtig gut! Nachmittags spielte er eine Stunde mit Oma. Malena (gerade mal 17 Jahre) war so eingespannt während ihrer Lehrzeit, dass sie kaum noch Zeit für ihren Bruder hatte. Wenn er sie mal sah, flippte er regelrecht aus. Lorne rannte dann zu ihr, fasste an ihre Hand und sie musste mit ihm an alle seine Lieblingsplätze gehen. Er himmelte sie an. Lorne hatte solch eine Kraft, er zerquetschte ihr fast die Finger, damit sie ja nicht wieder wegging. Oben in seinem Zimmer zog er Malena immer in sein Bett, legte sich hin und zog Malena in Löffelstellung zu sich. So musste sie dann einen Augenblick bei ihm liegen und ihn fest umarmen. Dann war er glücklich. Sie war für ihn wie eine zweite Mutter.

Johanna (15 Jahre) spielte nachmittags häufiger mit Lorne. Sie war nach wie vor ganz die große Schwester. Wenn sie ihn sah, sagte sie immer: »Na Baby!«, und er strahlte sie an. Oder sie hielt sich beide Hände vors Gesicht und rief: »Wo ist das Baby?«

Er kam angelaufen, nahm ihre Hände weg, so dass ihr Gesicht zum Vorschein kam, und sie rief: »Da ist es ja!«

Er erschreckte sich jedes Mal und lachte so laut und wollte das immer wiederholen. Es ging einem das Herz auf. Auch Johanna musste immer einen Augenblick bei Lorne liegen und ihn fest umarmen. So zeigte er seine Zuneigung. Das machte er mit nur ganz wenigen Menschen.

Annegret ging bei Wind und Wetter mit Lorne nach draußen. Sie machte alles, was er wollte. Wir anderen versuchten immer, ihn etwas zu erziehen. Sagten auch mal Nein, wenn er das hundertste Mal rein und wieder raus wollte. Oma hatte eine Engelsgeduld mit ihrem Lorne.

\*\*\*

*17.03.2022*
*Ich lese die Tageszeitung. Luxusjachten in Spanien festgesetzt.*
*Spaniens Premier Pedro Sanchez sagt:»Putin, sein System und die*
*Oligarchen haben sich in einem System der Korruption in Russland*
*bereichert, indem sie das russische Volk unterdrücken!«*
*Also, sorry, habt ihr das jetzt gerade gemerkt? Wegen des Überfalls*
*auf die Ukraine? Noch vor wenigen Monaten habt ihr deren Geld*
*noch sehr gerne genommen. Alle diese Maßnahmen werden sicher hel-*
*fen, nur kommen sie etwas zu spät.*
*Ich weiß, ich gehöre zu den vielen Küchenpolitikern, die theoretisch*
*alles besser wissen. Trotzdem.*
*So langsam ist Jan von mir genervt.»Mann … mach doch mal Pause.*
*Du bist nur noch am Schreiben. Ich sitze jeden Abend allein im*
*Wohnzimmer!« Och, Schieter… hast ja recht. Ich kann nicht anders.*
*Es ist wie eine Sucht.*

\*\*\*

In diesem Jahr am 03. März 2012 sollten meine Schwiegereltern Annegret und Heinrich ihre Goldene Hochzeit feiern.
Wir Kinder und Enkelkinder trafen uns jeden Sonntag, um
etwas Lustiges einzuüben, das wir dann vorführen wollten.
Lorne sollte dann im Anschluss Oma eine rote Rose über-
reichen. Mitmachen konnte er ja leider nicht.
Ich ging immer noch zweimal die Woche mit Arrie joggen,
meistens gegen 13 Uhr, bevor Lorne nach Hause kam. Neuerdings traf ich Oma. Sie war am Walken, wollte gerne noch
zwei Kilo abnehmen, damit sie an ihrem Ehrentag besonders gut aussehen würde.
Am 28. Februar kam Oma Annegret nicht wie verabredet,
um Lorne zu beaufsichtigen. Ich ging mit ihm rüber, klopf-

te, rief, bekam keine Antwort. Die Schlafzimmertür war geschlossen. Ich dachte, Oma wäre sicher eingeschlafen. Sie hatte gerade ziemlich viel um die Ohren wegen der Goldenen Hochzeit, daher machte ich mir keine Sorgen und ging mit Lorne wieder zum Schaukeln rüber. Eine Stunde später rief mein Schwiegervater an:»Dörte, Hilfe! Du musst sofort kommen. Annegret bewegt sich nicht mehr.« Schon hatte er wieder aufgelegt. Ich sprintete los, ich weiß gar nicht, wo ich Lorne ließ. Ich glaube, Johanna war daheim. Das Telefon klingelte schon wieder. Ich war gerade draußen und wollte rüber zum Haus meiner Schwiegereltern. Astrid (Addi) meine Schwägerin rief an:»Dörte, Hilfe! Du musst sofort rüber zu Heini. Mit Annegret stimmt etwas nicht. Ich rufe in der Zeit den Notarzt!« Sie war völlig aufgelöst. Ihre Mutter war nicht nur ihre Mutter, sondern auch ihre beste Freundin. Nicht auszudenken, wenn etwas Schlimmes passiert wäre. So schnell bin ich noch nie gelaufen. In wenigen Sekunden erreichte ich das Haus meiner Schwiegereltern, rannte ins Schlafzimmer und sah meine Schwiegermutter. Sie bewegte sich nicht mehr. Annegret lag tot in ihrem Bett. Opa stand stumm und starr im Schlafzimmer, das Telefon noch in der Hand. Ich begann sofort mit Mund-zu-Mund-Beatmung und Herzmassage. Nach einer gefühlten Ewigkeit kam Addi. Sie stand wie angewurzelt in Schockstarre. Als ich sie ansprach, löste sie mich ab, aber es war schon zu spät. Der Rettungsdienst und Notarzt trafen ein. Sie schlossen Annegret an alle möglichen Geräte an. Nichts. Kein Herzton, keine Bewegung. Nichts. Jan kam in das Schlafzimmer seiner Eltern gestürmt und blieb plötzlich stehen. Er stand wie angewurzelt da, konnte es nicht fassen. Später auch noch Malena, Johanna und mein

Bruder Dirk. Wir standen unter Schock. Damit hatte niemand gerechnet. Die Rettungssanitäter sagten uns, dass es schon zu spät sei. Annegret sei schon zu lange in diesem Zustand. Sie packten ihre Sachen ein, sprachen noch ein paar tröstende Worte und gingen.

Was für ein schwarzer Tag. Ich weiß nicht warum, aber ich erinnerte mich trotz dieser Traurigkeit an die Reportage, die Johanna und ich vor einigen Wochen im Fernsehen geschaut hatten. Alle Räume waren hell erleuchtet und wir weinten. Für Astrid und Jan war es ganz besonders schlimm. Ihre geliebte Mutter sollte nicht mehr für sie da sein. Auch Opa war am Boden zerstört. Malena und Johanna waren auch so traurig. Dirk und ich waren die Schwiegerkinder, liebten Annegret auch, wollten den anderen aber auch gerne helfen. Ich zündete Kerzen an, machte überall das Licht aus, öffnete in Annegrets Schlafzimmer ein Fenster, stellte auch dort eine Kerze auf und kochte erstmal Kaffee. Wir hatten schon mit dem Arzt gesprochen, der Bestatter würde Annegret um 21 Uhr abholen. Wir hatten noch drei Stunden. Die mussten wir nutzen, um uns in Ruhe von Annegret zu verabschieden.

Ganz sachte fragte ich Addi und Jan, was sie davon hielten, wenn wir Oma noch einmal hübsch machen würden, ihr die Kleidung anzuziehen, die sie an ihrem Ehrentag hätte tragen wollen, um ihre Goldene Hochzeit zu feiern. Opa meinte: »Das solltet ihr machen, das hätte Annegret gewollt, dass ihr sie schön macht, Mädchen.« So sollte es sein.

Addi und ich machten Oma zurecht. Wir zogen ihr die Kleidung an, die sie vier Tage später hätte tragen wollen. Wir kämmten und schminkten sie. Es war nicht leicht für mich, aber für meine Schwägerin muss es so schlimm gewesen sein, dass ihre geliebte Mutter nicht mehr reagierte. Trotzdem half es uns. Wir hatten etwas zu tun. Als wir fertig waren, ging Opa zu seiner geliebten Ehefrau und ich hörte, wie er sagte:»Du bist so schön mein Schatz!« Jeder von uns nutzte die Gelegenheit, bei Oma zu sitzen, sie zu berühren, ihr die Dinge zu sagen, die wir nochmal sagen wollten. Wir saßen im Wohnzimmer und ließen die Tür offen stehen, so war sie irgendwie die ganze Zeit noch bei uns. Wir konnten uns verabschieden. Jeder nutzte die Gelegenheit mehrfach. Ich bestärkte auch meine Töchter, diese Gelegenheit zu nutzen, um Oma noch einmal zu berühren, ihr zu sagen, wie lieb sie sie hätten und was sie Schönes zusammen erlebt hätten. Es dürfe jede beliebige Erinnerung sein. Und das taten wir alle.

Meine Töchter haben mir ein paar Jahre später einmal gesagt, dass Omas Tod für sie wirklich ein Schock gewesen sei, sie aber diesen Abschied trotz all der Traurigkeit, als Trost empfunden hätten. Es sei eine schöne Erinnerung, dass sie so in Würde verabschiedet wurde. Ich habe es genauso empfunden.

Der schwerste Moment eines Hinterbliebenen nach dem Schock des Todes ist wohl der, wenn der Bestatter kommt, um den Körper des Verstorbenen abzuholen. Es bleibt eine solche Leere. Ich weiß nicht, ob man so einen Moment irgendwie würdevoller gestalten könnte, damit es nicht so schrecklich ist. Die Leiche wird in einen schwarzen Sack gelegt und dann wird der Reißverschluss zugezogen. So verlässt dieser Mensch sein Haus. Es fühlt sich so schlimm an, wenn dieser Mensch nicht mehr da ist. Da ist nur noch Leere. Opa tat mir sehr leid.

***

**18.03.2022**
*Ich mach mal wieder eine Pause. Da kommt gerade eine Menge hoch. Oh Mann! Es ist so anstrengend und emotional. Omas Tod wühlt mich immer noch sehr auf. Außerdem schreibe ich täglich acht Stunden und sehe kein Ende. Ich möchte aber auch nicht anfangen zu kürzen. Was für ein Berg!*

***

Annegret hinterließ eine riesige Lücke und sie hinterließ uns Opa. Mein Schwiegervater war 1930 geboren, hatte viele Jahre den großen Hof geführt und viele Angestellte gehabt, die er einteilen und denen er befehlen musste. Er ließ sich von niemanden etwas sagen. Er hatte in seinem ganzen Leben noch nie eingekauft, Essen zubereitet, Wäsche gewaschen oder einen Staubsauger in der Hand gehabt und hatte auch nicht vor, nun damit anzufangen. Das war Frauensache. Er kam von jetzt an jeden Morgen um 8 Uhr zum Frühstück, jeden Mittag um 12 Uhr, jeden Nachmittag um 15 Uhr zum Kaffee und jeden Abend um 18 Uhr zum Abendbrot zu uns ins Haus. Mein Mann war der Hoferbe und meine Schwiegereltern hatten uns immer unterstützt. Opa tat mir auch sehr leid. Er hatte es sich auch nicht ausgesucht, dass so etwas passierte. Er sagte immer, dass er nie in seinem Leben gedacht hätte, dass seine zehn Jahre jüngere Frau vor ihm sterben würde. Ich wollte wirklich gerne etwas zurückgeben, aber ihn viermal am Tag zu versorgen, das war mit einem behinderten Kind unmöglich. Das konnte ich nicht leisten. Wir aßen seit Jahren abends, damit wir alle zusammensitzen konnten. Meistens oben, wenn Lorne in seinem Zimmer schaukelte, kurz bevor er schlafen ging. Alles stand Kopf.

Ich hatte keine Ahnung, wie wir das machen sollten.
Wir schauten erst einmal Tag für Tag.

**Mein Tag sah jetzt so aus:**

- 5.45 Uhr, aufstehen, Lornes Schulbrot und Getränk einpacken. Lornes Frühstück und das Frühstück für alle vorbereiten.
- 6.15 Uhr, Lorne wecken, meistens war er schon länger wach. Er musste gewaschen und gewickelt werden. Lornes Zähne putzen, dann musste er komplett angezogen werden, er konnte das nicht. Dann frühstückte er, wieder Zähne putzen.
- 7.00 Uhr kam Lornes Schulbus. Ich ging mit ihm nach unten und übergab an Lasse.
- 7.05 Uhr, Johanna saß schon am Frühstückstisch. Sie musste zum Bus gefahren werden.
- 7.30 Uhr war ich wieder daheim.
- 8.00 Uhr kam Opa zum Frühstück. Dann Haushalt, Essen kochen, Wäsche waschen usw..
- 12.00 Uhr kam Opa zum Mittag.
- 12.30 Uhr kam Lorne heim (Waschen, wickeln, füttern, aufpassen, spielen)
- Zwischen 13.05 und 16 Uhr, Johanna abholen.
- 13.40 Uhr, Malena nach Nortorf fahren
- 15.00 Uhr kam Opa zum Kaffee und Lorne musste den ganzen Nachmittag beaufsichtigt und verpflegt werden.
- 18.00 Uhr kam Opa zum Abendbrot.
- 18.00-20.00 Uhr, Lorne baden, füttern, wickeln, Zähne putzen und ins Bett bringen.
- 22.00 Uhr, Malena abholen.

Ich fühlte mich komplett fremdgesteuert. Das war ein ganz normaler Tag ohne Verabredungen oder Hobbys. Meistens war es noch bunter. Ich musste sehr gut organisieren. Den Einkauf erledigte ich immer, wenn ich Malena zur Arbeit nach Nortorf fuhr. Das ging nur an den Tagen, wenn Lorne etwas später nach Hause kam. Ab und zu holte ich Lorne dann gleich von der Schule in Nortorf ab, dann musste der Schulbus nicht extra den Umweg zu uns machen. An manchen Tagen fuhr ich Johanna nachmittags wieder nach Neumünster oder Hohenwestedt, damit sie sich dort mit Freunden treffen konnte. Früh abends holte ich sie wieder ab. Das war der Hammer. Der Tag war komplett durchgetaktet.

Eines muss ich meinem Schwiegervater wirklich lassen, er liebte Lorne, so wie er war, und nahm ihn auch mal auf dem Traktor mit.

Jan ging jetzt immer häufiger arbeiten. Er hatte viele Aufträge, die er mit dem Traktor für andere als Lohnarbeit verrichtete. Wir bewirtschafteten auch noch unsere 120 Hektar Ackerfläche. Er hatte viel zu tun. Wenn er dann doch mal da war, setzte er sich zu Opa, fuhr die Mädels oder nahm Lorne. Das waren kurze Verschnaufpausen für mich.

Jan ging es nicht gut. Er trauerte sehr um seine Mutter. Ich vermisste Annegret auch, hatte aber gar keine Zeit zum Trauern. Ich wusste nicht, was ich machen sollte, damit es ihm besser ging. Ich versuchte, ihm den Rücken freizuhalten und möglichst viele »Lorne-Schichten« zu übernehmen. Er kapselte sich immer mehr ab. Wir redeten kaum noch über uns. Jeder machte sein eigenes Ding. Wir funktionierten nur noch, um unseren Kindern Normalität vorzuleben. Wir entfernten uns immer mehr voneinander. Ich wusste nicht, wohin das führen würde, dachte aber immer häufiger, dass wir wohl getrennte Wege gehen würden, wenn unsere Töchter ihr eigenes Leben lebten. Und Lorne? Ja, Lorne, keine Ahnung, was aus Lorne werden würde. Ich hoffte immer noch auf ein Wunder.

An diesem Punkt schlug die jahrelange Belastung verbunden mit dem Tod der Mutter und Schwiegermutter voll durch.

Ich glaube, Jan wünschte sich eine Frau, die für ihn da wäre, die sich um ihn kümmerte. Ich wünschte mir einen Mann, der nur einmal sagen würde: »Ich mache das. Ich entscheide das. Ich kümmere mich um alles. Du hast einfach mal Pause.« Leider haben wir es nicht geschafft, uns das auch zu sagen. In dieser Zeit wurden meine Töchter zu meinen engsten Vertrauten. Sie wuchsen zu jungen Frauen heran und ich besprach in dieser Zeit sehr viel mit Malena. »Wie gehen wir weiter vor, Medikamente ja oder nein?«

Nur wenig später war auch Johanna mit im Boot. Beide halfen nicht nur, indem sie Schichten übernahmen, sondern halfen auch Entscheidungen mitzutragen. Im Grunde übernahmen sie das, was Elke und Bärbel in der Kitazeit für mich waren.

Ich hatte in dieser Zeit das Glück, dass meine Schwägerin Addi für ihren Vater den Einkauf erledigte und ihm im Haushalt half. Ich weiß gar nicht, wie ich das auch noch hätte schaffen sollen.

In dieser schweren Zeit kamen unsere guten Freunde Mathias und Andrea nachmittags vorbei. Sie nahmen Lorne mit zu einem Spaziergang. Ich konnte mal kurz durchatmen. Danke! Meine beste Freundin, Angela, war auch häufig hier und nahm mir Lorne mal ab. Angela und ich gingen häufig mit Lorne spazieren und ich konnte mich ausweinen. Auch Dago, ein ganz enger Freund der Familie, kam ab und zu nachmittags zum Kaffee, dann verbrachte er die meiste Zeit bei Lorne an der Schaukel. Ich konnte dann schnell etwas erledigen. Lorne liebte Dago.

Er wollte immer seine Hand halten und mit ihm ein Stück gehen. Und das erfüllte Dago immer. Er ging mit Lorne ein Stück, gab ihm Anschwung und mein Sohn war außer sich vor Glück, wenn Dago mit ihm scherzte.

Tante Marga bot an, dass Opa montagsmittags zu ihr kommen könne. Das half auch so sehr. Addi und Dirk wollten das Frühstück am Sonntag übernehmen.

Alle anderen Mahlzeiten leisteten wir hier. Bis Weihnachten hielten wir durch. Dann krachte es. Am 24. kam Opa morgens um 8 Uhr zu uns und verlangte sein Frühstück. Wir hatten ihn gar nicht erwartet und schauten etwas sparsam aus der Wäsche. Wir hatten ihn für den Abend zu uns eingeladen. Es kam zu einem Streit mit Jan. Schmollend ist Opa dann abgezogen. Dicke Luft, ausgerechnet Heiligabend. Abends kam er dann zu uns. Er hatte sich beruhigt und wir verbrachten den Abend zusammen. Er sagte uns, dass er zukünftig nur noch zweimal täglich zu uns kommen würde. Es hätte ihn sowieso gestört, dass er abends häufig allein essen musste, wenn ich Lorne beaufsichtigte. Ich wusste nicht genau, ob ich ein schlechtes Gewissen haben oder froh sein sollte. Ich war froh.


Ein paar Wochen nach Annegrets Tod rief mich eine Dame aus Wischhafen an. Ich hatte schon von ihr gehört. Sie behandelte auch einige Bekannte meiner Schwiegereltern. Sie kannte Annegret aus früheren Zeiten. Sie wünschte uns ihr

Beileid und sagte, Annegrets Geist hätte sie aufgesucht und sie gebeten, ihren Enkel zu behandeln.

Wie bitte? Ich dachte, was hat sie denn für einen Auftrag? Sie mache seit Jahren bei ihren Patienten eine Bioresonanztherapie und hätte Annegret versprochen, Lorne zu helfen. Sie wolle Lorne das erste Mal kostenfrei behandeln, jede weitere Behandlung würde 40 Euro kosten. Ich war so baff, dass ich zusagte.

Bioresonanztherapie ist ein Verfahren, dass die körpereigenen, elektromagnetischen Schwingungen messen, und Störungen beheben soll.

Lorne war immer noch anfallsfrei. Ich machte mir aber sehr viele Sorgen wegen seiner Entwicklung. Was sollte nur mal aus ihm werden?

Wir fuhren nach Wischhafen. Lorne liebte das Autofahren, aber er hasste es, wenn das Auto stand. Das ließ sich hier leider nicht vermeiden. Wir fuhren mit der Elbfähre von Glückstadt nach Wischhafen und mussten im schlechtesten Fall auch schon mal zwei Stunden warten. Es war so anstrengend. Ich beschreibe nicht weiter, was wir dort erlebten. Wir waren viermal dort. Ich mochte diese Frau vom ersten Augenblick an gar nicht, so ganz und gar nicht. Ich tat es nur für Oma Annegret.

Außerdem hatte Lorne genug mitgemacht. Ich wollte ihm einfach Ruhe gönnen. Keine Behandlungen mehr, die nicht unbedingt nötig waren. Ich vertraute nur Professor S., auch wenn wir uns nicht immer einig waren und ich vertraute Doc Hartmann. Die Tropfen bekam Lorne weiterhin. Ich schrieb Professor S., dass Lorne nun schon ein Jahr anfallsfrei sei. Ob ich an der geringen Medikation etwas ändern solle. Er antwortete, ich solle alles so lassen. Seiner Erfahrung nach würde das Gehirn die Anfälle verlernen, wenn der Patient zwei Jahre anfallsfrei sei. Er hätte auch große Hoffnung, dass mit Lorne während der Pubertät eine Veränderung stattfände und sich die Epilepsie vielleicht verwuchs. Er fragte, was die Sprache mache: nichts … leider.

Malena war jetzt 17 Jahre alt und bestand die Führerscheinprüfung. Sie durfte mit Begleitung fahren. Wir hörten von einem Bekannten, dass man eine Sondergenehmigung beantragen könne, wenn der Azubi weder mit dem Bus noch mit der Bahn zum Ausbildungsplatz gelangte, diese Strecke ohne Begleitung fahren dürfe. Wir stellten diesen Antrag.

Malena musste einen psychologischen Test ablegen. Ich begleitete sie zu diesem Test, den auch Menschen ablegen müssen, denen wegen Alkohol oder Drogen am Steuer die Fahrerlaubnis entzogen worden war. Im Wartezimmer saßen einige Leute, die auf ihren Termin warteten. Ich habe noch nie in meinem Leben so unfreundliche Menschen kennengelernt wie die angestellten Psychologen und Pädagogen in diesem Zentrum. Aus welchen Gründen auch immer die Männer und Frauen dort auf ihren Termin warteten. Sie wurden behandelt, als wären sie gerade unter irgendeinem Stein hervorgekrochen. Ich war entsetzt. Malena war die einzige Person, die wenigstens ein wenig Freundlichkeit erfuhr. Sie bestand den Test und ab Juni durfte sie dann die angegebene Strecke direkt zur Arbeit ohne Begleitung fahren. Es war eine große Entlastung. Opa war schon immer sehr großzügig und überließ ihr häufig sein Auto.
Bärbel schlug vor, dass Lorne eine Woche mit auf die Kita-Freizeit kommen könnte. Er war seit einem Jahr anfallsfrei.

Ich hatte keine Bedenken. Lasse sollte ihn begleiten und von dort aus zur Schule und wieder zurück an den Brahmsee fahren. Einer der Schulbusse fuhr sowieso auch in die Richtung, wir müssten nur die Tour für eine Woche ändern. Das war wieder so toll, dass die Kita und die Schule so flexibel einfach eine Entlastung für die Eltern organisierten. Danke Bärbel, danke Elke und Lasse!

*\*\*\**

*Ich brauche gar nichts zu schreiben. Auch an diese freie Woche habe ich keine Erinnerungen. Ich kann nicht begreifen, was der Grund für diese Lücken ist. Ich habe so klare Erinnerungen an so viele Ereignisse aus dieser Zeit. Freie Tage waren so selten und so kostbar. Ich verstehe es nicht, aber es ist wie ein schwarzes Loch! Ich denke, dass ich sehr viel geschlafen habe.*

*\*\*\**

**Ich schrieb nach der Woche in Lornes Buch:**
Lorne ist richtig happy wieder zu Hause. Er strahlt uns alle an und lacht laut beim Schaukeln. Ich glaube, er hat auch seine gewohnte Umgebung vermisst. Vielleicht auch etwas seine Familie, aber Lasse ist für ihn auch eine wichtige Bezugsperson. Wir haben mal wieder erfahren, wie es ist, einen ganz normalen Abend zu erleben und einfach etwas zu unternehmen ohne Absprache. Unglaublich, wie ein ganz normaler Tag sein kann. Aber heute haben wir uns doch

wieder sehr auf Lorne gefreut. Ich genieße zwar die freie Zeit, vermisse Lorne aber meist schon nach wenigen Tagen. Und Opa muss ja auch versorgt werden. Ganz frei haben wir nie.

Im Juni feierten wir Lornes 8. Geburtstag mit seiner Schulklasse und allen erwachsenen Begleitern sowie seiner Lehrerin Lena bei uns auf dem Hof. Das war purer Stress, aber ich wollte unbedingt, dass dieser Tag besonders für Lorne war. Außerdem freuten sich alle Kinder aus seiner Schulklasse schon Wochen vorher auf diesen Tag, denn einige kannten ihn schon aus seiner Kitazeit. Ich hätte es nicht übers Herz gebracht, diese Feier ausfallen zu lassen. Jan fuhr wieder mit allen Kindern Traktor. Alle waren begeistert von den Schaukeln überall und dem großen Trampolin und natürlich von dem großen Traktor. Es ist bei uns für Kinder wie ein Paradies. Wir haben sehr viel Platz. Überall hängen Schaukeln. Bei gutem Wetter bauten wir auch ein riesiges Planschbecken auf. Die Kinder wollten gar nicht wieder weg. Mir fiel an solchen Tagen besonders auf, wie wenig sich unser Sohn weiterentwickelte. Alle seine Mitschüler kannte ich seit seiner Einschulung. Einige auch schon aus der Kita, sah sie häufig bei Weihnachts- und Klassenveranstaltungen. Jeder von ihnen hatte irgendeinen Befund, der ihn oder sie einschränkte. Dennoch saßen alle an einem Tisch, konnten sich allein ein Brot bestreichen und selbständig essen.
Daran war bei Lorne gar nicht zu denken. Er saß nicht einmal am Tisch. Wir mussten ihn festhalten. Es war immer ein Kampf. Er hatte im Grunde gar nichts dazu gelernt. Das machte mich an solchen Tagen immer unendlich traurig.

Seine Mitschüler gingen alle allein auf das Klo. Lorne musste gewickelt werden. Ein achtjähriger Junge. Ich hatte mich daran gewöhnt, aber an solchen Tagen wurde mir bewusst, wie ungewöhnlich unsere Situation war.

***

**21.03.2022**
*Jan kommt in mein Büro, erzählt mir, was er heute alles erledigt hat und morgen noch erledigen soll.*
*Ich höre nur mit einem Ohr zu, bin so vertieft in mein Buch. Er sagt:*
*»Meine Güte, so langsam geht mir das Buch echt auf die Nerven! Du bist ja gar nicht mehr ansprechbar.« Er hat ja recht, aber ich kann nicht anders. Dieses Buch nimmt mich so in Anspruch. Es ist anstrengend, aber ich habe gerade einen Lauf!*

***

Unser Hof liegt außerhalb des Dorfes zwischen Ehndorf und Aukrug. Ich fuhr häufig nach Aukrug zum Einkaufen. Dort war ich aufgewachsen, dort traf ich immer irgendwelche Bekannten, die ich aus früheren Zeiten kannte. Ein normaler Einkauf konnte auch schon mal eine halbe Stunde länger dauern, weil man durch einen Klönschnack aufgehalten wurde. Das tat gut.
Einige Monate nach Annegrets Tod traf ich dort Annelene H., die Mutter meiner verstorbenen Freundin Magret. Wir waren seit unserer Einschulung jahrelang unzertrennlich und ich hatte bei ihnen als Kind unzählige Nachmittage verbracht. »Moin mien Deern.« Sie sah mich an und fing an

zu weinen. »Immer wenn ik di seh, mut ik an mien Daggie denken!« Ich weinte auch. Sie fragte:»Wie geiht di dat? Du süst slecht ut! Wat mok dien Jung? Un nu is ok noch diene Swiegermudder dot! Dat deiht mi so leed!« Ich weinte, dankte ihr. Dann erhob sie ihren Zeigefinger und sagte:»De leeve Good pass schon op, dat de Böhm nie in Himmel wassen dot!«

»Der liebe Gott passt schon auf, dass die Bäume nicht in den Himmel wachsen!« Toll Gott. Ich zweifle schon so lange an dir! Was heißt das. Wenn es uns zu gut geht, gibt es einen auf den Deckel? Danke Gott!

Das klingt gerade etwas verbittert. Mir ist bewusst, dass sie damit wohl gemeint hat, dass man nicht zu übermütig werden soll. Mehr will ich dazu gar nicht schreiben. Ich könnte mich jetzt seitenweise auslassen über Gott und die Welt. Wenn ich Gott eine Frage stellen dürfte, würde sie so lauten: Warum scheint manchen Menschen ihr ganzes Leben die Sonne auf ihr Hinterteil? Nicht, dass ich neidisch wäre. Ich gönne jedem nur das Beste. Und warum müssen Andere so viel Schlimmes ertragen? Nur kurz! Ich kann nicht anders: Sollte ein Glaube nicht friedlich sein? Sollte Glaube nicht Toleranz bedeuten? Leben und leben lassen. Wer entscheidet darüber, wem etwas Gutes und wem etwas Schlimmes passiert? Zufall? Schicksal? Ein Gott?

Ich glaube an eine höhere Macht/Ebene, ich glaube an das Gute, ich glaube auch an Karma! Es gibt sicher viele Dinge zwischen Himmel und Erde, die wir nicht verstehen, die wir nicht erklären können. Aber; es fällt mir gerade sehr schwer, an einen guten, gerechten Gott zu glauben.

## Lösungen, immer wieder Lösungen finden

Lasse sagte uns, dass er Lorne nur noch bis zu den Sommerferien in die Schule begleiten würde. Er wollte für ein Jahr nach Kanada gehen. Oh nein! Wieder ein neues Problem. Wir hatten immer noch Annika, die bisher immer die Vertretung gemacht hatte. Sie wollte aber auf keinen Fall die ganze Zeit übernehmen. Sie hatte noch andere Verpflichtungen. Zum Glück fand Bärbel einen geeigneten Kandidaten: Hans.

Wir machten einen Kennenlernnachmittag aus. Ich mochte ihn sofort. Wir vereinbarten, dass Hans und Annika sich absprechen sollten und jeder einige Dienste übernehmen sollte. Super! Wieder ein Schuljahr gesichert.

Das musste wieder alles beantragt und bewilligt werden. Ich füllte aus, ich schrieb Briefe. Hans war keine ausgebildete Fachkraft, das musste amtsärztlich abgeklärt werden. Der ganze Papierkram nahm wie immer viel Zeit in Anspruch und war so anstrengend.

Glücklicherweise hatte der Kreis eine neue Amtsärztin: Heinke K. Mit ihr war es sehr unkompliziert. Sie machte sich die Mühe, Lorne, uns und Hans bei uns daheim kennenzulernen. Danke Heinke! Du hast uns sehr geholfen.

Dieses Schuljahr neigte sich dem Ende. Lorne war immer noch anfallsfrei. Wurde aber auch aufmüpfiger. Sechs Wochen Sommerferien lagen vor uns. Das war immer sehr, sehr anstrengend. Nun auch noch ohne Annegret und mit Opa, der mehrmals täglich zu uns kam.

## Lornes 1. Zeugnis

Lorne hat sich mit Hilfe seiner Schulbegleitung nach wenigen Wochen an das Leben in der Schule gewöhnt. Er ging gerne hin. Das Zeugnis umfasste zwei DIN-A4-Seiten. Im Grunde stand genau das in seiner Beurteilung, was ich am Anfang des Mitteilungsbuches geschrieben hatte.

Die erste Woche der Sommerferien war Stress pur, dann fanden wir einen Rhythmus. Ich hatte mir angewöhnt, mir keine Gedanken zu machen, was ich eigentlich alles machen müsste und könnte, während ich mal wieder an der Schaukel oder am Rasenmäher-Trecker stand. Ich war im Hier und Jetzt und nur für Lorne da. Alles andere musste warten, bis ich abgelöst wurde oder Lorne im Bett war. Ich freute mich immer über Gesellschaft. Malena, Johanna oder auch Freunde und Freundinnen, die mich ein paar Stunden unterhielten. Bärbel hatte es mal sehr treffend ausgedrückt: Lorne entschleunigt! Das war so. Man musste sich einfach nur darauf einlassen, dass man nichts, gar nichts anderes erledigen konnte.

Unsere Töchter fuhren im Juli mit einer Organisation für Jugendreisen nach Spanien. Johanna war noch nicht 16 Jahre alt und durfte noch nicht alle Partys dort miterleben. Ich befürchtete, dass sie sich heimlich wegschleichen würde, und hoffte sehr, dass Malena ein Auge auf ihre kleine Schwester haben würde. Ich freute mich für beide. Sie sollten es genießen.

Anna und Annika übernahmen auch einige Feriennachmittage. Jan nahm Lorne häufig auf dem Traktor mit. Dort saß er locker mal ein, zwei Stunden still. Er liebte es, mitzufahren. In der freien Zeit fuhr ich zum Einkaufen, kochte vor, machte den Haushalt, den Garten und das Büro. Es ging immer irgendwie. An manchen Tagen war ich allein. Das bedeutete, wenn ich Glück hatte, stand Lorne erst um 7 Uhr auf. Es lagen genau 13 Stunden vor mir, in denen ich nichts anderes machen konnte. An solchen Tagen musste mein Schwiegervater dann alleine essen. Ich kochte abends, wenn Lorne im Bett war, für den nächsten Tag. Opa hasste es. Ich konnte es nicht ändern.

Am 1. August 2012 begann das neue Schuljahr.

**Ich schrieb ins Buch:**
Lorne hatte schöne Ferien. Er liebt es, hier zu sein!
NEU: Lorne kann sich frei und ganz allein im ganzen Haus
bewegen. Die Tür muss natürlich verschlossen sein. Er kann
bei uns alle Treppen rauf und runter gehen. Allein! Das ist
ein Riesenfortschritt! Eines unserer großen Ziele ist erreicht.
Die Mahlzeiten gestalten sich nach wie vor sehr unterschiedlich. Morgens und abends sitzt er am Tisch. Mittags
dreht er durch, steht immer auf, meckert, heult. Das ist das
große Ziel für das kommende Schuljahr. Lorne muss lernen,
eine bestimmte Zeit zu sitzen, um zu essen oder etwas anderes zu erledigen. Ich denke, dass wir das gemeinsam schaffen werden!

Im September hielten Roma und Volker ihren Vortrag
»Born to be free« in Molfsee. Wir fuhren mit mehreren
Freunden hin. Bärbel und Ulli kamen auch mit. Als sie Bil-
der von den Walen und Delfinen zeigten, gingen bei mir die
Schleusen auf. Ich ließ den Tränen freien Lauf. Ich war so
berührt, konnte gar nicht aufhören zu weinen. Meine
Freundin Antje war auch dabei. »Ich hätte dich am liebsten
die ganze Zeit fest in den Arm genommen.«
Sie weinte auch!

Im Oktober musste Johanna am Knie operiert werden. Sie
war noch einmal umgeknickt und hatte ein Kreuzband gerissen. Sie blieb eine Nacht in der Klinik und Malena und
ich holten sie am nächsten Tag ab. Als ich ins Zimmer kam,
fing sie an zu weinen. Sie war nachts allein aufs Klo gegan-

gen, ihr Kreislauf hatte versagt und sie war gestürzt. Die Krankenschwester, eine richtig coole Socke, kam rein und sagte grinsend: »Heulst du schon wieder?« Ich mochte sie sofort. Johanna antwortete mit weinerlicher Stimme: »Jaaa!«, und musste im gleichen Augenblick selbst über die Situation lachen. Die Krankenschwester war sehr nett und lustig. Das Knie hatte den Sturz überstanden, doch ich begleitete Johanna, bevor wir nach Hause fuhren, zum Klo, damit sie nicht alleine gehen musste und womöglich wieder stürzte. Malena wartete in dem Zimmer. Als wir zurückkamen, lag Malena leichenblass in Johannas Bett. Ihr Kreislauf hatte versagt, als Johannas Zimmergenossin ihr alle Schrauben gezeigt hatte, die aus ihrem Bein entfernt worden waren. Sie hatte sehr detailliert beschrieben, wo die Schrauben gesteckt hatten und wie sie angebracht und entfernt wurden.

Johanna musste sich auch erstmal hinlegen, weil ihr nach dem Weg zur Toilette auch wieder ganz komisch war. Die Schwester kam ins Zimmer, sah meine leichenblassen Töchter nebeneinanderliegen und fragte: »Was ist hier heute bloß los? Ihr seid echt ne lustige Familie!« Waren wir das? Eigentlich ja. Wir haben sehr gelacht!

Die nächsten Wochen hatte ich alle Hände voll zu tun. Erst einmal musste ich aufpassen, dass Lorne nicht immer auf Johannas Schoss sprang, dann musste Johanna versorgt werden. Sie durfte nicht auftreten und brauchte meine Hilfe bei allen alltäglichen Bedürfnissen und sie musste auch noch mehrmals wöchentlich zur Physiotherapie. Es wurde nicht langweilig. Und Opa forderte mich auch. Ab und zu stand in dieser Zeit ein frisch gebackener Kuchen vor der Tür. Das half so sehr. Danke liebe Tante Marga!

Und schon wieder waren Ferien. Herbstferien! Nicht zu fassen, wie schnell die Zeit verging. Lorne ging es gut. Ich war aber total platt. Aber das würde schon wieder. Lorne war sehr entspannt und hatte in den fast drei Wochen nur einen Wutanfall und wollte mich beißen. Ansonsten hat er viel in den höchsten Tönen gesungen.

Lena gab mir ein Infoblatt einer Ferienbetreuung für Menschen mit besonderen Bedürfnissen in Kattendorf. Sie meinte, dass wir uns das einmal ansehen sollten.

In der Schule lief es mit Hans und Annika super.

Das Jahr neigte sich dem Ende! Weihnachten stand vor der Tür. Wieder Ferien. Weihnachtsferien. Wir haben wieder alles gegeben, um unseren Kindern, ein schönes Weihnachtsfest zu gestalten. Opa blieb an diesem Abend bis kurz vor Mitternacht. Dann ging es für uns vier erst richtig los. Wir sangen, redeten und spielten bis morgens um 3.00 Uhr. Wenn ich Pech hatte, war Lorne morgens 5.00 Uhr schon wieder wach. In den Wintermonaten stand ich schon mal bei Minusgraden stundenlang draußen an der Schaukel.

Ich habe mal zu meiner Freundin Birte, die in der Pflege tätig ist, und auch Nachtschichten schieben muss, gesagt, als sie sehr müde von der Nachtschicht kam: »Schlafen wird überbewertet! Ich komme jetzt seit Jahren mit ca. drei Stunden Schlaf aus, in denen ich nie richtig tief weg bin!« Ich sollte leider noch bitter erfahren, wie lange mein Körper sich erholen müsste.

Malena und Johanna im Sommer 2003       Der Taufbaum Frühling 2005 mit Jan

Die drei
Sommer
2005

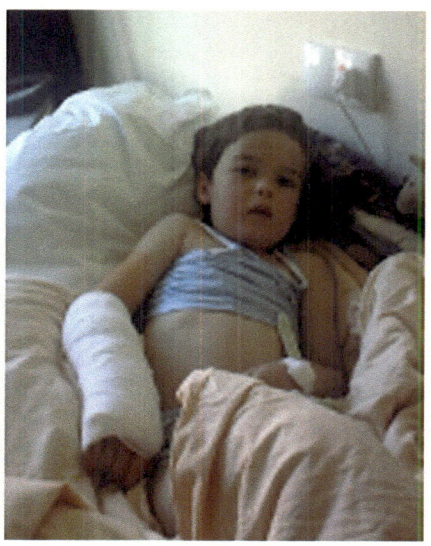

Die drei Sommer 2008

Der Arm ist gebrochen

Mit Mama
im Garten,
2010

Bei den Walen und Delfinen 2010

Jan und Lorne

Du bist ein so starker, außergewöhnlicher Junge,
mein geliebter Sohn

Mit Birgit beim Reiten

Bei uns im Garten, Sommer 2013

Der Himmel ist so schön, 2017

Mein liebstes Bild von Lorne, 2018

Einfach nur schaukeln

Dieses Lachen ist das Schönste

Trecker und Rasenmäher …          damit spielt Lorne jeden Tag

Sommerfest 2019, ein schöner junger Mann

16. Geburtstag

Lorne und Lasse

Lasse, Du bist der Beste

Juli 2020.... das letzte Bild von Lorne

## 2013

*Frühgang*
*Wenn sich der Morgen leise hebt,*
*der Tropfen Tau am Grase bebt,*
*die Amsel ihren ersten Schlag versucht,*
*noch scheu und nächtigzag –*
*dann geh ich gerne querfeldein*
*und wortestumm mit mir allein,*
*mit mir allein und wortestumm*
*und horche still und schau mich um.*
*Den Wald verbirgt noch Schleierhauch,*
*im grünen Grund das Bächlein auch.*
*Und alles ist so andachtsvoll,*
*als ob ein Wunder kommen soll.*
*Dann steh ich da und bin nicht mehr*
*als Bach und Busch und Baum umher*
*Und fasse langsam in den Sand*
*und fühle ihn in meiner Hand.*
*Und geht es mir durch den Sinn,*
*als ob ich selber Erde bin.*
*Und lass den losen Sand so rinnen hin,*
*bis dass die Sonne rot wie Gold*
*Aus ihrem Wolkenwagen rollt,*
*und alles sprüht und glüht!*
*Und – was Geheimnis war – entflieht.*

*Hermann Claudius*

Es ging alles seinen Gang. Annika und Hans hatten einen sehr guten Rhythmus gefunden und sprachen sich immer gut ab. Es lief!

Am 28. Januar feierten wir Malenas 18. Geburtstag. Sie war einfach so erwachsen geworden. Wir lachten, wir weinten. Wo war nur die Zeit geblieben? Es war ein sehr schöner Tag. Ich hatte für sie ein Fotobuch erstellt mit den schönsten Aufnahmen der letzten 18 Jahre. Sie freute sich sehr. Und sie bekam einen kleinen, schlumpfblauen Polo von uns geschenkt. Endlich unabhängig.
Wir alle vermissten Oma Annegret sehr. Besonders bei solchen besonderen Anlässen und Familienveranstaltungen.

Lorne war immer noch anfallsfrei. Im April 2013 wurden es zwei Jahre. Er wurde immer größer und hatte einen sehr starken Willen. Hans hatte eine solche Geduld und Ruhe mit ihm. Ich war sehr froh, dass wir ihn gefunden hatten. Annika konnte auch super mit Lorne umgehen. Ich ging regelmäßig mit Lorne zum Zahnarzt zur Kontrolle. Es wurde immer schwieriger. Er war so stark. Auch Mathias hatte immer so viel Geduld mit uns und gab alles!
Hans sagte uns, dass er das nächste Schuljahr auch übernehmen würde, aber nur, wenn er weiterhin als Fachkraft anerkannt würde, sonst müsse er sich um einen anderen Job bemühen.

Ich schrieb Briefe, stellte Anträge, telefonierte. Mit Hilfe der Amtsärztin bekamen wir die Zusage für das nächste Schuljahr. Es war so viel Bürokratie. Ich wünschte mir so sehr, dass es alles unkomplizierter geregelt werden könnte. Ich verbrachte Stunden in meinem Büro. Das ging nur, wenn jemand anderes Lorne betreute.

Im April fuhren wir mit einer Gruppe nach Kattendorf, um uns dort eine Einrichtung anzusehen, die Wochenend- und Ferienbetreuung für Kinder und Jugendliche mit besonderen Bedürfnissen anboten. Wir suchten einen Ort, an dem Lorne mal eine Woche oder ein Wochenende bleiben konnte. Wir brauchten verlässlich frei. Alle! Wir hatten dort ein Gespräch mit der Leiterin, Frau R.. Träger dieser Einrichtung war das »Rauhe Haus«.

Sie schien sehr erfahren mit allen möglichen Behinderungen umzugehen, und gab uns Informationsblätter mit. Ich konnte mir überhaupt nicht vorstellen, Lorne dort für mehrere Tage zu lassen. Wie sollten die verantwortlichen Leute dort erkennen, ob er genug trank oder genug aß? Wer sollte ihn wickeln? Ich konnte nicht glauben, dass es irgendwo möglich wäre, Lorne zu versorgen.

Ich hatte mir vorgenommen, alles noch einmal genau zu bedenken, Lorne aber zur Probe ein Wochenende dort anzumelden. Annika sollte ihn begleiten. Vielleicht wäre diese Einrichtung »Lornetauglich«. Irgendwo musste es doch einen Ort geben, an dem dieser Junge mal ein paar Tage bleiben konnte. Die Wartezeiten waren beträchtlich. Wir bekamen eine Zusage für ein Wochenende im Dezember.

Wieder Ferien.

Mir war, bevor Lorne so krank wurde, gar nicht bewusst, wie viele freie Tage und Ferien die Kinder hatten. Es ging wieder alles irgendwie. Wenn das Wetter einigermaßen gut war, konnten wir alles machen, was Lorne so liebte.

Bei Regen stand ich schon mal Stunden an der Schaukel. Lorne war es völlig egal, dass er nass wurde. Es war so unglaublich anstrengend. Bei solchem Wetter hatten wir nicht einmal Besuch von Freunden.

## ICH BRAUCHE FREI!

Im Juni feierten wir Lornes 9. Geburtstag bei uns. Das Wetter war schlecht, so dass wir in der großen Maschinenhalle feierten. Die Kinder genossen die Zeit bei uns zwischen den großen Traktoren und dem Radlader. Lorne schien es gleichgültig zu sein. Er hatte nur Augen für seinen Rasenmäher, seine Schaukel und den Radlader. Wir bespaßten die Kinder mit dem ganzen Programm. Frühstück für alle, Traktor fahren und was sonst noch Allen Freude machte.

Lornes Rollstuhl wurde zu klein. Unser Hausarzt verordnete Lorne eine Reha-Karre. Wir bekamen wie immer eine Ablehnung. Ich widersprach. Wieder einige Stunden meines so wertvollen Feierabends im Büro verbringen. Den Widerspruch begründen, Aktenlage schaffen. Dann wieder warten. Es zog sich um Wochen. Wir konnten Lorne nicht einmal irgendwo absetzen. Der Rollstuhl war für ein kleines Kind ausgemessen. Ich konnte es einfach nicht verstehen. Warum lehnte die Kranken- bzw. Pflegekasse diese Hilfsmittel jedes Mal ab? Warum? Kann mir das jemand erklären? Als wäre es unheimlich toll, sich eine Reha-Karre zu erschleichen. Ich hätte sehr gerne darauf verzichtet. Wir mussten wieder Wochen warten. Warum kam nicht einer von diesen Menschen bei uns vorbei und schaute sich die

Situation dieser Familie vor Ort an? Warum vertraute niemand dem Urteil des Hausarztes? Er hatte dieses Hilfsmittel doch verordnet.

Irgendwann, Wochen später bekamen wir die Karre, die man auch als Fahrradanhänger nutzen konnte. Es war so toll. Die erste Zeit fuhr ich sehr viel mit Lorne Fahrrad. Wieder ein Stück Freiheit. Es machte richtig Spaß. Jan nannte unser Gefährt »Bekloppten-Rikscha«. Das war nicht böse gemeint. Wir machten häufig Witze dieser Art. Der schwarze Humor half uns durch manches tiefe Tal. Das Fahrradfahren scheiterte irgendwann an Lornes langen Armen. Er fasste an die Räder und irgendwann sogar in die Speichen.

\*\*\*

*Ist das so ein pubertäres Jungen-Phänomen? Zuerst wuchsen die Arme, sie wurden immer länger. Lorne hätte sich im Stehen die Füße kratzen können. Dann wuchsen überall Haare und dann wuchs auch er. Die Proportionen stimmten wieder. Im Alter von 16 Jahren war Lorne 1,80 m groß bei 74 kg. Und ein wunderschöner, muskulöser, junger Mann. Eine echte Schnitte, groß, schlank und sehr gut gebaut. Der Weg dorthin sah schon manchmal komisch aus.*

\*\*\*

Ich nutzte die Karre in den letzten Jahren für Spaziergänge. Lorne liebte es. Ich ließ ihm alle Freiheiten, ab und zu auszusteigen, ein Stück zu laufen und sich dann wieder zu setzen und sich schieben zu lassen. Angela, Malena und auch Johanna begleiteten mich häufig. Häufig waren wir mehrere

Stunden unterwegs. Als Lorne größer wurde, wechselten wir uns ab, um ihn zu schieben. Es war anstrengend. Wir fuhren auch häufig in den Wald. Dort ließen wir Lorne laufen. Er konnte stundenlang im Wald spielen. Meistens hatten wir einen treuen Hund, den Drahthaarrüden Arrie, an unserer Seite auf diesen Spaziergängen. Lorne und er hatten eine besondere Beziehung zueinander. Wenn unser Hund neben der Karre herging, legte Lorne immer seine Hand auf Arries Rücken und strich ihm über sein Fell. Arrie passte seine Geschwindigkeit genau dem Tempo an, in dem ich Lorne schob, damit Lornes Hand auf seinem Rücken liegen konnte. Es war so rührend, wenn unser Hund meinen Sohn ansah, wenn dieser ihn kraulte und vor Freude laut lachte. Es schien, als würden sie einander verstehen.

Ein Jahr später, im Sommer 2014, starb unser treuer, alter Freund Arrie.

An den Wochenenden war Lorne meistens schon um 4.30 Uhr wach. Ich stand dann so früh auf, fütterte und wusch ihn, zog ihn an und machte mit ihm dank dieser tollen Karre einen sehr frühen Spaziergang.

Verfluchte ich in meinem Bett liegend noch diese frühe Morgenstunde, bedankte ich mich schon nach wenigen Metern bei meinem behinderten Sohn für diesen Spaziergang. Der frühe Nebel, der die Natur in einen Schleier tauchte. Langsam erwachte alles, die Sonne ging auf. Erst diese Ruhe, dann das Wunder des Erwachens der Natur. Dieses Erlebnis war immer wieder so intensiv, man fühlte sich der Natur so nah. Unbeschreiblich schön.

»Danke Lorne, ohne dich hätte ich diesen wunderschönen Morgen sicher verschlafen.«

Häufig sahen wir Rehwild. Das Wild hatte sich schon so an uns beide gewöhnt, sie hoben nur kurz die Köpfe und ästen einfach weiter. So wunderschön. Trotz aller Anstrengungen tankte ich Kraft in der Natur.

Das Gedicht von Hermann Claudius am Anfang dieses Kapitels fasst dieses Erlebnis ganz genau in Worte. Arrie begleitete uns so früh am Morgen nie. Er lag in seinem Korb und tat so, als würde er uns nicht bemerken. Unser Hund war ein Langschläfer.

## Bürokratie

Ich beschwere mich immer wieder über die Ämter, die Pflegekasse, den Kreis, die Anträge. Es klingt sehr negativ. Ich muss eines klarstellen. Wir haben großes Glück, in Deutschland zu leben. Wenn ich bedenke, wie viel Unterstützung eine Familie mit einem behinderten Kind bekommt, damit es überhaupt zur Schule gehen kann. Das muss alles bezahlt werden. Wir bekamen die meisten Leistungen aus Sozialhilfemitteln zur Wiedereingliederung. Das war wirklich so hilfreich. ABER: Wir konnten diese Mittel nie direkt abrufen. Es musste ein Träger zwischengeschaltet werden, der soziale Dienste anbot. Dieser Dienst bekam stündlich sechs Euro von dem Stundensatz des Schulbegleiters für den Verwaltungsaufwand. Außerdem musste dieser Träger eigentlich für Vertretung sorgen. Bei Lorne unmöglich. Deshalb war immer wieder ich gefordert, geeignete Vertretung zu finden. Diese konnte ich aber nicht direkt für Lorne einsetzen. Es musste vorher wieder ein Anstellungsvertrag bei dem Träger gemacht werden. Es kostete sehr viel Kraft und Mühe, diesen Papierkrieg zu erledigen, wenn man nebenbei auch noch ein behindertes Kind versorgen muss. Es muss immer wieder begutachtet werden, es muss immer wieder neu beantragt werden. Ich wurde zum Profi und beriet zum Teil andere Eltern, weil sie nicht mehr durchstiegen.

Jede Vertretung für private, freie Zeiten außerhalb der Schulzeit musste belegt, beantragt und mit der Pflegekasse abgerechnet werden. Es gibt Verhinderungspflegeleistungen, Kurzzeitpflegeleistungen und zusätzliche Betreuungsleistungen, diese Leistungen mussten alle verschieden beantragt und abgerechnet werden.

Ich habe einmal gelesen, wie die Skandinavier es handhaben: Eine Familie mit einem behinderten Kind bekommt eine Paten- bzw. Pflegefamilie zugeteilt, die dann die Betreuung und die Pflege in der Hälfte der jeweiligen Ferien und jedes zweite Wochenende übernehmen. In etwa wie ein geschiedener Ex-Ehepartner. Dafür ist ein Kennenlernen nötig, sicher muss es mit dem Kind und den Eltern passen, aber wenn es dann klappte, ist nur einmal monatlich oder jährlich eine Abrechnung nötig und das Wichtigste: Das Kind hat ein zweites Zuhause.

Ich stand ständig unter Strom. Was passiert, wenn ich ausfalle? Das ging nicht. Ich halte die skandinavische Lösung für perfekt. Einfach und unkompliziert ohne Papierkrieg und man hat verlässliche freie Wochenenden und sogar Ferien. Das wäre traumhaft.

**Lorne bekam sein 2. Zeugnis.**

»Lorne kam meist fröhlich und gut gelaunt in die Schule …« Auch dieses Zeugnis umfasst ca. zwei DIN-A4-Seiten. Es hatte sich eigentlich nichts verändert. Nur, dass er sich schon sehr gut im Schulgebäude auskannte, seinen Klassenraum fand und einige Zeiten, wie im Morgenkreis sitzen, länger aushalten konnte, ohne zu schreien oder immer wieder aufzustehen.

Jan sagte: »Er findet seinen Klassenraum. Wer hätte das gedacht!« Darüber lachten wir alle. Das war häufig unsere Art. Dieser Galgenhumor. Wir liebten Lorne so sehr, aber wir machten uns auch ab und zu lustig über unsere Situation. Wir waren sehr froh, dass er keine Anfälle mehr hatte.

Lasse war wieder da. Ein Jahr war schon wieder vergangen. Er kam uns sofort besuchen. Es war eine einzige Freude zu sehen, wie mein Sohn sich gefreut hat. Er hörte Lasses Stimme, rannte zu ihm. Die beiden fassten sich an den Händen, sprangen hoch und runter, lachten und sangen. Er hatte Lasse sofort wiedererkannt.

Lasse ging nach Flensburg, um dort zu studieren. Half aber häufig an den Wochenenden bei uns aus. Die beiden waren ein sehr gutes Team. Bei Lasse wusste ich Lorne in besten Händen.

Annika konnte nicht mehr in der Mühle in Bokel wohnen und zog auf den Auenhof in Bokel. Von den Hippies zu den Punkern. Sie mietete sich dort zwei Zimmer. Eins, damit Lorne bei ihr übernachten konnte. Sie selbst wohnte in einem Bauwagen, schlief aber im Haus, wenn Lorne bei ihr übernachtete. Wir hatten für Lorne eine gute Lösung gefunden, damit er bei Bärbel, später dann auch bei Flora und bei Annika übernachten konnte. Er schlief in der Wohnung im Zelt. Annika hatte ein Zimmer für Lorne, in dem ein mittelgroßes Zelt aufgebaut war. Im Zelt befand sich eine breite Matratze, Kuscheltiere, Schnuffitücher. Lorne liebte es, sich im Zelt gemütlich einzukuscheln. Wenn er eingeschlafen war, schloss sie den Reißverschluss, so konnte Lorne nachts, falls er wach wurde, nicht einfach aufstehen und womöglich weglaufen. Diese Möglichkeit nutzten auch wir in der schweren Zeit, als wir auf das Pflegebett warten mussten.

Auf dem Auenhof gab es zahme Ratten, die als Haustiere der Punker gehalten wurden. Nachts feierten sie dort bis in die frühen Morgenstunden im Keller. Lorne schlummerte selig zu den harten Bässen der Punkmusik.
Ihn störte es wenig. Es dauerte häufig länger, bis er endlich einschlief, wenn er dann aber eingeschlafen war, dann tief und fest. Außer in den Nächten vor, während und nach dem Vollmond. Annika kümmerte sich rührend um Lorne, kochte für ihn, sorgte immer dafür, dass er genug trank. Sie liebte ihn, wie einen Sohn. Das war für mich ein so gutes Gefühl, dass mir Ratten und Punkmusik völlig gleichgültig waren.
Somit hatten wir doch das eine oder andere Wochenende frei und konnten mal wieder gemeinsam zu Geburtstagsfeiern gehen.
Unsere Töchter hüteten auch häufig ein, aber am nächsten Tag war dann für mich immer wieder Lornetag.
Das funktionierte immer mal für eine Nacht. Wir suchten händeringend einen Platz für eine ganze Woche in den Ferien. Länger als eine Woche hätte ich niemals ertragen können, Lorne »weg zu geben«, aber mal eine Woche, damit ich wieder Kraft schöpfen könnte, wäre sehr hilfreich. Ich war umgeknickt, hatte einen dicken Knöchel und humpelte täglich hinter Lorne her. Wenn er losrannte, musste ich die

Zähne zusammenbeißen und hinterher. Ich durfte nicht ausfallen! Deshalb ging ich gar nicht erst zum Arzt.

Lorne war jetzt 9 Jahre alt, 1,35 m groß bei ca. 35 kg. Er war immer noch anfallsfrei! Sollte es tatsächlich möglich sein, dass sein Gehirn die Anfälle verlernte? Dann wären wir schon einmal eine Riesensorge los. Ich machte mir auch große Sorgen wegen Lornes verzögerter Entwicklung, aber wenn er komplett anfallsfrei bliebe, könnte er sicher auch etwas dazulernen. Das glaubte ich zumindest. Wir ließen ihm immer mehr Freiheiten, sich zu bewegen, sein Umfeld zu erkunden. Wir mussten ihn nicht mehr die ganze Zeit festhalten. Ich hoffte, dass er dadurch auch etwas dazulernen würde. Ich hoffte es so sehr. Sicher; einer von uns musste immer bei ihm sein, sonst wäre er einfach weggelaufen. Das ist tatsächlich dreimal in der gesamten Zeit, in der wir Lorne betreuten und beaufsichtigten, passiert.

## Und plötzlich war Lorne weg

Als Lorne seit einem Jahr keinen Anfall mehr hatte, genoss er wieder mehr Freiheiten. Einer von uns passte immer auf, aber wir hielten ihn nicht mehr die ganze Zeit an der Hand. Spielte er in der Halle, setzte ich mich draußen vor die Hallentür und las oder löste Rätsel. Lief Lorne in den Garten zur Schaukel, konnte ich nebenbei auch etwas im Garten machen, wenn ich ihn nur im Blick behielt. Lorne genoss diese Freiheiten in vollen Zügen, rannte von einem Ort zum anderen, so dass ich mich häufig gar nicht richtig niederlassen konnte. Er rannte und lachte laut. Eines Tages war er

weg. Ich holte nur einen Korb mit Wäsche aus dem Haus, um die Wäsche draußen aufzuhängen. Ich schaute zur Schaukel und Lorne war nicht mehr da. Ich rief ihn und bekam keine Antwort. Ich suchte überall. Halle, Trecker, Radlader … rief ich erst noch laut und fröhlich, wurde ich langsam panisch. Ich schrie:»LORNE, LORNE!«
Keine Antwort. Die Mädchen kamen dazu. Sie hatten meine panischen Rufe gehört. Kurz danach kam auch Jan. Wir liefen laut rufend in verschiedene Richtungen. Jan machte den Rasenmäher an. Das Motorengeräusch sollte Lorne aus dem Versteck locken. Ich rannte auf die Wiese und sang laut La-Le-Lu…nichts. Ich wurde panisch, schrie, weinte schon: »Laaaahh-Lehhh-Luhhhh … Lorne bitte, Lorne.«
Keine Antwort … Und dann hörte ich es ganz leise. Jemand summte »La-Le-Lu«. Lorne saß im Graben, spielte mit einem Stock und wiederholte die Melodie, die ich gesungen hatte. Nach unendlich langen 15 Minuten hatten wir Lorne gefunden. Ich zog ihn aus dem Graben und drückte ihn erstmal an mich, weinte hemmungslos vor Erleichterung. Lorne wusste gar nicht, was los war.
Nicht auszudenken, was passiert wäre, hätten wir ihn nicht gefunden. Er kannte keine Gefahren. Er hätte auch im Teich ertrinken oder auf die Straße laufen können. Wir waren sehr froh, dass nichts Schlimmeres passiert ist.

Ein Jahr später passierte es noch einmal. Malena sollte aufpassen, hatte kurz nicht geschaut und Lorne war weg. Es lief in etwa genauso ab, wie im Jahr davor, nur dass meine große Tochter die ganze Zeit weinte, als wir Lorne suchten. Wir fanden ihn auch nach einer halben Stunde nicht. Es wurde noch schlimmer als beim ersten Mal. Die Panik, die aufsteigt, fühlte sich so schlimm an. Es ist unbeschreiblich und schnürt einem langsam die Luft ab. Ich war schon auf dem Weg ins Haus, um alle Räume zu kontrollieren und dann die Feuerwehr zu alarmieren, als ein Auto auf unseren Hof fuhr. Eine etwas entferntere Nachbarin hatte auf dem Weg nach Aukrug, etwa 500 Meter von unserem Hof entfernt, Lorne entdeckt, wie er am Straßenrand im Gras saß, mit einem Stock spielte und auf die Straße lief, als sich ihr Auto näherte. Sie erkannte Lorne und machte die Beifahrertür auf und sprach ihn an. Glücklicherweise sprang Lorne ins Auto, denn er liebte es mitzufahren. Dann brachte sie ihn zu uns nach Hause. Ich habe meine Tochter Malena noch niemals so sehr weinen sehen. Sie war so erleichtert. Wir waren alle erleichtert, aber für sie war es besonders schlimm. Unvorstellbar, wir hätten Lorne womöglich bis zum Abend nicht gefunden oder er wäre überfahren worden. Man mag es sich nicht ausmalen. Malena hätte sich das nie verziehen.

Das dritte Mal, als Lorne verschwand, passierte es in der Schule. Lasse stand auf dem Schulhof und ließ Lorne seine Freiheit, die Gegend zu erkunden. Meistens fand man Lorne an der Schaukel. Eigentlich konnte nichts schief gehen. Irgendwann war Lorne weg. Lasse lief los, suchte überall auf dem Schulgelände und entdeckte ein Loch im Zaun. Panik stieg auf. Lasse trommelte alle möglichen Helfer zusammen. Alle halfen bei der Suche: Lehrer, Schüler, Schulbegleiter und doch blieb Lorne unauffindbar. Alle Helfer riefen, sangen, schrien … Lasse war am Rande eines Nervenzusammenbruchs, malte sich die schlimmsten Dinge aus, die passiert sein könnten. Niemand fand Lorne.

Nach einer Weile fuhr ein Polizeiwagen auf das Schulgelände. Auf der Rücksitzbank ein Junge, der vor lauter Begeisterung mit den Armen ruderte und laut lachte. Die Polizei hatte Lorne mitten in Nortorf aufgegabelt, angesprochen und als sie keine Antwort erhielten, nahmen sie ihn mit und brachten ihn zurück zur Schule. Lasse weinte, so erleichtert war er. Er erzählte uns die Geschichte nach Schulschluss. Als wir den Schock verdaut hatten, scherzten wir, warum denn die Polizei Lorne eigentlich nicht zum Gymnasium gebracht hätte. Da war er wieder, unser Galgenhumor.

**Kupferhof**

Ich las in einer Zeitschrift über eine Elterninitiative im Raum Hamburg. Sie hatten einen Verein gegründet, »Hände für Kinder«, kauften eine große Immobilie, die mit Hilfe vieler Sponsoren umgebaut werden sollte, um Eltern mit behinderten Kindern, eine Ferienbetreuung zu ermöglichen. Sie schrieben:
»Im Hamburger Einzugsgebiet gibt es rund 10.000 Kinder, die schwer bzw. mehrfach behindert sind. Die meisten werden zu Hause von der eigenen Familie rund um die Uhr liebevoll betreut. Nächte mit sehr wenig Schlaf und Tage, bei denen jede Situation genau geplant werden muss. Der Verein »Hände für Kinder« bietet diesen Familien Unterstützung. Ein paar Tage Zeit, sich um die Geschwister und um sich selbst zu kümmern. Das wird Wirklichkeit im neuen Kupferhof.
Das Ziel: Der Kupferhof schließt eine Versorgungslücke, denn eine Kurzzeit-Unterbringung für schwerstbehinderte Kinder gibt es noch nicht!«

Das hatte ich auf Sylt schmerzlich erfahren müssen. Ich fühlte mich angesprochen, wollte aber nicht mit meiner Familie dort anreisen. Ich fragte Annika, was sie davon hielt, mit Lorne dort eine Woche zu verbringen. Ich würde sie die Woche voll entlohnen. Für Lornes Zeit würden wir die Kurzzeitpflegeleistungen in Anspruch nehmen. Sie willigte ein. Eine Woche im Juli 2013.

Wir fuhren gemeinsam zum neuen Kupferhof. Es war wirklich toll geworden. Zwei Zimmer teilten sich mittig ein Badezimmer mit barrierefreier Dusche. Im Zimmer ein Pflegebett, wie bei uns daheim. Das war schon einmal perfekt. Draußen sah es schlechter aus für Lorne. Keine Schaukel. Kein Trampolin. Ein kleines Grundstück mit etwas Rasen. Nicht eingezäunt. Die Planung richtete sich an Kinder, die an den Rollstuhl gebunden, künstlich ernährt, im Wachkoma oder sonstige Erkrankungen hatten, die sie ans Bett fesselten. Ich war skeptisch, ob das eine Woche gut ginge, und sagte zu Annika: »Probiere es doch einfach ein bis zwei Tage aus. Wenn das nichts für Lorne ist, kommst du mit ihm heim!« Sie willigte ein.

Ich glaube, es war die anstrengendste Woche, die Annika in ihrem bisherigen Leben verbracht hatte. Sie zog die Woche durch und schrieb mir täglich, alles sei gut. Anschließend erfuhr ich, dass sie in dieser Woche nur eine Stunde Entlastung bekam. Der Kupferhof berechnete den vollen Tagessatz für Lornes Betreuung. 146 Euro täglich. Ich schrieb einen Brief, schilderte die Situation und schrieb, dass Lornes Tagessatz in Anbetracht der Tatsache, dass er dort lediglich geschlafen und gegessen hätte, mir etwas zu hoch erschien und um Erstattung bäte. Außerdem müsste ich auch noch den Aufenthalt für Annika bezahlen und sie für die gesamte Zeit entlohnen.

Es wurde abgelehnt.

Reinfall. Wir mussten weitersuchen.

Das neue Schuljahr begann. Ich schrieb ins Buch, dass Lorne schöne Ferien hatte. Alle waren gespannt, ob der Kupferhof etwas für einige andere Kinder wäre. Es gab noch weitere Eltern, die suchten. Enttäuschung. Das Schuljahr lief gut. Lorne war weiterhin anfallsfrei. Seine Schulklasse ging immer sechs Wochen lang wöchentlich zum Reiten oder zum Schwimmen. Er liebte beides sehr.

Herbstferien.

Alles gut! Ohne Experimente. Die altbewährten Helfer waren zur Stelle und es war für alle etwas entspannter. Ich war wieder platt. Das Schuljahr verlief weiterhin wie beschrieben. Lorne war immer noch anfallsfrei. Wir funktionierten. Ich funktionierte.

Johannas Knie war bestens verheilt. Sie bestand ihre Führerscheinprüfung und durfte nun auch mit einer Begleitperson fahren. Wo war nur die Zeit geblieben?

Im Dezember meldete ich Lorne für ein Wochenende in Kattendorf an. Das war nun noch unsere letzte Hoffnung, Lorne für ein paar Tage unterzubringen. Nachdem der Kupferhof für uns ein Reinfall war, hoffte ich so sehr, dass es in Kattendorf besser lief. Dennoch wollte ich kein Risiko eingehen und bat Annika, ihn zu begleiten. Ich würde sie für die ganze Zeit bezahlen. Zwei Nächte, das sollte zu schaffen sein. Ich war sehr gespannt. Als Annika zurückkam, fragte ich: »Und? Können die das leisten?« »Ja! Sie können! Ich hatte die ganze Zeit frei! Habe nur ein paar Dinge zu Lorne erklärt. Es lief super!«

Das gibt es doch nicht! Wir hatten einen Platz gefunden, an dem es ginge! Wir würden Ferien haben!

Schon wieder Weihnachten, puh. Auch das ging wieder irgendwie. Wir hatten eine schöne, wenn auch anstrengende Zeit. Wir genossen die gemeinsame Zeit mit unseren Kindern. Wir saßen im Wohnzimmer, aßen, tranken, spielten. Lorne schaukelte nach Rolf Zukowskis Weihnachtsmusik in seinem Zimmer. Beide Türen lagen gegenüber und wir ließen sie weit auf, so dass wir ihn sahen und er uns. Immer wenn er von der Schaukel sprang und ins Wohnzimmer gelaufen kam, stopften wir ihm irgendetwas Leckeres in seinen Mund. Manchmal kam er mit weit geöffnetem Mund ins Wohnzimmer gelaufen, damit er wieder etwas bekam. Es war irgendwie auch lustig. Irgendwann wurde er müde. Dann war es Zeit, für ihn zu schlafen und wir brachten ihn ins Bett. Danach spielten wir bis in die Morgenstunden. Schlafen wird überbewertet.

## 2014

*Schlaf, du süßer Trost der Nacht, komm zu mir gegangen,*
*lass die dichten Schleier sacht seiden mich umfangen.*
*Lösche meinen letzten Sinn, Sehnen, Süchte, Sorgen.*
*Trag mich über`s Traumland hin, in das bessere Morgen.*

Hermann Claudius

Das neue Schulhalbjahr begann und ich schrieb in Lornes
Mitteilungsbuch, dass er schöne Ferien hatte. Das Wichtigste allerdings war die Nachricht, dass die Wochenendbetreuung Endes des Jahres in Kattendorf sehr gut geklappt hatte.
Auf Annikas Urteil war Verlass. Das wussten auch die Eltern der anderen Kinder, die händeringend einen Platz suchten, an dem sie für ein paar Tage ihre geliebten Kinder mit
besonderen Bedürfnissen lassen könnten. Es war eine Aussicht! Eine Aussicht auf endlich mal freie Tage. Sehr viele
meldeten ihre Kinder dort an. Wir auch. Erst einmal für ein
Wochenende von Freitag bis Sonntag. Fünf Termine über
das ganze Jahr verteilt wurden vergeben. Das hätte für uns
verlässliche fünf freie Wochenenden im Jahr bedeutet. Es
wäre einfach zu schön! Dann war es so weit. Mein Sohn
sollte Anfang Februar ein Wochenende ohne uns und ohne
Annika in Kattendorf verbringen. Ich hatte ein wenig
Bauchschmerzen, Lorne dort zu lassen, ohne eine vertraute
Person, aber irgendwie mussten wir auch ihn mal eine Zeit
loslassen und darauf vertrauen, dass es schon gut ginge.
Niemand wusste, was die Zukunft bringen würde. Er wurde
immer größer und stärker. Ich machte mir sehr große Sorgen, wie lange wir es noch zu Hause leisten könnten.

In Kattendorf angekommen machten wir ein Aufnahmegespräch und es stellte sich heraus, dass einige der Betreuer Lorne schon von dem Probewochenende kannten. Sie begrüßten ihn mit »Hallo Lorne, wollen wir wieder schaukeln?«, und schon war mein Sohn unterwegs nach draußen. Es gab kein Halten. Das war ein so gutes Gefühl. Das Personal war richtig gut. Sie konnten sich auf Kinder, wie Lorne sehr gut einstellen. Das Schönste dort war das Außengelände. Ein großes Grundstück mit verschiedenen Schaukeln. Wie für Lorne gemacht.

Dort an der Schaukel war es auch etwas leichter für mich zu gehen, ihn dort zu lassen. Er schaukelte und lachte, einer der Betreuer stand neben der Schaukel und ich ging einfach weg. So war es am einfachsten.

Trotzdem fuhren wir mit gemischten Gefühlen nach Hause. Einerseits ein wenig schlechtes Gewissen, ihn dort zu lassen, andererseits aber diese große Freude, einfach mal frei zu haben. Zwei ganze Tage und Nächte – unfassbar. Ich sagte mir immer wieder, dass Lorne nur profitieren würde.

Erstens wäre er unter neuen Freunden und könnte dort schaukeln und spielen. Außerdem hätte er, wenn heimkäme eine ausgeschlafene, ausgeruhte Mutter. Lorne hatte eine sehr schöne Zeit in Kattendorf. Die Unterbringung war überhaupt nicht vergleichbar mit der, des Kupferhofes. Das Haus in Kattendorf war alt, aber zweckmäßig.

Als wir ihn wieder abholten, freute er sich sehr. Hielt meine Hand so fest, dass meine Finger taub wurden, und ließ erst los, als wir im Auto saßen.

Wir meldeten Lorne für eine Woche in den Sommerferien an. Es fiel mir jetzt schon schwer, Lorne eine Woche abzugeben. Das sollte sich bis zum Ende auch nicht ändern.

In der Schule klappte alles ganz gut. Lorne musste weiterhin lernen, normale alltägliche Situationen zu meistern und auszuhalten. Das Sitzen am Tisch war weiterhin schwierig. Ab und zu war Lornes Klasse unterwegs im Wald, um dort zu lernen. Das war für Lorne das Paradies. Draußen im Wald mit ganz vielen Stöckern. Das liebte Lorne auch bei uns. Eines Nachmittags waren Johanna und ich mit ihm im Wald. Alles war wie immer. Ab und zu blieb er stehen, um irgendwelche Stöcker aufzuheben. Dieses Mal erwischte er einen sehr großen Stock. Er hob das Knie an, legte den Stock über sein Knie und brach ihn durch, sah uns an und lachte. Johanna und ich standen dort wie erstarrt und konnten es nicht glauben, was wir gerade gesehen hatten. Johanna traute ihren Augen nicht. »Hammer, Lorni! Das hast du super gemacht! Hast du den Stock geteilt, wie cool, Superbaby!« Lorne grinste und lief einfach weiter.

Im Mai wollte Lornes Klasse auf Klassenfahrt. Wir mussten wieder Anträge auf Begleitung stellen. Stundenlanger Papierkrieg. Wer, wie lange, wann Lorne betreuen sollte. Es wurde alles genehmigt, puh. Vorher waren aber schon wieder Ferien. Ich stellte um auf Ferienmodus: Alles andere musste warten, Lorne ging vor! Ich verbrachte 9 bis 10 Stunden täglich mit meinem Sohn, und versuchte in diesen Ferien, ihn ab und zu mal auf das Klo zu setzen. Es war anstrengend und forderte uns beide sehr. Da wir die meiste Zeit draußen verbrachten, mussten wir reingehen, dann setzte ich ihn auf das Klo und wartete. Er war so ungeduldig und verstand überhaupt nicht, was das sollte. Wenn es dann einmal klappte, lobte ich ihn, gab ihm ein Stück Schokolade und klatschte in die Hände. Es half aber wenig. Er verstand einfach nicht, was das sollte.

Im Mai fuhr die Schulklasse für drei Nächte auf Klassenfahrt auf einen Reiterhof namens Augustenhof. Hans begleitete Lorne. Ich hatte gar keine Sorge. Alles war vertraut. Hans ging in den vier Tagen an seine Grenzen. Er gestand mir, dass er häufig mit Lorne bei den Ziegen gewesen sei. Dort gab es ein eingezäuntes Gehege und er ließ Lorne dort laufen, um einen Augenblick auszuruhen. Ich konnte es so gut verstehen, hoffte aber sehr, dass er keine Ziegenscheiße in den Mund gesteckt hatte. Er blieb die nächsten Tage robust, gesund und munter.

Am 18. Juni 2014 feierten wir Lornes 10. Geburtstag mit der ganzen Schulklasse und Begleitungen bei uns auf dem Hof. Frühstück, Traktorfahrten; das ganze Programm! Es hatte sich in der Schule herumgesprochen, wie schön es bei uns war. Dieses Mal kam auch die Logopädin und eine SPA zusätzlich mit. Es wurden immer mehr Erwachsene. Es freute mich, dass sich alle bei uns wohlfühlten. Die Schüler hatten wieder sehr viel Spaß. Alle hatten sich weiterentwickelt und dazu gelernt. Nur bei Lorne hatte sich eigentlich nicht viel verändert.

Das Schuljahr neigte sich dem Ende.
Lorne bekam sein 3. Zeugnis:
»Lorne kam meist fröhlich und gut gelaunt in die Schule ...«
Das Zeugnis umfasst ca. zwei DIN-A4-Seiten. Es war größtenteils, wie die zwei vorherigen, es hatte einige kleine Verbesserungen. Zum Beispiel, dass Lorne längere Zeiten im Unterricht aushielt, ohne zu schreien, und dass er beim Lernen nach dem »TEACCH-Ansatz« kleine Fortschritte mache.

Schon wieder Ferien – sechs Wochen – alter Schwede. Opa musste ja auch noch täglich versorgt werden.

Dieses Mal hatten wir eine Woche Lorne-Pause. Er sollte diese Zeit in Kattendorf verbringen:
Ich versah alle seine Klamotten, die er für eine Woche brauchte, mit einem grünen Faden. Selbst seine Schuhe habe ich mit seinem Namen versehen. Lorne konnte kein Wort sprechen und auch nicht zeigen, welche Schuhe oder welche Jacke ihm gehörten. Wir bekamen aus Kattendorf eine Kleiderliste.
Alles wurde genau eingetragen. Dort hatten sie wirklich genügend Erfahrung für Kinder mit besonderen Bedürfnissen. Als wir die Räume betraten, war Lorne ganz entspannt. Glücklicherweise war eine Betreuerin dabei, die Lorne schon von dem Wochenende kannte. Dann wurde ein sehr umfangreiches Aufnahmegespräch geführt. Wir besprachen alles, was in Sachen Lorne zu beachten war. Auch ein Notfallmedikament ließen wir dort. Lorne war zwar seit drei Jahren anfallsfrei, aber wir wollten kein Risiko eingehen.
Ich hörte die anderen Eltern an den Nachbartischen. Sie sprachen über Diabetes, Allergien, Epilepsie, manche Kinder saßen im Rollstuhl. Also Hut ab. Diese jungen Leute hatten einiges zu beachten. Das Personal bestand aus einer Fachkraft und einigen studentischen Hilfskräften. Aber es klappte. Sie waren sehr gut eingearbeitet. Lorne hatte eine Art, dass ihn jeder gleich in sein Herz schloss. Er war ein Sonnenschein. Ich machte mir immer wieder Sorgen und es fiel mir schwer, dort wegzufahren, aber wir hatten auch schon so gute Erfahrungen an den Wochenenden gemacht. Außerdem hatte Lorne nun schon öfter mal eine

Zeit ohne mich verbracht. Erst die Kita und die Freizeiten, dann die Schule, dann die ersten Übernachtungen bei Bärbel und Annika. Lorne hatte bisher alles gut gemeistert. Es tat uns einfach so gut, mal abschalten zu können.

Er verbrachte dort eine schöne Woche. Die Betreuer hatten sich die Mühe gemacht, einen Ferienbericht zu schreiben und ein paar Fotos für die Eltern mitzugeben. Lorne sah auf allen Fotos glücklich aus. Ich war so erleichtert! Als wir ihn abholten, klammerte er sich immer so fest an eine unserer Hände und ließ erst los, wenn er im Auto saß.

Ich hätte ihn niemals ganz weggeben können, hatte aber auch so große Sorge, wohin uns unser weiterer Weg mit Lorne führen würde. Ich hatte mir schon die eine oder andere Einrichtung angesehen. Ich war wirklich hin und hergerissen. Ich hätte ihn nicht weggeben können, aber es ging nicht um mich, sondern um Lorne.

Was wäre für ihn das Beste? Er war in einem Alter, in dem man ihn gerade noch gut händeln konnte. Alle Herzen flogen ihm einfach zu, wenn er einen anstrahlte. Was, wenn er erwachsen würde? Was, wenn er dann vielleicht randalierte, wenn wir ihn weggeben müssten? Würde er dann medikamentös ruhig gestellt? Ich machte mir nichts vor, das was wir Zuhause leisteten, könnte niemand anderer leisten! Wäre es nicht besser für ihn, sich irgendwo an ein neues Zuhause zu gewöhnen, wenn er noch nicht erwachsen wäre? Ich wusste einfach nicht, was ich tun sollte. Wenn ich diese Sorge mit Jan besprach, blockte er immer ab. Das war für ihn kein Thema. Er würde unseren Sohn niemals weggeben. Ich war der Meinung, dass er es sich zu einfach machte. Was, wenn ich mal ausfalle? »Dann finden wir eine Lösung, wenn das soweit ist.« Fertig war mein Mann.

Die Ferienbetreuung war schon mal ein erster Schritt, Lorne für eine gewisse Zeit loszulassen. Immer, wenn ich diese Sorge mit Annika besprach, sagte sie: »Ach Dörte! Irgendwie ging es doch immer und irgendwie wird es auch immer gehen!« Ich hoffte so sehr, dass sie richtig lag. Johanna und Malena waren auch im Zwiespalt. Sie hätten ihren Bruder niemals weggeben wollen, machten sich aber auch große Sorgen um meine Gesundheit.

Das neue Schuljahr begann.
In der Schule lief alles wieder so weiter wie immer. Hans hatte endlos Geduld mit unserem Sohn. Auch Lena war eine richtig gute Bezugsperson für Lorne geworden.

Malena bestand ihre Prüfung zur Hotelfachfrau, suchte sich einen Job in Hamburg und wollte zum 1. September 2014 mit ihrem Freund nach Hamburg-Wandsbek ziehen. Was? Wann bist du nur so erwachsen geworden? Ich wollte doch noch viel mehr für dich da sein. Das waren meine Gedanken. Wir organisierten einen Sprinter und halfen beim Umzug. Für sie ging ein Traum in Erfüllung. Hamburg war ihre Stadt. Ich freute mich für sie, würde sie aber schmerzlich vermissen.

Als Malena ihre letzten Sachen gepackt hatte, ich sie fest gedrückt hatte und ihr nur das Beste wünschte, fuhr sie mit ihrem schlumpfblauen Polo vom Hof. Ich lächelte, winkte und gab Luftküsse. Wir würden uns ja öfter sehen. Sie setzte den Blinker und fuhr vom Hof. Da gingen bei mir die Schleusen auf. Ich weinte, wie schon lange nicht mehr. Sie war einfach so erwachsen geworden. War ich immer genug für sie da gewesen?

Ich wusste es nicht. Ein paar Tage später gestand sie mir, dass auch sie die ganze Fahrt nach Hamburg geweint hätte. Wir sahen uns regelmäßig. Entweder fuhr ich nach Hamburg oder sie kam sonntags mal zu uns. Sie hatte immer noch ihr eigenes Zimmer bei uns. Und … ja! Ich war immer für sie da gewesen und sie für mich!

Wir feierten Johannas 18. Geburtstag! Wir lachten, wir weinten. Wo war nur die Zeit geblieben. Es war ein sehr schöner Tag. Ich hatte für sie ein Fotobuch erstellt mit den schönsten Aufnahmen der letzten 18 Jahre. Sie freute sich sehr. Und sie bekam einen kleinen silberfarbenen Polo. Endlich unabhängig.

\*\*\*

*24.03.2022*

*Wir haben zurzeit super Wetter und ich war etwas schreibfaul. Ich war mit Birte frühstücken, habe mich mit Angela getroffen, bin mit Andrea Fahrrad gefahren. Andrea hat auch große Sorgen. Ich glaube, ich bin eine gute Zuhörerin, manchmal sogar Ratgeberin. Ich freue mich immer, Zeit mit meinen Freundinnen zu verbringen, aber im Moment quält mich eine innere Unruhe. Ich bin mit meinen Gedanken immer bei diesem Buch. Im ganzen Haus liegen Notizblöcke, in der Küche, an meinem Bett — nachts habe ich die besten Einfälle — wenn ich einen guten Gedanken habe, muss ich es sofort aufschreiben, sonst vergesse ich es wieder.*

*Am Wochenende waren Jan und ich mit Addi und Dirk Fahrradfahren. Mein Bruder hält es für keine gute Idee, dieses Buch zu schreiben. Er meint, es würde zu sehr aufwühlen. Er sagte: »Du warst doch ganz gut davor. Warum tust du dir das an? Es kommt doch alles wieder hoch!« Das stimmt schon. Dennoch tut es mir gut!*

*Gestern habe ich mit unseren Töchtern telefoniert. Wir planen einen gemeinsamen Urlaub in Norwegen. Wir werden Johanna besuchen. Wir vier werden dort in einem Haus zusammen die Ostertage verbringen. Wir freuen uns alle sehr auf die gemeinsame Zeit.*

\*\*\*

Lorne gefiel mir die nächsten Wochen gar nicht. Er wurde noch unruhiger, war weinerlich, irgendetwas quälte ihn. Ich vermutete, er hätte Zahnschmerzen. Mathias schaute nach seinen Zähnen. Lorne randalierte, ich konnte ihn nicht mehr halten. Mathias empfahl, einen Termin in der Kieferklinik zu machen und unter Vollnarkose zu kontrollieren. Dort sagte man mir, man müsse eine Voruntersuchung machen lassen. Wir sollten kommen, eine Nummer ziehen und warten. Es könne schon mal zwei Stunden dauern. Mit Lorne? Na super! Habt ihr ne Schaukel? Das war unmöglich zu schaffen. Ich fand einen Zahnarzt in Kiel-Gaarden, der speziell Kinder sowie Angstpatienten auch unter Narkose behandelte. Es wurde immer schlimmer, Lorne ging die Wände hoch. Ich gab ihm Schmerztabletten und fuhr mit Hans und Lorne nach Kiel-Gaarden. Allein wäre das unmöglich gewesen.

Der Zahnarzt Martin H. wollte erst einmal kontrollieren, und dann für die nächste Woche einen Termin vereinbaren, falls eine OP notwendig wäre. Er war so lieb und geduldig mit meinem Sohn, dass dieser ihn gewähren ließ.

»Der arme Junge! Wir müssen zwei Zähne ziehen. Sie sind zerstört.« Es hatte sich unter der notdürftigen Füllung, die Mathias gesetzt hatte, eine Karies gebildet. Ich brach in Tränen aus. Martin H. zögerte keine Minute, bat sein Narkose- und Helferteam um eine Überstunde, damit Lorne sofort behandelt werden konnte.

Danke Martin: Du bist für Lorne der beste Zahnarzt der Welt! Sorry Mathias, du warst auch super! Er war nur irgendwann zu groß geworden, um die Zahnarztbehandlungen ohne Narkose durchführen zu können. Ich durfte bei Lorne bleiben, bis er weggeschlummert war. Er war total lieb, saß allein auf dem Behandlungsstuhl. Er muss gespürt haben, dass wir ihm helfen wollten. Martin zog zwei Backenzähne. Lorne muss die Woche vorher Höllenqualen gelitten haben. Mein armer Junge! Ich weiß, wie schlimm Zahnschmerzen sind. Ich weinte. Martin sagte, die Lücke sei kein Problem. Die Weisheitszähne hätten jetzt Platz und würden die Lücke schließen und müssten dann später nicht entfernt werden. Lornes Zähne wurden einer kompletten Reinigung unterzogen und noch versiegelt. Alle anderen Zähne waren super in Schuss und gut gepflegt. Die Narkose hatte sich gelohnt. Er meinte, ich solle so weiter pflegen und ab und zu würde er schauen. Alles kein Problem. Er nahm mich in den Arm. Ich weinte immer noch. Lornes Zähne wurden halbjährlich kontrolliert. Es war bis zum Schluss nie wieder auch nur eine einzige Behandlung nötig.

Durch diese blöde Zahnentzündung hatte Lorne wieder einen Grand Mal-Anfall. Nach drei Jahren Anfallsfreiheit! Das durfte doch alles nicht wahr sein. Es ging alles wieder von vorne los. Ich wurde nachts wach, weil Lorne laut aufschrie und nach Luft rang. Ein schlimmer epileptischer Anfall. Ich versorgte ihn mit dem Notfallmedikament, legte meinen Sohn in stabile Seitenlage, bis er wieder nach Luft schnappte. Dann brach ich in Tränen aus. Nach drei Jahren ging es wieder los. Nur war er jetzt ein wesentlich größerer Junge.

Wenn er umfiel, dann fiel er mit voller Wucht. Wir fingen ihn meistens ab, aber das war sehr, sehr schwer. Er war dann wie ein schwerer, nasser Sack. Ich war am Ende meiner Kraft. Wir alle waren am Ende unserer Kraft. Die täglichen Anstrengungen: Lorne eng begleiten, wickeln, füttern, anziehen, ausziehen, waschen usw. forderten uns sehr. Jetzt auch noch wieder Anfälle ...

Liebes Universum bitte, bitte nicht auch noch wieder Anfälle. Wie sollen wir das nur bewältigen? Wir waren ratlos, wie schon lange nicht mehr. Außerdem genoss Lorne, seit er anfallsfrei war, wesentlich mehr Freiheiten. Er schaukelte sehr hoch. Er schaukelte alleine. Wir standen nur daneben, hielten ihn nicht mehr fest. Genauso auf dem Traktor, dem Radlader und dem Rasenmäher. Er durfte sich frei bewegen. Wir passten nur auf, dass er nicht weglief. Nun mussten wir ihn wieder festhalten. Das wollte er ganz und gar nicht. Er schrie und tobte, wenn er nicht alleine laufen durfte.
Wir mussten in der Schule alles neu besprechen, was zu tun war, wenn Lorne einen schweren Anfall hätte. Auch Hans hatte es noch nie erlebt. Nur Annika kannte es aus der Zeit vor drei Jahren.
Ich schrieb Doc. Hartmann. Er wollte sich mal Gedanken machen und sich wieder melden. Er erzählte mir, dass der Meister leider verstorben war. Wir konnten ihn nicht mehr um Hilfe bitten. Die Tropfen bekam Lorne immer noch.

Ich schrieb Professor S., bat um einen Termin.
Im Oktober sollten wir kommen. Bis dahin sollte ich die Medikation erheblich erhöhen. Lorne krampfte meistens morgens gegen 5 Uhr, schlief dann wieder ein bis ca. 7 Uhr.

Er konnte dann in die Schule, hatte aber auch Sturzanfälle, durfte deswegen nicht mehr alleine schaukeln. Er hätte jederzeit stürzen können. Das verstand er gar nicht, hatte er die letzten Jahre so sehr seine Freiheit genossen. Ich war am Ende meiner Kraft. Ich kann gar nicht in Worte fassen, wie verzweifelt ich war. Ich musste dauernd weinen. Ich konnte es nicht aufhalten, musste aber stark bleiben für meine Familie, für Lorne und für mich.

Im Oktober fuhren Johanna und ich mit Lorne nach Kiel. Erst wieder EEG-Untersuchung. Mit einem starken zehnjährigen Jungen, der das ganz und gar nicht wollte. Johanna und ich hatten alle Hände voll zu tun. Die MTA hätte uns drei am liebsten rausgeschmissen. Es stand ihr ins Gesicht geschrieben. Danach hatten wir ein Gespräch mit dem Arzt. Professor S. sagte, es sei sehr bedauerlich, dass es Lorne wieder schlechter ginge. Sein EEG zeige keinen Befund. Ich verstand es einfach nicht. Ich verstehe es bis heute nicht. Lorne hatte täglich Anfälle und sein EEG war ohne Befund! Wir sollten trotzdem die Medikamente erheblich erhöhen. Das machte ich dann über Wochen. Ich wusste auch keinen besseren Rat.

Ich schrieb an Frau R. vom »Rauhen Haus«. Ich wollte Lorne für die Oktoberferienwoche abmelden, weil er wieder Anfälle hatte. Sie antwortete, das sei für das Team kein Problem. Lorne könne die Woche in Kattendorf verbringen. Er müsse lediglich sein Notfallmedikament mitbringen. Ich war unsicher. Ich hatte Angst, dass Lorne nachts krampfte und niemand es hören würde oder einfach von der Schaukel fiel und niemand würde ihn auffangen. Ich wollte spontan entscheiden. Lorne hatte meistens morgens früh im Bett einen

Anfall, danach ging es ganz gut. Ich hörte es jedes Mal, konnte ihn versorgen und die Sekunden zählen, falls ein Notfallmedikament verabreicht werden musste.

Wir brachten ihn im Oktober für eine Woche nach Kattendorf. Ich besprach bei der Aufnahme alles ganz genau. Das Team war sehr erfahren und versicherte mir, dass es auch nachts eine Wache gebe. Ich zögerte bis zur letzten Minute. Ich war so erschöpft. Man versprach mir anzurufen, wenn irgendetwas sein sollte. Okay. Wir fuhren heim. Ich legte mich sofort ins Bett und schlief. Ich hoffte so sehr, dass alles gut gehen würde, musste aber unbedingt mal ausruhen.

Nach einer Woche holten wir Lorne wieder ab. Es hat alles sehr gut geklappt … Puh. Lorne war sehr entspannt. Als er uns sah, kam er angelaufen, lachte ganz laut und hielt uns wieder ganz fest, bis wir im Auto saßen. Ich hatte wirklich große Sorge gehabt. Alles war gut gegangen.

Das Jahr neigte sich schon wieder dem Ende. Wir verbrachten wieder ein sehr schönes Weihnachtsfest mit unseren drei Kindern, Opa Heini und Ferienanstrengungen.

Wir hatten uns wieder auf Anfälle eingestellt. Ob es irgendwann einmal richtig gut für Lorne und uns würde? Ich hatte die Hoffnung schon fast aufgegeben. Es war wieder so schlimm, wie schon lange nicht. Lorne wurde immer größer und stärker. Es war auch ohne Anfälle schon sehr anstrengend, ihn zu beaufsichtigen. Nun hatte er wieder Anfälle. Was sollte wir nur machen? Die Schulmedizin hatte auch keine Antwort.

## 2015/2016

*Kann es sein, dass ein Leben ein einziger Schmerz ist?*
*Kann es sein, dass ein Leben nur aus Hoffnung, Verzweiflung und immer wieder Enttäuschung besteht?*
*Kann es sein, dass man trotz allem immer wieder etwas Schönes entdeckt, etwas, für das es sich auf jeden Fall lohnt, immer weiter zu kämpfen?*
*Ein herzhaftes Lachen meines lieben Sohnes, die für mich besten Töchter der Welt, ein gutes Gespräch, Freunde, ein Spaziergang am Morgen, Lebenau bei Sonnenaufgang; ich könnte die Liste ewig fortsetzen.*

*Dörte Thomsen*

Es kam genauso, wie Annika gesagt hatte: Irgendwie ging es immer!
Schule, Ferien, Anfälle, Opa versorgen, Ferienbetreuung in Kattendorf, amtsärztliche Untersuchung, Blutabnahmen, Briefe schreiben, Abrechnungen mit der Pflegekasse erstellen, Anträge stellen …
Die Zeit ging ihren Gang und wir fanden immer wieder Lösungen.

Unser Helfernetz hatte sich etwas erweitert. Birte, die Tochter meiner Freundin Sonja, übernahm am Wochenende immer mal ein paar Stunden. Ich musste immer wieder Leute finden, die mich entlasteten. Malena hinterließ eine große Lücke. Wenn sie uns besuchte, drehte Lorne förmlich durch vor Freude. Sie musste immer sofort mit ihm in seinem Bett liegen und einen Augenblick eng umschlungen mit Lorne kuscheln. Es ging einem das Herz auf.

In dieser Zeit war Johanna meine engste Vertraute. Wir besprachen alle Entscheidungen. Wie sollen wir weiter vorgehen? Was sollte in Zukunft werden? Malena bezog ich zwar auch mit ein. Sie hatte aber auch einen sehr anstrengenden Job in Hamburg.

Wir feierten Lornes 11. Geburtstag wieder mit der gesamten Schulklasse. Es wurden immer mehr Begleitpersonen. Wir fuhren wieder das ganze Programm. Es war sehr schön zu sehen, wie integriert mein Sohn war. Alle Kinder hatten ihn gern. Jeder wollte mit ihm Kettcar fahren oder ihm Anschwung geben. Ich freute mich sehr, fragte mich aber, wie er es schaffte, so beliebt zu sein, denn er sprach doch immer noch kein Wort.

Lorne bekam sein 4. Zeugnis.
»Lorne kommt meist gern in die Schule. Er fühlte sich in dem neuen Klassenraum sehr wohl ...« Das Zeugnis umfasste zwei DIN-A4-Seiten. Im Grunde hatte sich nichts geändert. Es wurde immer wieder erwähnt, wie gut er reiten konnte. Seine Schulklasse ging einmal wöchentlich zum therapeutischen Reiten.

Lorne hatte in dieser Zeit ein- bis zweimal im Monat einen Grand Mal-Anfall und manchmal stürzte er. In den Zeiten dazwischen ging es ihm richtig gut. Er lachte, er sang, er schaukelte und er fuhr häufig mit Jan mit dem Traktor mit.
Ich schrieb dem Professor, dass ich die Medikamente absetzen wolle. Im Grunde hatte es doch nichts gebracht.

Warum sollten wir Lornes Leber weiter so sehr belasten? Warum sollten wir ihm einmal monatlich Blut abnehmen lassen? Es war eine einzige Qual.

Er riet ab. Ich hörte nicht auf ihn. Johanna und ich waren uns einig. Jan meinte auch, dass es besser für Lorne wäre. Die Doc-Hartmann Tropfen bekam er weiterhin.

Hans sagte uns, dass er Lorne im nächsten Schuljahr nicht mehr begleiten könnte. Er hatte einen Job als Tischler angenommen. Och Mensch. Was sollte ich jetzt machen?

Ich fragte Lasse. Er wollte nicht weiter studieren und sagte zu. Ein Glück! Wieder ein Schuljahr gesichert.

Mit Lasse ging es wieder super. Er kannte Lorne länger und besser als alle anderen. Lornes Lehrerin Lena war auch eine große Stütze. Es lief in der Schule. Wir hatten Glück. Wir bekamen eine feste Schulbustour und somit auch eine beständige Fahrerin, Martina. Es war morgens bei uns schon mal sehr chaotisch, wenn Lorne gerade einen Anfall hatte und sie ohne ihn fahren musste. Meistens brachte ich ihn dann später. Ab und zu konnte Martina ihn dann doch noch mitnehmen, dann trafen wir uns in Aukrug. Mit Martina war das alles kein Problem. Sie hatte Verständnis für unsere Situation. Vorher stand ich morgens immer sehr unter Strom. Es war nun alles etwas entspannter. Das spürte auch Lorne. Danke Martina!

Die Stunde, bevor Lorne von der Schule nach Hause kam, nutzte ich meistens, um Post zu bearbeiten und einen Augenblick die Zeitung zu lesen. Ich kam in die Küche, wollte mir gerade die Post schnappen, da sah ich, dass mein Mann schon am Tisch saß, vor ihm ein Stapel Briefe.

Er sah mich finster über den Rand seiner Lesebrille an, wieder mit diesem Blick, der fremde Menschen, die bei uns auf den Hof kamen, sofort in die Flucht schlug. Er reichte mir einen Brief vom Kreis Rendsburg-Eckernförde, Abteilung Wiedereingliederungshilfe. Das verhieß nichts Gutes, so mitten im Schuljahr.

»Sehr geehrte Frau Thomsen, sehr geehrter Herr Thomsen, hiermit teilen wir Ihnen mit, dass die Kosten für die offene Ganztagsschule für Ihren Sohn Lorne an der »Schule an den Eichen« im nächsten Schuljahr nicht mehr aus Mitteln der Wiedereingliederungshilfe getragen werden. Sie haben die Möglichkeit, die Kosten für die OGTS selbst zu tragen oder auf diese Betreuung für Ihren Sohn, Lorne zu verzichten. Gegen diesen Bescheid …

Auch das noch!

Ich brauchte nur wenige Minuten, da begriff ich, dass die Finanzierung der Hilfe für die zahlreichen Flüchtlinge, die nach Deutschland kamen, aus Mitteln der Wiedereingliederungshilfe geleistet wurde: Die armen Menschen, die aus Syrien zu uns kamen, brauchten diese Hilfe sicher nötiger als wir. Klar! Die Gelder wurden hier dringender benötigt.

»Wir schaffen das!«

Mein Mann war anderer Meinung: »Wir wollen ja gerne helfen, Dörte, aber wir zahlen auch hohe Steuern in diesem Land und uns wird nach und nach alles gestrichen. Das kann auch nicht der richtige Weg sein. Wir sollen alle mit anpacken und müssen es selbst schaffen, wenn wir mal Probleme haben. Das kann doch nicht richtig sein, dass unsere Steuergelder in der ganzen Welt verteilt werden und wir uns für den Wohlstand der letzten Jahre schämen und die Zähne zusammenbeißen müssen.« Nun mussten wir die Zeiten der OGTS aus eigener Kasse bezahlen. Aber wir hatten eine Heimat, wir hatten ein Haus, wir hatten genug zum Essen. Es war alles in Ordnung. Ich war anderer Meinung als mein Mann. Wenn wir so dazu beitragen könnten, dass es den Flüchtlingen ein wenig besser ginge, dann gerne! Ich dachte mir in dieser Zeit immer wieder. Was hätten wir an Kosten gehabt, wären wir jedes Jahr in den Familienurlaub gefahren. Hätte Lorne vielleicht Fußball gespielt und immer wieder neue Markenschuhe gebraucht usw.. Ich hätte das alles so gerne für ihn bezahlt, aber es sollte nicht sein. Dann konnte ich auch die Schulbegleitung für die OGTS bezahlen. Es tat Lorne so gut, dort zu sein, und wir ermöglichten ihm das sehr gerne.

Ich sah mir in dieser Zeit eine Einrichtung in Wesselburen an. Das Kindereck. Hier hätte Lorne einen Platz für immer bekommen können. Ich fuhr mit ihm, Malena, Bärbel und Lena dorthin. Die Leiterin erklärte uns das Konzept. Lorne hätte die Schule wechseln müssen, würde von dort abgeholt und wieder zurückgefahren werden und könnte dort auch als Erwachsener für immer leben. Wir hätten ihn die ersten sechs Wochen nicht besuchen dürfen, damit er sich einleben würde. Ich weinte schon wieder. Mein Sohn hätte alle drei vertrauten Säulen verloren: sein Zuhause, seine Schule und Lasse. Das war zu viel für mich. Was hatte ich erwartet? Warum fuhr ich nach Wesselburen und schaute mir dort eine Einrichtung an? Weil es nichts Vergleichbares in unserer Nähe gab. Wären wir zu dem Entschluss gekommen, Lorne im Kindereck unterzubringen, hätte die Pflegekasse einen Teil der Kosten getragen.

Wir hätten monatlich ca. 2.300 Euro dazu bezahlen müssen. Irgendwie war ich froh, dass mir die Entscheidung abgenommen wurde, denn das hätten wir uns niemals leisten können. Außerdem könnte ich Lorne niemals so weit weggeben. Er sollte zumindest in Nortorf in der Schule bleiben und Lasse sollte ihn weiterhin begleiten.

In mir reifte die Idee, einen Verein zu gründen, eine Immobilie mit einem großen Grundstück zu erwerben, so wie es die Kupferhof-Familien gemacht hatten und eine Unterbringung für Jugendliche, die genau wie Lorne durch das Raster fielen, anzubieten.

Personal hätte ich schon genug. Einige wollte ich abwerben. Ich wusste schon genau, wen ich alles einspannen wollte. Wir hätten zusätzlich zu Lorne vier Jugendliche aufnehmen müssen, damit wir kostendeckend bestehen könnten. Ich besprach meine Idee mit Lornes Lehrerin Lena. Ich hatte schon zwei Kinder aus Lornes Klasse im Auge, deren Eltern auch die Ferienbetreuung in Kattendorf nutzten. Lena sprach die Eltern an. Sie waren entsetzt. Sie würden ihre Kinder niemals weggeben. Sie hätten ja wohl größere Geschwister. Die hätten sich weiter kümmern müssen, wenn sie selbst es nicht mehr leisten könnten.

Genau das wollte ich meinen Töchtern nicht zumuten. Hatten sie nicht ein Recht auf ein eigenes Leben, auf eine eigene Familie? Sicher würden sie sich immer um Lornes Belange kümmern, ihn besuchen, aber ihren Bruder den Rest ihres Lebens betreuen? Das wollte ich ihnen nicht aufbürden.

Malena, Johanna und ich nahmen Lorne mit und sahen uns außerdem noch eine Einrichtung in Dänemark an. Die Dänen hatten etwas ganz Besonderes auf die Beine gestellt, das speziell für Autisten vorbildlich gestaltet war: Das »Autismecenter Syd« in Rodekro. Wir hatten dort ein langes Gespräch mit dem Leiter der Einrichtung, Herrn Morten Conradsen. Ich wollte mir anschauen, wie die Dänen es machten, um die Ideen in einer eigenen Einrichtung umzusetzen. Ich brauchte lediglich noch ein paar Jugendliche bzw. Eltern, die so dachten wie ich. War ich eine schlechte Mutter? Musste ich nicht auch an meine gesunden Kinder denken? Herr Conradsen stimmte mir zu. In Dänemark bekommen Menschen mit besonderen Bedürfnissen ab Volljährigkeit eine monatliche Rente. Von dieser Rente wurde die Unterbringung in seiner Einrichtung bezahlt. Würde ein Junge, wie Lorne aus Deutschland zu ihnen kommen, betrugen die Kosten für Unterbringung, Pflege und Versorgung 6000 Euro im Monat. Ich war fassungslos! Welcher normale Mensch sollte so viel Geld aufbringen?

Es war alles sehr interessant und ich würde sicher ein paar Ideen übernehmen, falls ich jemals einen Verein gründen würde.

Lorne ging es bis Mai 2016 so gut, wie schon lange nicht mehr. In meinen Notizen steht teilweise so gut wie nie. Er war fröhlich, schaukelte, sang und ging immer gern in die Schule. Mitte Mai hatte er plötzlich wieder epileptische Anfälle. Immer wieder war ich am Boden zerstört und fragte mich: Warum bekommt er plötzlich wieder Anfälle? Es war doch alles gut. Einmal im Monat konnte es schon mal passieren, aber er hatte wieder ganz schlimme Anfallsreihen und niemand fand heraus warum. Plötzlich hatte er erst morgens einen Grand Mal und dann wurde er auch noch statisch. Er sabberte, verdrehte die Augen, war stundenlang gar nicht richtig ansprechbar. Es war so schlimm, dass ich ihm das Notfallmedikament »Tavor« gab, dann entspannte er und schlief.

In einem Monat sollte sein zwölfter Geburtstag sein. Ich vermutete, dass er in so etwas wie einer Vorpubertät steckte. Er war sehr gewachsen und sein Körper veränderte sich. Vielleicht veränderten sich auch irgendwelche Hirnstrukturen? Ich schrieb Prof. S. und schilderte Lornes Anfälligkeit und meine Vermutung. Er veranlasste ein sofortiges EEG. Anschließend sollten wir mit seinem Oberarzt Herrn Dr. B. sprechen, weil er selbst leider nicht im Haus wäre.

In diesem schlechten Zustand fuhren Jan und ich mit Lorne in die Uniklinik Kiel und stellten unseren Sohn vor. Der Oberarzt verabreichte umgehend ein stärker dosiertes Notfallmedikament namens »Buccolam«, mit dem Wirkstoff: »Midazolam«. Lorne entspannte sich keineswegs. Er stand trotz der hohen Dosis wieder auf und versuchte zu laufen. Es war schrecklich, ihn so zu sehen. Er bleierte, versuchte zu laufen, dann kippte er vorne über, stand wieder auf, versuchte wieder zu laufen. Ich war so erschöpft und traurig, hätte am liebsten laut geschrien.

Der Oberarzt rief einen Assistenzarzt und sagte: »Guck dir das mal an. Der hat gerade ‚Buccolam' bekommen und steht wieder auf! So etwas habe ich ja noch nie erlebt.« Sein Kollege erwiderte darauf: »Das gibt es doch nicht. Ich würde hier schon liegen!« Die beiden lachten und scherzten. Sie nahmen uns gar nicht wahr. Die Eltern dieses schwerkranken Jungen, die vor Sorge neben sich standen. Ich hatte nicht einmal die Kraft, diesen Mann zu fragen, ob es sein Ernst sei, sich über so etwas Schlimmes lustig zu machen. Ich stand einfach nur da. Ich vermisste den Professor. Das

EEG war ohne Befund. Warum war sein EEG ohne Befund?

Wir bekamen »Buccolam« für den Notfall mit nach Hause und sollten uns umgehend melden, falls es schlimmer würde. Dann hätten Lorne und ich stationär in der Uniklinik bleiben sollen. Der Oberarzt empfahl ein anderes Medikament einzudosieren, das Lorne bisher noch gar nicht probiert hatte. »Frisium«, Wirkstoff: »Clobazam« (ein anderer Wirkstoff gegen epileptische Anfälle). Alles Weitere sollte ich mit Prof. S. klären.

Am nächsten Tag hatte Lorne einen Magen- und Darminfekt. Wahrscheinlich wurden die Anfälle dadurch ausgelöst. Das war bisher immer so gewesen, dass durch einen Infekt die Anfälle schlimmer wurden. Ein fast 12-jähriger Junge, der noch Windeln benötigte, hatte einen Magen- und Darminfekt. Es war für uns nicht neu, aber es wurde immer schwieriger. Lorne ging nicht schnell einmal zum Klo oder nahm sich eine Schüssel, um sich zu erleichtern. Es kam vorne und hinten, egal wo er gerade saß oder stand. Ich führe es nicht weiter aus, aber es war unbeschreiblich.

Das Bett musste mehrmals täglich auch nachts neu bezogen werden. Auch die Windeln waren nicht so beschaffen, das alles aufzunehmen. Besonders die Nächte waren ein einziger Stress. Ich schlief gar nicht. Aber wir überstanden auch das und im Juni wurde es plötzlich wieder besser.

Wir feierten Lornes 12. Geburtstag. Wie immer, das ganze Programm. Mittlerweile waren es mehr Erwachsene als Schüler. Schulbegleiter, Logopädin, sozialpädagogische Assistenten, Lehrer*innen … Es war so anstrengend, aber auch so schön.

Seit diesem Tag ging es ihm wieder richtig gut. Ich schrieb dem Prof., dass der Oberarzt angeregt hätte, ein anderes Medikament zu probieren. Er schrieb, dass wir erst einmal Lornes Befinden abwarten sollten, um dann später neu zu entscheiden. Wir blieben wie immer in Kontakt. Die Tropfen bekam Lorne immer noch.

**Lorne bekam sein 5. Zeugnis.**
»Lorne kam in diesem Schuljahr meist fröhlich in die Schule … Besonders der Musik- und Sportunterricht gefielen Lorne sehr gut… «
Das Zeugnis umfasste wie immer zwei DIN-A4-Seiten, es hatte sich nichts wesentlich verändert.

Malena kündigte ihren Job in Hamburg und kam zurück nach Hause. Sie liebte ihren Beruf, als Hotelfachfrau sehr, wusste aber, dass es kaum möglich wäre, diesen über Jahre durchzuhalten. Die Arbeitszeiten und die Überstunden waren kaum zu leisten. Sie machte eine weitere Ausbildung zur Erzieherin und noch den Fachhochschulabschluss an einer Schule in Neumünster. Sie arbeitete die gesamte Schulzeit in ihrem Ausbildungsbetrieb in Nortorf nebenbei und finanzierte sich die gesamten drei Jahre selbst.
Ich war stolz auf meine Tochter und bestärkte sie, dass sie mit diesen beiden Ausbildungsberufen immer einen Job haben würde. In diesen drei Jahren wohnte sie wieder in ihrem Zimmer bei uns. Lorne war überglücklich, seine große Schwester wieder häufiger zu sehen. Für Lorne war es immer am schönsten, wenn alle daheim waren. Er suchte sich immer einen von uns aus, nahm diese Person an die Hand und sie musste dann alles mit ihm machen, was er liebte.

Johanna machte ein richtig gutes Abitur. Sie wollte für ein Jahr »Work and Travel« ins Ausland gehen. Wir planten, besprachen und besuchten Vorträge. Ich riet ihr, ein Land zu bereisen, in dem eine gewisse Sicherheit gewährleistet wäre. Ich hatte durch meine Reise nach Ecuador, die ich im Alter von 21 Jahren etwas blauäugig unternommen hatte, um einen Freund, den ich Jahre zuvor kennengelernt hatte zu besuchen, erfahren, dass man als Alleinreisende erst einmal genug mit sich selbst zu tun hatte. Müsste man auch noch um seine Sicherheit fürchten, dann wäre es sehr schwer, ein ganzes Jahr durchzuhalten. Ich wünschte ihr so sehr, dass sie eine gute Zeit haben würde.

Ich freute mich, dass meine Meinung, meine Erfahrung gefragt waren. Jan sagte nur: »Warum müsst ihr alle immer in der Welt rumreisen? Es ist doch so schön hier bei uns auf Lebenau! Ich verstehe das nicht. Von wem haben die Mädels das nur?« Man erfährt wohl nur, wie schön es in der Heimat ist, wenn man seine Komfortzone verlässt, um seinen Horizont zu erweitern. Ich bestärkte meine Tochter. Sie entschied sich für Kanada. Ich dankte dem Universum; nicht Mexiko. Mein Vorschlag, doch mit einer Freundin dieses Abenteuer zu erleben, fruchtete leider nicht. Johanna wollte alleine reisen. Und so sollte es sein. Wir brachten sie zum Flughafen, ich blieb bis zum Abschied tapfer. Heulte erst im Auto auf dem Weg nach Hause. Ich vermisste sie schon in dem Moment. Dank modernster Technik – WhatsApp, Skype – waren wir immer auf dem Laufenden. Sie hatte eine richtig gute Zeit. Ich bewunderte sie dafür, dass sie immer wieder ihren Rucksack packte und weiterzog. Sie verdiente in Kanada genug Geld, um sich diese Reise allein zu finanzieren. Ich war stolz auf meine Tochter, wie gut sie das alles meisterte.

Weihnachten feierten wir das erste Mal nicht komplett. Es fühlte sich komisch an, aber es ging Johanna gut. Wir vereinbarten zu später Stunde einen Termin, um zu skypen. Ich weiß noch wie heute, als Opa bei uns im Wohnzimmer saß, auf den Bildschirm schaute und ich eine Verbindung nach Kanada herstellte. Johanna erschien auf dem Bild, sah ihren Großvater und sagte: »Hallo Opa! Frohe Weihnachten!« Opa starrte auf den Bildschirm, hob seine Hand und winkte. Er sagte kein Wort. Er konnte es nicht glauben, dass es möglich war Johanna am anderen Ende der Welt zu sehen und zu hören.

*Wo geiht dat blots an?*
*Vadder hett en Kasten köfft, de schnacken kann!*
*Mal snackt en Mann. Mal snackt en Fro.*
*Und immer het se Radio.*

*Ausschnitt aus Radio von Hermann Claudius*

# 2017

*»Und wenn du denkst, es geht nicht mehr,*
*kommt irgendwo ein Lichtlein her.*
*Du bist mein Licht, Dörte!«*
Uwe im Jahr 1991

Mein Arbeitskollege Uwe M. mit dem ich vor etwa 30 Jahren zusammen eine Bankzweigstelle leitete, war seit längerer Zeit an Multipler Sklerose (MS) erkrankt. Er konnte kaum noch laufen. Er hatte trotz seiner schweren Erkrankung einen unerschütterlichen Lebensmut, war immer gut drauf und zu Späßen aufgelegt. Wir machten gerade wieder irgendwelche Witze und lachten herzhaft. So begann täglich unser Arbeitstag. Wir hatten eine richtig gute Zeit in den Jahren 1989 bis 1994. Ich war sprachlos, als er das zu mir sagte. Ich war sein Licht? Er hatte mitten in mein Herz getroffen. Wir waren so unbeschwert und so voller Lebensfreude Wir hatten damals keine Ahnung, was die Zukunft bringen würde ... wie gut.

## Ein weiterer Hoffnungsschimmer

Im Januar 2017 bekamen wir Post von der Pflegekasse. Die drei Pflegestufen wurden nun in fünf Pflegegrade unterteilt. Für uns änderte sich nichts. Lornes bisherige Pflegestufe 3 nannte sich jetzt Pflegegrad 5. Ich studierte die neuen Bedingungen, schrieb Briefe, füllte unzählige Anträge aus. Es ging alles reibungslos.
Im Frühjahr traf ich eine langjährige Bekannte, Jutta R., wieder. Wir wohnten schon seit Kindertagen im gleichen

Dorf und hatten uns bis auf einige wenige Begegnungen aus den Augen verloren. Jutta arbeitete damals als Kinderkrankenschwester im Rendsburger Krankenhaus, als Lorne geboren wurde. Sie sprach mich an, weil sie von seiner schweren Erkrankung gehört hatte, und bestätigte noch einmal, dass dieser Junge ihres Erachtens ein kerngesundes Baby gewesen sei, als er geboren wurde. Wir sprachen noch eine Weile über Lornes Erkrankung und sie bot mir an, mit Lorne bei ihr vorbeizukommen. Jutta hatte sich nebenberuflich fortgebildet und behandelte einige Menschen mit einer Pranaanwendung. Sie bot an, es auch mal bei Lorne zu machen.

Prana bedeutet Atem. Kurzfassung: Bei einer Pranabehandlung löst Jutta Blockaden im Körper und sorgt dafür, dass alles wieder fließt. Danach führt sie Energie zu. Sie meinte, eine Behandlung im Monat sollte Lorne guttun. Und es tat ihm gut. Lorne und ich waren seitdem jeden Monat bei Jutta zu einer Pranabehandlung.

Wir legten Lorne auf eine Massageliege und Jutta strich über seinen Körper, mit irgendeiner vom Universum gegebenen Kraft, die sich wohl niemand erklären kann und auch nicht muss. Ihm tat es gut und mir auch. Ich genoss die guten Gespräche mit Jutta. Ich gehe heute noch regelmäßig zu ihr. Ich fühle mich nach jeder Behandlung ein wenig leichter. Die Gespräche genieße ich immer noch.

Lena sagte mir, dass sie nur noch bis zu den Sommerferien Lornes Lehrerin bleiben könnte. Sie müsse sich von einigen Schülern trennen und Lorne gehörte dazu. Erst war ich stinkbeleidigt. Wie bitte? Einige Schüler konnten bleiben. Lorne nicht? Warum Lorne nicht? Sie hatte ihn doch so sehr ins Herz geschlossen. Ich verstand die Welt nicht mehr. Sie meinte, es ginge leider nicht anders. Sie glaube, dass Lorne eine Veränderung guttäte.

Warum nur hatte ich so große Probleme, meinen Sohn loszulassen, Veränderungen positiv zu sehen? Ich habe mir sehr viele Gedanken zu diesem Thema gemacht. Warum können wir Eltern unsere besonderen Kinder so schlecht loslassen? Warum denken wir, wir müssten diese Kinder immer besonders behüten und beschützen? Ich bin als Kind sehr frei aufgewachsen. Wenn ich früher mittags aus der Schule kam, flog der Schulranzen in die Ecke und ich ging raus. Niemand wusste wohin. Ich musste zum Abendbrot gegen 18 Uhr daheim sein. Bis dahin wusste niemand, wo ich war oder was ich bis dahin gemacht hatte. Ich traf mich mit vielen Kindern und Jugendlichen aus dem Dorf und wir spielten im Wald, bauten Höhlen, fuhren mit dem Fahrrad ins Dorf. Niemand machte sich Sorgen, es sei denn, wir wären abends nicht nach Hause gekommen. Ich dachte immer, dass meine Kinder auch so frei aufwachsen würden. Als ich Kind war, gab es noch Telefonzellen. Das sind so gelbe Glaskabinen, da stehen heute die Raucher drin. Das hat der Comedian Dieter Nuhr mal gesagt, ich fand es witzig! Damals gab es in diesen Zellen ein dickes Telefonbuch und ein Telefon. In dieser Zeit wurde man im Grundschulalter von den Eltern zum damaligen Dorfhöker (Onkel Michaelsen) – ich hatte viele Onkel und Tanten – geschickt, um drei Schachteln »Ernte 23«, zwei Schachteln »Lord« oder »Lux« und manchmal auch »Peer 100« zu holen. Die Eltern erwarteten abends Besuch und hielten für jeden Gast die passende Zigarettenmarke bereit. Onkel Michaelsen wusste dann genau, wer abends zu uns kam, je nach Zigarettenmarke. Er sagte dann: »Grüß mal Onkel Rolf heute Abend!« Das wurde dann dem nächsten Kunden brühwarm erzählt. Ich ging dann, gerade mal acht oder neun Jahre alt, mit sechs bis acht Packungen Zigaretten wieder heim! So war es bei uns in Aukrug-Böken! Die Zigaretten wurden dann in Gläser gefüllt und auf den Tisch gestellt und es wurde geraucht!

Ich hatte ein unerschütterliches Urvertrauen. Sicher war man, als man auf die höhere Schule geschickt wurde, politisch interessiert und auch kritisch, wollte daheim diskutieren. Das wurde dann meistens als Klugscheißerei abgetan. Ich hatte bei allen Unternehmungen immer so ein Gefühl, dass schon alles gut gehen würde. Wenn ich heute daran denke, was alles gut gegangen ist.

Als Jugendliche setzte ich mich, um bei den größeren Jungen, die schon Mofa fahren durften, mitzufahren, rückwärts auf den Tank und schlang meine Beine überkreuzt auf den Gepäckträger. So lag man dann zwischen dem Tank und dem Sattel, auf dem ein großer, cooler 15-Jähriger saß, der dieses Himmelfahrtskommando schon überall sicher hinbringen würde. So fuhren wir mit frisierten Mofas schon mal mit 50 Stundenkilometer überall hin.

Wir fühlten uns wie Könige. Ich entwickelte mich als Jugendliche für damalige dörfliche Verhältnisse zu einer Revolutionärin. Ich trug meistens einen abgewetzten Parka mit einem Anstecker »Atomkraft? Nein Danke«. Als ich 1983 das erste Mal wählen durfte, gab ich meine Stimme den Grünen. Mein Vater las am nächsten Tag die Wahlergebnisse unseres Dorfes in der Tageszeitung. Zwei Stimmen für die Kommunisten. Jeder wusste, wer das war, sie waren bekannt im Dorf. Drei Stimmen für die Grünen. Er sagte:

»Zwei weiß ich, die dritte Stimme muss ein Neuwähler gewesen sein!« Er sah mich streng über seine halbe Lesebrille an, ich war entlarvt. Er sagte nur: »Mann, Mann. Was haben wir nur falsch gemacht?«

Ich flog mit gerade mal 21 Jahren allein für etwas länger als einen Monat nach Ecuador, um einen Freund zu besuchen, der hier ein paar Jahre zuvor als Austauschschüler sechs Monate verbracht hatte. Ich hatte ihm geschrieben, wusste aber nicht einmal genau, ob er mich vom Flughafen abholen würde. Ich sprach gerade mal ein paar Worte Spanisch. Handys gab es damals noch nicht. War das dumm? War das naiv? Vielleicht, aber ich dachte, das würde schon alles gutgehen. Das war ein Abenteuer, es würde ein weiteres Buch füllen.

Als ich Mutter wurde, war ich auf alles vorbereitet, wie man ein Baby badet, wickelt, füttert. Nur nicht auf die Sorge. Die Sorge um ein geliebtes, eigenes Kind, das man beschützen wollte, damit es ihm ja nur gut ginge und nichts passieren würde.

Ich lernte mit der Zeit, dass man loslassen musste, die Kinder ermutigen sollte, und so fand ich wieder zu meinem Urvertrauen, es würde schon alles gut gehen.

Zwar nicht mehr ganz so unerschütterlich wie früher, aber ich versuchte, meinen Kindern zu vermitteln, dass sie schon alles schaffen würden, wenn eine Veränderung anstand. Schul- bzw. Lehrerwechsel, Klassenfahrten usw..

Ich erinnere mich noch genau an eine Situation am Bahnhof in Neumünster. Die Grundschulklasse meiner Tochter Malena, damals zehn Jahre alt, sollte für eine Woche nach Sylt fahren. Ich freute mich für sie, lächelte, wünschte ihr viel Spaß und drückte sie noch einmal. Ich würde sie vermissen, klar! Neben mir stand eine Mutter, deren Sohn schon im Zug saß. Sie hatten beide eine Hand an das Fenster des Zuges gedrückt. Der Sohn weinte sehr und seine Mutter noch viel schlimmer. Sie heulte Rotz und Wasser. Ich dachte: Meine Güte, lass den Jungen doch fahren, reiß dich mal zusammen, heul doch zu Hause!

Als Lorne im Alter von 16 Monaten so krank wurde, wurde ich zu genauso einer Mutter. So kannte ich mich gar nicht, aber ich hatte plötzlich immer Angst, dass etwas Schlimmes passieren könnte. Ich war in meinen Grundfesten erschüttert.

Johannas damalige beste Freundin Merle fuhr in den Sommerferien mit ihrer Familie für fast vier Wochen nach Südfrankreich zum Campen. Sie luden Johanna, neun Jahre alt ein, mitzukommen. Ich freute mich wirklich für sie, aber ich war auch in Panik. Mein Baby! Fast vier Wochen! Was soll das? Ich will das nicht. Als sie losfuhren, ich wollte mich wirklich zusammenreißen, heulte ich Rotz und Wasser. Johanna dann natürlich auch. Ich lief neben dem Auto her, wie eine Kuh, der man gerade ihr Kälbchen entrissen hatte. Ich machte ihr den Abschied so schwer. Mein Mann sagte damals nur: »Meine Güte, was ist bloß mit dir los? Sie kommt doch wieder.« Er hatte ja recht. Johanna verbrachte einen wunderschönen Urlaub.

Danke Petra und Michael, dass ihr sie mitgenommen habt. Sie hat diesen Urlaub in so guter Erinnerung!


Das war für mich eine ganz wichtige Erfahrung:
Urteile nie über Menschen und deren Verhalten. Man weiß nie, wie es denen gerade geht und was bei denen so los ist im Leben. Bleib immer schön bei dir selbst.

Wenn die Kinder flügge werden, halte sie nicht auf.
Das versuche ich immer noch und ich bin gar nicht so
schlecht, aber wenn es um Lorne ging, wollte es mir einfach
nicht gelingen. Ich machte mir immer Sorgen, wie es ihm
wohl ergehen würde. Ich konnte es einfach nicht abstellen.
Und jetzt sollte er neue Lehrer*innen bekommen. Ich war
in sehr großer Sorge, wie das werden sollte.
Lasse sagte:»Dörte, warte mal ab. Die beiden Lehrerinnen,
die Lorne bekommen wird, sind voll cool.« Ich vertraute
seinem Urteil. Und das waren sie. Ich lernte sie noch vor
den Ferien kennen. Tanja und Marie waren ein super Team.
Sie waren so lieb, nett und cool. Lorne liebte sie vom ersten
Augenblick. In der neuen Klasse, in der auch einige Schüler
aus seiner bisherigen Schulklasse blieben, fühlte er sich sehr
wohl. Marie und Tanja hatten ein ganz tolles Gespür für
Lorne und immer eine Aufgabe für ihn. Ab und zu musste
er auch den Müll rausbringen. Er machte das mit Hilfe.
Lena lag richtig. Lorne bekam irgendwie einen neuen Impuls. Er wurde noch wieder ganz anders gefordert und gefördert. Er war mittlerweile größer als ich und sehr muskulös.

Lena hatte noch zwei wichtige Termine organisiert. Wir sollten uns eine Einrichtung für Kinder und Jugendliche in
Blumenthal ansehen. Falls das irgendwie für Lorne passen
würde, könnte er an der Schule in Nortorf bleiben.
Wir hatten dort ein Gespräch. Die Leitung war sehr sympathisch und ich erzählte ihr von meinen Gedanken und meiner Sorge um Lornes Zukunft und auch um die Zukunft
meiner Töchter. Wir hatten ein sehr langes, sehr gutes Gespräch. Was sie zum Abschied sagte, hat mir meine Ent-

scheidung abgenommen: »Frau Thomsen, wir tun hier alles für die Kinder und Jugendlichen, damit es ihnen hier gut geht. Das Zuhause können wir leider nicht ersetzen. Es geht den Kindern dort, bis auf einige Ausnahmen, immer am besten!«

Das schaffte Klarheit! Der Apfel war für mich jetzt endgültig geschält. Ich würde meinen Sohn niemals weggeben! Ich würde schon zu Hause eine Lösung finden, wenn er noch größer und kräftiger würde.

Dann hatte Lena einen weiteren Termin in der Schule vereinbart. Das Förderzentrum »Sehen« wollte dort mit einigen Kindern Tests machen, ob sie eine Brille bräuchten. Lorne sollte teilnehmen. Lena hatte den Verdacht, dass er nicht gut sah. Ich fragte mich, wie das wohl gehen sollte. Lorne konnte nicht sprechen. Wie sollte er sagen, ob er dieses oder jenes sah? Ich war dabei. Es war sehr interessant. Zwei Frauen des Förderzentrums hatten verschiedene Tafeln in der Hand, die aussahen wie Tischtennisschläger. Der eine Schläger war einfach nur hellgrau, der andere hatte ein kariertes Muster. Auch in grauweiß. Es gab keine Farben.

Sie erklärten mir, dass die Jugendlichen und Kinder immer zu dem Schläger mit dem Muster schauen würde, das sei erwiesen. (Visuelle Hinwendung). Sie hielten beide Tafeln hoch und Lorne schaute zu dem groß karierten Muster.

Die Karos wurden immer feiner, je feiner das Muster, desto besser die Augen. Erstaunlich. Ich trage eine Brille zum Autofahren und konnte das kleinkarierte Muster nicht mehr sehen. Die Tafeln sahen für mich gleich aus. Lorne sah den Unterschied. Seine Augen waren in Ordnung.

Diese Methode nennt man »LEA-Gratings«.

Johanna kam im Mai zurück. Das Jahr war nicht ganz rum, aber sie wollte gerne dabei sein, wenn Jan und ich unsere Silberhochzeit feierten: 25 Jahre. Wer hätte das gedacht? Wir waren uns beide einig, dass wir die 30 wohl nicht schaffen würden, aber wir wollten mit unseren Freunden, Bekannten und Nachbarn feiern. Unsere Ehe blieb schon seit längerer Zeit unter dieser täglichen Belastung auf der Strecke. Wir machten gar nichts zu zweit, mal nur für uns. Im Grunde hatten wir auch gar keine Lust dazu. Wir funktionierten nur noch. Jan haderte sehr mit unserem Schicksal und beschwerte sich immer wieder bei mir. Ich, die den Löwenanteil Betreuung und Pflege leistete, hatte gar kein Verständnis für seine Sorgen und Nöte. Wir waren uns einig, dass wir noch einmal groß feiern und alle Freunde und Bekannte einladen wollten und danach ... ja danach. Wir wussten auch nicht richtig, wie es weitergehen sollte. Kommt Zeit – kommt Rat. So lebten wir. Bisher hatte es immer irgendwie geklappt. Ich machte mir zwar immer so viele Gedanken und Sorgen, stand aber gefühlt immer allein vor diesem Berg. Wir haben einfach nicht geschafft, uns einmal richtig auszusprechen, ohne dem Partner heftige Vorwürfe zu machen. Das kostete so viel Energie, dass wir es einfach ließen und nur funktionierten.

Kurz vor der großen Feier holten wir Johanna vom Flughafen ab. Malena, Jan und ich standen da mit einer großen Kanada-Flagge und starrten auf den Ausgang. Ich konnte es kaum erwarten. Ich stand dort, mein Herz klopfte so sehr. Meine Kleine kam endlich wieder heim. Ich wollte sie endlich wieder in die Arme schließen. Plötzlich sah ich sie. Die Schleusen gingen auf. Meine Tränen liefen einfach so, ohne Kontrolle. Es war ein unbeschreibliches Gefühl, meine

Tochter wieder in die Arme zu schließen. Ich wollte sie gar nicht wieder loslassen.

Ende Mai war es dann so weit. Wir feierten unsere Silberhochzeit mit 180 Freunden auf unserem Hof in der großen Maschinenhalle. Ich muss zugeben, dass wir diesen Tag, ja diese Woche sehr genossen. Irgendetwas war da doch noch zwischen uns. Die schweren Jahre hatten Jan und mich doch mehr zusammengeschweißt, als wir dachten.
Zwei Wochen später feierten wir Lornes 13. Geburtstag ein letztes Mal mit Lena und der Klasse. Im nächsten Jahr würden nur noch wenige von ihnen dabei sein. Es war wie immer sehr schön für alle und sehr anstrengend für mich. Die Schüler überreichten Lena eine Rose zum Abschied. Es wurden Fotos gemacht. Alle hatten eine Rose in der Hand, nur Lorne nicht. Er hatte die Blüte aufgegessen.

**Lorne bekam sein 6. Zeugnis:**

»Lorne kam immer gut gelaunt und fröhlich in die Schule, ab und zu auch etwas müde ...«
Das Zeugnis umfasste zwei DIN-A4-Seiten. Im Grunde hatte sich nicht wirklich etwas verändert.

Lorne verbrachte in den Sommerferien das erste Mal zwei Wochen in Kattendorf. Es war ein Versuch. Wir wollten nächstes Jahr vielleicht mit Johanna nach Kanada reisen, um uns einige Orte anzusehen, in denen sie gearbeitet hatte. Dann hätten wir Lorne drei Wochen abgeben wollen. Nun sollte er schon mal üben. Als wir ihn dorthin brachten, war kein einziges bekanntes Gesicht dort. Das gefiel mir gar nicht. Wir führten ein sehr langes Aufnahmegespräch. Man versicherte mir, dass alles klappen würde, ansonsten riefe man an. Ich war sehr beunruhigt. Das war ich zwar jedes Mal, wenn wir heimfuhren, aber dieses Mal hatte ich ein sehr ungutes Gefühl. »Dörte, mach dich nicht verrückt. Es ist bisher jedes Mal gut gegangen. Lorne muss auch lernen, dass er mal eine Zeit ohne uns zurechtkommen muss. Die machen das hier schon.« Mein Mann versuchte, mir gut zuzureden. Er sah auch täglich meine immer größer werdenden Augenränder. Er sprach aus, was ich dachte. Bisher war es doch immer für eine Woche gut gegangen. Warum sollte das nicht auch zwei Wochen klappen? Das würde schon. Ich wollte die Zeit genießen. Ich brauchte die Zeit.

Als wir unseren Sohn nach zwei Wochen abholten, war er sehr abgemagert und halb verdurstet. Keine Hose passte mehr. Ich war so erschrocken. Das wäre keinen Tag länger gut gegangen. Ich war entsetzt.

Ich konnte gar nichts sagen. Lorne klammerte sich so sehr an mir fest. Ich konnte keinen Schritt ohne ihn machen. Wir fuhren direkt zu Lornes Lieblingsschnellrestaurant. Dieser Junge hat vom Burger bis zum Milchshake alles verschlungen. Ich brach in Tränen aus. Wie schlimm wohl diese Zeit für meinen Sohn gewesen war. Er muss die ganzen zwei Wochen hungrig und durstig gewesen sein. Wahrscheinlich hatte er gerade mal so viel bekommen, dass er nicht dehydrierte. Allein die Vorstellung trieb mir die Tränen in die Augen. Ich redete tagelang auf Lorne ein. Hielt Monologe: »Mein armer kleiner Schieter, was musstest du alles aushalten? Mami tut das so leid. Ich wusste es doch nicht. Jetzt bekommst du alles, was du möchtest. Was magst du denn, mein Schatzi? Ein Stück Schokolade? Einen Kakao? Du bekommst alles, was du willst.« Dann heulte ich wieder. Ich steigerte mich so sehr in mein schlechtes Gewissen. Lorne schien es nicht zu belasten. Er aß alles, was ich ihm vorsetzte, schaukelte und lachte.

Dann packte er meine Hand und zog mich überall hin, wo er sich gerne aufhielt. Radlader, Rasenmäher … Ich machte alles, was er gerne wollte, nur damit es ihm wieder gut ging.

Nach ein paar Tagen zu Hause und ganz viel Lieblingsspeisen, Kakao und sogar ein wenig Schokolade, ging es Lorne schon besser. Er hatte wieder rosige Wangen und unendlich Energie. Puh. Ich fühlte mich so schlecht, mochte mir gar nicht ausmalen, wie es ihm wohl ergangen war. Er konnte mir gar nichts erzählen. Ich musste immer wieder weinen. Ich musste das irgendwie klären, sonst hätten wir wieder keinen Platz, an dem Lorne mal bleiben könnte. Jan hatte schon beschlossen:»Dort bringen wir den Jungen ganz sicher nicht wieder hin. Basta.«

Ich schrieb Frau R. vom »Rauhen Haus« eine Mail. Ich wollte nicht sofort kritisieren. Ich beschrieb ihr Lornes Zustand. Das wäre keinen Tag länger gut gegangen. Ich fragte sie, was ich bei dem Aufnahmegespräch besser machen könnte, damit so etwas nicht passierte. Außerdem zweifelte ich, ob ich Lorne überhaupt jemals wieder bringen sollte.

Sie bedauerte die Situation. Es wäre in diesem Sommer sehr schwierig gewesen, ihr Team aufzustellen, so dass sehr viele neue Helfer in Kattendorf waren und sie wohl nicht gründlich die Übernahme der einzelnen Kinder durchgeführt hätten. Ich solle Lorne im September erst einmal für ein Wochenende und im Oktober gerne wieder für eine Woche bringen. Sie würde das mit dem Team noch einmal genau

besprechen. Ich antwortete ihr, dass ich es für ein Wochenende noch einmal versuchen, die Woche im Oktober aber
noch überdenken würde. »Frau Thomsen, ich werde persönlich dafür sorgen, dass so etwas nie wieder passiert. Das verspreche ich Ihnen.« Auch Frau R. war sehr angespannt.

Von nun an gab ich jedes Mal, wenn wir Lorne brachten,
folgendes Infoblatt mit:

**Wichtige Infos Lorne Thomsen**

Essverhalten: Lorne muss gefüttert werden! Er kann ein
fertiges Brot/Brötchen sehr gut allein essen, braucht aber
Unterstützung beim Essen mit dem Löffel!

- Morgens: Lorne isst morgens 1 Brötchen mit Nutella,
  1 Becher Kakao und 1 Schale Müsli mit Milch
- Mittags: normale Mahlzeit, wobei er immer versucht
  aufzustehen, d.h. nicht, dass er satt ist, er ist sehr
  leicht abgelenkt und will lieber spielen.
- Nachmittags: Lorne liebt kleine Zwischenmahlzeiten.
  1 Stück Kuchen, Kekse oder eine Banane, Joghurt.
- Abends: 2 Stücke Vollkornbrot mit Aufschnitt oder
  Käse. Er liebt Fleischsalat! Vor dem Zähneputzen isst
  er hier immer noch eine Schale Zwieback in Milch.
  Das liebt er!

Trinken: Lorne hat seine Trinkflasche dabei! Die sollte er
täglich mind. 3 x austrinken. ½ Wasser + ½ Apfelsaft. Hier
trinkt er sehr gut beim Wickeln. Bitte unbedingt regelmäßig
wickeln. Er wird sehr schnell wund!

## Schlafverhalten

Lorne schläft hier in einem Pflegebett. Da er sehr viel wühlt, trägt er hier einen Schlafsack, damit er nachts nicht friert. Er hat zwei im Gepäck. Wenn er seine Spieluhr und seine Kuscheltierchen bei sich hat und im Gitterbett schläft, dann spielt er abends noch mit seiner Spieluhr, bevor er schläft, dann aber sehr gut! Wenn Lorne gar nicht einschlafen will, dann stimmt etwas nicht. Er könnte Hunger oder Durst haben. Und bitte immer die Windel kontrollieren.

## Anfälle

Lorne hatte seinen letzten Anfall im Mai 2017, davor hatte er fast jeden Tag Anfälle. Jetzt ist er seit acht Wochen stabil und es geht ihm sehr gut. Er bekommt keine Medikamente außer im Notfall!

Falls ein Anfall auftritt: Nach unseren Erfahrungen meistens morgens nach dem Aufwachen oder abends beim Einschlafen.

Bei einem Anfall:

1 Tablette Tavor in die Backentasche schieben und Lorne stabil seitlich lagern, so dass er erst einmal schlafen kann. Die Tavor sollte für sofortige Entspannung sorgen. Lorne schläft dann mindestens 1 bis 2 Stunden.

## Kontakt

Wenn irgendetwas nicht läuft, wenn Lorne nur unzufrieden ist, dann bitte anrufen. Normal singt Lorne den ganzen Tag vor sich hin, er schaukelt sehr gern und hat immer gute Laune. Er lacht und hüpft sehr viel.

Jan Thomsen: immer erreichbar.
Dörte Thomsen: Die Woche im Urlaub.

**26.03.2022**

*Heute war ich in Hamburg und habe Malena besucht. Wir haben zusammen Kaffee getrunken. Anschließend sind wir zum Handball gefahren. Malena hatte ein Spiel und ich wollte zuschauen. Es war so toll! Sie stand im Tor. Sie ist eine so schöne junge Frau. Mir wurde ganz warm ums Herz, sie beim Handballspielen zu sehen.*

\*\*\*

Im Oktober brachten wir Lorne für eine Woche nach Kattendorf. Ich hatte ein sehr ungutes Gefühl. Die Zeit, die er in den Sommerferien dort verbracht hatte, machte mir immer noch zu schaffen. Ich musste aber unbedingt mal Kraft schöpfen, mal frei haben, mal schlafen und mich erholen. Ich hatte immer ein so schlechtes Gewissen, wenn ich ihn dort ließ. In der Zeit war das Team so super, dass Lorne uns gar nicht beachtete, als wir ihn nach einer Woche abholen wollten. Er schaukelte sehr fröhlich und wirkte sehr zufrieden.

Lorne lebte sich sehr gut in der neuen Schulklasse ein. Er liebte seine beiden Lehrerinnen. Sie waren ein gutes Team. Marie, eine der liebsten Menschen, die ich bisher kennengelernt hatte und Tanja, der Kumpel zum Pferdestehlen. Und dann hatte er jetzt auch noch Thomas H. im Musikunterricht. Besser konnte es gar nicht sein. Ich habe selten einen so guten und engagierten Lehrer erlebt, wie Thomas H.. Er lebte für diesen Beruf, man spürte es bei allen Aufführungen während des Sommer- und Weihnachtsfestes. Lorne fand ihn toll.

Johanna hatte sich entschieden, Agrarwissenschaften zu studieren. Sie bewarb sich in Göttingen und wurde angenommen. Wir fuhren nach Göttingen, sahen uns die Stadt an und sie hatte einige WG-Zimmer-Besichtigungen. Sie fand mit Hilfe einer Freundin ein Zimmer und packte wieder ihre Sachen. Im September fuhr sie mit ihrem voll bepackten silberfarbenen Polo vom Hof. Ich lächelte, wünschte ihr alles Gute, winkte, gab Luftküsse, sie setzte ihren Blinker und fuhr davon. Ich weinte schon wieder. Lag das an unserer besonderen Situation oder weinen alle Eltern, wenn die Kinder flügge werden? War ich immer genug für sie da gewesen?

Ja! War ich! Und sie für mich.

Opa ging es nicht gut. Er wurde sehr kurzatmig und musste sich häufig ausruhen. Sein Herz machte Probleme. Er musste ins Krankenhaus. Er stand kurz vor seinem 87. Geburtstag und sollte das erste Mal in seinem Leben in ein Krankenhaus. Das waren für ihn sehr schwierige Tage. Er war mit Lebenau verwachsen wie ein alter Baum und wollte immer nur nach Hause. Als er nach zwei Wochen wieder daheim war, brachte ich ihm sein Essen jeden Mittag in sein Haus. Häufig musste ich Lorne in der Reha-Karre mitnehmen. Er wurde immer schwerer.

Jan und seine Schwester Astrid (Addi) mussten Opa versprechen, dass er nie wieder ins Krankenhaus müsste. Lieber wollte er daheim sterben.

Das Jahr war schon wieder fast um. Johanna stellte uns ihren Freund vor, der auch Agrarwissenschaften in Göttingen studierte, Constantin. Ich mochte ihn sofort. Jan war begeistert. Ein Bauer und Jäger. Besser hätte es seiner Meinung nach gar nicht laufen können.

Und schon wieder war Weihnachten. Wir fünf feierten das Weihnachtsfest mit Opa. Er war immer noch nicht wieder ganz fit.

Silvester feierten wir seit ein paar Jahren hier auf dem Hof. »Open house« draußen und in der Halle. Es kamen den ganzen Tag Freunde, blieben kurz oder auch lange bei Bratwurst und Glühwein. Lorne war mittendrin. Irgendjemand gab ihm immer Anschwung, ging mit ihm in den Garten oder stand am Rasenmäher-Trecker.

## 2018

*EINST*
*Ihr aber werdet stehn, ihr Bäume,*
*wenn lange über mein Grab der hallende Schritt wird gehn.*
*Vielleicht, dass einst noch von mir ein Lied,*
*von jungen Seelen gesungen, durch euer Gezweige zieht.*
*Dann grüß ich euch.*
Hermann Claudius

## Januar 2018

»Moin Dörte, ich wollte dir nur schon mal mitteilen, dass ich Lorne nur noch dieses Schuljahr bis zu den Sommerferien begleiten kann.« Lasse schaute mich etwas ängstlich an. Ich glaube, mir sind sämtliche Gesichtszüge entgleist. Das darf doch jetzt nicht wahr sein. Schon wieder einen neuen Schulbegleiter suchen. Es lief doch gerade alles so gut. Es war zum Verzweifeln. Bevor ich antworten konnte, schob Lasse noch hinterher: »Pauline und ich wollen eine Weltreise machen, ist das nicht krass?«

»Klar, echt krass.« Ich konnte ihm doch nicht böse sein. Er war immer für uns da und auch so lieb zu Lorne.

»Sorry Lasse. Das ist wirklich schön für euch. Würdest du dich bitte jetzt schon mal in der Schule umhören, wer sich vorstellen könnte, Lorne ab Sommer zu begleiten? Du kennst doch alle Schulbegleiter und kannst es einschätzen, ob es passt.«

»Klar Dörte, ich halte die Augen auf und frage mal rum. Das kriegen wir schon hin.« Ich hatte absolut keine Idee, wer das übernehmen sollte. Hans stand leider nicht noch einmal zur Verfügung. Er hatte sich beruflich anders orientiert. Die Schule wollte unbedingt einen männlichen Begleiter. Die Schüler gingen regelmäßig schwimmen und duschten nach dem Sport. Die Jungen wurden immer größer. Es wäre unpassend, wenn Annika mit Lorne in die Schule ginge. So musste ich auf Lasses Urteil vertrauen und hoffen, dass er jemanden fand, der »Lornetauglich« wäre.

Lorne wurde immer größer. Mich hatte er schon längst überholt. Meine Töchter würden jetzt sagen, das ist ja auch nicht so schwer. Ich bin 1,63 m groß. Wir hatten hinten im Garten einen Zaun. Er reichte schon seit dem letzten Jahr nicht mehr. Ließ man Lorne mal ganz kurz auf der Schaukel allein, kletterte er über diesen Zaun, lief zur Straße oder zum Gartenteich. Es ist einiges gutgegangen in dieser Zeit. Eine neue Lösung musste her.

Außerdem wuchsen meinem Sohn nun überall Haare. Als ich jung war, wurde dieses wunderbare Ereignis des Achselhaarwuchses freudig erwartet. Endlich war man erwachsen, yes... Haare überall da, wo man heute alles rasiert. Alles, alles! Trug ich Ende der siebziger Jahre stolz meinen leider etwas dürftigen Pelz unter meinen Armen, findet man es heute abstoßend. Lorne sah aus wie Nena in den Achtzigern. Wir rasierten ihm die Achseln. Immer wenn es wieder Zeit wurde, diese Haare zu entfernen, riefen wir: »Nena, komm mal ran!« Wenn auch geistig behindert. Er sollte wenigstens gut aussehen und das tat er. Er war ein wunderschöner, großer, junger Mann geworden. Malena und Johanna kauften häufig moderne Klamotten für ihn. Er war eine echte Schnitte! In dieser Zeit meldete sich eine Gutachterin der »Offenen Hilfen«, die für den Bereich Schulbegleitungen zuständig war, bei uns zu einem Kennenlernen an.

Sie wollte sich ein Bild von Lorne und unserer Familie machen, um einen passenden Schulbegleiter zu finden, falls Lasse keinen geeigneten Nachfolger fand. Ich weiß es noch wie heute. Johanna hatte Semesterferien und wir führten die Dame überall herum. Sie war begeistert, wie schön es bei uns für Lorne gestaltet war. Als wir hinten an der Schaukel standen, sprang Lorne von der Schaukel, rannte los und wollte gerade über den Zaun klettern. Ich rief streng: »NEIN!« Und lief hinter ihm her. Die Gutachterin sagte zu Johanna, dass der Zaun wohl nicht mehr ausreiche. »Kein Problem, wenn das gar nicht mehr geht, kommt da Strom oben drauf!« Unser bewährter Humor, der sich in solchen Situationen immer wieder zeigte. Johanna lachte, ich kam gerade mit Lorne an der Hand zurück und wir klatschten ab. Die Dame verabschiedete sich umgehend. Wir lachten uns tot. Es hätte mich nicht gewundert, wenn das Jugendamt aufgetaucht wäre: »Hoffentlich schicken sie uns nicht die Prusselise!« Das war für uns so ein geflügeltes Wort für die Dame vom Jugendamt. Pippi Langstrumpf-Leser*innen werden sich erinnern. »Die bringen Lorne doch nach einer Stunde wieder. Wer soll das denn leisten!« So scherzten wir häufig. Wir liebten diesen Jungen so sehr, aber wir machten immer wieder diese dummen Witze. Sonst wären wir wohl verzweifelt. Unser Humor half uns so sehr in schwierigen Situationen.

Im Februar stieß ich auf einen sehr interessanten Beitrag eines Arztes namens Professor Edinger. Ich schrieb ihm eine Mail. Er hatte in einem Beitrag auf »Youtube« geschildert, wie in einem Forschungsprojekt der russischen Weltraumforschung durch einen sogenannten Kosmobiotron, Patienten mit unheilbaren Krankheiten geheilt wurden. Prof.

Edinger hatte an diesem Projekt mitgewirkt. Mittlerweile betrieb er eine Privatklinik in Niedersachsen.

Ich schilderte ihm unsere Situation. Schrieb ihm, dass Lorne keine Medikamente mehr bekomme und es ihm so gut ginge wie schon sehr lange nicht mehr. Außerdem schrieb ich ihm, was wir alles ausprobiert hatten und niemand wisse, wie es Lorne heute ginge, hätten wir das alles nicht versucht. Dass ich meinen Sohn schon ein paar Jahre nicht mehr von Ort zu Ort schleppte, um mal wieder irgendetwas auszuprobieren, was vielleicht helfen könnte. Ich hatte ihm einfach mal Ruhe gegönnt und ihn »sein« lassen. Es sei jetzt mal wieder Zeit, nach Alternativen zu suchen.

Er antwortete mir, dass ich mit Lorne für eine Woche in die Klinik kommen müsse, um eine gründliche Anamnese vorzunehmen und verschiedene Untersuchungen machen zu lassen. Das sollte um die 5000 Euro kosten, je nach Untersuchung. Die Klinik hätte erst wieder freie Zeiten ein Jahr später und wir sollten möglichst zeitnah telefonisch einen Termin vereinbaren, der Andrang sei sehr groß. 5000 Euro! Oh Mann. Wenn ich wüsste, dass mein Sohn nach diesem Aufenthalt gesund werden könnte, dann würde ich das sofort bezahlen, aber wir hatten schon so viel Geld ausgegeben für alternative Behandlungen und der wirkliche Erfolg war bisher ausgeblieben.

Ich besprach es mit meiner Familie. Malena und Johanna boten an, uns zu begleiten. Allein wäre es nicht mehr möglich, eine ganze Woche mit Lorne in einer Klinik zu verbringen. Jan sagte: »Das bringt doch sowieso nichts! Wieder so viel Geld. Lass es Dörte!« Ich wollte es mir noch einmal in Ruhe überlegen. Eine Lebensversicherung hätte ich noch kündigen können. Kommt Zeit, kommt Rat. Ich wollte nichts überstürzen.

Wir feierten Lornes 14. Geburtstag mit seiner neuen Klasse und mit Lornes neuen Lehrerinnen Tanja und Marie. Wieder das ganze Programm. Es war wieder sehr schön. Einer der großen Jungen, der als ziemlicher Rabauke bekannt war, brachte für Lorne eine Tüte Erdnussflips mit. Er wusste, wie sehr mein Sohn diese Dinger mochte, und wollte ihm eine Freude machen. Ich war sehr erstaunt. Marie sagte mir: »Das ist auch in der Schule so, Dörte. Die großen, manchmal auch sehr frechen Jungen werden im Umgang mit Lorne zu sanften, lieben und rücksichtsvollen Menschen. Ich nutze das auch im Unterricht. Wenn mal wieder einer ausrastet, setze ich ihn neben Lorne und er wird zu einem Lamm! Durch Lorne zeigen die größten Rabauken sich von ihrer besten Seite!« Ich war sehr berührt. Denn sie sagte auch, wie glücklich sie sei, dass Lorne in ihre Klasse gekommen wäre. Das bestätigte auch Tanja. Ich schaffte es, nicht zu heulen. Ich freute mich sehr darüber. Tanja und Marie waren begeistert, wie schön die Geburtstagsfeier für Lorne und seine Mitschüler bei uns gestaltet war. Alle Schüler durften wieder mit dem Traktor mitfahren.

Es wurde immer schwieriger, einen der Mitschüler Lornes, der mehrfach schwerbehindert in einem Rollstuhl fixiert saß, auf den Traktor zu heben. Wir gaben alles und haben es geschafft, so dass auch er wieder dabei sein konnte. Dieser junge Mann ruderte vor Freude mit den Armen und freute sich so sehr, dass alle Anstrengung vergessen war, als wir ihn so glücklich sahen.

Malena bestand ihre Prüfung zur Erzieherin und den Fachhochschulabschluss mit sehr guten Noten. Sie fand einen
Job in Hamburg und wollte ab September wieder nach
Hamburg ziehen und dieses Mal mit einer Freundin zu-
sammenwohnen. Sie hatte sich schon vor längerer Zeit von
ihrem Freund getrennt. Wir wären dann allein mit Lorne.
Beide Töchter machten ihren Weg. So sollte es sein. Ich
konnte jetzt schon sehr gut loslassen. Ich freute mich für
sie. Wir würden uns häufig sehen.

## Ein besonderes Zeugnis

Lorne bekam sein 7. Zeugnis
Es hatte sich verändert. Ich füge es ein. Ich habe mich das
erste Mal über sein Zeugnis gefreut.

 SCHULE AN DEN EICHEN
FÖRDERZENTRUM GEISTIGE
ENTWICKLUNG DES KREISES
RENDSBURG-ECKERNFÖRDE
IN NORTORF

ZEUGNIS
Für: Lorne Thomsen
Geboren am: 18.06.04
Schulbesuchsjahr: 7
Schuljahr: 2017/18
Halbjahr: ½

Lorne hat in diesem Jahr seinen ersten Klassenwechsel in
der Schule erlebt. Diesen hat er gut gemeistert. Einige alte
Strukturen wurden übernommen und auf die neuen Strukturen konnte er sich relativ schnell und gut einstellen.
Durch seine sehr friedliche und fröhliche Art anderen Menschen gegenüber ist Lorne ein sehr beliebter Schüler in seiner Klasse. In diesem Schuljahr hatte er sehr viele lange entspannte Phasen. Wenn Lorne sich über etwas freute, schaffte er es, seine Mitschüler mitzureißen. Alle Schüler konnten
sich mit ihm freuen oder versuchten, teilweise auch etwas
mit ihm zu machen, was ihm Freude bereitete.

Weiterhin berichtete er jeden Morgen mit Hilfe des »BIG-macks« (Sprechtaste) von seinen Erlebnissen. Dieses morgendliche Ritual konnte er meist nach kurzer Aufforderung selbstständig ausführen.

In Einzelsituationen mit seinem Schulbegleiter beschäftigte sich Lorne weiterhin vorrangig mit ausgewählten Materialien v.a. nach dem »TEACCH-« oder »PECS-Ansatz«. Lornes Motivation und Ausdauer in der Auseinandersetzung mit dem Material war dabei stark tagesformabhängig. Er übte es, einzelne Aufgaben zunehmend selbständig zu bearbeiten. Im themenzentrierten Unterricht beschäftigte sich die Klasse im ersten Halbjahr intensiv mit dem Thema »Vom Korn zum Brot«. Lorne erkundete die verschiedenen Getreidesorten taktil und oral, er nahm »Körnerbäder« und knetete Brotteig. In der Einheit Strom arbeitete Lorne viel mit dem Powerlink. Er selbst saß auf der Resonanzplatte und wenn er dann selbst über den Powerlink sich Musik, einen Föhn oder eine Bassbox anmachte, freute er sich sichtlich über die spürbaren Schwingungen und genoss es sehr. Außerdem betätigte Lorne verschiedene Schalter, um Stromkreise zu schließen. In die Stromkreise hatten die Mitschüler für Lorne Glühlampen eingebaut, Lorne liebte es, in das helle Licht zu schauen, das durch den geschlossenen Stromkreis leuchtete. Zudem wurde zu dem Thema Fliegen und Schwerkraft gearbeitet. Während dieser Einheit durfte Lorne viel schaukeln und unterstützte einige Schüler durch einfache Handgriffe bei verschiedenen Versuchsaufbauten, so pumpte er z.B. die Wasserrakete mit der Luftpumpe gemeinsam mit einem Mitschüler auf. Im GUK2 (Grundlagen- und Unterstützte Kommunikations-Kurs 2) hat Lorne mit Unterstützung Alltagsmaterialien nach Form oder Farbe sortiert und verschiedene Übungen zur Förderung der Feinmotorik bewältigt. Er übte es weiterhin, gewisse Aktivitäten mit Gebärden/Bildkarten bzw. Gegenständen zu kombinieren. Das Aussuchen einer Bildkarte, um sich einzelne Strophen zur morgendlichen Begrüßung zu wünschen, erfreute Lorne sichtlich: Diesem Ritual schenkte er besonderer Bedeutung. Im Laufe des Schuljahres nahm die Akzeptanz zu, mit der er sich an den immer wiederkehrenden Unterrichtssituationen beteiligte, z.B. beim gemeinsamen Aufhängen von Namensschildern mit anderen Schülern.

Im Hauswirtschaftsunterricht konnte ritualisiert werden, dass Lorne jedes Mal etwas mit dem Handrührgerät rührte. Nach dem Rühren setzte er sich gemeinsam mit der Lehrkraft oder der FSJlerin an den Arbeitstisch. Mit Handführung schnitt er Obst oder Gemüse. Hier wurde seine Arbeitsausdauer auch immer direkt belohnt, indem er auch immer ein Stück von dem, was er geschnitten hat, essen durfte. Teilweise schaffte es danach auch noch, in der Spüle die Bretter vorzuspülen.

Im Rahmen des Technischen Werkens führte Lorne einige Techniken: Schleifen, Hammern, Sägen mit Handführung seines Schulbegleiters durch. Zudem beschäftigte er sich gerne damit Gegenstände, die sich drehen. So drehte er z.B. den Schraubstock oder den Fahrradreifen. Wenn es Lorne im Werkraum zu laut wurde, zog er sich gerne in den Nebenraum zurück und setzte sich mit Vorliebe in die Holzrestekiste und beschäftigte sich mit den Naturhölzern. Im Schwimmunterricht hatte Lorne viel Spaß im Wasser. Er ist gut wassergewöhnt, kann von seinem Schulbegleiter ins Wasser geworfen werden und taucht selbstständig wieder auf. Auch das Rutschen bereitete ihm viel Freude.

In den Sportstunden gab es nun aufgrund des Alters der Schüler*innen kaum noch Bewegungslandschaften. Wurde etwas aufgebaut, so konnte man ihn dazu bringen, diese zu überwinden. Häufig sprang Lorne auf dem Minitrampolin. Das konnte er selbstständig und sicher. Gerne spielte er auch mit einem Basketball, den er sicher fangen und in seinen Händen drehen, jedoch noch nicht wegwerfen konnte. Insgesamt hielt Lorne sich sehr gerne zusammen mit seinen Mitschülern in der Sporthalle auf, so dass er die Sportstunden vollständig mitbekam.

Ich hielt dieses Zeugnis in den Händen und ließ meinen Tränen freien Lauf. Wie schön; mein Sohn war ein beliebter Schüler. Er wurde anerkannt, so wie er war und das Beste daran: Das hatte er ganz allein geschafft. Einfach durch sein liebenswertes Wesen. Ich war so berührt und so stolz auf meinen wunderbaren Sohn.

**Sommerferien! Alter Schwede!**

Wir bauten eine neue größere, stabilere Schaukel. Lorne war so groß geworden. Das alte Gestell wackelte überall, wenn er sehr hoch schaukelte. Es war nur noch eine Frage der Zeit und sie würde zusammenbrechen.
Das hätte sehr böse ausgehen können. Auch die Karabinerhaken hielten sein Gewicht nicht mehr aus. Wir ließen zwei große Schellen schweißen, bauten diese an den dicken Querbalken und befestigten an den Schellen die große Nestschaukel. Ich war sehr erleichtert. Das war sicher. Das würde Jahre halten. Ich verbrachte Stunden, Tage, ja Wochen an

dieser Schaukel. Jan arbeitete von morgens 7 bis abends 19 Uhr. Es machte ihm sehr viel Spaß, das freute mich sehr. Ich kümmerte mich um Lorne und Opa musste ja auch noch versorgt werden. Ich brachte ihm jeden Mittag etwas zum Essen. Es ging ihm immer schlechter. Ich weiß nicht, wie ich das ohne meine Schwägerin Addi geschafft hätte. Sie kümmerte sich sehr viel um ihren Vater.

Ich war besonders in den Ferien an Lorne gebunden. Ich saß hinten an der Schaukel oder lief hinter ihm her, wenn er in unserer Halle spielen wollte. Ich wartete immer auch auf Besucher. Häufig kam Josy.

Josy ist Jans ältester Freund. Ich hatte ein bisschen auch ihn mit geheiratet. Er schaute dann einen Augenblick auf Lorne und ich kochte Kaffee. Wir saßen hinten, tranken Kaffee und passten gemeinsam Lorne auf und ich konnte mich unterhalten. Angela, auch Andrea und Mathias kamen mich besuchen. Sven, den wir Hase nannten, kam auch ab und zu und natürlich auch Dago. Es war schön, mal etwas Abwechslung zu haben. Ich konnte nichts machen. Nur aufpassen und warten.

Der Zaun machte mir nach wie vor Sorge. Ich konnte Lorne nicht allein lassen, musste ihn mitnehmen, wenn ich aufs Klo musste. Er wollte häufig gar nicht rein und lieber draußen bleiben. Das war jedes Mal ein Kampf. Lorne stemmte sich mit aller Kraft gegen mich, damit er nicht ins Haus musste. Er wollte immer draußen sein. Ich konnte ihn draußen aber nicht allein lassen. Ich war bei diesem Gerangel wieder umgeknickt. Mein rechter Fuß war vom vielen Umknicken schon sehr geschwollen und schmerzte hin und wieder sehr.

# Ein Mann wie ein Baum

Am 01. September 2018 bekam ich einen Anruf von meiner Schwägerin. Mein Schwiegervater Heinrich Thomsen war gestorben. Es war für ihn eine Erlösung. Addi und Jan hatten ihr Versprechen gehalten. Er starb zu Hause in seinem Bett. Ich glaube, er wollte unbedingt bei seiner geliebten Annegret sein. Mein Schwiegervater war sehr krank, hatte immer mehr abgebaut und wir waren vorbereitet. Mein Mann hatte keine Eltern mehr. Wir wissen alle, dass es irgendwann so sein wird und doch fühlte Jan eine ganz große Leere. Wir waren alle traurig. Meine Schwiegereltern hinterließen eine große Lücke. Der Tod meiner Schwiegermutter war immer noch so präsent. Beide waren ein sehr wichtiger Bestandteil unserer Familie gewesen.

Wir erfüllten meinem Schwiegervater seinen letzten Wunsch und verabschiedeten ihn im engsten Familienkreis. Malena las während der Trauerfeier das »Einst«-Gedicht von Hermann Claudius. Es passte zu meinem Schwiegervater. Er war immer sehr naturverbunden und ein Baum von einem Mann. Im Grunde hatte er den Tod seiner geliebten Ehefrau nie verwunden. Ich war davon überzeugt, dass er noch lange nicht so krank geworden wäre, hätte Annegret noch gelebt.

## Lösungen, immer wieder Lösungen

Wir hatten einen neuen Schulbegleiter gefunden, Kai. Lasse, Marie und Martina versicherten mir, dass Kai gut mit Lorne umgehen könnte. Ich war nicht so überzeugt, aber der Junge musste in die Schule. Die Vertretung übernahm wie bisher Annika. Es klappte alles sehr gut. Lorne fühlte sich in seiner Klasse weiterhin sehr wohl und mit Kai lief es auch. Ich wurde zwar nicht so richtig warm mit ihm, aber er sollte ja auch mit Lorne klarkommen.

Der Schulzahnarzt sollte kommen. Marie schrieb in Lornes Buch: Heute war die Zahnärztin hier. Sie war sehr zufrieden mit Lornes Zähnen. Das Lob geht an dich, Dörte. Darüber war ich sehr froh.

Der Träger »Offene Hilfen« Stiftung Drachensee, Kiel teilte uns mit, dass er Annika als Vertretung für Kai ab Januar nicht mehr bezahlen würde. Annika war selbstständig tätig und rechnete in dieser Zeit immer direkt mit dem Träger ab. Es war wieder ein Kampf. Kai fiel häufig aus wegen irgendwelcher Wehwehchen. Ich musste schon wieder kämpfen. Irgendwie mussten wir eine Lösung finden. Fiel Kai aus, konnte Lorne nicht in die Schule. Ich war so müde und überarbeitet, verbrachte Stunden im Büro, um irgendeine Lösung zu finden. Fiel Kai aus, musste ich Lorne daheim betreuen und musste alle anderen Arbeiten auf den Abend verschieben. Ich kam einfach nie richtig zur Ruhe.

Den Rest des Jahres lief alles immer irgendwie. Schule, Begleitung, Ferien. Eine Lösung hatten wir nicht gefunden.

In der Ferienbetreuung in Kattendorf lief es dagegen jetzt immer richtig gut. Es waren immer wieder gute Leute dort, die Lorne aus der Wochenendbetreuung kannten. Wenigstens eine Sorge weniger.

## Doch Wunderheilung?

Johannas Freund Constantin war als Ferienkind auf Fehmarn groß geworden und hatte immer noch gute Kontakte dorthin. Er erzählte mir von einer Bekannten namens Marina, die ganz besondere Heilkräfte hatte und schon vielen Menschen in ihrer Umgebung geholfen hätte. Constantin hatte ihr von Lorne erzählt und sie lud uns ein. Im Oktober fuhren Malena und ich mit Lorne nach Fehmarn. Ich fragte Johanna, die schon häufig mit Constantin auf Fehmarn gewesen war, nach Marinas Adresse. Sie sagte:»Du fährst einfach nach Blieschendorf, dann durch den Ort, dort steht Marinas silberner Bus rechts auf dem Grundstück. Dort wohnt sie!« Okay? Wir fahren einfach mal los und schauen mal. So etwas gibt es wirklich nur auf dem Dorf oder eben auf Fehmarn, denn genauso war es. Ich fuhr durch Blieschendorf, sah den Bus und fand ihr Haus. Sie behandelte Lorne. Die Behandlung ähnelte ein wenig der Bodytalk-Behandlung, die ich schon sehr früh seit Lornes Erkrankung bei ihm hatte machen lassen. Marina strich ganz sanft über Lornes Kopf, Nacken und dann Körper. Sie schien wie in Trance. Sie schenkte uns einen Heilstein für Lorne. Dann musste sie erst einmal wieder zu Kräften kommen. Als sie sich erholt hatte, sagte sie zu uns:»Mann ist das ein starker Junge. Der hat eine Kraft, die ist unbeschreiblich. Ich werde die Behandlung in sechs Monaten noch einmal wiederholen. Den Rest muss sein Körper dann selbst erledigen.« »Okay.« Marina war mir so sympathisch. Ich würde gern wiederkommen. Dass es half, glaubte ich allerdings nicht. Vielleicht trug es wieder einen kleinen Teil dazu bei, dass es Lorne gut ginge. Das reichte mir vollkommen. Danach verbrachten

Malena und ich mit Lorne einen richtig schönen restlichen Tag am Strand von Fehmarn.

Weihnachten feierten wir fünf das erste Mal allein. Nur wir fünf, ohne Großeltern. Erst war es ganz merkwürdig, dann aber gestalteten wir uns einen schönen Abend. Lorne schaukelte in seinem Zimmer, den Balken hatte unser Freund und Tischler Ulli verstärkt. Lorne hörte Weihnachtsmusik von Rolf Zuckowski und sang laut mit. Wir brachten ihn gegen 21 Uhr ins Bett und spielten alle möglichen Spiele bis zum Morgen.

Silvester war bei uns wieder »Open house«. Glühwein, Bratwurst. Wer Lust hatte, kam einfach vorbei. Lorne lief nebenher. Ich musste sowieso den ganzen Tag aufpassen. In Gesellschaft machte es alles mehr Spaß. Lorne lief herum und holte sich immer mal irgendjemanden, der ihm Anschwung auf der Schaukel geben sollte. Wenn Malena oder Johanna in der Nähe waren, hatte niemand anderer auch nur eine Chance bei Lorne. Er himmelte seine Schwestern an und sie liebten ihn. Es war eine Freude, meine drei Kinder so fröhlich zu sehen. Ich hoffte immer noch auf ein Wunder und stellte mir vor, dass Lorne eines Tages gesund wäre und mit uns sprechen und lachen würde. Wer weiß, was das nächste Jahr bringen würde.
Die Hoffnung stirbt zuletzt.

## 2019

*Wolken sind Gedanken, die am Himmel stehn.*
*Keine Schrift der Erde schrieb sie je so schön.*
*Manchmal hingerissen hart und wie im Zorn,*
*manchmal wie im Traume leise und verlor`n.*
*Und seit Ewigkeiten stehen sie so da,*
*eh´ein Menschenauge noch nach ihnen sah.*
*Und in Ewigkeiten werden sie so stehn,*
*auch wenn Menschenaugen längst sie nicht mehr sehn.*
Hermann Claudius

Nehmen wir Menschen uns zu wichtig?

Im ersten Halbjahr 2019 drehte sich alles um Lornes weitere
Finanzierung der Schulbegleitung. Die »Offenen Hilfen«
Stiftung Drachensee, der Träger, der für Lornes Schulbeglei-
tung zuständig war, hatte kaum Vertretung für uns, wenn
Kai ausfiel, wollte Annika aber nicht mehr bezahlen, weil sie
selbständig tätig war und ihre Rechnungen direkt mit dem
Träger abrechnete. Bisher war das nie ein Problem. Nun
wollte dieser Träger diese Art der Abrechnung nicht mehr
machen. Annika sollte einen Anstellungsvertrag unterschreiben. Das wollte Annika auf keinen Fall. Es war zum
Verzweifeln. Immer wieder taten sich neue Probleme auf.
Kann nicht mal ein Jahr normal laufen? Ich war so müde,
diese ganze Bürokratie zu erledigen und immer wieder zu
kämpfen.
Marie schrieb in Lornes Buch, wie blöd es sei, dass Annika
nicht als Vertretung akzeptiert würde. Sie teilte mir mit, dass
sie bei den »Offenen Hilfen« angerufen hätte. Am nächsten

Tag stand im Buch: Frau B. von den »Offenen Hilfen« war leider so unfreundlich. Ich habe nichts erreichen können. Einmal hatte es dann doch geklappt und sie vermittelten Jeanette. Sie konnte super mit Lorne umgehen, betreute aber noch ein anderes Kind und konnte Lorne nicht lange begleiten. Ich spannte sie bei uns zu Hause mit ein. Sie kam an einem Nachmittag die Woche und kam richtig gut mit Lorne klar.

Dann passierte, was passieren musste: Kai brach sich die Schulter und fiel mindestens sechs Wochen aus. Ich versuchte mehrfach, bei der Kreisverwaltung Abteilung Wiedereingliederungshilfe anzurufen. Die Kreisverwaltung war der Geldgeber. Leider konnte ich nie direkt abrechnen. Die »Offenen Hilfen« wurden als sozialer Träger dazwischengeschaltet. Jeder Schulbegleiter musste bei dem Träger angestellt sein bzw. mit dem Träger abrechnen. Dafür wurden von dem Stundensatz, den der Kreis für Lornes Schulbegleitung bewilligt hatte ca. 6 Euro pro Stunde vom Träger als Verwaltungsaufwand einbehalten. Könnte ich doch nur direkt abrechnen. Das wäre viel einfacher und die Kosten würden sich auf 12 Euro pro Stunde für den Schulbegleiter reduzieren. Es wäre in unserem speziellen Fall für alle einfacher, der Kreis und somit der Steuerzahler hätte eine Menge Geld gespart. Ich konnte und wollte einfach nicht aufgeben. Ich versuchte mehrfach, täglich in der zuständigen Abteilung anzurufen. Ich kam nie durch. Niemand ging dort an das Telefon. Ich schrieb eine Mail an die zuständige Abteilung der Kreisverwaltung. Ich schilderte unsere Situation, teilte mit, dass ich eine Vertretung für den erkrankten Schulbegleiter hätte, diese aber leider nicht von den »Offenen Hilfen« akzeptiert würde. Einen Ersatz hätten diese aber auch nicht. Ich bat um die Möglichkeit, direkt mit dem Kreis abzurechnen. Es würde kein Verwaltungsaufwand anfallen und der Kreis würde sechs Euro die Stunde sparen. Ich bekam keine Antwort! Ich schrieb drei weitere Mails. Keine Antwort! Noch heute denke ich, wie ignorant. Ich bekam keine Antwort. Lorne konnte nicht in die Schule gehen. Aufgeben war keine Option. Eines hatte ich in den letzten Jahren gelernt. Ich musste immer kämpfen. Anrufen bringt nichts. Du musst Aktenlage schaffen, sonst erreichst du gar nichts.

Ich schrieb einen Brief an den Landrat.

Ich schrieb ihm, dass ich mich in meiner Not an ihn wenden müsse, schilderte unsere Situation und bedauerte, dass mir nicht einmal geantwortet wurde. Ich schilderte ihm meine Sonderregelung mit der landwirtschaftlichen Pflegekasse. Wie unkompliziert diese Vereinbarung umgesetzt wurde und dass sich niemand bereichern wolle. Der Junge solle doch nur in die Schule. Ich machte den Vorschlag, die Abrechnung über ein persönliches Budget zu machen. Ich hatte Gesetze gewälzt. Es musste doch eine Lösung geben. Gespannt wartete ich, was nun wohl passieren würde. Sollte der Landrat sich persönlich kümmern? Ich zweifelte schon wieder an meinem Handeln.
Der hätte sicher Wichtigeres zu tun, als sich um einen einzigen behinderten Jungen zu kümmern. Wenige Tage später bekam ich einen Anruf aus dem Büro des Landrates.
Wir bekamen die Zusage. Der Hammer. Wir bekamen eine Zusage. Es war noch weiterer Papierkrieg nötig. Annikas

Zeugnisse mussten eingereicht werden, wir mussten jede Stunde, die geleistet wurde, anhand einer Stundenliste nachweisen, der dann von Lehrern und uns Eltern gegengezeichnet wurde. Lornes Stundenplan musste eingereicht werden und dann klappte es. Ich machte jeden Monat eine genaue Abrechnung, reichte die Unterlagen ein und Annika bekam ihren Lohn.

Das war so toll und war eine riesige Erleichterung.

Die Schule fand eine gute Regelung, damit Annika Lorne wieder begleiten konnte. Beim Schwimmen sowie beim Duschen nach dem Sport übernahm ein männlicher Schulbegleiter. Kai würde vorerst nicht wieder seinen Job aufnehmen können. Außerdem war ich jetzt der Boss und wollte mich weiter umsehen, wen ich einstellen könnte, damit Annika im nächsten Schuljahr etwas entlastet wurde.

**Alltag bei uns auf Lebenau**

Es war so weit. Wir bauten für Lornes Spielplatz bei uns im Garten einen neuen Zaun. Einen Stahlmattenzaun 1,80m hoch, abschließbar! Es klingt sicher herzlos, aber dieser Zaun eröffnete mir Möglichkeiten, von denen ich die Jahre zuvor nur träumen konnte. Ich konnte endlich mal wieder schnell aufs Klo gehen – ohne Lorne – oder auch ein Getränk holen. Ich ließ ihn nie länger als fünf Minuten allein, aber es fühlte sich an, wie ein neu gewonnenes Stückchen Freiheit. Er konnte nicht mehr weglaufen, hatte ein großes Areal zum Laufen und seine geliebte Schaukel. Und ich konnte schnell mal etwas erledigen. Das hatte uns 5000 Euro gekostet. Die Privatklinik Prof. Erdingers musste noch ein Jahr warten. Der Zaun würde viele Jahre halten.

Wir feierten Lornes 15. Geburtstag mit der gesamten Schulklasse und allen Helfern. Wieder das ganze Programm. Lornes Mitschüler freuten sich schon Wochen vorher auf diesen Tag. Ich hätte es nicht übers Herz gebracht, diesen Termin ausfallen zu lassen. Mein Sohn war jetzt 15 Jahre alt. Seit fast 14 Jahren leisteten wir nun schon diesen täglichen Marathon. Immer wieder Hoffnung, immer wieder Enttäuschung und dann noch die tägliche Anstrengung. Wie lange sollten wir das noch leisten? Ich wusste es nicht.

Die Geburtstagsfeier war wieder ein voller Erfolg. Ich sah Lornes Mitschüler. Sie waren zu jungen Männern und Frauen herangewachsen. Sie alle hatten Pläne. Sie unterhielten sich beim Frühstück über ihre Möglichkeiten. Sicher, diese Möglichkeiten waren begrenzt, aber es gab durchaus realistische Wünsche und Träume. Zum Beispiel eine Ausbildung in einer Werkstatt zu machen, auf eigenen Beinen zu stehen und in einer betreuten Wohngemeinschaft möglichst selbstbestimmt zu leben.
Ich sah meinen Sohn, der immer noch kein Wort sprach, der immer noch gewickelt wurde und sich nicht einmal ein Brot selbst zubereiten konnte. In solchen Momenten war ich so unendlich traurig und hoffnungslos.
»Dörte, es tut mir wirklich so leid, aber ich werde die Schule ‚An den Eichen' zum nächsten Schuljahr verlassen. Lorne wird eine neue Lehrkraft bekommen, denn auch Tanja wird eine andere Schulklasse übernehmen.« Marie sah mich traurig an. Oh nein, auch das noch. Kann nicht einfach mal alles so bleiben, wie es gerade ist. Es ist doch auch mit zwei so tollen Lehrerinnen alles schon schwer genug. Ich hatte gerade das heulende Elend. Ich wollte etwas sagen, aber es kam

nur ein piepsender Ton aus meinem Mund. Ich sah sie einfach nur an. Ich muss einen so bemitleidenswerten Anblick geboten haben, denn Marie nahm mich einfach in den Arm. Sie wusste, dass ich eine Kämpferin war und gerade einen ganz schlechten Moment hatte.

Nun mussten wir schauen, was das nächste Schuljahr bringen würde. Die einzige langjährige vertraute Person in der Schule war für Lorne neben seinen Mitschülern und seinem Musiklehrer nur noch Annika. Jan sah das alles sehr pragmatisch: »Wenn das in der Schule nicht klappt, dann bleibt Lorne eben hier.« Na, der hatte gut reden, er fuhr täglich zur Arbeit. Die wenigen Stunden, in denen Lorne in der Schule war, waren für mich die einzige Zeit, in der ich den Haushalt und die Büroarbeiten erledigen konnte. Wir mussten abwarten, was das nächste Schuljahr bringen würde. Ich hatte nun schon häufig die Erfahrung gemacht, dass eine Veränderung für Lorne nicht immer schlecht gelaufen war.

**Lorne bekam sein 8. Zeugnis.**

Es war in der Art genau wie das 7. Zeugnis. Es wurde wieder hervorgehoben, dass Lorne ein beliebter und akzeptierter Mitschüler sei, und dass er durch sein freundliches Wesen von jedem gemocht wurde. Es freute mich so sehr.

Sommerferien 2019
Ich schaltete wieder um auf Ferienmodus! Puh. Alles andere musste warten. Lorne brauchte mich, bis mich jemand ablöste. Glücklicherweise hatte ich Lorne für eine Woche in Kattendorf angemeldet. Die restlichen fünf Wochen musste ich daheim leisten.

Annika holte Lorne zwei Nachmittage die Woche und Jeanette kam auch an einem Nachmittag. Außerdem war Angelas jüngere Tochter, mein Patenkind Pia, jetzt auch dabei. Sie übernahm auch immer mal wieder eine Lorne-Schicht. Hatten die beiden noch vor ein paar Jahren gemeinsam geschaukelt, war Pia, nur drei Jahre älter als Lorne, jetzt eine der Helferinnen, die ich immer wieder beauftragte, um Lorne zu beaufsichtigen. Die beiden verstanden sich sehr gut. Pia war sehr resolut, Lorne strahlte sie immer nur an.

Malena ging es in Hamburg sehr gut. Ihr Job machte ihr sehr viel Spaß. Johanna machte gerade ein Praktikum auf einem großen landwirtschaftlichen Betrieb. Sie kam abends immer heim. Das war natürlich sehr schön.

Sie musste morgens meistens gegen 6 Uhr los und kam abends nie vor 20 Uhr nach Hause. Es gefiel ihr sehr gut. Sie war aber auch sehr gefordert.

Wenn Jan daheim war, waren wir ein eingespieltes Team. Ich übernahm morgens sehr früh die erste Schicht. Lorne waschen, wickeln, anziehen, füttern und Zähne putzen. Wir ließen uns immer sehr viel Zeit. Ab und zu machten wir auch einen sehr frühen Spaziergang. Gegen 10.30 Uhr übernahm Jan. Er verbrachte viel Zeit mit Lorne in der Halle. Gegen 12 Uhr übernahm ich erneut. Wieder waschen, wickeln, umziehen, füttern und Zähne putzen. Gegen 16 Uhr war Jan wieder dran. Er machte dann immer eine OKF (Ortskontrollfahrt) mit unserem Pickup. Lorne durfte dann vorne sitzen. Jan nahm Lorne auch häufig auf dem Traktor mit. Dann war ich komplett abgemeldet. Lorne liebte diese Nachmittage. Um 18 Uhr übernahm ich wieder. Unser Abendritual dauerte meistens zwei Stunden. Lorne badete jeden Abend. Abendbrot war seine liebste Mahlzeit. Ich ließ ihn schaukeln. Ab und zu ging er schon mal in sein Bett, stand dann aber wieder auf. Dann wusste ich, dass es Zeit zum Schlafen war. Meistens klappte es alles gut. Wenn ein Anfall kam, war alles durcheinander. Das passierte meistens morgens nach dem Aufwachen, ab und zu auch schon mal auf dem Traktor oder draußen. Früher hatte ich Lorne dann hochgetragen und ihn schlafen lassen. Dafür war er nun zu groß und zu schwer. Ich hievte ihn dann irgendwie in seine Reha-Karre und ließ ihn schlafen.

Im Sommer legte ich ihn häufig auf die Liege, rollte ihn in den Schatten oder deckte ihn zu, je nach Wetterlage. Glücklicherweise passierte das nur zwei bis dreimal im Monat. Die restliche Zeit ging es ihm immer gut. Er war ein so fröhlicher junger Mann.

Wir brachten Lorne für eine Woche Ferien nach Kattendorf. Dieses Mal waren leider keine bekannten Betreuer vor Ort. Während des Aufnahmegespräches erkundigte ich mich, ob es wirklich möglich wäre, Lorne dort zu lassen, er würde auch mal weglaufen, wenn die Türen nicht abgeschlossen wären. Wir saßen zusammen im Aufenthaltsraum an einem Tisch und ließen Lorne frei rumlaufen. Das würde die nächsten Tage sicher auch so sein. Ich mochte mir gar nicht ausmalen, was alles passieren könnte, musste aber loslassen. Der Betreuer versicherte uns, das sei alles kein Problem! Jan fragte: »Ups, wo ist eigentlich Lorne?« Die Tür zum Garten stand offen und Lorne war weg! Na, das fing ja gut an! Wir fanden ihn glücklicherweise an der Schaukel. Dieses Mal fuhr ich mit einem unguten Gefühl nach Hause. Ich brauchte diese Woche frei so nötig. Ich war immer hin und her gerissen. Ich gab ihn so ungern weg, musste aber noch Jahre durchhalten. Ohne diese wenigen Freizeiten würde ich irgendwann zusammenbrechen und Lorne nicht mehr nützen. Ich fuhr eine Woche nach Borsmøse in Dänemark. Es war Erholung pur. Ich schlief wie ein Baby. Das Wetter war so schön und Gaby und ich verbrachten viel Zeit am Strand. Abends saß ich mit Gaby, Herzi und irgendeinem unserer Kinder, die auch gerade dort waren, zusammen und genoss in vollen Zügen die freie Zeit. Ich tankte richtig Kraft und Energie. Am vorletzten Urlaubstag riefen die Betreuer aus Kattendorf an und sagten mir, dass Lorne sehr anfällig wäre und von der Schaukel gefallen sei. Er hätte sich den Ellenbogen sehr aufgeschrammt. Er könne gern noch die letzte Nacht bleiben, sie wollten es nur mitgeteilt haben, falls ich ihn noch an diesem Tag holen wolle. Ich rief sofort Jan an und wir berieten, was wir machen wollten. Wir entschieden, dass ich Lorne am nächsten Tag abholen würde. Der letzte Tag war für mich gelaufen. Im Grunde hätte ich auch sofort fahren können.

Am nächsten Tag fuhr ich nach Kattendorf, holte Lorne ab. Er saß in einem der Rollstühle und freute sich nur sehr verhalten, war im Ganzen sehr ruhig. Seine Schürfwunde sah richtig schlimm aus. Ich war erschüttert.

Noch an dem ersten Abend daheim hatte er einen schweren Grand Mal-Anfall. Die nächsten Tage war Lorne sehr ruhig, er war irgendwie verändert. Ich konnte es nicht einordnen. Die Armwunde sah sehr schlimm aus und ich versorgte sie jeden Tag.

**Ich zitiere aus meinem Lorne-Tagebuch:**

**Mittwoch, 07.08.2019:**
Lorne hat morgens 5 Uhr einen Grand Mal-Anfall. Er hat sich übergeben und auch Fieber. Sein verletzter Arm zuckt unkontrolliert immer wieder nach oben. Lorne scheint orientierungslos, kann sich nicht einmal in seinem Zimmer allein bewegen, läuft gegen Türen, als könnte er nicht richtig sehen. Er will nicht nach draußen, legt sich immer wieder in sein Bett. Seine Zunge ist belegt. Ich glaube, er hat Halsschmerzen. Ich fahre mit ihm zu Jutta. Sie behandelt Lorne, sagt, alles sei zu und verkrampft. Sie konnte es lösen. In der Nacht hat Lorne drei schlimme Anfälle! Um 20.30, 1 und 5 Uhr. Ich habe in der Nacht das neue, stärkere Notfallmedikament »Buccolam« gegeben. Es hat nicht richtig etwas bewirkt.

**Donnerstag, 08.08.19:**
Lorne ist wach und bleibt im Bett liegen. Das war noch nie der Fall. Er trinkt einen Liter. Nachts wieder drei schwere Anfälle!

**Freitag, 09.08.19:**
Lorne ist wach. Er hat großen Durst. Trinkt wieder einen Liter. Er hat wieder etwas Appetit. Ich gebe ihm alles, was er möchte. Nachmittags kann er nicht mehr laufen und nicht mehr schaukeln. Keine Muskelspannung. Ich stütze ihn den ganzen Tag. Annika kommt jeden Tag, um zu helfen. Wir duschen Lorne jeden Morgen. Ich ziehe das Bett ab und auf. Lorne schwitzt wie nie, alles ist nass und riecht nach schwerer Krankheit. So schlecht ging es Lorne noch nie.

**Samstag, 10.08.19:**

Lorne hat in der Nacht sechs schwere Anfälle. Morgens trinkt er einen Liter. Essen kann er gar nicht mehr, er bekommt den Mund nicht auf. Er ist nicht mehr ansprechbar. Ich rufe den Notarzt. Ich fahre mit im Notarztwagen. Johanna hat ihren einzigen freien Tag in dieser Woche, zögert keine Sekunde und fährt mit ihrem Auto mit in die Klinik, um mich zu unterstützen. Sie ist in großer Sorge um ihren Bruder. Ich bin so froh, dass sie bei mir und Lorne ist. Allein schaffe ich das nicht. Im FEK wird ein Blutbild erstellt. Lorne bekommt eine Infusion. Er bleibt die ganze Zeit im Bett liegen. Ab und zu lächelt er uns an und gibt ganz komische Laute von sich. Ich kann Johanna nicht ansehen, sonst breche ich in Tränen aus.

Die Angst um Lorne zerreißt mich. Ich stehe kurz vor dem Zusammenbruch. Johanna und ich sprechen uns gegenseitig Mut zu. Wir bleiben den ganzen Tag. Niemand kümmert sich um uns. Wir warten auf die Ergebnisse. Glücklicherweise hat Johanna ein Mineralwasser mitgenommen. Sie bleibt die ganze Zeit bei Lorne und mir. Ich bin so froh. Lornes Blutbild ist unauffällig. Gegen Abend erscheint die Ärztin und rät uns, Lorne stationär aufzunehmen und weitere Untersuchungen vorzunehmen.

Ich bespreche mit der jungen Ärztin, dass wir seit Jahren in der Uniklinik Kiel durch Professor S. betreut und beraten werden. Wir entscheiden, Lorne am nächsten Tag in die Uniklinik zu bringen. Ich werde dort für Lorne einen Termin machen. Wir brauchen einen Rollstuhl, um ihn zum Auto zu bringen.

**Sonntag, 11.08.19:**

Lorne hatte heute Nacht fünf Grand Mal-Anfälle, alle zwei Stunden einen. Ich sitze seit Tagen und Nächten an seinem Bett. Als ich dort sitze, habe ich einen Geistesblitz. Denke an Doc. Hartmann. Was hatte der Meister noch gesagt? Lorne hätte die Tetanusimpfung nicht verkraftet!

Ich glaube, Lorne hat Tetanus:

- Er hat Schluckbeschwerden.
- Er kann den Mund nicht ganz öffnen.
- Er ist jede Nacht klitschnass geschwitzt, hat aber kein Fieber.
- Seine Wunde am rechten Arm ist auch nach acht Tagen noch nicht verheilt.
- Der rechte Arm zuckt unkontrolliert auf und ab. Er hat nächtliche Krämpfe. Aber wir können den Ursprung nicht lokalisieren – Muskel oder Hirn?
- Er zeigt immer so ein komisches seliges Grinsen.

Morgens ziehe ich das Bett wieder ab. Alles ist klitschnass! Wir duschen ihn jeden Morgen und jeden Abend. Einer hält ihn fest, der andere wäscht ihn. Er kann nicht stehen und anscheinend auch nicht sehen.

**Montag, 12.08.19:**

Sechs schlimme Anfälle in der Nacht. Ich schreibe an die Uniklinik, schildere Lornes Zustand und bekommen einen Termin für heute Nachmittag. Ich weiß nicht mehr, wie ich Lorne die Treppe runter bekommen habe. Er war wie Wackelpudding. Ich weiß nur, dass ich endlich unten angekommen, nur noch geweint habe. Ich war so erschöpft und fertig!

Ich fahre mit Lorne nach Kiel. Der Professor ist leider nicht mehr im Dienst. Er ist vor wenigen Monaten in den Ruhestand gegangen. Ich habe wieder das Vergnügen mit dem Oberarzt Dr. B.. Ich sitze auf gepackten Sachen, werde mit Lorne hierbleiben, bis es besser ist. Lornes EEG ist ohne Befund! In dem Zustand. Kann das irgendjemand erklären? Es wird Blut abgenommen. Ich erzähle Dr. B. von meinem Verdacht. Er belächelt meine Theorie, meinte, wenn Lorne Tetanus hätte, dann wäre er schon tot. Er verspricht mir, dieses im Blutbild überprüfen zu lassen, würde am Donnerstag anrufen. Ich soll ihm »Frisium« (ein Medikament gegen Epilepsie, das er mir schon einmal empfohlen hatte) zur Nacht geben. Dr. B. hält es nicht für nötig, dass Lorne stationär aufgenommen wird.

»Da zeigen wir dem Prof. S. mal, dass ‚Frisium' für den Jungen die Lösung ist. Da wird er aber staunen, wenn ich das in den Griff bekomme!«

Das hat er wirklich gesagt. Ich habe keine Kraft, ihn zu fragen, ob das sein Ernst ist. Ich wuchte meinen großen, schweren Sohn wieder ins Auto und fahre heim. In dem Bericht der Uniklinik steht, dass Lorne im Rollstuhl wie ein Schluck Wasser saß und dass er die Vermutung der Mutter einer Tetanusinfektion für sehr unwahrscheinlich hielte.

**Dienstag, 13.08.19:**
Die Nacht war schrecklich. Lorne hatte fünf Grand Mal-Anfälle. Ich habe »Frisium« aus der Apotheke geholt. Ich bin hin und hergerissen. Wenn ich richtig liege, wird es ihn töten, wenn er es bekommt. Die entspannende Wirkung des

Medikaments wäre bei Tetanus tödlich. Hat Dr. B. recht, wird es vielleicht helfen. Jan, Johanna und ich beschließen, noch zu warten. Ich habe das erste Mal richtige Angst, dass Lorne sterben könnte! Ich rufe Doc. Hartmann an. Er gibt mir in allen Punkten recht. Ich soll Lorne hochdosiert kolloidales Silber geben, um das Toxin zu bekämpfen. Das mache ich täglich mehrfach. Bitte lass es helfen!

Johanna und Jan lösen mich immer mal ab. Sie müssen aber morgens sehr früh raus und fit für die Arbeit sein.

**Mittwoch, 14.08.19:**
Drei Grand Mal-Anfälle die Nacht. Nicht ganz so verkrampft und nach hinten überstreckt. Eher zitterig kombiniert mit Schreien. Es ist so schrecklich! Die Schürfwunde an seinem Arm sieht nicht gut aus. Ich sorge täglich dafür, dass sie etwas blutet, reinige sie, lasse sie aber offen, damit Luft rankommt. Lorne ist sehr wackelig auf den Beinen, kann kaum laufen. Zeitweise wirkt er apathisch, dann wieder hellwach. Heute hat er viel gegessen. Es dauert Stunden. Er kann kaum kauen und schlucken.

Ich bitte Addi, eine Blutuntersuchung zu veranlassen, in der auch Tetanuserreger bzw. der Titer bestimmt werden. Ich glaube, sie musste einige überzeugende Telefonate mit dem Labor geführt haben. Danke Addi! Keiner glaubt mir! Selbst die Laborärztin spielt sich auf, dass das unmöglich ist.

Wir beschließen, mit dem »Frisium« zu warten, bis die Blutwerte da sind.

**Donnerstag, 15.08.19:**
Drei Zitter-/Schreianfälle heute Nacht. Morgens ist es immer gleich. Annika kommt, wir duschen Lorne, dann stüt-

zen wir ihn, wickeln, anziehen und setzen ihn in einen Sessel. Annika füttert ihn.

Das dauert mindestens eine Stunde. Ich ziehe das Bett ab und wasche alle seine Klamotten vom Vortag und von der Nacht. Nachts sitze ich an seinem Bett.

Die Blutergebnisse sind da. Es sind Antikörper vorhanden. VERMUTLICH von der Impfung aus 2005! Eine Auffrischungsimpfung wird dringend empfohlen!

Was sollte man davon halten?

Ich googelte nochmal Tetanus. Ich finde einen Bericht vom 13.06.2008 auf der Seite des Robert Koch-Instituts. Die Verfasserin, Frau Dr. Brigitte Dorner, beschreibt einen Fall, einer Tetanuserkrankung mit atypischem Verlauf:

Ein 14-jähriger Junge wurde mit Kopfschmerzen, linksseitiger Ptosis, Parästhesie (das bedeutet, dass ein Auge und Lid etwas hängt, wie bei einem Schlaganfall. Außerdem hat der Patient ein einseitiges Nervenkribbeln) und Sehstörungen in die Kinderklinik der Charité Berlin eingewiesen. Die Anamnese ergab, dass dieser Junge sich eine Woche zuvor eine Schürfwunde am linken Knie zugezogen hatte. Sein Impfstatus bezüglich Tetanus war vollständig (Er hatte drei Impfungen im 1. Lebensjahr, eine Auffrischung mit 13 Jahren bekommen).

Die Symptome dieses Jungen stimmten mit Lornes überein. Sein Zustand verschlechterte sich zunehmend. Es wurde bei diesem Jungen nach langen verschiedenen Untersuchungen festgestellt, dass er an Tetanus erkrankt war. Man konnte im Blut leider nicht feststellen, ob der Anti-Tetanustiter aus der Impfung oder aus der Erkrankung entstanden war! Dies ist nur eine Kurzfassung. Der Bericht umfasst mehrere Seiten. Auf alle Fälle konnte er nur überleben, weil noch geringer Impfschutz vorhanden war und die Ärzte ein Medikament verabreichten, das eigentlich gegen Botulismus wirken sollte, aus verschiedenen Gründen, aber auch gegen die Toxine der Tetanusinfektion wirkte.

Als Schlussfolgerung schrieb Frau Dr. Dorner:

Atypischer Tetanus muss bei Patienten mit neurologischen Symptomen als seltene Differenzialdiagnose in Betracht gezogen werden, auch wenn ein scheinbar ausreichender Impfschutz vorliegt.

Lorne hatte seit Oktober 2005 keine Impfung mehr bekommen. Ich war mir jetzt sicher und schrieb an Frau Dr. Dorner. Ich beschrieb ihr unsere Situation. Die Mail ist sehr lang, weil ich vorab einiges zu Lornes Situation berichten musste. Auf alle Fälle schilderte ich die Armverletzung und alle Symptome.

Ich fragte sie:»Kann es sein, dass Lorne zwar grundimmunisiert ist, die Infektion aber in abgeschwächter Form durchmacht? Ist es möglich eigen gebildete Antikörper von denen einer Impfung zu unterscheiden?«

Sie antwortete mir am nächsten Tag:

Sehr geehrte Frau Thomsen, vielen Dank für Ihre Anfrage. Das Robert Koch-Institut kann leider keine medizinische Beratung leisten. Das Institut ist keine klinisch-therapeutische Einrichtung, und bei Diagnose, Therapie oder Infektionsschutz sind in der Regel eine Vielzahl von Faktoren von Bedeutung, die der behandelnde Arzt kennen muss. Daher kann ich mich zu Ihrem Fall nur sehr eingeschränkt äußern. Fachärzte können meine Gruppe bei Verdacht auf eine Erkrankung durch Neurotoxinbildende Clostridien kontaktieren, wir bieten z.B. bei Verdacht auf Tetanus eine entsprechende Blutuntersuchung an. Ihren Ausführungen entnehme ich, dass Ihr Sohn 3x gegen Tetanus geimpft wurde, ist das richtig? Ist eine Auffrischungsimpfung nach 10 Jahren erfolgt? Bei nicht ausreichendem Impfschutz besteht die Gefahr, an Tetanus zu erkranken oder daran zu sterben. Ob bei Ihrem Sohn ein ausreichender Tetanusschutz vorliegt, kann ich aus Ihren Angaben nicht entnehmen.

Bei nicht ausreichendem Impfschutz kann es durchaus vorkommen, dass Patienten die eigentlich impfpräventable Erkrankung in abgeschwächter Form durchmachen. Inwieweit das bei Ihrem Sohn der Fall gewesen sein kann, kann ich ebenfalls aus der Ferne nicht beurteilen, das müssen die behandelnden Fachärzte tun.

Die Tetanusimpfung induziert die Bildung von Antikörpern gegen das Tetanus Neurotoxin, diese Antikörper sind aber von natürlich gebildeten Antikörpern nicht zu unterscheiden. Wichtig ist bei den Neurotoxinen der Clostridien, dass ihre toxische Dosis unter der immunogenen Dosis liegt, d.h. die Toxine sind so giftig (die giftigsten bekannten Substanzen der Welt!), dass man eher stirbt, als dass das Immunsystem selbst Antikörper bilden kann. Daher ist es auch so immens wichtig, dass man gegen Tetanus geimpft wird (hierbei wird eine inaktivierte, ungefährliche Variante des Toxins appliziert) Ich empfehle in jedem Fall eine Auffrischungsimpfung, gemäß der STIKO-Empfehlungen, so dass Ihr Sohn für die Zukunft bzgl. Tetanus auf der sicheren Seite ist. Bitte besprechen Sie dies mit Ihren behandelnden Fachärzten. Ihnen und Ihrem Sohn alles Gute, freundliche Grüße, B. Dorner

**Freitag, 16.08.19:**
Die erste Nacht ohne Anfall! Lorne kann noch nicht allein laufen. Er will wieder mehr Bewegung. Wir stützen ihn den ganzen Tag. Sonst würde er stürzen oder gegen Türen laufen. Schaukeln geht auch noch nicht. Er hat keinerlei Muskelspannung, sitzt immer im Schneidersitz und schaukelt seinen Oberkörper hin und her. Er bekommt weiterhin drei mal täglich Silberwasser. Abends konnte er das erste Mal ein Bein in die Badewanne heben.

**Samstag, 17.08.19:**
Kein Anfall. Alles wie gestern. Ich kann nicht mehr! Wir geben täglich dreimal ein Glas Silberwasser. Ob das geholfen hat? Ich telefoniere mit Doc. Hartmann. Er hilft mir so. Ich halte durch. Ich gebe Lorne zusätzlich täglich »Vitasprint«. Malena ist heute zurückgekommen aus ihrem Urlaub. Sie war drei Wochen unterwegs. Meine Tochter ist erschüttert, als sie ihren Bruder sieht. Er ist blass und total abgemagert. »Muckel, schau mal wer wieder da ist!« Lorne, der normalerweise, wenn er Malenas Stimme hört, laut lachend angerannt kommt, sie fest umarmt und seine große Schwester sofort an der Hand in sein Bett zieht, um dort einen Augenblick zu kuscheln, kommt ganz langsam, wackelig, leicht grinsend aus seinem Zimmer. Er bleiert, stößt gegen den Türrahmen, fällt hin, versucht, wieder aufzustehen, was nur sehr mühsam gelingt, erreicht seine Schwester und umarmt sie kraftlos.

Malena drückt ihren abgemagerten blassen Bruder und fängt bitterlich an zu weinen. Sie hat gerade ihr Entsetzen überwunden, nachdem sie mich gesehen hat. Kommt nun der nächste Schock, als sie Lorne sieht. Dabei ist heute schon wieder ein guter Tag.

Er kann schon wieder langsam allein laufen und er kann sie sehen. Ich stehe neben den beiden und mir, sehe aus wie Horst Tappert an seinen schlimmsten Tagen. Ich muss unbedingt schlafen, möchte aber auch so gerne für meine Tochter da sein, hören, was sie die letzten Wochen erlebt hat. Ich bin doch dreimal Mama.»Ich übernehme. Leg dich hin Mama. Du siehst wirklich schlimm aus.« Malena wischt sich die Tränen aus dem Gesicht und ist gleich voll im Geschehen. Ich umarme sie fest und gehe in mein Bett. Dort bricht es aus mir heraus. Ich weine mich so bitterlich in den Schlaf. Weine um das Leben meines Sohnes, weine um meine Töchter, weine um meine Familie, weine um uns alle.

Das ist alles so fies. Warum kann mein Sohn nicht gesund werden? Warum kann denn niemand helfen? Warum nur? Ich weine bis ich vor Erschöpfung einschlafe. Leider ist mir nur ein oberflächlicher Schlaf vergönnt. Ich hörte die ganze Zeit, was nebenan in Lornes Zimmer gesprochen wird. Dennoch tut es gut einen Augenblick zu ruhen.

Mir ist schon lange klar, dass die Fragen nach dem Warum niemanden weiterbringen. Es gibt keine Antworten darauf. Wir erfreuen uns seit Jahren an den schönen Dingen und haben uns ein schönes Leben um den Kummer herumgebastelt. Es gibt aber Tage, da bricht es aus einem heraus. Da ist man voller Selbstmitleid. Dann lässt man es einfach zu, heult sich aus. Am nächsten Tag geht die Sonne erbarmungslos wieder auf, ob ich weine oder lache interessiert nur mich, meine Familie und die Menschen, die uns nah stehen. Alles geht seinen Gang. Da bin ich doch lieber wieder fröhlich, wenn ich wieder kann.

### Sonntag, 18.08.19:

Keine Anfälle. Immer noch sehr wackelig. Lorne weint plötzlich ganz viel. Lorne weint sonst nie. Es ist furchtbar!

### Montag, 19.08.19:

Keine Anfälle. Ich habe das erste Mal zwei Stunden fest geschlafen. Jetzt bin ich noch viel kaputter und müder als vorher. Lorne geht es etwas besser. Er hat Hunger. Super! Heute hat er gelacht. Das schönste Lachen überhaupt.

### Dienstag, 20.08.19:

Keine Anfälle. Lorne kann heute wieder schaukeln, das erste Mal. Er lacht und lautiert. Lasse war heute hier. Er ist zurück von seiner Weltreise. Die beiden haben sich wieder so gefreut, sich wiederzusehen.

Seit diesem Tag ging es stetig bergauf. Lorne schlief mittags immer nochmal eine Stunde. Er war immer noch etwas schlapp, aber er aß wie ein erwachsener Mann. Na, ja er war jetzt fast 1,80 Meter groß bei 70 Kilo und er hatte einiges aufzuholen.

So schwer krank war Lorne bisher noch nie gewesen. Das neue Schuljahr hatte schon vor zwei Wochen begonnen. Annika und ich beratschlagten, ob Lorne in die Schule gehen könnte. Wir nahmen den Schulbus vorerst nicht in Anspruch. Annika wollte selbst fahren, so konnte sie jederzeit mit Lorne nach Hause kommen, wenn er zu sehr erschöpft wäre.

Bis Ende August stehen nur gute Berichte in dem Tagebuch. Wir ließen Lorne jeden Morgen ausschlafen, machten alles in Ruhe fertig und dann fuhr Annika für ein paar Stunden mit ihm in die Schule. Die neue Lehrkraft hatte sich noch gar nicht auf Lorne eingestellt. Annika regelte alles, was Lorne dort tun sollte.

Bis zum 13. September 2019 war alles bestens. Er sang, er lautierte und er lachte wieder viel und laut. Alles war wie vor diesen schrecklichen Wochen. Dann hatte er wieder einen Absacker (Sturz) und dann wieder mehrere. In meinem Tagebuch steht: Ich gebe auf! Ich habe keine Idee mehr, was ich noch machen soll. Lasse kam am Wochenende, machte mit Lorne in der Reha-Karre einen Spaziergang. Die beiden fuhren häufig in den Wald und blieben Stunden. Schon nach 30 Minuten rief er mich an, Lorne hatte einen »Grand Mal«-Anfall.

Ich fuhr mit unserem Pickup, um die beiden abzuholen. Da sah ich meinen Sohn am Straßenrand im Gras liegen, Lasse hockte daneben. Dieses Bild hat sich eingeprägt. Es war einfach nur schrecklich. Wir hievten Lorne gemeinsam ins Auto. Das war echt schwer. Und fuhren wieder heim. Das war es wieder mit den freien Stunden.

Im September besuchte uns unser langjähriger Hausarzt Dr. B.. Er praktizierte schon nicht mehr, hatte aber immer noch Kontakt zu den Ärzten seiner ehemaligen Praxis und auch zu Addi. Er hatte gehört, dass es Lorne so schlecht ergangen war. Wir hatten ein langes Gespräch. Er empfahl uns, Lorne im Uniklinikum Eppendorf vorzustellen. Er meinte, in Kiel kämen wir jetzt nicht mehr weiter. Wir stimmten ihm zu. Es fehlte bisher nur dieser letzte Anstoß. Mit dem Oberarzt in Kiel würde ich die nächsten Jahre sicher nicht besser klarkommen. Dr. B. schlug uns vor, dass er über einen Kontakt, den er seit Jahren pflegte, einen Termin für uns zu vereinbaren. Wir willigten ein.

Wenig später bekamen wir Bescheid. Wir sollten Lorne am 12. März 2020 in der ambulanten Sprechstunde in Hamburg vorstellen und danach sollten Lorne und ich für eine Woche stationär aufgenommen werden.

In den nächsten Monaten war es fast wieder wie vorher. Lorne hatte aber doch wieder mehr Anfälle als vor seiner schweren Erkrankung. Es ging ihm die meiste Zeit aber richtig gut. Er sang, schaukelte, lautierte, lief über den Hof. Ab und zu hatte er dann mal wieder einen Einbruch.

Im Oktober flog ich mit meiner Freundin Angela nach Valencia. Lasse zog für eine Woche bei uns ein. Nach Kattendorf wollte ich Lorne erst einmal nicht bringen. Ich bestellte für Jan, Lasse und Lorne »Essen auf Rädern«. Malena war wieder in Hamburg und Johanna musste zurück nach Göttingen. Es hat alles super geklappt. Jedes Mal, wenn ich mit Jan telefonierte, erzählte er mir, wie toll es mit Lasse und Lorne lief. Es gab keinen Grund zur Sorge. Ich konnte einfach entspannen, ohne Sorgen, wie es wohl gerade meinem Sohn ging. Er war in besten Händen. Ich hatte einen so schönen erholsamen Urlaub mit Angela. Ich wünschte, er ginge nicht zu Ende.
Ich war so erschöpft! Wir genossen einfach die Zeit, machten uns gar keinen Stress. Wir fuhren Fahrrad, lagen am Strand, gingen schwimmen, ließen uns massieren. Wir waren uns einig und genossen jeden Tag in vollen Zügen.

*Ich bin in meinem Leben schon viel und weit gereist. Früher war es mir so wichtig, möglichst viel zu sehen. Die Länder, die Städte hatten so viel zu bieten und ich wollte alles sehen und erleben, was irgendwie möglich war. Heute bin ich entspannter. Ich habe mir in den ganzen Jahren, in denen Lorne betreut und versorgt werden musste, immer wieder Zeit gekauft, um zu verreisen. Städtereisen mit Freundinnen, Erholungsreisen mit meinen Töchtern. Ich war schon drei Mal in Rom, die für mich schönste Stadt, die ich je erleben durfte. Ich habe noch nicht einmal annähernd alles gesehen, was Rom zu bieten hat. Das macht nichts. Ich schaue mir immer etwas an, was ich unbedingt noch sehen wollte, nehme mir aber immer die Zeit, wenn ich einmal dort bin für »Piazza-Hocking« so nennt meine Freundin Gaby es. Aber genau das, macht eine Reise aus. Wenn ein Platz, ein Ort, eine Sehenswürdigkeit so schön ist. Verweile dort, genieße es!*
*Auch wenn man nicht alles sehen und erleben kann, was dieser Ort, diese Stadt, dieses Land noch zu bieten hat. Genieße diesen Augenblick im Hier und Jetzt.*
*Ich war in Barcelona und habe die »Sagrada Familia« angesehen. Seitdem schaue ich mir keine Kirchen mehr an. Ich habe die meiner Meinung nach schönste, wunderbarste Kathedrale der Welt gesehen. Das ist so entspannt. Zeit ... ich musste für dieses Privileg bezahlen. Jede Stunde, jeden Tag, jede Woche. Zeit bekam für mich einen ganz neuen Wert. Und ich nutze sie. Ich bin dankbar für jede Minute mit meinen Freund\*innen, meiner Familie, mit meinen wunderbaren Töchtern und meinem Mann!*

\*\*\*

In dieser ganz schweren Zeit hatten wir nach wie vor immer wieder Besuch; von Freunden, auch von guten Bekannten. Eines Abends waren wieder gute Bekannte da. Er, ein

Freund von Jan, brachte seine Frau mit. Wir schilderten, wie schlimm es gerade um Lorne stand und sie setzte ein ganz wichtiges Gesicht auf und sagte:»Ach Dörte, jeder bekommt das, was er tragen kann. Du bist eine so starke Frau. Du kannst das alles tragen, deshalb hast du es so bekommen!«»Wie bitte?« Ist das ein Bibelzitat? Ich bin leider nicht bibelfest, aber diese Weisheit war mir bisher nicht untergekommen! Sie hat es sicher gut gemeint und wollte uns nur trösten, aber mich regte es auf. Nach diesen schweren Wochen war ich wohl etwas dünnhäutig. Ich fand es einfach nur dumm. Als ich mich später bei meinem Mann beklagte, wie sehr mich dieser Besuch aufregte, sagte Jan nur:»Meine Güte, Dörte, bleib mal locker. Du weißt doch, dass bei ihr der Fahrstuhl nicht ganz nach oben fährt.« Mein Mann grinste verschmitzt, ich musste lachen und das Thema war erledigt.

Schon wieder Weihnachten. Wir feierten wieder bis zum Morgengrauen. Wir aßen gemütlich zusammen. Lorne kam wie immer mit weit geöffnetem Mund ins Wohnzimmer gelaufen und irgendjemand stopfte ihm einfach etwas Leckeres hinein. Dann lief er wieder in sein Zimmer, setzte sich auf die Schaukel und kaute genüsslich während des Schaukelns und freute sich seines Lebens. Es war so schön, ihn so glücklich und zufrieden zu sehen. An diesem Abend musste er nicht am Tisch sitzen, was er hasste wie die Pest. Das war unser Geschenk an Lorne. Er durfte einfach machen, was er liebte. Schaukeln, Musik hören, gefüttert werden, wieder schaukeln und lachen. Wenn er dann endlich schlief, spielten wir mit unseren Töchtern alle möglichen Spiele. Es war immer sehr lustig. Wir hatten sehr viel Spaß.

Silvester war bei uns wieder »Open house«. Es war ein schöner Tag. Wir hatten alle unseren Spaß. Lorne blieb noch bis 21 Uhr dabei, dann brachte ich ihn ins Bett und ging wieder raus. An diesem Tag musste das Abendritual verkürzt werden. Das ging alles. Ich hatte in seinem Zimmer seit einiger Zeit eine Kamera installiert und konnte ihn so auf meinem Handy die ganze Zeit überwachen. Wieder ein Stück Sicherheit und Freiheit.

Oh Mann, was für ein Jahr. Vor einem Jahr hatte ich so gehofft, dass sich endlich etwas verbessern würde und dann diese schwere Erkrankung. Ich wünschte mir für das nächste Jahr 2020 lieber etwas bescheidener: Stabilität. Stabilität in der Schule, gesundheitliche Stabilität. Zumindest bitte keine weiteren Katastrophen.
Ich und meine bescheidenen Wünsche. Gut, dass ich keine Ahnung hatte, was uns bevorstand.

## 2020

*Die Luft ging durch die Felder,*
*die Ähren wogten sacht.*
*Es rauschten leis die Wälder,*
*so sternenklar war die Nacht.*
*Und meine Seele spannte weit ihre Flügel aus,*
*flog durch die stillen Lande, als flöge sie nach Haus.*
Joseph von Eichendorff


## Irgendetwas ist immer

Das nächste Schulhalbjahr begann. Marie und Tanja waren leider nicht mehr die Klassenlehrerinnen meines Sohnes. Die direkte Abrechnung mit dem Kreis funktionierte super. Es war unkompliziert. Endlich hatte ich es geschafft, dass ich direkt abrechnen konnte, endlich musste ich keine komplizierten Anträge stellen, klappte es nun in der Schule gar nicht mehr. Es war zum Verzweifeln. In der neuen Klasse kam Lorne nie richtig an. Die neue Lehrkraft hatte alle Hände voll mit den anderen Schülern zu tun und kümmerte sich gar nicht um Lorne. Annika wusste glücklicherweise ganz genau, was Lorne lernen sollte und wie sie diese Aufgaben strukturiert für ihn aufbereiten musste, so dass sie sich ausschließlich um Lornes Aufgaben kümmerte. Es war so belastend, dass immer irgendetwas nicht reibungslos lief. Klappte das eine, funktionierte es an anderer Stelle wieder gar nicht.

## März 2020

Am 12. März fuhren Jan und ich mit Lorne ins Uniklinikum Eppendorf (UKE) nach Hamburg. Johanna kam auch dazu. Wir hatten ein sehr langes Gespräch mit Frau Dr. H., die sich schon mit Lornes Krankengeschichte befasst hatte. Es wurden Blut- und Urinproben genommen und ein EEG geschrieben. Es war sehr anstrengend. Lorne war jetzt 1,80m groß und wollte gar nicht stillhalten. Er wehrte sich mit Händen und Füßen. Mit vereinten Kräften gelang es dann irgendwie, ein EEG zu schreiben und alle anderen Untersuchungen zu machen. Die Ergebnisse dieser Untersuchungen waren alle unauffällig und ergaben keine neuen Erkenntnisse. Es wurde uns mitgeteilt, dass wir am 15. Juli stationär aufgenommen würden zu einer neuropädiatrischen Komplexdiagnostik. Frau Dr. H. bat mich, alle Unterlagen zu Lorne bei der Uniklinik Kiel anzufordern und an sie weiterzugeben. Das tat ich. Es war ein Paket. Dieser Termin im Juli stand mir so sehr bevor. Mit diesem großen Jungen für eine Woche in eine Klinik. Wir planten, wie es gehen könnte. Malena arbeitete in der Nähe des UKEs. Sie wollte nachmittags kommen und Lorne beaufsichtigen, damit ich einen Augenblick Zeit hätte. Auch Pia bot an, einige Zeiten zu übernehmen. Wir würden es schon schaffen. Wir brauchten neue Ergebnisse. Lorne würde in diesem Jahr 16 Jahre alt. Wer weiß, was wir erfahren würden.

Die Schule »An den Eichen« in Nortorf war die erste Schule in Schleswig-Holstein, die coronabedingt schließen musste. Irgendwie war das wieder so klar. Ich hätte es vorhersagen können. Niemand konnte etwas dafür. Es war verständlich, denn gab es an der Schule viele sehr schwerkranke Kinder.

Eine Coronaerkrankung hätte zu dem Zeitpunkt sicher einen sehr schweren Verlauf bedeutet.

Lorne konnte nicht mehr in die Schule gehen. Dauerferien waren angesagt. Johanna hatte Semesterferien und war gerade auch daheim, wenig später kam auch Malena für ein paar Wochen, weil ihre Kita auch schließen musste.

Lorne war im siebten Himmel. Er musste nicht in die Schule und alle, die er liebte, waren daheim. Er war so glücklich wie schon lange nicht mehr. Wir bekamen ein Schreiben aus Kattendorf vom »Rauhen Haus«. Alle Wochenend- und Ferienbetreuungen würden bis auf Weiteres ausfallen. Na, das würden anstrengende Monate werden. Ein paar Vormittage Entlastung hätte ich mir schon gewünscht. Ich schrieb an den Kreis, dass Lorne seine Schulbegleitung daheim benötigte. Er lernte ja eh nicht lesen, schreiben oder rechnen. Er sollte weiterhin lernen, einen strukturierten Tagesablauf zu leben. Dazu sollte er auch einmal bestimmte Zeiten sitzen. Annika wusste am besten, was für ihn im Schulalltag gerade wichtig war. Wir bekamen eine Zusage. Hammer! Wir bekamen eine Zusage. Es half so sehr. Wir fanden wieder in unseren Ferienrhythmus. Annika holte Lorne dienstags, donnerstags und sonntags gegen 11 Uhr ab und brachte ihn gegen 18 Uhr wieder. Die restliche Zeit übernahmen Malena, Johanna, Jan oder ich. Bei Annika musste er dann schon mal die Dinge erledigen, die gerade in der Schule trainiert wurden. Bei ihr fiel es ihm leichter. Daheim wollte er so leben wie immer. Schaukeln, Musik hören, draußen laufen, laut lachen, auf dem Rasenmäher-Trecker sitzen und in der Halle spielen. Wir hatten eine so wunderschöne, intensive Zeit mit Lorne. Heute bin ich unendlich dankbar, dass wir noch so viel gemeinsame Zeit hatten.

## Und schon wieder geht ein guter, treuer Freund

Am 23. März rief meine Freundin Andrea mich an. Sie weinte, konnte kaum sprechen; Mathias war gestorben. Herzinfarkt. Das durfte doch jetzt nicht wahr sein. Unser guter, treuer Freund, Johannas Pate, starb mit gerade mal 62 Jahren. Ich war wie gelähmt, fragte mich, wie ich ihr nur helfen könnte. Ich musste irgendetwas tun, sonst hätte ich laut geschrien. Ich buk einen Kuchen für sie und ihre drei Kinder, fuhr zu ihr. Arme Andrea, ihre armen Töchter. Sie waren mit unseren Kindern groß geworden. Andrea war außer sich. Ihr Leben stand Kopf. Ich wusste gar nicht, was ich tun sollte. Die nächsten Tage kochte und buk ich für die ganze Familie. Ich musste hier eh alle versorgen, da konnte ich gleich eine doppelte Portion kochen und backen. Einer von uns fuhr immer zu ihnen, brachte Essen, Kuchen und war einen Augenblick für sie da, um zu reden oder auch nur zuzuhören. Meine Freundin Andrea ist vielseitig talentiert. Kochen und backen gehörte nicht dazu. Es war schon immer eher eine Belastung für sie. Ich dachte, damit kann ich ein wenig helfen. Und es tat auch mir gut, ich war so unendlich traurig. Ich wollte irgendetwas tun! Ich vermisste Mathias so sehr.

\*\*\*

*31.03.2022*
*Andrea und ich fahren häufig zusammen Fahrrad. Manchmal sprechen wir noch über das Schreckensjahr 2020. Sie sagte mir, wie sehr es geholfen hätte, dass immer jemand von uns gekommen wäre und etwas zum Essen gebracht hätte. Das freut mich sehr.*

**Niemand sieht den Himmel ganz genau wie du und niemand hat je, was du weißt, gewusst …**

## 18. Juni 2020

Wir feierten Lornes 16. Geburtstag nicht mit der Schulklasse. Es kamen nur ein paar wenige ausgesuchte Freunde, die immer mal hinten an der Schaukel Zeit mit ihm verbrachten. Lasse kam auch. Lasse und Lorne waren wie Brüder, sie lachten zusammen, liefen um die Wette und hatten richtig Spaß. Ich weiß noch wie heute, Lorne schnappte sich eine Bierflasche, es war nur noch ganz wenig drin und trank sie in einem Zug leer. Er lachte so laut und fröhlich. Es ging einem das Herz auf. Ich dachte, der eine Schluck würde ihm schon nicht schaden.

Am 13. Juli 2020 war ich sehr früh wach und sah, als ich kurz aufstand, einen wunderschönen Sonnenaufgang. Wir hatten sehr schönes Wetter. Bei Lorne war noch alles ruhig, so dass ich mich noch einen Augenblick wieder in mein Bett kuschelte. Das konnte ich nur sehr selten nutzen, denn meistens war Lorne sehr früh wach. Ich schaute kurz durch einen Türspalt, der sein Zimmer von meinem trennte und sah meinen Sohn auf der Seite liegen.
Jan und ich hatten einen Zahnarzttermin in Kiel Gaarden. Annika wollte Lorne gegen 10 Uhr abholen und beaufsichtigen. Ich stand gegen 7.30 Uhr auf, bei Lorne war immer noch alles ruhig, ging nach unten und machte für Lorne das Frühstück. Als ich mit seinem Tablett wieder oben war, schlief er immer noch. Ich schaute durch den Türschlitz.

Er lag immer noch auf der Seite, alles war ruhig. Ich entschloss mich, noch schnell zu duschen und ihn dann aus seinem Bett zu holen.

Nach dem Duschen wickelte ich mich in ein Handtuch und schaute noch einmal. Immer noch alles ruhig. Ich machte die Tür zu seinem Zimmer schon einmal weit auf. Meistens wurde Lorne dann langsam wach, obwohl 9 Uhr für ihn schon ungewöhnlich war.

Jan kam nach oben und fragte: »Schläft Lorne noch?«

Ich hatte plötzlich ein ganz komisches Gefühl. Ich kann es gar nicht näher beschreiben. Es war einfach ungewöhnlich, dass Lorne noch nicht wach wurde, obwohl die Tür zu seinem Zimmer weit geöffnet war. Ich bat Jan, nach Lorne zu sehen, ging aber auch gleichzeitig mit ihm in Lornes Zimmer. Er öffnete das Bett, tippte auf Lornes Schulter, keine Reaktion! Jan drehte unseren Sohn um. Ich schrie. Ich schrie wie noch nie. Mein Junge, mein Baby.

Jan sagte: »Lorne ist tot, Dörte!« Jan war schneeweiß!

Dann handelte ich automatisch. Ich lief ins Wohnzimmer, griff das Telefon und wählte den Notruf! Das durfte jetzt nicht wahr sein!

Aber es war wahr! Mein Sohn war gestorben. Einfach so, in seinem geliebten Bett. Ich hatte nichts gehört. Ich hörte doch sonst immer alles! Ich wollte ihn wiederbeleben, doch er war schon ganz kalt. Es war schrecklich. Ich kann gar nicht in Worte fassen, wie schlimm das war. Ich war in absoluter Panik, stand unter Schock, wollte schreien, aber es kam schon kein Ton mehr aus mir.

*Ich kann es eigentlich kaum erwarten, dieses Buch fertigzustellen. Jetzt kann ich gerade aber nicht mehr. Das ist die schwerste Stelle. Ich weine, wie schon lange nicht mehr. Ich denke, ich brauche etwas Zeit, damit ich weiter machen kann.*

\*\*\*

Irgendwie zog ich mich an, setzte mich wieder an das Bett meines Sohnes, streichelte und küsste meinen geliebten Sohn. Bat ihn, uns nicht zu verlassen!

»Bitte, bitte Lorne, wach doch bitte wieder auf. Verlasse uns nicht. Mami kann ohne dich nicht leben. Lorne, mein Muckel!«

Ich kann die Gefühle kaum beschreiben. Panik oder auch panische Verzweiflung ist der richtige Ausdruck. Ich stand kurz davor durchzudrehen, mir sämtliche Haare auszureißen. Es war unbeschreiblich. Der Notarztwagen traf ein. Eine Ärztin, sie war sehr einfühlsam, sagte mir, Lorne sei schon seit Stunden tot. Sie könnten nichts mehr für ihn tun. Was dann passiert ist, weiß ich nur noch vage. Malena kam runter, sie brach zusammen. Sie weinte so sehr.

Lorne war für sie nicht nur der Bruder, ein klein wenig auch wie ein Sohn. Ich weiß nicht einmal, ob ich sie getröstet habe. Jan saß da. Er war innerhalb einer Stunde um zehn Jahre gealtert. Annika kam und rief: »Was ist hier denn los?«, dann weinte sie bitterlich. Plötzlich war das ganze Haus voller Menschen. Die örtliche Polizei traf ein, zwei Beamte der Kripo kamen, unsere Hausärztin und dann auch noch der Bestatter. Ich wusste gar nicht, was los war. Durch das Absetzen des Notrufs wurde wohl auch die Polizei verständigt.

Ein vermeintlich gesunder Junge im Alter von 16 Jahren war einfach so gestorben, in seinem Bett. Das musste untersucht werden. Im Grunde wurden wir vorerst verdächtigt, etwas mit dem Tod unseres Sohnes zu tun zu haben.

Das wurde mir erst später klar. Ich saß einfach nur da. Ich stand unter Schock. Wir wurden befragt und antworteten mechanisch. Malena wollte frische Luft schnappen und wurde von einem Polizisten gebeten, sich nicht so weit vom Haus zu entfernen. Es war wie in einem schlechten Film. Malena rief Johanna an. Sie war mit Constantin bei seinen Eltern. Constantins Mutter Kirsten und seine Schwester Helena zögerten nicht. Sie fuhren mit zwei Autos zu uns, damit Johanna und Constantin nicht fahren mussten und bei uns sein konnten. Sie hatten gut vier Stunden Fahrt vor sich.

Einer der Kripo-Beamten fragte: »Frau Thomsen, können Sie sich erinnern, ob gestern Abend irgendetwas anders war? Ging es Ihrem Sohn schlecht? Ist Ihnen irgendetwas aufgefallen?«

Ich sollte den Vorabend schildern. Wann hatte ich Lorne ins Bett gebracht? War irgendetwas anders?

Ich wusste alles noch ganz genau. Malena und ich hatten uns einen Film angesehen. Vorher hatte ich Lorne wie immer gebadet, gewickelt, gefüttert und ins Bett gebracht. Er wollte mich an dem Abend gar nicht loslassen. Nahm immer wieder meine Hand, zog diese um sich, damit er mit mir neben sich einschlafen konnte. Ich zog meine Hand weg und sagte zu meinem Sohn: »Lorne Thomsen, deine Schwester ist heute Abend hier und wir wollen uns einen gemütlichen Fernsehabend machen! Ich liebe dich so sehr und morgen bin ich wieder den ganzen Tag für dich da. Wir machen wieder etwas ganz Schönes, wie es dir gefällt, aber heute Abend musst du schlafen!«

Er lachte, ich gab ihm einen Kuss und schloss das Bett.

Malena und ich sahen einen Film. Es ging um zwei junge Frauen, die in einem Haifischkäfig tauchen wollten, und irgendetwas ging schief. Lorne schlief sehr schlecht ein und ich war noch zweimal bei ihm, um zu kontrollieren, ob die Windel voll oder nass war, sagte ihm, dass er nun schlafen müsse, und ging wieder ins Wohnzimmer.

Er schlief spät ein, hatte aber beide Male laut gelacht. Um 1 Uhr morgens sah ich das letzte Mal nach ihm. Er schlief tief und fest. Die Verbindungstür zu meinem Schlafzimmer war immer nur angelehnt, damit ich hörte, falls nachts ein Anfall kam. Das war seit Jahren so. Ich hörte immer alles. In dieser Nacht hörte ich nichts … .

\*\*\*

*Mai 2022*

*Ich frage mich heute noch: Warum hörte ich in dieser Nacht nichts? Ich hatte schon hunderte Male Geräusche, komische Atmung, Weinen, epileptische Anfälle, ja sogar das Rascheln der Bettdecke bei schlechten Träumen gehört. Ich hörte immer alles. In dieser Nacht hörte ich nichts. Gar nichts. Ich weiß bis heute nicht warum. Ich rede mir ein, dass Lorne ganz leise fest eingeschlafen ist, einen Anfall erlitt und einfach nicht wieder geatmet hat, ohne zu leiden, ohne nach Luft zu ringen. Es einfach nicht geschafft hat, wieder wach zu werden.*

\*\*\*

Nachdem ich befragt wurde, gingen die Kripobeamten mit unserer Hausärztin in Lornes Zimmer. Wir durften nicht mehr dort hinein. Er wurde wohl nach möglichen Spuren eines Tötungsdelikts untersucht. Ich hörte nur, wie unsere Hausärztin immer wieder laut sagte, sie werden hier nichts finden. Der Junge wurde geliebt. Als sie fertig waren, lag Lorne nackt in seinem Bett. Sein Schlafsack und Schlafanzug waren aufgeschnitten worden und lagen neben ihm. Sie hatten ihn wenigstens wieder zugedeckt. Ich hätte am liebsten alle rausgeschmissen, aber es lag nicht mehr in meiner Macht. Einer der Kripobeamten sagte zu mir: »Frau Thomsen, ich weiß, dass wir aus Ihrer Sicht hier fehl am Platz sind und in dieser schlimmen Situation stören, aber wir sind die letzten Menschen, die für Lorne einstehen.« Er sagte Lorne und nicht dieser Junge oder die Leiche! Er sagte Lorne. Das stimmte mich milder. Er nannte meinen Sohn bei seinem Namen. Dann sagte er, dass er in seinem Bericht erwähnen würde, dass er nicht glaube, dass hier ein Verbrechen vorliege, sondern, dass Lorne ein schönes Zuhause gehabt hätte. Die Polizei blieb so lange, bis der Bestatter Lorne mitnahm. Wir durften nicht mehr mit unserem Sohn allein sein. Ich vermute, damit wir keine Spuren verwischen könnten. Es gab nichts, was wir hätten verwischen müssen, aber es bestand noch ein Verdacht. Dann war es soweit. Jan, Malena und ich verabschiedeten uns von Lorne. Der Bestatter, Mathias H., ich kenne ihn schon lange, musste Lorne mitnehmen. Da war er wieder, dieser Moment. Ein geliebter Mensch sollte das Haus verlassen in einem schwarzen Sack. Ich bat Mathias, Lornes Bettdecke über ihn legen zu dürfen. Ich gab einige Schnuffitücher und auch seine geliebte Spieluhr mit. So verließ mein geliebter Sohn uns und sein Zuhause. Dann war da nur noch Leere. Ich kann diesen schrecklichen Moment gar nicht in Worte fassen. Er war einfach nicht mehr da und würde nie wieder kommen. Es war unaushaltbar. Man könnte nur schreien.

Irgendwann kamen Johanna und Constantin an. Johanna konnte es nicht glauben. Sie weinte so sehr, war so traurig, hatte es aber nicht mit eigenen Augen gesehen. Sie konnte sich nicht verabschieden. Abends rief Mathias H. mich an. Er bot an, dass Johanna Lorne noch einmal anschauen könne.

Mathias; Ich bin dir so dankbar, dass Johanna sich noch verabschieden konnte!

Am nächsten Abend fuhren Constantin, Johanna und ich in die Trauerhalle, um Lorne noch einmal anzuschauen. Jan und Malena wollten nicht noch einmal mitkommen. Ich bin so froh, dass wir das genutzt haben. Ich sagte zu Johanna: »Ich gehe erst einmal rein und schaue. Wenn es erträglich ist, sage ich dir Bescheid.« Ich ging in diesen Raum, überall brannten Kerzen. Lorne lag unter seiner Bettdecke. Er hatte mehrere Schnuffitücher in seiner Hand und auch die Spieluhr lag dort. Er sah so friedlich aus, mit einem Lächeln auf den Lippen. Mein geliebter Sohn. Er war so kalt.
Ich rief Johanna rein. Sie sah ihren Bruder und weinte so sehr, konnte sich aber in aller Ruhe verabschieden. Das war so wichtig für sie. Sie hätte es sonst niemals damit abschließen können. Danke Mathias!

Wir bekamen einige Tage später Bescheid. Die Staatsanwaltschaft ordnete eine Obduktion an, um die Todesursache unseres Sohnes zu ermitteln. Unser Sohn sollte aufgeschnitten werden. Ich hatte es schon befürchtet. So würden wir auch erfahren, was passiert war. So sollte es sein.

## Trauerfeier am Taufbaum

Wir konnten unseren Sohn erst am 25. Juli 2020 mit einer kleinen, sehr persönlichen Trauerfeier an Lornes Schaukel und an seinem Baum verabschieden und anschließend seine Urne beisetzen.

Wir alle hatten uns Gedanken gemacht, wie wir die Trauerfeier gestalten wollten. Die ganz enge Familie und engen Freunde, die immer mal Zeit mit Lorne verbracht hatten, sollten dabei sein. Bitte so bekleidet, wie Lorne euch kannte, und bringt bitte alle eine Sonnenblume mit für unseren Sonnenschein Lorne. Keiner von uns fühlte sich in der Lage, etwas zu sagen. Wir hatten Lornes Lieblingslieder ausgesucht, die wir spielen wollten. Wir brauchten jemanden, der die Trauerrede halten sollte.

Der Bestatter Mathias H. sollte für uns jemanden finden, der das könnte. Er vermittelte eine Frau namens Ulrike S., die sich bei uns meldete für ein Kennenlernen. Wir waren sehr kritisch. Ob sie das könnte? Der Nachmittag war entspannt, wir beantworteten alle möglichen Fragen.
Dann sagte sie, dass sie Lornes Baum sehen wolle, und fragte noch nach seiner Zeit an der Schaukel. Sie hatte ein gutes Gespür für unseren Familienzusammenhalt und bevor sie sich verabschiedete, fragte sie: »Und? Familie Thomsen,

darf ich ihren Sohn verabschieden?« Wir waren uns alle einig, bejahten und haben es nicht bereut. Frau S. fand genau die richtigen Worte. Sie hatte uns sehr gut verstanden:

**Ansprache Lorne Thomsen**
Gut Lebenau 5, Ehndorf, 25.07.2020

Der Mond ist aufgegangen

Liebe Dörte und Jan Thomsen, liebe Johanna und Malena, liebe Familie und liebe Freunde von Lorne!
Vor 16 Jahren war Lorne der Überraschungssieger in Ihrer Familie. Sie, Dörte und Jan hatten mit der Kinderplanung im Grunde schon abgeschlossen und fühlen sich ganz glücklich und komplett mit Ihren Töchtern Johanna und Malena. Doch dann kündigt sich noch ein Kind an: Ihr Sohn Lorne, der am 18. Juni 2004 geboren wird.
Lorne wird geboren und nimmt vom ersten Moment an alle für sich ein. Mama, Papa, Johanna, Malena, Oma Annegret und Opa Heini. Lornes Familie, die Lorne liebt und mit Liebe umgibt und Lorne erweist sich als das liebenswürdigste Baby, das Sie sich nur wünschen konnten.
Wann hat Lorne als Baby mal geweint? Der wusste doch gar nicht, wie das geht. Lorne, das kann man nicht anders sagen, ist Superbaby, ist ein ruhiger, zufriedener, zum Liebhaben geborener Sonnenschein, den alle gerne verwöhnen und auf Händen tragen. Für den Johanna und Malena Kuschelnester im Wohnzimmer bauen und dann liegt Lorne da zufrieden strahlend zwischen seinen Schwestern ...

Lorne wird vom ersten Tag seines Lebens an geliebt, so wie jedes Kind geliebt werden sollte, wenn es geboren wird. Er kennt nichts anderes als Liebe. Er lernt greifen, krabbeln, laufen, spielen, sitzt in seinem Kinderstuhl und brabbelt vergnügt vor sich hin. Lorne, Baby halt und kleines Kind. Und nie hätten Sie sich denken können, dass Ihr Sohn und Bruder zwar groß wird, aber geistig immer kleines Kind bleibt. Lorne ist 1 ½ Jahre alt, als er die ganz normale übliche Impfung bekommt, wie sie für alle Kinder empfohlen wird. Einen Tag später sackt er in seinem Stuhl zusammen, sein erster Krampfanfall.

Alle hier kennen Lornes Geschichte, kennen Lornes Weg. Weil es so gekommen ist, wie es gekommen ist, ist Lorne 16 Jahre lang Mitte und umsorgte Aufmerksamkeit seiner Familie geblieben. Jeder hier von Ihnen hat immer mit einem Teil seiner Aufmerksamkeit auf Lorne geschaut.

Im Grunde gab es keinen wachen Augenblick in Lornes Leben, in dem nicht jemand über ihn wachte, ihn bepütscherte, anzog, wickelte, fütterte, beschmuste, mit ihm schaukelte, spielte, summte, ihn liebte.

Jeder wusste, Lorne kann nicht für sich selber sorgen, also haben sich alle um Lorne gesorgt und für Lorne gesorgt, Lorne Sorgenkind und Lorne Liebeskind – selbst in der Nacht haben Sie, Dörte und Jan über Ihren Sohn gewacht. Lorne ist Lorne. Als Mutter, als Vater, als Schwestern haben Sie lange Jahre alles Mögliche und Unmögliche ausprobiert, jede Chance ergriffen, dass Lorne weniger krank ist, weniger krampfen muss, Sie haben immer gehofft und alles dafür getan, dass sich vielleicht doch noch ein neuer Weg für Lorne eröffnet, weil er ja gesund war bei seiner Geburt, Ihr wunderbarer Sohn, Ihr lieber Bruder, Oma Annegrets durch und durch geliebter Enkel.

Lorne konnte doch kaum etwas tun. Er konnte einfach nur Lorne sein. Lorne, dieses unschuldige geliebte Kind, dieser große unschuldige Junge, der von allen Menschen um sich herum immer nur Liebe bekommt. Seine Welt ist auf eine Art klein geblieben. Und er hat Ihre Welt, die Welt seiner Familie auf eine Art kleiner und enger gemacht, weil Ihr Fokus, Ihre Aufmerksamkeit, Ihre Sorge und Fürsorge immer ein Stück bei Lorne war.

Gleichzeitig hat Lorne Ihre Welt weit und groß und offen gemacht. Durch Lorne und den Weg, den Sie mit ihm gegangen sind, haben Sie alle möglichen und unmöglichen Menschen kennengelernt, wunderbare Menschen, die Ihnen geholfen haben und andere, über die Sie einfach nur den Kopf schütteln. Sie haben Ideen entdeckt, Gedankenbilder, sind mit Delfinen geschwommen ...

Lorne hat Ihre Welt wesentlich gemacht.

Was ist wesentlich. Das Miteinander, der schützende Kreis.

Keiner von Ihnen hätte diese große Aufgabe alleine bewältigen können. Das ging nur im Miteinander.

Sie alle hier haben einen Kreis um Lorne gebildet.

Einen engen Kreis als Familie – Sie, als Familie, Sie Dörte und Jan und Johanna und Malena, sind um Lorne zusammengerückt. Alle ihre Entscheidungen haben Sie gemeinsam gefunden und getragen, in wie vielen Familienkonferenzen, in wie vielen Absprachen, in wie vielem auch füreinander da sein. Ohne ihr Miteinander wäre jeder von Ihnen verloren gewesen. Ohne ihr Miteinander wäre Lorne verloren gewesen.

Ohne Oma Annegret wären Lorne und Sie verloren gewesen und ohne Opa Heini. Die beiden waren mit Ihrer ganzen Oma- und Opaliebe immer da.

Annika und Lasse waren für Lorne da, als Schul-, Schwimm- und Wegbegleiter, als Freunde – Sie alle, die Sie hier sind, waren mit für Lorne da. Sie sind der weite Kreis im Miteinander, ohne den die Aufgabe nicht hätte geschafft werden können.

Wenn Sie, die Sie heute hier sind, auf den Hof gekommen sind, dann haben Sie meist erst mal nach Lorne geschaut, sich einen Moment zu ihm gestellt, ihn angeschaukelt, sein Singen und Summen, sein Lauten gehört, mit ihm ein Stück in den Himmel geschaut.

Lorne guckte so gerne nach oben – Himmel, Wolken, Sonne, Mond und manchmal, da guckte er einem so konzentriert auf die Stirn, dass man dachte, er guckt einem die Gedanken raus.

Was Lorne mochte: morgens fröhlich in seinem Bett aufwachen. Mamas Wecker sein, die dann auch bald kommt und ihn umsorgt und dann nach Morgentoilette, Anziehen und Frühstück kann Loren raus: Schaukeln, Springen, Musik hören, Singen, Rasenmäher und Trecker fahren – das Höchste überhaupt – mit Papa Trecker fahren – in den Schulbus steigen – und mit dem Schulbus nach Hause fahren. Dann riss Lorne vor Freude immer die Arme hoch – es geht nach Hause. Wie Schule war? Das können Annika und Lasse erzählen. Ganz okay meist, wie Schule halt ist. Klar ist, für seine Mitschüler war Lorne cool. Alle haben sich darum gerissen, mit Lorne zu schaukeln, und haben ihm gerne Platz gemacht auf seiner Schaukel. Zu Lorne waren auch die größten Chaoten einfach nett.

In den letzten Monaten hat es für Lorne – coronabedingt – keine Schule gegeben. Das war eigentlich ganz schön. Als Familie sind Sie in diesen Wochen noch einmal eng zusammengerückt. Sie, Johanna und Malena sind viel zu Hause und Lorne geht es richtig gut.

Er hat keine Anfälle. Er singt und springt und lässt sich herzen – ihr kleiner, großer, liebenswerter Babybruder, der immer noch mal Ihren Arm greift, wenn Sie ihn ins Bett bringen und sein Schlaflied gesungen ist – festhalten und kuscheln heißt das bei Lorne – und eigentlich waren Sie alle ein bisschen streng, weil Lorne ja inzwischen ein großer Junge ist und das alleine schaffen kann mit dem Einschlafen – ist er auch ganz oft, alleine eingeschlafen in seinem sicheren Bett – füttern und hausieren verboten.

Und trotzdem haben Sie in der letzten Woche noch mit ihm gekuschelt. Ihm seinen Kuss gegeben.

Ich liebe dich!

Schlafen Sie wohl, wie der Hase im Kohl.

»La-Le-Lu, nur der Mann im Mond schaut zu«.

Lornes Einschlaflied

*Du hast mir zweierlei vermacht.*
*Ein Lieben – das selbst Gott*
*dem Himmelsvater reichte.*
*Hätt er das Angebot.*
*Du ließest Flächen mir von Schmerz.*
*Weiträumig wie das Meer.*
*Gedehnt von Ewigkeiten zu Zeit.*
*Von Deinem Ich – zu mir.*
Emily Dickinson

Mir scheint, Lorne hat in seinen 16 Jahren alle Liebe bekommen und eingesammelt, die ein Mensch nur bekommen und einsammeln kann. 16 Jahre ist er geliebtes Kind – geliebter Mann konnte er nicht werden. Mit seinem Leben verbunden sind Flächen von Schmerz, weiträumig wie das Meer, weil dieses wunderbare Kind Lorne, weil ihr wunderbarer Sohn und Bruder nicht heranwachsen konnte zu seiner wahren Kraft.

Sie haben alles für ihn gegeben. Sie haben ihn bedingungslos geliebt. Sie haben Sorge für ihn getragen. Sie haben sich um Lorne gesorgt.

Jetzt lassen sie alles Sorgen los. Sie wissen, Sie haben Lorne alles gegeben. Sie haben alles für ihn getan.

Und so schwer die Zeit war, so glücklich war sie auch in Ihrem Lieben, das selbst Gott – dem Himmelsvater reichte – hätte er das Angebot.

Als Sie – mit Lornes Taufe – diese Eiche gepflanzt haben, und mit Lornes Taufwasser begossen haben, da haben Sie für Lorne gewünscht, dass er so stark und groß wird, wie der Baum. Beide sollten gut und gerade ins Leben wachsen.

Für Lorne ist anderes gekommen, als Sie sich das gewünscht haben. Sein Weg war alles andere als gerade und reichte nicht weit in die Welt hinein.

Hat Lorne Sie trotzdem reich gemacht.

Ja, das hat er.

Reich an Liebe.

Reich am Miteinander.

Reich am Erkennen, dass uns das Leben in vielen, kleinen Momenten immer wieder neue Wunder schenkt.

Reich im Abschied nehmen und reich im Weitergehen.

Als der Mann sah, dass sein Sohn dem Tode nahe war, legte er seine schönen Kleider ab, hüllte sich in einen Sack und fastete. Vielleicht, so hoffte er, könne er durch dieses Opfer sein geliebtes Kind retten. Aber alle ärztliche Kunst war vergebens – sieben Tage später starb der Knabe. Da zog der Mann seine prächtigen Gewänder wieder an und ließ sich ein reiches Mahl auftragen. Und als ihn seine Freunde fragten, wie er essen könne, da doch gerade sein Kind gestorben sei, antwortete er:»Solange mein Sohn am Leben war, habe ich alles getan, was in meiner Kraft stand, um ihn zu retten. Aber jetzt ist er tot, und mir bleibt nichts anderes übrig, als die Scherben, die mir von meinem Leben geblieben sind, aufzusammeln und weiterzuleben.«

König David
Du bist du/ Familienlebens – und Mutmachlied
Lornes Tauflied

Besser hätte man unser Leben, Lornes Leben nicht beschreiben können. Ulrike S. hatte genau die richtigen Worte gefunden. Es war ein so trauriger Tag. Trotzdem habe ich ihn in guter Erinnerung. Es war ein würdiger Abschied für unseren Sohn und Bruder.

# Trauer

Nun war es ganz still bei uns auf Lebenau. Kein lautes Lachen meines Sohnes, kein Kreischen, wenn ein Trecker bei uns auf dem Hof fuhr, kein Lautieren und Singen in der ganz eigenen Sprache unseres Sohnes. Da war nur noch Leere und Stille. Wir vier waren traumatisiert. Wir alle trauerten unterschiedlich.

Jan verfiel sofort in tiefste Trauer, er schien um zehn Jahre gealtert. Ich hatte irgendwie so etwas Manisch-Depressives. Am Tag lag ich in Lornes Bett, drückte seine übrigen Schnuffitücher und sein Kopfkissen mit letztem Lorneduft an meine Nase, schnupperte und weinte stundenlang. Abends genoss ich die vielen Besucher. Wir haben einen sehr großen Freundes- und Bekanntenkreis. Viele dieser Freunde und Bekannten kamen zu uns, um für uns da zu sein, tröstende Worte zu sprechen oder einfach nur bei uns zu sitzen. Mir taten die unzähligen Besucher gut, dachte ich zumindest. Ich tat einfach so, als hätte ich meinen Sohn gerade ins Bett gebracht und wir hätten wie so viele Male vor seinem Tod, Besuch von Freunden, um einen schönen Abend zu verbringen. Malena erging es wie mir. Johanna an den ersten Tagen auch, aber die zahlreichen Besucher wurden auch ihr irgendwann zu viel. Jan hasste es. Nach einigen Tagen eskalierte es bei uns. »Wenn ich noch einen Abend mit so vielen Leuten ertragen muss, gehe ich in den Wald und bleibe so lange dort, bis alle weg sind!«
Er war außer sich.

Erst schämte ich mich. Hatte ich vor einer Stunde etwa gelacht? Weil irgendjemand etwas Witziges erzählt hatte? Wie konnte ich lachen? Ich war in tiefster Trauer, konnte es mir nicht erklären!

Ich war Jan so dankbar, dass er so offen über seine Gefühle sprach. Wir redeten, wie schon ewig nicht mehr. Auch Malena und Johanna waren an diesem Gespräch beteiligt. Der Familienrat, den wir schon über Jahre einberiefen, tagte. Es half so sehr. Wir versprachen uns, aufeinander zu achten, aufeinander Rücksicht zu nehmen. Jeder hatte mal einen ganz schlechten Tag, dann ging es auch mal etwas besser. Ich schrieb eine Rundum-WhatsApp, wir alle bräuchten unbedingt Ruhe und würden gern die nächste Zeit im engsten Familienkreis verbringen. Den Menschen, die noch vorbeikamen, dankten wir und baten darum, allein zu sein. Jetzt musste ich mich der Situation stellen, konnte abends nicht mehr so tun, als wäre alles in Ordnung. Es waren schwere Tage. Mein ganzer Körper schmerzte und ich verkroch mich in meinem Bett. Ich versuchte, etwas Normalität zu leben, solange meine Töchter noch daheim waren. Als diese wieder arbeiten und studieren mussten und nach Hamburg und Göttingen zurückkehrten, lächelte ich, winkte ich, versicherte ich ihnen allein klarzukommen und verkroch mich immer wieder in meinem Bett.

Mein Mann ging wieder arbeiten und hatte vollstes Verständnis für mein Leiden »Nimm dir die Zeit, die du brauchst, Dörte. Das wird schon wieder.«

Ich hatte nicht nur meinen geliebten Sohn verloren, sondern auch meine Aufgabe, meinen Job. 24 Stunden täglich 7 Tage die Woche. Was nun? Ich war traurig, orientierungslos und so unendlich müde. Ich schlief und schlief und alle Sorgen aller Kummer schienen nur wie ein böser Traum. Wenn ich morgens aufstand und nach unten ging, um mir einen Kaffee zu holen, zündete ich eine Kerze neben Lornes Bild an, auf dem er mich so fröhlich anlächelte und versprach ihm, dass ich heute noch etwas Schönes nur für mich machen würde. Dieses Versprechen zwang mich, dieses jeden Tag zu tun. Meistens ging ich schwimmen. Das ging ohne Schmerzen. So kam ich langsam wieder auf die Beine.

An manchen Tagen, wenn die Stille mich schier verzweifeln ließ, ging ich zu Onkel Lulu und Tante Marga. Onkel Lulu saß draußen auf seiner Bank und freute sich immer über Besucher. Ich setzte mich neben ihn, lehnte meinen Kopf an seine starke Schulter. Er legte seinen Arm um mich und sagte nur: »Es ist viel zu still geworden auf Lebenau.« Ich weinte still und ich weiß, dass auch dieser starke Mann die eine oder andere Träne verdrückte. Er war für mich wie ein Vater, ein Trost.

Einige Zeit nach Lornes Tod hatte ich ein Gefühl, es wurde ganz warm in mir und ein tiefes Gefühl des Friedens und der Ruhe überkam mich. Ich war überzeugt, dass Lorne zu mir, zu uns zurückgekehrt war. Ich war so unendlich traurig und vermisste meinen Sohn so sehr. Eigentlich hätte ich schreiend die Wände hochgehen müssen. Ich aber war in Liebe und Frieden! Ich war sicher, dass Lorne mir dieses Gefühl gab. Wie hätte ich, die liebende Mutter, es sonst aushalten können. Trotzdem war es eine sehr schwere Zeit, aber ich bin Jan immer noch sehr dankbar, dass er so offen angesprochen hatte, wie er empfand. Wir kamen uns wieder näher.

In dieser schweren Zeit wurde mir bewusst, wie stark wir alle miteinander verbunden waren. Diese sehr schweren Jahre hatten uns zusammengeschweißt.

Eines habe ich gelernt in dieser schweren Zeit: Jeder trauert anders. Niemand darf den anderen verurteilen, böse sein oder Vorwürfe machen, er würde nicht genug trauern oder hätte den geliebten Menschen nicht genug geliebt. Auch wenn es sehr schwer ist, sollte man unbedingt immer offen reden, wie man empfindet.

**Heute kann ich schreiben:**
Wir haben die Trauer, den Verlust und das Vermissen als Teil unseres Lebens akzeptiert. Wenn einer von uns weinen muss, lassen wir es einfach zu. »Lass laufen.«, das sagen wir jedes Mal, wenn es einen von uns überkommt. Dieser Satz: »Du musst doch jetzt nicht weinen!«, den ich in meiner Jugend oft gehört hatte, ist falsch. DOCH! Lass laufen, wenn du weinen musst, dann WEINE! Es gehört zum Leben dazu, wie das Lachen!
Unser Familienrat besteht nach wie vor. Wir versuchen immer noch, genauso, wie wir es bei der Therapie auf Teneriffa gelernt haben, alle wichtigen Entscheidungen in diesem Rahmen zu diskutieren. Bei uns geht es häufig heiß her. Jeder hat eine gleichberechtigte Stimme, jeder lässt den anderen ausreden, nimmt das Gesagte erst einmal hin ohne sofort einen verbalen Gegenangriff zu starten. Ich bin der Meinung, dass wir alle das sehr gut hinbekommen. Mein Mann Jan sagt: »Die Einzige, die immer dazwischen sabbelt und vor allem mich nicht ausreden lässt, bist du, Dörte!«
Das stimmt gar nicht. Der lügt.

Ich bin auch heute noch in Liebe und Frieden mit mir und der Welt. Ich verspreche meinem Sohn immer noch jeden Morgen, wenn ich neben seinem Bild eine Kerze anzünde, dass ich heute irgendetwas Schönes machen werde. Irgendwann sehen wir uns wieder.

Aber noch nicht.

Ich würde sehr gern noch einige Zeit mit meinen Töchtern und meinem Mann verbringen.

## Kleiner Vogel

Etwa vier Wochen nach dem Tod meines Sohnes, besuchte mich jeden Morgen ein kleines Rotkehlchen. Das Wetter war warm und ich saß morgens einen Augenblick draußen und trank meinen Kaffee. Irgendwann fiel es mir auf, dass dieser kleine Vogel um mich herumtänzelte. Er wich mir nicht von der Seite, wenn ich in den Garten ging. War ich in der Küche, saß dieser Vogel vor dem Fenster und schaute hinein. Ich bildete mir ein, dass irgendetwas von meinem Sohn in diesem Vogel war. Ich traute mich gar nicht, irgendjemandem davon zu erzählen. Ich hatte Bedenken, dass man mich für verrückt halten könnte. Nach einigen Tagen verlor ich den kleinen Vogel nach unserem gemeinsamen Kaffee vormittags aus den Augen. Nachmittags war er wieder da.

Jan war morgens mit dem Radlader vom Hof gefahren, um im Wald einige Arbeiten mit der Motorsäge zu verrichten. Nach einigen Tagen sprach er mich mittags an: »Du hältst mich sicher für verrückt, aber seitdem ich mit dem Radlader im Wald bin, begleitet mich ein kleiner Vogel, ein Rotkehlchen.« Er holte sein Handy hervor und zeigte mir ein Bild, das er gemacht hatte. Der kleine Vogel saß auf der Tür des Radladers, dann ein Foto, auf dem das Rotkehlchen auf einem Ast neben dem Radlader saß. Daraufhin erzählte ich von meinen Erlebnissen und auch Jan meinte: »Das gibt es doch nicht, aber ich könnte schwören, der Vogel will bei mir sein.« »Bei mir auch!« Ich war jetzt sicher. Das konnte kein Zufall sein.

Ein Teil unseres Sohnes war einfach bei uns geblieben. Mir ging es zu der Zeit nicht gut und der Vogel war für mich ein Trost. Als es mir mit der Zeit ein wenig besser ging, sah ich ihn etwas seltener. Dieser kleine »Lornevogel« besuchte uns in dem Jahr regelmäßig. Irgendwann war er verschwunden. Ich kann gar nicht sagen wann.

\*\*\*

*Eigentlich hatte ich diese Geschichte nicht einfügen wollen. Ich hatte große Bedenken, dass ich den Lesern dieses Buches schon genug zugemutet habe: Der Blitzschlag, das Verlassen meines Körpers und dann noch der Sturz der Ärztin, die uns so schlecht behandelt hat. Es ist alles so passiert. Es ist die reine Wahrheit, aber auch etwas schwer zu glauben.*

*Dann las ich ein Buch von Frauke Bolten-Boshammer. Auch sie hat ihren Sohn verloren und nach seinem Tod Besuch von einem Vogel, der sogar im Zimmer ihres verstobenen Sohnes ein Nest gebaut hat. Die Familie nannte diesen Vogel auch nach ihrem Sohn Peter. Diese Geschichte hat mich dazu bewogen von dem kleinen Lorne-Rotkehlchen zu erzählen.*

*Wenn man Rotkehlchen bei Wikipedia eingibt, erhält man folgende Informationen: Wegen seiner oft geringen Fluchtdistanz, seines Erscheinungsbilds und seiner Häufigkeit ist das Rotkehlchen ein besonderer Sympathieträger. In Christuslegenden steht er Jesus in besonderen Momenten und im Sterben tröstend bei.*

*Ich glaube nicht an die Geschichten in der Bibel auch nicht an Jesus und schon gar nicht an die Kirche. Es fällt mir gerade sehr schwer, an Gott zu glauben. Ich glaube an das Gute, an das Universum an eine höhere Macht – an das Streben nach Erleuchtung. Die Rotkehlchendefinition aber, ist ein sehr schöner Gedanke. Dieser Vogel war auch für mich ein echter Trost. Vielleicht ist da doch noch irgendetwas, wer weiß.*

## Dieses Buch

Ich habe mein Buch wohl an die hundert Mal gelesen, gestrichen, hinzugefügt, wieder gestrichen, verbessert. Es war sehr hart, aber auch heilsam. Oft ging es gar nicht, weil Kummer und Sehnsucht zu stark waren.
Dieses Buch habe ich für uns geschrieben. Für Jan, Malena, Johanna und mich. In diesem Buch steckt ein Leben. Lornes Leben! Er soll nicht vergessen werden.
Wir haben ihn so sehr geliebt!

### Scherzo
*Ich schrieb ein Gedicht zärtlich auf ein Stück Seidenpapier.*
*Es gehörte mir.*
*Und wie ich da allein so stand, hob ich die Hand und blies es davon.*
*Ich sah es wie ein Wölklein licht, lange noch schweben, mein kleines Gedicht.*
*Irgendwo wird es niederfallen.*
*Dann gehört es allen.*
Hermann Claudius

# Epilog

Ich habe wohl so an die 1000 Bücher gelesen. Grob geschätzt; ich glaube eher mehr. Seit ich begonnen habe unsere Geschichte, Lornes Geschichte zu schreiben, verneige ich mich vor euch allen, ihr wunderbaren Autoren: Harari, Fitzek, Gruber, Olsen, Larsson, v. Schirach, Robotham, Mc Dermid, Allende, Follett, Schlink, Brown, Meyerhoff, um nur einige zu nennen. Ihr seid Meister. Ich habe so viele Nächte mit euch verbracht! Wie schafft ihr es nur so spannende, so lustige Geschichten zu erfinden? Ich muss mir nicht einmal etwas ausdenken, sondern nur die Dinge schreiben, die wir wirklich erlebt haben und es ist so schwer. Als stünde ich vor einem riesigen Berg und müsste Stein für Stein abtragen. Ich wollte schon aufgeben, habe mich gefragt, ob ich mir professionelle Hilfe hole, wollte es aber gerne allein schaffen. Die erste Fassung dieses Buches habe ich ganz allein nur für mich, unsere Familie und enge Freunde geschrieben. Durch einen glücklichen Zufall fand ich jemanden, der mich professionell unterstützte, Alexandra Brosowski. Als sie die erste Fassung gelesen hatte, sagte sie zu mir: »Das Buch muss in die Welt. Alle sollen Lorne kennenlernen. Diesen wunderbaren Jungen.«
Mit Alexandra entstand die zweite Fassung unserer und Lornes Geschichte. Es ging so tief rein. Es war ein zweites Mal ein harter Weg. Wir haben es geschafft, Alexandra!

Ich bitte um Verzeihung, dass ich am Anfang dieses Buches den Ausdruck »Klugscheißerbücher« benutzt habe. Ich wollte es noch ändern, aber als ich meiner Freundin Anja davon erzählte, sagte sie: »Lass es bitte genauso, wie du es geschrieben hast. Es ist jedes Mal das gleiche: reicher Manager/in, ausgebrannt, finanziell ausgesorgt, lässt sich bekehren und findet zu sich selbst! Was ist mit uns, uns „Normalos"? Wir sind auch überarbeitet; wir sind auch ausgebrannt, aber wir müssen Rechnungen bezahlen. Wir können nicht aussteigen, um uns selbst zu finden.« Dieses Gespräch hat mich dazu bewogen, es so stehen zu lassen.

Eines meiner liebsten Bücher ist »Hektor auf der Suche nach dem Glück« von Francois Lelord. Hektors Reisen schaffen Klarheit. Mit jedem Abenteuer, das Hektor erlebt, um sein Glück zu finden, wird dem Leser bewusst, sich auf die wirklichen Glücksmomente im Leben zu besinnen. Wir haben sie alle… diese Momente, jeden Tag. Wir müssen nur wieder lernen, sie auch zu sehen, sie zu bemerken.
Diese unglaubliche Freiheit, alles tun und lassen zu können, was man nur will; man muss es nur wagen. Diese Freiheit, diese Möglichkeiten machen uns auch unfrei. Anstatt sich an den schönen Dingen eines scheinbar langweiligen und banalen Lebens zu erfreuen, hat man immer das Gefühl:

»Das kann es doch noch nicht gewesen sein.«

DOCH! Das ist das Leben! Wir kochen alle nur mit Wasser. Hier und überall auf der Welt. Sich an den kleinen Freuden des Alltags erfreuen, wie ich sie nenne: ein schönes Essen, ein Glas Wein, liebe Menschen, gute Gespräche, mal in

Ruhe eine Zeitung lesen … ich könnte die Liste ewig fortsetzen. Letztendlich steht und fällt unser Befinden und unser Glück mit diesen Freuden und den Menschen, die an unserer Seite sind. Unsere Familie und unsere Freunde. Diese lieben Menschen mit denen wir so viele gemeinsame schöne Stunden, Tage und Abende verbringen, tragen dazu bei, dass wir glücklich sind, ein schönes Leben leben.

Dörte Thomsen

## An meinen Sohn,

mein lieber Junge, mein Schatzi, mein geliebter Lorne,
ich hoffe sehr, dass Du da, wo Du jetzt bist, auch schaukeln kannst
und dass es Dir gut geht. Vielleicht läufst Du über eine grüne Wiese
und Oma Annegret läuft hinter Dir her. Vielleicht lachst Du laut
und läufst immer schneller, weil Deine geliebte Oma Dich nicht einho-
len kann und immer wieder ruft: »Nicht so schnell Du Lümmel.«
In weiter Ferne steht eine große Schaukel, die Du unbedingt erreichen
willst. Ja, genauso habe ich es schon hunderte Male geträumt und auch
schon gesehen, wie eine Vision, die immer wiederkehrt, und ich habe
mir so gewünscht, bei Dir zu sein. Ich glaube, Du wärst stolz auf
mich, denn ich schlage mich wirklich tapfer. Seitdem Du nicht mehr
bei uns bist, gibt es Tage, an denen ich mich einfach nur im Bett ver-
kriechen möchte, und hoffe, ganz schnell wieder einzuschlafen, weil es
dann nicht mehr so weh tut, weil ich Dich dann nicht so sehr vermisse.
Ich vermisse Dich so sehr, dass mein ganzer Körper schmerzt. Körper,
Seele und Geist sind so eng verbunden. Das habe ich jetzt verstanden.
Die Trauer hat meinen Körper, meine Seele und meinen Geist so fest
im Griff, dass ich es manchmal nicht schaffe, auch nur einen Arm zu
heben, so sehr schmerzt dieser Arm. Ich habe Schmerzen in den Beinen, in den Füßen und habe jetzt erst verstanden, dass der gesamte
Körper trauert und schmerzt. Manchmal weiß ich gar nicht, wie ich
einen ganz normalen Tag schaffen soll. Deshalb habe ich mir angewöhnt, jeden Morgen, wenn ich mir einen Kaffee hole, an Deinem Bild,
eine Kerze anzuzünden und Dir zu versprechen, dass ich an diesem
Tag noch irgendetwas Schönes machen werde. Dieses Versprechen
zwingt mich, es auch zu tun. Ich stelle mir vor, dass Du mich sehen
kannst und froh bist, dass ich nicht nur weine, nicht nur traurig bin,
nicht nur im Bett liege, sondern auch lachen und fröhlich sein kann,
für Deinen Papa, für Deine Schwestern, für mich selbst und für Dich.

*Dass ich schwimmen gehe, Fahrrad fahre, mich mit Freund\*innen treffe und Spaß habe und auch meine Arbeit machen kann. Ich muss doch sowieso irgendwie diesen Tag und den nächsten Tag schaffen, dann kann ich es auch fröhlich tun und Du kannst stolz auf mich sein, weil Deine geliebten Schwestern Malena und Johanna auch froh sind, dass ihre Mama nicht wegen ihres so großen Kummers und ihres Schmerzes eingeht, wie eine welke Pflanze, sondern auch wieder lachen kann.*

*Deine beiden Schwestern vermissen Dich auch so sehr. Malena hat ihren Wunsch, Heilpädagogin zu werden aufgegeben, weil sie es nicht ertragen kann, Menschen mit besonderen Bedürfnissen zu sehen, die sich irgendwie ähnlich wie Du verhalten, lachen und lautieren. Johanna macht sehr viel mit sich aus. Ich muss sie immer wieder ansprechen, wenn ich mit ihr über Dich sprechen will. Die beiden vermissen Dich so sehr und müssen immer noch sehr viel weinen. Dann machen sie sich auch noch große Sorgen um ihre Mama und ihren Papa. Tja, Papa... Papa ist, wie ein verschlossenes Buch, dessen Inhalt man nur erahnen kann, wenn man ihn sehr gut kennt. Ich kann Dir versichern, auch er ist auf einem guten Weg. Wir haben wieder zueinandergefunden. War das Dein Auftrag? Ich verspreche Dir: Ich bleibe am Ball, ich werde diesen Mann knacken, damit er über seine Gefühle spricht. Ich werde weiter dafür kämpfen, dass wir zusammen alt werden. Das klingt doch nach einem sehr guten Lebensplan der Frau Dörte T. aus E., oder? Die Realität sieht nicht so rosig aus. Diese Familie wird nie wieder ganz sein. Ich werde nie wieder ganz sein. Ein so wichtiger, geliebter Teil unserer Familie, und auch ein wichtiger Teil von mir fehlt, wird für immer fehlen. Wir alle lernen gerade, mit dieser Lücke zu leben, jeder auf seine ganz eigene Art und Weise und es gibt Tage, an denen es schon gut gelingt.*

*Wir sind alle so eng verbunden, passen aufeinander auf und halten so sehr fest zusammen. Du würdest Dich darüber freuen, wie sehr.*

Ich bin in Liebe und Frieden mit mir und der Welt. Ich denke, das ist der Grundstein dafür, mit dieser großen Lücke zu leben, zu heilen und nach vorne zu schauen.

Eines habe ich erkannt: Lorne, Du hast aus mir einen besseren Menschen gemacht. Dafür danke ich Dir so sehr von Herzen.

Ich hätte mir gewünscht, dass Du gesund und munter zu einem wunderschönen Mann geworden wärest, eine Frau kennengelernt und Familie gegründet hättest oder auch einen tollen Beruf für Dich gefunden hättest oder auch Fußball, Handball gespielt hättest.

Dass dieser große, wunderschöne Mann seine kleine Mama in den Arm nimmt und fragt: »Na Mama, alles klar?«

Wenn ich mir das auch nur vorstelle, breche ich immer noch in Tränen aus, denn das war Dir und uns leider nicht vergönnt, aber wir haben Dich so, wie du warst, sehr geliebt und das Beste aus uns rausgeholt, was in uns steckte. Das hätten wir ohne Dich niemals geschafft. Das hätte ich ohne Dich nie erfahren. Ich/Wir waren viel zu beschäftigt, um die kleinen Freuden des Alltags: ein schönes Essen, ein Glas Wein, liebe Menschen, gute Gespräche, mal in Ruhe eine Zeitung lesen — ich könnte die Liste ewig fortsetzen — zu erkennen, zu bemerken. Das hast Du uns beigebracht.

Danke dafür mein lieber Sohn.
Ich liebe Dich für immer und ewig.
Bis wir uns wiedersehen …

Aber noch nicht.

In Liebe Deine MAMA

*Ich verspreche Dir:*

*Ich werde auf Deine Schwestern Malena und Johanna achten, sie lieben und immer für sie da sein.*

*Papa und ich werden weiterhin Schleswig-Holstein und auch andere Gebiete Deutschlands mit dem Fahrrad erkunden.*

*Ich werde mir das Rauchen abgewöhnen.*

*Wir vier werden versuchen, einmal im Jahr eine Woche zusammen Urlaub zu machen und Dich in unseren Gedanken mitnehmen.*

*Papa und ich werden eine lange Reise nach Australien machen. Mal sehen, ob ich Bauer Thomsen von der Scholle bekomme.*

*Ich werde ein Buch über die Geschichte unseres Hofes schreiben und es Papa zum 60. Geburtstag schenken. Das will ich schon seit Jahren, hatte aber nie die Zeit dafür.*

*Vielleicht schreibe ich noch ein Buch darüber, wie es mit unserer Familie weitergeht. Die Zeit danach… zurück ins Leben*

*Lebenau im August 2022*

Geliebter Lorne!

# Danke!

### Liebe Bärbel,

danke! Du warst in der ganzen schweren Zeit an meiner Seite. Du hast mich angetrieben, mir ein Netz aus Helfern zu bauen. Du hast dafür gesorgt, dass ich Hilfsmittel beantrage und mich nicht abspeisen lasse. Du warst die Erste, die Lorne mal eine Nacht zu sich genommen hat. Ohne Dich hätte ich diese schwere Zeit niemals überstanden. Du hast sogar eine Woche bei uns gewohnt, damit Jan und ich zusammen Urlaub machen konnten. Später hast Du Flora noch mit eingespannt, so dass ich wieder eine Helferin dazu bekam. Ich bin sehr froh, dass wir Freundinnen geworden sind. Danke!

### Liebe Bärbel, lieber Ulli,

die Zeit auf Teneriffa ist und bleibt unvergessen. Danke für Eure Unterstützung, danke für Eure Freundschaft. Ach Ulli, Lorne hat Dich geliebt! Ich glaube, alle Kinder lieben Dich!

### Liebe Annika,

Du hast Lorne geliebt. Du hast so viel für ihn und uns getan. Danke für Deine Hilfe und Unterstützung! Ich weiß gar nicht, was ich alles aufzählen soll. Du warst immer zur Stelle. Für Lorne so etwas wie eine zweite Mutter. Danke!

### Lieber Lasse,

Du warst wie ein großer Bruder für Lorne, hast ihn geliebt, als wäre er Dein kleiner Bruder und er Dich! Vor allem hast Du ihn auch so behandelt. Ihn einfach mal ins tiefe Wasser geschubst, obwohl er gar nicht schwimmen konnte, mit ihm die große Wasserrutsche probiert. Mir schwindelt bei dem Gedanken. Du hast ihm so gutgetan. Euch zusammen zu sehen, war eine riesige Freude. Danke!

**Liebe Roma, lieber Volker,**
Ihr habt uns ausgewählt und mitgenommen zu Euren Freunden den Walen und Delfinen. Ich bin so dankbar, dass ich das mit meiner Familie erleben durfte. Danke für alles!

**Sehr geehrter Professor Stephani,**
beim Schreiben dieses Buches ist mir aufgefallen, dass ich Ihnen so an die hundert E-Mails geschrieben habe. Sie haben diese Mails alle beantwortet. Das war in dieser schweren Zeit so wichtig für mich und hat mir sehr geholfen. Sie sind so erfolgreich und weltweit gefragt und sind ein emphatischer Mensch geblieben. Wir haben Sie in den letzten Jahren, während unserer Aufenthalte in der Uniklinik sehr vermisst. Danke!

**Liebe Birgit,**
Du hast Lorne über Jahre jeden Samstag zum Reiten eingeladen und mit ihm diese Stunde gestaltet. Es hat ihm so gutgetan! Und mir auch! Danke!

**Liebe Angela,**
ich weiß nicht, wie oft ich mich bei Dir ausgeweint habe, meistens beim Wattlaufen. Danke fürs Zuhören und Bestärken, meinen Weg so weiterzugehen. Wir kennen uns jetzt auch schon 40 Jahre, haben zusammen gewohnt. Das war eine so schöne Zeit! Du bist Lornes Patin und hattest ihn so

gern. Er hat sich immer gefreut, Dich zu sehen. Ich bin froh, dass Du meine Freundin bist! Danke!

**Liebe Andrea,**

Mathias und Du wart immer da, wenn es wirklich brannte! Ganz selbstverständlich habt Ihr Lorne mitgenommen zu einem Spaziergang, wenn wir nicht mehr wussten, wo uns der Kopf stand. Er hatte Euch beide so gern. Hat laut gelacht und Euch immer fest umarmt. Ich vermisse Mathias!

**Lieber Dago,**

ich glaube, Du hast, immer wenn Du uns besucht hast, die meiste Zeit an der Schaukel bei Lorne verbracht. Damit hast Du immer Hilfe geleistet. Außerdem hast Du Lorne immer, wenn wir uns getroffen haben, ganz selbstverständlich an die Hand genommen und bist einen Augenblick mit ihm gegangen. Danke!

**Lieber Josy,**

Du hast mir so viele Stunden Gesellschaft geleistet, wenn ich Wochen und Monate jeden Nachmittag, bei Wind und Wetter an der Schaukel stand. Jedes Mal, wenn Du da warst hast Du gesagt: »Du musst doch sicher mal aufs Klo? Ich passe mal einen Moment auf Lorne auf!« Das hat richtig gutgetan! Danke!

**Lieber Sven (Hase),**

auch Du hast mir oft Gesellschaft geleistet und den höchsten Anschwung gegeben, den Lorne je bekommen hat. Danke für deine Gesellschaft an der Schaukel!

**Liebe Flora, liebe Birte, liebe Pia, liebe Anna, liebe Jeanette,**

auch Ihr habt tolle Arbeit geleistet und Euch so lieb um Lorne gekümmert, wenn ich mal wieder in Not war. Danke!

**Lieber Tim, Gunnar, Steffen,**

Ihr wart in Lornes Kita-Zeit als Zivildienstleistende tätig und habt ihn sehr erg begleitet. Jeder von Euch hat uns sehr geholfen. Der Gedanke, Lorne bei Euch zu wissen, war sehr beruhigend und so konnten wir die freie Zeit ohne Sorge nutzen. Danke!

**Lieber Hans,**

Du hast Lorne zwei Schuljahre als Schulbegleiter unterstützt. Warst sogar mit ihm auf Klassenreise. Das hat eine Menge Geduld und Anstrengung gefordert. Du warst immer so ausgeglichen und ruhig, so dass ich Lorne immer in besten Händen wusste. Danke!

**Lieber Jörg,**

mein erster Klinikaufenthalt mit Lorne im FEK war für mich ein Höllenritt. Ich kann gar nicht beschreiben, wie schlecht es mir in dieser Zeit ging. Du hast jeden Abend und jeden Morgen auf der Kinderstation angerufen und Deine Kollegen gebeten, nach Lorne und mir zu sehen und Grüße auszurichten. Du hast dafür gesorgt, dass ich eine halbe Stunde Zeit hatte, und wir haben einen Kaffee getrunken. Du hast mich getröstet und mir so sehr geholfen. Danke!

**Liebe Addi, lieber Dirk,**

Ihr habt uns nach Lornes Tod so sehr unterstützt, habt für uns gekocht und wart für uns da, habt uns getröstet! Ich freue mich auf noch viele gemeinsame Fahrrad-Touren. Danke!

**Liebe Anja,**

Du bist meine langjährigste Freundin. Unsere Freundschaft wird in diesem Jahr 50 Jahre alt. Du bist für mich wie eine Schwester. Auch wenn wir uns nicht so häufig sehen, halten wir stets Kontakt und haben eine langjährige Vergangenheit und kennen uns besser, als viele andere uns kennen. Dein klarer Verstand und dein pragmatischer Blick auf viele Dinge haben mir schon oft weitergeholfen. Danke!

**Liebe Birte, Sanne, Antje, Andrea W. und nochmal Andrea,**

Ihr habt immer ein offenes Ohr für mich und mit mir so manche kleine Städte-Reise gemacht. Ich kann immer gut abschalten und habe sehr viel Spaß mit Euch. Ich freue mich schon auf die nächste Stadt mit Euch! Schön, dass Ihr meine Freundinnen seid. Liebe Birte, Du hast mir angeboten, Lorne zu beaufsichtigen, ich habe damals gesagt, ich glaubte, Du könntest das nicht. Das tut mir heute leid. Du wolltest helfen und Du hättest es ganz sicher gekonnt.
Die Reise mit Dir nach Südafrika habe ich in bester Erinnerung. Ich bin jederzeit bereit für eine weitere Reise.
Danke für alles!

**Liebe Sybille, liebe Friederike, liebe Petra und nochmal Birgit,**

wir haben uns vor gut 25 Jahren in der Spielgruppe unserer ersten Kinder kennengelernt und seitdem befreundet. Schön, dass ich Euch gefunden habe. Ich genieße jedes Treffen mit Euch! Jede von Euch ist etwas Besonderes für mich!

**Liebe Petra,**

auch Du hattest einen besonderen Draht zu Lorne und Michael und Du habt keinen seiner Geburtstage vergessen.

**Liebe Gaby,**

wir kennen uns seit der Kindergartenzeit unserer Großen! Daraus ist eine tolle Freundschaft geworden. Jens und Du seid für unserer Töchter die Dänemark-Eltern. Danke dafür und für lange Gespräche und unsere Trips nach Rom und Dublin… unvergessen. Du hast in Dublin zu mir gesagt: »Dörte, mit Dir würde ich die Welt bereisen!« Das freut mich sehr. Zu Lorne hast Du immer »Moin, Lorne Green« gesagt. Leider hat er nie erfahren, wer Mr. Cartwright war!

**Liebe Sonja, liebe Anja,**

auch wir haben uns durch unsere Kinder besser kennengelernt. Daraus ist Freundschaft geworden. Sonja, Du hast immer dafür gesorgt, dass unser Familienlied: »Du bist du« bei den Konfirmationen unserer Töchter gespielt wurde! Ich habe jedes Mal geheult! Anja, auch Du hast immer ein offenes Ohr für mich und wir haben den gleichen Humor. Mit Dir ist es immer lustig und schön!

**Lieber Dago, liebe Birgit,**

das Schaukeln habe ich schon erwähnt, aber auch Birgit, Du warst immer mal hinten im Garten bei Lorne und hattest immer ein Wort für ihn. Du hast ihn an die Hand genommen und bist ein Stück mit ihm gegangen. Er ist Dir nur sehr schnell über den Kopf gewachsen, so dass es immer schwerer wurde, ihn zu halten! Danke!

**Liebe Steffi,**

Du warst mein langjähriges Ferienkind und hast viel Zeit bei und mit uns verbracht. Du bist für mich wie eine Tochter. Deine Briefe rühren Jan und mich immer zu Tränen. Ich habe Dich lieb!

**Liebe Marlies, lieber Rainer,**

wir haben uns vor über 30 Jahren auf Kreta kennengelernt. Aus dieser Urlaubsbekanntschaft ist eine ganz tolle Freundschaft geworden. Ihr seid Lornes Paten und habt mit uns gelitten und wart so oft mit Euren Gedanken bei uns. Danke!

**Liebe Uta,**

meine Cousine, Du bist auch wie eine Schwester für mich. Wir sehen uns leider nicht so häufig. Aber wenn, dann haben wir uns sehr viel zu sagen. Kurz nach Lornes Tod bist Du gekommen und brachtest eine große Portion Gulaschsuppe! Das hat sehr geholfen! Danke!

**Liebe Elke,**

Du warst Lornes Erzieherin in der Kita Nortorf. Bei Dir habe ich den Satz »das ist kein Problem« so oft gehört. Du warst in seiner Kita-Zeit der Fels in der Brandung!

**Liebe Astrid,**

Du warst ca. 12 Jahre Lornes Physiotherapeutin. Die ersten Jahre war ich zusammen mit ihm bei Dir. Unsere Gespräche haben mir immer geholfen. Danach hast Du ihn durch die Kita- und Schulzeit begleitet.

**Lieber Thomas, liebe Lena, liebe Marie, liebe Tanja,**

ohne Euch wäre Lornes Schulzeit sicher schwieriger geworden. Ich war immer froh, wenn ich wusste, einer von Euch ist da. Dann war er in den besten Händen!

**Liebe Martina,**

seit Du Lorne im Schulbus transportiert hast, war ich so froh und entspannt. Wenn es morgens bei uns mal wieder alles schief lief, war das nie ein Problem und wir haben gemeinsam eine Lösung gefunden. Danke!

**Liebe Janine,**

wir kennen uns schon seit mehr als 40 Jahren, haben in den letzten Jahren immer mal voneinander gehört und uns ab und zu auch gesehen. Wir waren schließlich einmal Nachbarinnen. Als ich Dich das erste Mal gesehen habe, warst Du noch ein kleines Mädchen und hattest bunte Ringelsocken an, die so gar nicht zu dem Rest deiner Klamotten passten – sehr zum Leidwesen deines Vaters. In den letzten Jahren haben wir uns nur selten gesehen. Glücklicherweise mögen wir beide Eis und haben uns getroffen, uns unterhalten und ich konnte Dich für dieses Buch begeistern. Danke für die Übersetzung ins Englische. Wir bleiben in Kontakt.

**Liebe Alexandra,**
Wie durch eine glückliche Fügung besuchte ich eine Lesung in der Buchhandlung Krauskopf und wir lernten uns kennen. Die erste Version des »Lorne-Buches« hatte ich bereits geschrieben. Nicht unbedingt druckreif, aber ich hatte mir alles von der Seele geschrieben und der Grundstein war gelegt für eine ganz tolle Zusammenarbeit. Du bist ein richtig guter Schreibcoach, hast das Beste aus mir für dieses Buch herausgeholt – mehr war nicht drin. Es war noch einmal sehr tränenreich und auch heilsam. Ich hoffe sehr, dass wir uns nicht aus den Augen verlieren und vielleicht noch ein Buch gemeinsam verwirklichen können. Danke!

**Liebe Tante Marga, lieber Onkel Lulu,**

Ihr hattet mit Euren eigenen Enkelkindern immer alle Hände voll zu tun. Dennoch hattet Ihr immer Zeit für Malena und Johanna. Auch um Lorne habt Ihr Euch so lieb gekümmert. Bei Dir auf dem Traktor durfte er sehr oft mitfahren, Onkel Lulu und Du Tante Marga hast bei uns eingehütet, wenn Not war, und auch mal an der Schaukel ausgeholfen! Ihr habt geholfen trotz der Gefahr, dass ein schwerer Anfall kommen könnte. Dass Ihr das auf Euch genommen habt, werde ich Euch nie vergessen. Ihr seid für unsere Kinder Opa und Oma. Ich habe Euch sehr lieb.

## Danke an meine geliebte Familie

**Liebe Malena, liebe Johanna:**
Ihr seid die Besten! Ihr seid eine einzige Freude, unsere wundervollen Töchter! Danke für Eure Liebe, danke für Eure Hilfe und Unterstützung und danke für Euer Verständnis! Ich liebe Euch über alles!

**Lieber Jan,**
wir haben uns leider in diesen schweren Jahren verloren. Sind zusammen geblieben wegen der Kinder. Lornes schwere Erkrankung, die täglichen Anstrengungen und diese große Sorge, die uns jede Stunde, jeden Tag, die ganze Woche, über Jahre alles abverlangte, hat uns immer weiter voneinander entfernt. Dann schließlich auch noch Lornes Tod war für uns beide das Schlimmste, was Eltern passieren kann. Aber wir haben uns wieder gefunden. Diese schlimme Zeit der Trauer hat uns wieder zusammengebracht.
Ich freue mich auf noch hoffentlich viele gemeinsame Jahre!
Ich liebe Dich!!

So, das war's »ich habe es geschafft«!

Dörte Thomsen

## Vielleicht

*Vielleicht ist es manchen Menschen nicht bestimmt, lange hier bei uns auf Erden zu sein.*

*Vielleicht sind manche Menschen nur auf der Durchreise.*
*Oder sie leben ihr Leben einfach schneller als wir anderen.*
*Wir glauben, manche Menschen kommen in unserem Leben nur kurz vorbei, um etwas zu bringen.*
*Ein Geschenk oder Hilfe oder eine Lektion, die wir gerade brauchen.*
*Irgendetwas.*
*Sie bringen uns etwas bei!*
*Etwas über Liebe, über das Geben, darüber, wie wichtig jemand sein kann.*
*Über die Hoffnung, über den Sinn des Lebens oder einfach über das Dasein.*
*Das ist ihr Geschenk.*
*Dann verlassen sie uns und wir sind unendlich traurig.*
*Wir vermissen sie und wollen sie behalten:*
*Aber was uns bleibt, ist ihr Geschenk.*

## Mein Kind ist behindert – Was nun?

Vorerst muss man unterscheiden, ob ein Kind mit einer Behinderung auf die Welt kommt oder in den ersten Lebensjahren eine Behinderung entwickelt.

Im ersten Beispiel erhält man bereits in der Klinik, in der das Kind geboren wird, die nötige Beratung, welche Hilfsmittel nötig und möglich sind. Dort gibt es die nötigen Berater*innen, die den Eltern zur Seite stehen, was dann später der Kinder- bzw. Hausarzt weiterführt.

Die Leistungen, die ich später aufführen werde, sind für beide Fälle gleich.

Im zweiten Fall gestaltet sich das alles etwas schwieriger. Wann und wie erkennt man, ob ein Kind eine Entwicklungsverzögerung oder eine Behinderung entwickelt? Grundsätzlich geben die regelmäßigen U-Untersuchungen (gelbes Heft), die man in bestimmten Zeitabständen beim Kinderarzt durchführt, Aufschluss darüber, ob sich das Kind normal entwickelt. Unter »normal« versteht man einen gewissen Zeitraum, in dem ein Kind bestimmte Dinge wie z. Bsp. Greifen, Krabbeln, Laufen, Sprechen erlernt haben sollte. Der Zeitraum lässt einen gewissen Spielraum, so dass auch Kinder, die etwas später dran sind, nicht unbedingt sofort auffallen, sondern man behält das Kind bis zur nächsten Untersuchung im Auge. Das halte ich für eine sehr gute Vorgehensweise, sonst wären sehr viele Eltern wahrscheinlich durchgehend nur noch in Sorge, wenn das Kind nicht auf den Punkt all das könnte, was unter normal gilt.

Nach einer gewissen Zeit des immer noch nicht Erlernten, wird der Kinderarzt den Eltern eine Frühförderung empfehlen bzw. verordnen oder auch Physiotherapie, wenn sich bestimmte Bewegungen nicht weiterentwickeln. Logopädie, wenn sich die Sprache nicht oder nur wenig entwickelt. In den meisten Fällen holen auch »Spätzünder« irgendwann auf. Wenn nicht, was dann? Die Frühförderung übernimmt in der Regel ein/e Heilpädagog*in. Diese ausgebildeten Fachkräfte kommen einmal die Woche ins Haus und beschäftigen sich mit dem Kind. Sie können sehr gut erkennen, ob ein Kleinkind nur eine Entwicklungsverzögerung hat oder eine Behinderung entwickelt. Sie stehen den Eltern in dieser Zeit auch beratend zur Seite. Vor allem die Frage: Wie geht es jetzt weiter? Kann mein Kind in eine Kita? Wenn ja, in welche? Den nötigen Kontakt stellen die Heilpädagog*innen her. Meistens wird ein Kontakt zu einer integrativen Kita in der Nähe hergestellt und ein Kennenlernen vereinbart.

In den ersten zwei Jahren ist es sehr schwer, festzustellen, ob die Familie Hilfsmittel benötigt.
Ein Beispiel: Ein 15 Monate altes Kind kann noch nicht laufen. Jede Familie hat sicher eine Sportkarre, in der das Kind sitzt und geschoben wird. In dem Alter wird man kaum einen Rollstuhl beantragen, weil das Kind nicht laufen kann. Außerdem schlafen die meisten Kinder in dem Alter noch in einem Kindergitterbett, so dass sie nicht rausfallen können. Niemand würde hier ein Pflegebett beantragen. Ob und wann welche Hilfsmittel nötig sind, welche Behinderung sich entwickelt, das zeigt sich erst über einen Zeitraum von mehreren Jahren. Es sei denn, man bekommt sofort eine Diagnose, die wenig Spielraum lässt. Dann sind wir wieder beim ersten Beispiel. Wenn das Kind in der integrativen KiTa aufgenommen wird, werden die Kosten für diesen

Platz bei einem auffällig entwicklungsverzögerten Kind vom Sozialamt Abteilung Wiedereingliederungshilfe übernommen. Diesen Antrag füllt in der Regel die Kita-Leitung aus und die Eltern müssen diesen Antrag unterschreiben. Kosten für die Kinderbetreuung werden komplett übernommen. Die Eltern zahlen nichts dazu. In den integrativen Kitas arbeiten neben den Erzieher*innen auch wieder Heilpädagog*innen. Auffällig entwicklungsverzögerte Kinder werden hier nochmal wieder besonders gefördert. In jeder integrativen Kita wird auch Physiotherapie und Logopädie angeboten, so dass die Eltern nachmittags nicht noch wieder zu diesen Terminen fahren müssen. Das ist sehr erleichternd. Einige Kitas bieten sogar einen Fahrdienst an. Auch das kann ich nur empfehlen, diesen in Anspruch zu nehmen. Auch die Kosten hierfür übernimmt das Sozialamt und es entlastet die Eltern.

Zu welchem Zeitpunkt welche Hilfsmittel nötig sind entwickelt sich mit der Zeit individuell. Der Kinder- bzw. Hausarzt verordnet diese Hilfsmittel wie zum Beispiel: Rollstuhl, Reha-Karre, Pflegebett, später auch Windeln.

Diese Hilfsmittel werden dann mit der Verordnung bei einer orthopädischen Werkstatt in Auftrag gegeben und individuell für das jeweilige Kind angefertigt, sobald die Kranken- bzw. Pflegekasse diese Hilfsmittel bewilligt. In den meisten Fällen lehnen die Kassen trotz Verordnung des Arztes diese Hilfsmittel ab! Das ist leider normal. Niemand muss diese Ablehnung hinnehmen. Sie sollten unbedingt Widerspruch einlegen! In 85 Prozent der Fälle wird im zweiten Anlauf sofort bewilligt. Es handelt sich um reine Sparmaßnahmen und die Hoffnung, dass den Familien die Kraft fehlt einen Widerspruch einzulegen aus Angst einer langjährigen Klage.

Das ist Unsinn. Ärzte verordnen diese Hilfsmittel nie ohne Grund, daher kommt es so gut wie nie zu einer Klage!

## Der Pflegegrad

Bei Kindern bis zum sechsten Lebensjahr ist es nicht so leicht, einen Pflegegrad zu bestimmen. Hat eine Familie schon mehrere Kinder, wissen die Eltern schon, wie hilfsbedürftig ein normal entwickeltes Kind ist. Beim ersten Kind, merken die Eltern es häufig im Vergleich mit gleichaltrigen Kindern oder durch die erwähnten U-Untersuchungen. Hinzu kommt, dass man es eigentlich gar nicht wahrhaben will. Es ist ein Prozess des Akzeptierens, dass mit dem Kind irgendetwas nicht in Ordnung ist und man hofft immer, dass es einfach so wieder besser wird und das Kind schon aufholen wird und irgendwann alles wieder normal sein wird.

Verliert nie die Hoffnung! Bis dahin lasst euch helfen. Beantragt alles, was möglich ist. Sollte das Kind aufholen bzw. wieder gesund werden, kann man alles zurückgeben, was nicht mehr gebraucht wird. Bis dahin sind alle Hilfsmittel eine große Entlastung. Auch die Bestimmung eines Pflegegrades durch den Medizinischen Dienst der Krankenkassen (MDK) bringt finanzielle Entlastung, weil meistens ein Elternteil nicht voll oder sogar gar nicht arbeiten kann, um die Betreuung des Kindes zu gewährleisten. Durch das Pflegegeld kommt wenigstens ein wenig Geld in die Familienkasse und es wird weiter in das Rentenkonto des pflegenden Angehörigen eingezahlt.

## Wie beantrage ich Pflegegeld?

Ein Schreiben an bzw. ein Anruf bei der Krankenkasse, dass man Pflegegeld beantragen muss, reicht aus, damit man ein Formular zugeschickt bekommt, das die Eltern ausfüllen und bei der Krankenkasse einreichen müssen. Ich habe die Erfahrung gemacht, dass ein Anruf gerne mal vergessen wird. Ich schreibe immer einen Brief oder eine E-Mail. Ich schaffe Aktenlage, dann kann niemand behaupten, sie hätten nichts von der jeweiligen Situation gewusst.

Die Krankenkasse beauftragt dann einen sogenannten medizinischen Dienst, um den Pflegegrad zu beurteilen. Die Angestellten dieses MDK's melden sich telefonisch an, um einen Termin zur Begutachtung des Kindes im gewohnten Umfeld zu vereinbaren. Bei diesen Begutachtungsterminen wird man häufig darauf hingewiesen, dass auch »gesunde« Kinder im gleichen Alter eine gewisse Pflege brauchen.

Das mag alles sein, aber lasst euch nicht abspeisen. Wenn ein vierjähriges Kind noch eine Windel braucht oder nur an der Hand eines Erwachsenen laufen kann, dann muss es einen Pflegegrad bekommen.

Nach Einstufung des Pflegegrades sollte man unbedingt einen Termin mit dem Kinderarzt vereinbaren, um zu besprechen, ob die Einstufung richtig erfolgte.

Wenn nicht, auch hier unbedingt Widerspruch einlegen, um eine höhere Einstufung zu bekommen. Sollte die Einstufung zu der Zeit richtig sein, unbedingt schauen, ob die Entwicklung des Kindes sich verbessert. Ansonsten ein bis zwei Jahre später eine neue Begutachtung beantragen, um einen höheren Pflegegrad für das bedürftige Kind zu bekommen. Das monatliche Pflegegeld kann auch genutzt werden, um private Helfer zu bezahlen, die das Kind gut kennen.

## Hilfreiches Netzwerk

Schafft euch unbedingt ein Netz aus privaten Helfern. Es gibt nur wenige Einrichtungen für Kinder und Jugendliche, die die Pflege übernehmen können, wenn die Eltern mal Pause oder ein freies Wochenende brauchen und mal Urlaub machen wollen. Ich habe in der Zeit, als mein Sohn so krank war immer wieder in der Kita junge Menschen angesprochen, die gut mit meinem Sohn umgehen konnten. Das waren damals noch Zivis (Zivildienstleistende) aber auch Buftis (junge Menschen, die ein freiwilliges soziales Jahr absolvieren). In der Regel haben sich die Leute gefreut und sich nach der Zeit als Bufti, z. B. während ihres Studiums etwas Geld dazu verdient, wenn sie meinen Sohn beaufsichtigt haben. Wir brauchten bis zum Schluss einen Einhüter, wenn wir abends gemeinsam ausgehen wollten. Wir konnten unseren Sohn niemals allein lassen. Die privaten Helfer waren für uns sehr wertvoll, weil sie Lorne gut kannten und mit ihm umgehen konnten. Es gibt auch familienentlastende Dienste, die man in Anspruch nehmen kann. Ich habe leider die Erfahrung gemacht, dass die Stundensätze dort höher sind als bei privaten Helfern. Außerdem gibt es nie die Garantie, dass immer die gleiche Person Hilfe leistet und das Kind immer wieder fremde Personen, die eingearbeitet werden mussten, um sich hatte. Das muss aber nicht überall so sein. Einen Versuch ist es immer wert.

## Das Kind bekommt einen Pflegegrad

Bekommt das Kind Pflegegrad 2 oder höher zugesprochen, maximal 5, hat der pflegende Angehörige nicht nur Anspruch auf monatliches Pflegegeld, sondern auch auf jährliche 1. Verhinderungspflegeleistungen in Höhe von 1.612 Euro und 2. Kurzzeitpflegeleistungen in Höhe von 1.612 Euro. Diese Leistungen muss man jährlich bei der Kranken- bzw. Pflegekasse beantragen. Ein einfacher Brief reicht dafür. Man bekommt für beide Leistungen die jeweiligen Anträge bzw. Abrechnungsformulare zugeschickt, die man bei Bedarf ausfüllen und einreichen muss. Im Grunde stellt man einen Antrag auf ein Antragsformular.

1. **Verhinderungspflegeleistungen:** Ist der pflegende Angehörige (in den meisten Fällen die Mutter oder der Vater) verhindert, d.h. erkrankt oder erholungsbedürftig, kann man die Verhinderungspflegeleistungen beantragen und selbst eine Vertretung eintragen, die für ein freies Wochenende oder länger die Pflege übernommen hat. Das kann z. Bsp. jemand sein, den man häufiger als Hilfe rekrutiert hat. Man trägt die Zeiten und Anzahl der Stunden im Antragsformular ein und erhält relativ unkompliziert die Leistungen ausgezahlt.

2. **Kurzzeitpflegeleistungen:** Diese Leistungen kann man leider nur über einen Träger abrechnen, der berechtigt ist, Kurzzeitpflegeleistungen zu übernehmen und abzurechnen. Das kann ein familienentlastender Dienst sein oder aber eine Einrichtung, die das Kind für einen längeren Zeitraum pflegt. Es gibt nur sehr wenige Einrichtungen

für Kinder bzw. Jugendliche. Die meisten Einrichtungen sind auf Senioren spezialisiert. Es lohnt sich, in diesem Fall einen Brief an die zuständige Pflegekasse zu schreiben und eine Abrechnung zu ermöglichen wie bei den Verhinderungspflegeleistungen. Dann kann man eigene Helfer einsetzen und selbst abrechnen. Unbedingt versuchen!

3. Je nach Pflegegrad stehen einem auch noch zusätzliche Betreuungsleistungen oder auch Pflegehilfsmittel sowie ein Entlastungsbetrag ambulant zu. Die Anforderung dieser Leistungen muss man individuell mit der Pflegekasse abklären, wie man diese abrechnen kann. Häufig ist dieses auch nur über eine Pflegeeinrichtung oder einen ambulanten Pflegedienst möglich. Die Angestellten des ambulanten Pflegedienstes wissen in der Regel auch, wie man diese Leistungen abrechnet. Das kann auch eine Hilfe im Haushalt sein.

Es scheint im ersten Moment sehr kompliziert und aufwändig. Wenn man nebenher auch noch häufig mit dem Kind im Krankenhaus sein muss, noch weitere Kinder hat und auch noch einen Haushalt führt oder womöglich auch noch stundenweise arbeitet. Es gibt in Deutschland wirklich sehr viele Möglichkeiten, Hilfe zu bekommen. Leider ist es sehr anstrengend, wegen der Bürokratie und der verschiedenen »Töpfe«. Wenn man erst einmal den Durchblick hat, hilft das alles sehr. Leider muss man immer wieder Anträge für Antragsformulare stellen und dann noch die richtigen Antragsformulare einreichen. Wir sind halt in Deutschland.

Das ist einerseits ein sehr glücklicher Umstand, man braucht aber unbedingt Kampfgeist und langen Atem!

Verbessert sich der Zustand des Kindes trotz aller Förderung nicht wirklich, sollten die Eltern einen Schwerbehindertenausweis beantragen. Das kann der zuständige Kinderarzt in die Wege leiten. Den Antrag stellt man beim zuständigen Versorgungsamt. Wird ein Schwerbehindertenausweis bewilligt, erleichtert dieser z. B. das Parken, das Fahren mit öffentlichen Verkehrsmitteln und vieles mehr. Außerdem erhalten die Eltern einen Steuerfreibetrag und können außergewöhnliche Belastungen bei der Steuererklärung berücksichtigen. Das sollte unbedingt mit dem Steuerberater abgeklärt werden, denn es gibt auch noch einen Behindertenpauschalbetrag. Auch das ist individuell abzuklären.

Ich weiß: Niemand will das wirklich! Aber das alles kann man rückgängig machen, sobald es dem Kind wieder besser geht oder es sogar wieder ganz gesund wird. Bis dahin hilft auch der Ausweis!

Den pflegenden Angehörigen wird alle zwei Jahre eine Reha von der Krankenkasse angeboten. Das ist zwar sehr schön, aber leider kann man das bedürftige Kind nicht mitnehmen. Das heißt im Klartext. Man muss dieses Kind in einer Einrichtung unterbringen, dafür die Kurzzeitpflegeleistungen in Anspruch nehmen, damit man eine Woche Reha auf Kosten der Krankenkasse in Anspruch nehmen kann. Das ist ein sehr unglücklicher Umstand! Wenn ich schon mein Kind in einer Einrichtung unterbringen kann, dann mache ich doch lieber Erholungsurlaub mit meinem Mann und den Geschwisterkindern. Das sollten die Krankenkassen überarbeiten und eine Pflege des Kindes während der Reha gewährleisten, so dass man dieses mitbringen kann. Ich erwähne es nur, weil diese Reha dem Pflegenden zusteht.

## Schulpflicht

Mein Kind ist sechs Jahre alt und immer noch besonders bedürftig. Es muss in die Schule! In diesem Fall hat man wieder die Wahl je nach Schwere der Behinderung bzw. Erkrankung. Das Kind könnte als Integrationskind in eine sogenannte I-Klasse in einer Regelschule eingeschult werden. Hier hat das Kind dann Anspruch auf extra Einzelförderung, je nach Grad der Behinderung bzw. Erkrankung. Oder das Kind wird in einer Förderschule eingeschult. Dann muss noch abgeklärt werden, ob das Kind eine Schulbegleitung braucht. Diese muss man zeitnah (fünf Monate vor Einschulung) bei der zuständigen Kreisverwaltung Abt. Wiedereingliederung beantragen. Ich habe zwei gesunde Töchter, die sich vollkommen normal entwickelt haben und auf eine Grundschule gegangen sind, in der es eine I-Klasse gab.

Leider ist der Personalschlüssel an Regelschulen sehr oft sehr eng gesteckt, so dass die I-Kinder, wenn sie Glück haben von ihrem Schulbegleiter, der eigentlich nur bei den täglichen Anforderungen in Sachen Lebenspraxis unterstützen soll, gut betreut und gefördert werden.

In einer Förderschule ist der Personalschlüssel sehr gut. Jede Klasse hat eine/n oder sogar zwei Lehrer*innen pro Schulklasse, dann gibt es immer eine SPA (Sozialpädagogische Assistenz), die jeweiligen Schulbegleiter und häufig noch Buftis (Bundesfreiwilligendienstleistende), so dass es schon einmal vorkommt, dass eine Schulklasse mit zehn Schülern bis zu sechs erwachsene Betreuer hat. Die Kinder profitieren alle von diesen Verhältnissen. Ich würde allen Eltern empfehlen, ihre bedürftigen Kinder auf eine Förderschule zu schicken. Holt das bedürftige Kind auf und lernt gut, kann von hier aus noch jeder Schulabschluss angeschlossen werden. Außerdem haben Förderschulen immer einen Fahrdienst, der für die Eltern kostenfrei ist.

Wird für das bedürftige Kind eine Schulbegleitung bewilligt, muss ein Träger gefunden werden, der Schulbegleitungen anbietet. In unserem Fall waren das die »Offenen Hilfen« in Kiel oder auch die AWO-Neumünster. Den nötigen Kontakt stellen meistens die Lehrer oder das Schulsekretariat der Förderschulen her. In unserem Fall haben wir uns meistens eine Schulbegleitung selbst gesucht, weil unser Sohn sehr speziell erkrankt war. Aber auch das ist möglich. Die Person muss dann nur einen Anstellungsvertrag bei dem jeweiligen Träger erhalten. Die Kostenübernahme für Begleitung und den Fahrdienst muss jährlich neu beantragt werden. Dazu muss der jeweilige Stundenplan eingereicht werden. Die Anträge werden meistens von der Schule formuliert und die Eltern müssen nur noch unterschreiben. Die Kosten werden von dem Sozialamt Abt. Wiedereingliederungshilfe getragen.

Ich habe mich durch diesen Antragsdschungel gekämpft, Gesetze gewälzt und herausgefunden, dass jede Person, die eine Behinderung hat, einen Anspruch auf ein persönliches Budget hat. Das können 200 Euro monatlich oder sogar mehrere tausend Euro betragen. Niemand klärt einen bereitwillig auf, welche Töpfe es gibt. Es ist nicht leicht, das alles herauszufinden. Im Internet gibt es eine Adresse »Familienratgeber.de« von der Aktion Mensch.

Dort kann man einiges erfahren, wenn man in die Situation gerät, dass jemand aus der Familie schwer erkrankt bzw. eine Behinderung hat oder entwickelt. Ich habe in den letzten Jahren, die mein Sohn auf die Förderschule ging, sein persönliches Budget angefordert, den Schulbegleiter selbst eingestellt und aus den genannten Mitteln bezahlt. Das war ein langer, sehr beschwerlicher Weg, weil niemand mir diese Möglichkeit aufgezeigt hat. Man muss sich immer selbst kümmern und sich durch diesen Antragsdschungel kämpfen, nebenbei einen Haushalt führen, sich um die Geschwisterkinder und das erkrankte Kind kümmern. Deshalb habe ich diesen kleinen Ratgeber verfasst. Dann hat man schon mal davon gehört, was es für Möglichkeiten gibt. Jeder muss individuell für sich und seine Familie herausfinden, welche Möglichkeiten die besten sind.

**Kurzzeitpflege**

Ein sehr schlimmer Zustand ist leider auch die Unterbringung für Kinder und Jugendliche im Rahmen der Kurzzeitpflege. Es gibt fast in jedem größeren Ort Seniorenpflegeheime, die für pflegebedürftige ältere Menschen genutzt werden. Dort kann man ein pflegebedürftiges Kind nicht für eine oder zwei Wochen unterbringen, um Erholungsurlaub zu machen.

Ich habe drei Einrichtungen gefunden, die ich hier bei uns in Schleswig-Holstein empfehlen kann.

»Das Rauhe Haus« Hamburg , Ferienbetreuung Gästehaus Kattendorf, Dorfstraße 2, 24568 Kattendorf

Tel. 04191 950119

https://www.rauheshaus.de/betreuung/teilhabe-mit-assistenz/gaestehaus-in-kattendorf/

Hier gibt es ein großes Außengelände mit vielen verschiedenen Schaukeln. Das Personal ist sehr gut aufgestellt und die Kinder bzw. Jugendlichen können hier allein ihre Ferien verbringen, so dass die Eltern und Geschwister auch einmal Urlaub machen können.

»Kupferhof« in Hamburg, Hände für Kinder, Kupferredder 45, 22397 Hamburg, Tel. 040 64532520
https://haendefuerkinder.de/kupferhof/

Hier ist man spezialisiert auf wenig bewegliche, sehr pflegebedürftige Kinder und Jugendliche, die vor allem im Bett bzw. Rollstuhl versorgt werden müssen. Das Außengelände ist dürftig ausgestattet. Innen ist es perfekt. Die Zimmer sind neu, es gibt Pflegebetten, barrierefreie Badezimmer und ein Gästehaus für Familienangehörige.

Und in Neumünster den Verein »Lichtblick«, der ein vielseitiges Angebot hat, dazu gehören neben Unterstützung, Beratung und Austausch auch ein familienunterstützender Dienst und ambulant betreute Wohngruppen.
Verein Lichtblick, Mühlenhof 24, 24534 Neumünster, Tel.: 04321/9011653.
https://www.lichtblick-neumuenster.de

## Die Autorin

Dörte Thomsen, Jahrgang 1965, ist auf einem landwirtschaftlichen Betrieb in Aukrug in Schleswig-Holstein aufgewachsen. Dort hat sie auch 30 Jahre lang Handball gespielt. Sie machte eine Ausbildung zur Bankkauffrau und hat 15 Jahre in dem Beruf gearbeitet. Sie hat jahre-  lang Niederdeutsches Theater gespielt. Sie liebt die platt- deutsche Sprache und Gedichte von Hermann Claudius. Sport, Theater, Malen, Lesen und Skat spielen gehören zu ihren Hobbys. Das Schreiben hat sie für sich entdeckt, um sich ihren Kummer nach dem Verlust ihres Sohnes von der Seele zu schreiben. Sie lebt seit 35 Jahren mit ihrem Mann und ihren Kindern im Naturpark Aukrug auf einem großen landwirtschaftlichen Betrieb.

Unser Pferdejunge mit seiner und unserer geliebten Bärbel.